Agatha Christie®

Agatha Christie

Das große Hercule-Poirot-Buch

Die besten Kriminalgeschichten

Aus dem Englischen
von Michael Mundhenk

Atlantik

Die Erzählungen mit Hercule Poirot erschienen im Original im Sammelband *Hercule Poirot* bei HarperCollins, London.

Atlantik ist ein Imprint des
Hoffmann und Campe Verlags, Hamburg.

4. Auflage 2022
Hercule Poirot

www.hoffmann-und-campe.de
Umschlaggestaltung: Jim Tierney

Satz: Farnschläder & Mahlstedt, Hamburg
Gesetzt aus der Stempel Garamond LT Pro
Druck und Bindung: GGP Media GmbH, Pößneck
Printed in Germany
ISBN 978-3-455-00464-9

HOFFMANN
UND CAMPE

Ein Unternehmen der
GANSKE VERLAGSGRUPPE

Inhalt

Einleitung
Auftritt: Hercule Poirot

Was für einen Detektiv sollte ich wählen? Ich ließ alle Detektive, denen ich in Büchern begegnet war und die ich bewundert hatte, Revue passieren. Da war natürlich einmal der unvergleichliche Sherlock Holmes, aber den könnte ich sowieso nie kopieren. Dann gab es Arsène Lupin – war das nun ein Verbrecher oder ein Detektiv? Egal, nicht mein Fall. Und der junge Reporter Rouletabille in *Das Geheimnis des gelben Zimmers*? Das war genau die Art von Mensch, die ich gern erfunden hätte: jemand, den es noch nie gegeben hatte. Was für einen Detektiv sollte ich also wählen? Einen Schuljungen? Eher schwierig. Einen Wissenschaftler? Was wusste ich schon von Wissenschaftlern? Plötzlich fielen mir unsere belgischen Flüchtlinge ein. Bei uns in der Gemeinde Tor lebte eine ganze Kolonie von belgischen Flüchtlingen. Warum sollte mein Detektiv nicht ein Belgier sein?, dachte ich. Es gab alle möglichen Flüchtlinge. Warum nicht auch einen Kriminalkommissar? Einen Kriminalkommissar im Ruhestand. Er durfte also nicht zu jung sein. Was für ein Riesenfehler! Mittlerweile muss mein fiktiver Detektiv nämlich schon weit über hundert sein.

Jedenfalls entschied ich mich für einen belgischen Detektiv. Er durfte langsam in seine Rolle hineinwachsen. Er sollte ein Inspector sein, damit er sich mit der Aufklärung von Verbrechen auskannte. Er sollte sehr ordentlich und pingelig sein, dachte ich mir, während ich in meinem Zimmer allerlei Krimskrams wegräumte. Ein ordentlicher kleiner Mann. Ich konnte ihn deutlich vor mir sehen, einen kleinen Mann, der ständig Dinge zurechtrückte, der alles gern paarweise anordnete, der eckige Formen lieber mochte als runde. Und er sollte scharfsinnig sein, er sollte kleine graue Gehirnzellen haben – das war eine gute Formulierung, die musste ich mir merken. Ja, er sollte kleine graue Zellen haben. Und er sollte einen großspurigen Namen tragen, einen von diesen Namen, wie Sherlock Holmes und seine Familie sie hatten. Wie hieß noch mal dessen Bruder? Mycroft Holmes.

Wie wäre es, wenn ich meinen kleinen Mann Hercules nennen würde? Da er auf jeden Fall von kleiner Statur sein würde, wäre Hercules ein guter Name. Sein Nachname war da schon schwieriger. Ich habe keine Ahnung, warum ich mich für Poirot entschied, ob er mir plötzlich durch den Kopf schoss oder ob ich ihn in der Zeitung oder irgendwo anders gelesen hatte – auf jeden Fall kam mir irgendwann die Idee. Allerdings passte er nicht sehr gut zu Hercules, zu Hercule dagegen schon – Hercule Poirot. Das klang gut. Erledigt, Gott sei Dank.

Da Hercule Poirot in *Das fehlende Glied in der Kette* ein ziemlicher Erfolg gewesen war, wurde mir nahegelegt, ihn weiterhin auftreten zu lassen. Einer derjenigen, denen Poirot gefiel, war Bruce Ingram, der damalige Herausgeber von *The Sketch*. Er setzte sich mit mir in Verbindung und schlug mir vor, eine Reihe von Poirot-Erzählungen für die illustrierte Wochenzeitschrift zu schreiben. Ich war von seiner Idee hellauf begeistert. Endlich war ich auf dem Weg zum Erfolg. Im *Sketch* veröffentlicht zu werden – phantastisch! Außerdem ließ er eine herrliche Zeichnung von Hercule Poirot anfertigen, die meinem Bild von diesem Detektiv nicht unähnlich war, obwohl er da schon ein wenig flotter und aristokratischer daherkam, als ich ihn mir vorgestellt hatte. Bruce Ingram wollte zwölf Geschichten haben. Acht hatte ich in relativ kurzer Zeit fertig, und zuerst dachten wir, das würde reichen, doch im Endeffekt sollten es doch zwölf werden, und ich musste die letzten vier entschieden schneller schreiben, als mir eigentlich lieb war.

Ich hatte gar nicht gemerkt, dass ich inzwischen nicht nur auf Detektivgeschichten festgelegt, sondern auch an zwei Menschen gebunden war, nämlich an Hercule Poirot und an seinen Watson, Captain Hastings. Ich mochte Captain Hastings. Er war zwar eine stereotype Figur, aber die beiden, Poirot und er, entsprachen meiner Vorstellung von einem Detektivgespann. Ich schrieb damals immer noch in der Tradition von Sherlock Holmes: ein exzentrischer Detektiv, ein Assistent als Stichwortgeber sowie Inspector Japp, ein an Lestrade erinnernder Inspector von Scotland Yard.

Jetzt wurde mir klar, was für ein furchtbarer Fehler es gewesen war, Hercule Poirot gleich zu Anfang ein so hohes Alter gegeben zu haben. Ich hätte ihn nach den ersten drei oder vier Büchern fallen lassen und mit einem deutlich jüngeren Helden von vorn anfangen sollen.

Ich bekomme ständig Briefe von Lesern, die mich dazu drängen, Miss Marple und Hercule Poirot einander begegnen zu lassen – aber was hätten die beiden davon? Ich bin mir sicher, sie würden keine Freude daran haben. Hercule Poirot, Egoist durch und durch, würde es nie und nimmer goutieren, von einer alten Jungfer belehrt zu werden. Er war ein professioneller Ermittler und würde sich in Miss Marples Welt überhaupt nicht wohlfühlen. Nein, alle beide sind Stars, und zwar unabhängig voneinander. Sie werden einander nicht begegnen, es sei denn, ich verspüre eines Tages ein unerwartetes Bedürfnis danach, sie zusammenzuführen.

Der Plymouth-Express

Alec Simpson, Lieutenant bei der Royal Navy, stieg am Bahnhof von Newton Abbot in ein Abteil erster Klasse des Plymouth-Express. Ein Gepäckträger folgte ihm mit einem schweren Koffer. Als er ihn gerade auf die Gepäckablage hieven wollte, bremste der junge Seemann ihn.

»Nein, stellen Sie ihn auf den Sitz. Ich lege ihn später hoch. Hier.«

»Vielen Dank, Sir.« Der Träger zog sich mit seinem großzügigen Trinkgeld zurück.

Türen schlugen zu, und eine durchdringende Stimme rief: »Direktzug nach Plymouth. Mit Anschluss nach Torquay. Nächster Halt Plymouth.« Dann ertönte ein Pfiff, und der Zug verließ langsam den Bahnhof.

Lieutenant Simpson hatte das Abteil für sich. Da die Dezemberluft frostig war, schloss er das Fenster. Sofort rümpfte er die Nase, schnupperte kurz und runzelte die Stirn. Was für ein Gestank! Erinnerte ihn an seinen Krankenhausaufenthalt und die Beinoperation. Genau, Chloroform, das war's!

Also zog er das Fenster wieder herunter und setzte sich entgegen der Fahrtrichtung hin. Dann holte er seine Pfeife aus der Tasche und zündete sie an. Eine Weile saß er einfach nur da, blickte in die Nacht hinaus und rauchte.

Schließlich erhob er sich, öffnete den Koffer, entnahm ihm mehrere Zeitungen und Zeitschriften, schloss ihn wieder und versuchte, ihn unter den gegenüberliegenden Sitz zu schieben, allerdings vergeblich. Irgendetwas lag dort im Weg. Er schob energischer und wurde zunehmend ungeduldig, doch der Koffer ragte immer noch zur Hälfte ins Abteil hinein.

»Warum zum Teufel passt er denn da nicht drunter?«, murmelte er, zog ihn vollständig heraus und spähte unter den Sitz …

Im nächsten Moment gellte ein Schrei in die Nacht hinaus, und der schwere Zug kam, dem heftigen Ruck an der Notbremse gehorchend, widerwillig zum Stehen.

»*Mon ami*«, sagte Poirot, »ich weiß, Sie interessieren sich brennend für das Geheimnis des Plymouth-Express. Hier, lesen Sie mal.«

Ich nahm den Zettel, den er mir über den Tisch zugeschoben hatte. Die Nachricht war kurz und prägnant:

Sehr geehrter Mr Poirot,
ich wäre Ihnen sehr verbunden, wenn Sie mich baldmöglichst aufsuchen könnten.
Hochachtungsvoll,
Ebenezer Halliday

Da mir der Zusammenhang unklar war, sah ich Poirot fragend an.

Als Antwort nahm er die Zeitung in die Hand und las daraus vor: »›Gestern Abend sorgte ein sensationeller Fund für Aufregung. Ein junger Marineoffizier auf dem Heimweg nach Plymouth entdeckte unter einem Sitz in seinem Abteil die Leiche einer Frau, die mit einem Stich ins Herz getötet worden war. Der Offizier zog sofort die Notbremse, und der Zug kam zum Stehen. Die circa dreißigjährige, gut gekleidete Frau konnte noch nicht identifiziert werden.‹

Und später heißt es dann: ›Bei der im Plymouth-Express tot aufgefundenen Frau handelt es sich um die Ehrenwerte Mrs Rupert Carrington.‹ Verstehen Sie es jetzt, *mon ami*? Falls nicht, lassen Sie mich Folgendes hinzufügen: Mrs Rupert Carrington hieß vor ihrer Heirat Flossie Halliday und ist die Tochter des alten Halliday, des Stahlkönigs von Amerika.«

»Und der hat Sie um Ihren Besuch gebeten? Phantastisch.«

»Ich habe ihm vor einiger Zeit einen kleinen Gefallen getan – es ging um Inhaberschuldverschreibungen. Und einmal, als ich anlässlich eines königlichen Besuchs in Paris weilte, machte man mich auf Mademoiselle Flossie aufmerksam. *La jolie petite pensionnaire!* Und eine *joli dot* hatte sie auch! Diese hübsche Mitgift führte zu Scherereien. Fast hätte sie sogar eine schlechte Partie gemacht.«

»Wieso?«

»Ein gewisser Comte de la Rochefour. *Un bien mauvais sujet!* Ein übler Kunde, wie man so schön sagt. Der reinste Abenteurer, der sehr genau wusste, wie man sich bei einem romantischen jungen Mädchen einschmeichelt. Zum Glück bekam ihr Vater rechtzeitig Wind von der Sache. Er brachte sie in aller Eile nach Amerika zurück. Jahre später hörte ich dann von ihrer Heirat, aber über ihren Mann weiß ich nichts.«

»Hm«, sagte ich. »Der Ehrenwerte Rupert Carrington ist, nach allem, was man hört, nicht gerade ein Prachtstück. Sein eigenes Vermögen hatte er wohl mehr oder weniger auf der Pferderennbahn durchgebracht, da kamen die Dollar des alten Halliday, schätze ich mal, gerade recht. Ich würde sagen, so ein gut aussehender, gut erzogener, absolut skrupelloser junger Halunke sucht seinesgleichen!«

»Ah, die arme kleine Lady. *Elle n'est pas bien tombée!*«

»Er hat ihr offenbar auf der Stelle deutlich zu verstehen gegeben, dass er sich nicht zu ihr, sondern zu ihrem Geld hingezogen fühlte. Ich glaube, sie lebten sich fast sofort auseinander. Kürzlich habe ich gerüchtehalber gehört, dass auf alle Fälle eine rechtskräftige Trennung erwirkt werden soll.«

»Der alte Halliday ist ja nicht auf den Kopf gefallen. Er hat ihr Geld garantiert fest angelegt.«

»Das glaube ich gern. Auf jeden Fall weiß ich, dass der Ehrenwerte Rupert absolut klamm sein soll.«

»Aha! Ich möchte wissen …«

»Was möchten Sie wissen?«

»Mein guter Freund, fahren Sie mir nicht so dazwischen. Ich sehe, Sie interessieren sich für den Fall. Wie wäre es, wenn Sie mich zu Mr Halliday begleiten würden? An der Ecke ist ein Taxistand.«

In nur wenigen Minuten gelangten wir zu dem prunkvollen Haus in der Park Lane, das der amerikanische Magnat gemietet hatte. Wir wurden in die Bibliothek geleitet, wo sich fast augenblicklich ein großer, korpulenter Mann mit stechendem Blick und energischem Kinn zu uns gesellte.

»Monsieur Poirot?«, sagte Mr Halliday. »Ich nehme an, ich muss Ihnen nicht erklären, warum ich Sie kommen ließ. Sie haben es in der Zeitung gelesen, und ich bin niemand, der Dinge auf die lange Bank schiebt. Ich hörte zufällig, dass Sie in London sind, und erinnerte mich an Ihre gute Arbeit bei der Geschichte mit den Inhaberschuldverschreibungen. Vergesse nie einen Namen. Bei Scotland Yard kann ich haben, wen ich will, aber ich möchte außerdem noch einen Privatdetektiv anheuern. Geld spielt keine Rolle. Die ganzen Dollar waren sowieso alle für mein kleines Mädchen gedacht – und jetzt, wo sie nicht mehr ist, würde ich meinen letzten Cent opfern, damit dieser verdammte Schurke, der das getan tat, gefasst wird. Verstehen Sie? Es ist jetzt also an Ihnen, den Kerl zur Strecke zu bringen.«

Poirot verbeugte sich.

»Monsieur, ich übernehme den Fall, und zwar umso bereitwilliger, als ich Ihrer Tochter mehrere Male in Paris begegnet bin. Aber jetzt möchte ich Sie bitten, mir die näheren Umstände ihrer Reise nach Plymouth zu schildern und alles, was Ihnen sonst noch in diesem Zusammenhang relevant erscheint.«

»Nun«, sagte Halliday, »zunächst einmal fuhr sie gar nicht nach Plymouth. Sie war zu einer Gesellschaft in Avonmead Court, dem Sitz der Duchess of Swansea, eingeladen. Sie verließ London mit dem Zug um 12 Uhr 14 von Paddington und war um 14 Uhr 50 in Bristol, wo sie umsteigen musste. Die wichtigsten Expresszüge nach Plymouth fahren natürlich über Westbury und kommen gar nicht in die Nähe von Bristol. Der Zug um 12 Uhr 14 fährt nonstop nach Bristol, danach hält er dann in Weston, Taunton, Exeter und Newton Abbot. Meine Tochter hatte ein Abteil für sich, das bis Bristol für sie reserviert war, während das Mädchen einen Wagen weiter in einem Abteil dritter Klasse saß.«

Poirot nickte, und Mr Halliday fuhr fort: »Die Gesellschaft im Avonmead Court sollte ein Riesenspektakel werden, mit mehreren Bällen, weshalb meine Tochter fast ihren ganzen Schmuck bei sich hatte – im Gesamtwert von vielleicht rund hunderttausend Dollar.«

»*Un moment*«, unterbrach ihn Poirot. »Wer hatte den Schmuck bei sich? Ihre Tochter oder das Mädchen?«

»Meine Tochter hatte ihn immer selbst in Verwahrung und trug ihn in einer kleinen Schatulle aus blauem Marokkoleder bei sich.«

»Fahren Sie fort, Monsieur.«

»In Bristol sammelte Jane Mason, das Mädchen, den Kosmetikkoffer sowie Mantel, Schal und Mütze ihrer Herrin in ihrem Abteil zusammen und ging zu Flossies Abteiltür. Zu ihrer außerordentlichen Überraschung teilte ihr meine Tochter mit, sie werde nicht in Bristol aussteigen, sondern weiterfahren. Sie wies Mason an, das Gepäck zu holen und in der Gepäckaufbewahrung abzugeben. Sie könne im Erfrischungsraum einen Tee zu sich nehmen, solle aber auf dem Bahnhof auf ihre Herrin warten, die im Laufe des Nachmittags mit einem Gegenzug zurückkehren würde. Obwohl das Mädchen äußerst erstaunt war, tat sie, wie ihr geheißen. Sie brachte das Gepäck in die Aufbewahrung und trank einen Tee. Doch es kam ein Gegenzug nach dem anderen, ohne dass ihre Herrin auftauchte. Als der letzte Zug abgefahren war, ließ sie das Gepäck, wo es war, und übernachtete in einem Hotel in der Nähe des Bahnhofs. Heute Morgen las sie dann von der Tragödie in der Zeitung und kehrte mit dem ersten Zug in die Stadt zurück.«

»Gibt es irgendetwas, was den plötzlichen Sinneswandel Ihrer Tochter erklären könnte?«

»Nun, Folgendes: Jane Mason zufolge war Flossie in Bristol nicht mehr allein in ihrem Abteil. Es stand ein Mann am Fenster und blickte die ganze Zeit hinaus, weshalb sie sein Gesicht nicht sehen konnte.«

»Auf welcher Seite des Wagens lag der Gang?«

»Auf der Bahnsteigseite. Als meine Tochter mit Mason sprach, stand sie auf dem Gang.«

»Und Sie haben nicht den geringsten Zweifel … Entschuldigen Sie!« Er erhob sich und rückte sorgfältig die Schreibtischunterlage gerade, die ein klein wenig schräg gelegen hatte. *»Je vous demande pardon«*, sagte er und nahm wieder Platz. »Sobald ich etwas Schiefes sehe, werde ich nervös. Seltsam, oder? Ich wollte eben sagen, Monsieur, Sie haben nicht den geringsten Zweifel, dass diese höchstwahrscheinlich unerwartete Begegnung der Grund für den plötzlichen Sinneswandel Ihrer Tochter war?«

»Das scheint mir die einzig vernünftige Erklärung.«

»Und Sie haben keine Ahnung, wer der fragliche Gentleman gewesen sein könnte?«

Der Millionär zögerte einen Augenblick, dann erwiderte er: »Nein, ich habe nicht die geringste Ahnung.«

»Und – die Entdeckung der Leiche?«

»Sie wurde von einem jungen Marineoffizier entdeckt, der sofort Alarm schlug. Es war ein Arzt im Zug, der den Leichnam untersuchte. Meine Tochter war erst mit Chloroform betäubt und dann erstochen worden. Seiner Ansicht nach war sie bereits seit rund vier Stunden tot, weshalb es kurz hinter Bristol passiert sein muss – wahrscheinlich zwischen Bristol und Weston, möglicherweise auch zwischen Weston und Taunton.«

»Und die Schmuckschatulle?«

»Die Schmuckschatulle, Monsieur Poirot, ist verschwunden.«

»Eins noch, Monsieur. Das Vermögen Ihrer Tochter, auf wen geht es mit ihrem Tod über?«

»Flossie setzte kurz nach ihrer Heirat ein Testament auf und vermachte alles ihrem Mann.« Er zögerte einen Moment, ehe er fortfuhr: »Ich kann es Ihnen genauso gut gleich sagen, Monsieur Poirot: Ich halte meinen Schwiegersohn für einen skrupellosen Halunken, weshalb meine Tochter, auf mein Anraten hin, kurz davorstand, die Ehe rechtskräftig aufzulösen, was nicht sehr schwer war. Ich hatte ihr Geld so angelegt, dass er zu ihren Lebzeiten nicht herankam, aber obwohl sie schon seit einigen Jahren getrennt lebten, hat sie häufig seinen Geldforderungen nachgegeben, statt einen Skandal zu riskieren. Ich war allerdings entschlossen, dem Ganzen ein Ende zu setzen. Schließlich erklärte sich Flossie einverstanden, und meine Anwälte wurden angewiesen, ein Verfahren anzustrengen.«

»Und wo ist Monsieur Carrington jetzt?«

»In London. Ich glaube, er war gestern auf dem Land, ist aber abends zurückgekehrt.«

Poirot dachte eine Weile nach. Dann sagte er: »Ich denke, das ist alles, Monsieur.«

»Möchten Sie mit Jane Mason, dem Mädchen, sprechen?«

»Wenn ich darum bitten dürfte.«

Halliday läutete und erteilte dem Diener eine kurze Anweisung.

Wenige Minuten später betrat Jane Mason die Bibliothek, eine biedere Frau mit strengen Gesichtszügen, die sich angesichts der Tragödie so emotionslos zeigte, wie es nur ein gutes Dienstmädchen vermag.

»Sie erlauben mir, Ihnen ein paar Fragen zu stellen? Ihre Herrin benahm sich gestern Morgen vor Ihrem Aufbruch so wie immer? War weder aufgeregt noch fahrig?«

»O nein, Sir!«

»Aber in Bristol war sie dann wie ausgewechselt?«

»Ja, Sir, regelrecht durcheinander – so nervös, dass sie kaum zu wissen schien, was sie sagte.«

»Was genau hat sie denn gesagt?«

»Nun, Sir, soweit ich mich erinnern kann, sagte sie: ›Mason, ich muss meine Pläne ändern. Es ist etwas passiert – ich meine, ich steige doch nicht hier aus. Ich muss weiterfahren. Holen Sie das Gepäck und geben Sie es in der Aufbewahrung ab; dann gehen Sie einen Tee trinken und warten im Bahnhof auf mich.‹

›Ich soll hier auf Sie warten, Ma'am?‹, fragte ich.

›Ja, ja. Verlassen Sie nicht den Bahnhof. Ich komme mit einem späteren Zug zurück. Ich weiß aber noch nicht, wann. Es könnte ziemlich spät werden.‹

›Sehr wohl, Ma'am‹, sagte ich. Es stand mir nicht zu, Fragen zu stellen, obwohl ich das Ganze sehr merkwürdig fand.«

»Es sah Ihrer Herrin also nicht ähnlich, eh?«

»Überhaupt nicht, Sir.«

»Was dachten Sie, was passiert war?«

»Nun, Sir, ich dachte, der Gentleman in dem Abteil hatte etwas damit zu tun. Sie redete nicht mit ihm, drehte sich aber ein- oder zweimal um, als wollte sie ihn fragen, ob sie alles richtig machte.«

»Sein Gesicht haben Sie nicht gesehen?«

»Nein, Sir, er wandte mir die ganze Zeit den Rücken zu.«

»Können Sie ihn irgendwie beschreiben?«

»Er trug einen leichten rehbraunen Mantel und eine Reisemütze. Er war groß und schlank, ja, und unter der Mütze sahen schwarze Haare hervor.«

»Sie kannten ihn nicht?«

»O nein, ich glaube, nicht, Sir.«

»Es war nicht zufällig Ihr Herr, Mr Carrington?«

Mason wirkte entgeistert.

»Oh, das glaube ich nicht, Sir!«

»Aber Sie sind sich nicht sicher?«

»Er hatte ungefähr die gleiche Statur wie der Herr, Sir – aber mir kam nie der Gedanke, dass er es sein könnte. Wir bekamen ihn so selten zu Gesicht … Ich kann aber auch nicht schwören, dass er es nicht war!«

Poirot hob eine Stecknadel vom Teppich auf und bedachte sie mit einem strengen Stirnrunzeln, ehe er fortfuhr: »Wäre es möglich, dass der Mann in Bristol zugestiegen ist, ehe Sie das Abteil erreicht hatten?«

Mason überlegte.

»Ja, ich glaube, schon, Sir. Mein Abteil war fürchterlich voll, und es dauerte ein paar Minuten, ehe ich aussteigen konnte – und auf dem Bahnsteig standen auch eine Menge Leute, und das hielt mich zusätzlich auf. Aber er hätte höchstens ein, zwei Minuten mit der Herrin sprechen können. Ich bin einfach davon ausgegangen, dass er den Gang entlanggekommen war.«

»Das ist sicher wahrscheinlicher.«

Noch immer die Stirn runzelnd, hielt er inne.

»Möchten Sie wissen, was die Herrin für Kleidung trug, Sir?«

»In den Zeitungen standen ein paar Einzelheiten, aber es wäre gut, wenn Sie sie bestätigen könnten.«

»Sie trug eine weiße Fuchspelzmütze, Sir, mit einem weiß getupften Schleier und ein Frieskostüm, dessen Farbe man als Kobaltblau bezeichnen würde.«

»Hm, ziemlich auffällig.«

»Ja«, sagte Mr Halliday. »Inspector Japp hofft, dass uns das dabei hilft, den genauen Tatort zu bestimmen. Jeder, der sie gesehen hat, wird sich an sie erinnern.«

»*Précisément!* Vielen Dank, Mademoiselle.«

Das Mädchen verließ den Raum.

»Gut!« Poirot erhob sich flink. »Mehr kann ich hier nicht tun – außer, Monsieur, Sie zu bitten, mir alles zu sagen, wirklich alles!«

»Das habe ich getan.«

»Sind Sie sicher?«

»Absolut.«

»Dann erübrigt sich jedes weitere Wort. Ich muss den Fall ablehnen.«

»Weshalb?«

»Weil Sie nicht offen zu mir waren.«

»Ich versichere Ihnen …«

»Nein, Sie verschweigen mir etwas.«

Es entstand eine kurze Pause, dann zog Halliday ein Blatt Papier aus der Tasche und reichte es meinem Freund.

»Ich nehme an, Sie meinten das hier, Monsieur Poirot – wie Sie davon wissen konnten, ist mir allerdings schleierhaft.«

Poirot lächelte und faltete das Papier auseinander. Es handelte sich um einen in einer feinen, schrägen Handschrift geschriebenen Brief. Poirot las ihn laut vor:

Chère Madame,

es wird mir ein unendliches Vergnügen sein und eine ebenso große Freude bereiten, Sie wiederzusehen. Nach Ihrer so liebenswürdigen Antwort auf meinen Brief kann ich meine Ungeduld kaum bezähmen. Jene Tage in Paris sind mir unvergesslich. Es ist höchst grausam, dass Sie London morgen verlassen werden. Allerdings wird mir schon recht bald und vielleicht schneller, als Sie denken, das Glück zuteilwerden, das Antlitz der Dame, die in meinem Herzen stets unangefochten an erster Stelle steht, erneut erschauen zu dürfen.

Seien Sie, chère Madame, meiner innigsten und ungebrochenen Gefühle versichert,

Armand de la Rochefour

Mit einer Verbeugung gab Poirot Halliday den Brief zurück.

»Ich vermute, Monsieur, Sie hatten keine Ahnung, dass Ihre Tochter ihre Bekanntschaft mit Comte de la Rochefour aufzufrischen beabsichtigte?«

»Es traf mich wie ein Blitz! Ich fand den Brief in der Handtasche meiner Tochter. Wie Sie wahrscheinlich wissen, Monsieur Poirot, ist dieser sogenannte Comte ein Abenteurer der schlimmsten Sorte.«

Poirot nickte.

»Jetzt möchte ich aber wissen, woher Sie von der Existenz dieses Briefes wussten.«

Mein Freund lächelte. »Monsieur, ich wusste nichts davon. Aber es genügt nicht, wenn ein Detektiv Fußspuren verfolgen und Zigarettenasche finden kann. Er muss auch ein guter Psychologe sein! Ich wusste, dass Sie Ihren Schwiegersohn nicht mochten und ihm nicht trauten. Er profitiert vom Tod Ihrer Tochter, und nach der Beschreibung des Mädchens hat dieser mysteriöse Mann eine hinreichende Ähnlichkeit mit ihm. Und trotzdem sind Sie überhaupt nicht daran interessiert, diese Spur zu verfolgen! Warum nicht? Mit Sicherheit, weil Ihr Verdacht in eine andere Richtung geht. Also halten Sie etwas zurück.«

»Sie haben recht, Monsieur Poirot. Ich war absolut von Ruperts Schuld überzeugt, bis ich diesen Brief fand – er hat mich furchtbar verstört.«

»Ja. Der Comte schreibt: ›... schon recht bald und vielleicht schneller, als Sie denken‹. Offenkundig wollte er nicht warten, bis Sie Wind von seinem Wiederauftauchen bekamen. Nahm vielleicht auch er den Zug um 12 Uhr 14 aus London und ging dann den Gang entlang und in das Abteil Ihrer Tochter? Wenn ich mich recht entsinne, ist der Comte de la Rochefour ebenfalls groß und schwarzhaarig.«

Der Millionär nickte.

»Nun, Monsieur, ich wünsche Ihnen einen guten Tag. Scotland Yard hat, nehme ich an, bereits eine Liste der Schmuckstücke?«

»Ja, ich glaube, Inspector Japp ist jetzt ebenfalls eingetroffen, falls Sie ihn sprechen möchten.«

Japp war ein alter Freund von uns und begrüßte Poirot mit einer Art wohlwollenden Geringschätzung.

»Und wie geht es Ihnen, Monsieur? Kein böses Blut zwischen uns, oder, trotz unserer ausgesprochen unterschiedlichen Herangehensweisen? Was machen die ›kleinen grauen Zellen‹, hm? Gut in Schuss?«

Poirot strahlte ihn an. »Die funktionieren reibungslos, mein Lieber; jawohl, reibungslos!«

»Dann ist ja alles in Ordnung. Meinen Sie, es war der Ehrenwerte Rupert oder doch eher ein Ganove? Natürlich behalten wir die üblichen Umschlagplätze im Auge. Wir erfahren also, wenn die Klunker zu Geld gemacht werden, denn der Täter, wer immer es war, wird sie garantiert nicht behalten, um sich an ihrem Glitzern zu ergötzen. Höchst unwahrscheinlich! Ich versuche gerade herauszufinden, wo Rupert Carrington gestern war. Scheint eine etwas mysteriöse Angelegenheit zu sein. Ich lasse ihn von einem meiner Männer beschatten.«

»Eine großartige Vorsichtsmaßnahme, die aber vielleicht einen Tag zu spät kommt«, merkte Poirot behutsam an.

»Immer zu einem Späßchen aufgelegt, unser Monsieur Poirot. Nun gut, ich fahre jetzt nach Paddington. Bristol, Weston, Taunton, das ist mein Revier. Bis dann.«

»Sie kommen doch heute Abend vorbei und erzählen mir, was Sie erreicht haben?«

»Sicher, wenn ich rechtzeitig zurück bin.«

»Der gute Inspector glaubt an Materie in Bewegung«, murmelte Poirot, während sich unser Freund auf den Weg machte. »Er fährt durch die Gegend, er vermisst Fußabdrücke, er sammelt Erde und Zigarettenasche auf! Er ist äußerst beschäftigt! Er ist unbeschreiblich emsig! Und wenn ich ihm gegenüber die Psychologie erwähne, wissen Sie, was er dann macht, *mon ami*? Dann lächelt er! Dann sagt er sich: ›Armer Poirot! Er wird alt! Er wird senil!‹ Japp dagegen ist die ›jüngere Generation, die an die Tür klopft‹. Und *ma foi*! Sie ist so sehr mit dem Klopfen beschäftigt, dass sie gar nicht merkt, dass die Tür sperrangelweit offen steht.«

»Und was werden Sie tun?«

»Da wir *carte blanche* haben, werde ich drei Pence für einen Anruf ins Ritz hinlegen – wo, wie Ihnen nicht entgangen sein dürfte, der Comte logiert. Danach werde ich, da meine Füße feucht geworden sind und ich bereits zweimal geniest habe, in mein Quartier zurückkehren und mir über der Spirituslampe einen *tisane* zubereiten!«

Ich sah Poirot erst am nächsten Morgen wieder, als er gerade in aller Ruhe sein Frühstück beendete.

»Und?«, fragte ich gespannt. »Was gibt es Neues?«

»Nichts.«

»Und Japp?«

»Den habe ich nicht gesehen.«

»Und der Comte?«

»Er hat vorgestern das Ritz verlassen.«

»Am Tag des Mordes?«

»Ja.«

»Damit wäre der Fall ja wohl geklärt! Rupert Carrington ist aus dem Schneider.«

»Nur weil der Comte de la Rochefour das Ritz verlassen hat? Nicht so eilig, *mon ami.*«

»Jedenfalls muss man sich an seine Fersen heften, ihn festnehmen! Aber was für ein Motiv könnte er gehabt haben?«

»Schmuck im Wert von hunderttausend Dollar sind für jeden ein sehr gutes Motiv. Nein, was ich mich frage, ist Folgendes: Warum sollte er sie umbringen? Warum nicht einfach die Juwelen stehlen? Sie hätte doch keine Anzeige erstattet.«

»Und wieso nicht?«

»Weil sie eine Frau ist, *mon ami.* Sie hat diesen Mann einmal geliebt. Deshalb würde sie den Verlust stillschweigend hinnehmen. Und der Comte, ein psychologisch äußerst versierter Frauenkenner – daher seine Erfolge –, wusste das natürlich ganz genau! Wenn Rupert Carrington sie dagegen umgebracht hat, weshalb sollte er dann den Schmuck mitgehen lassen, der ihn auf fatale Weise belasten würde.«

»Ein Täuschungsmanöver.«

»Vielleicht haben Sie recht, *mon ami.* Ah, das ist Japp! Ich erkenne ihn am Klopfen.«

Der Inspector strahlte vor guter Laune.

»Morgen, Poirot. Bin gerade erst zurückgekehrt – und ein gutes Stück vorangekommen! Und Sie?«

»Ich, ich habe meine Gedanken geordnet«, erwiderte Poirot seelenruhig.

Japp lachte herzlich.

»Der alte Knabe kommt in die Jahre«, murmelte er mir zu. »Damit begnügen wir Jüngeren uns nicht«, sagte er laut.

»Quel dommage!«

»Also, wollen Sie hören, was ich erreicht habe?«

»Darf ich eine Vermutung äußern? Sie haben zwischen Weston und Taunton das Messer, mit dem der Mord verübt wurde, neben den Gleisen gefunden, und Sie haben den Zeitungsjungen vernommen, der in Weston mit Mrs Carrington sprach!«

Japps Kiefer klappte herunter. »Woher um alles in der Welt wissen Sie das? Und kommen Sie mir bloß nicht mit ihren omnipotenten ›kleinen grauen Zellen‹!«

»Ich freue mich, dass Sie ausnahmsweise einmal zugeben, dass sie wirklich alle potent sind. Sagen Sie, hat sie dem Zeitungsjungen einen Shilling Trinkgeld gegeben?«

»Nein, sogar eine halbe Krone!« Japp hatte seine Fassung wiedererlangt und grinste. »Ziemlich verschwenderisch, diese reichen Amerikanerinnen!«

»Und folglich hat der Junge sie nicht vergessen?«

»Allerdings nicht. Ein Halbkronenstück kriegt er nicht alle Tage. Sie winkte ihn herbei und kaufte zwei Zeitschriften. Eine hatte ein Mädchen in Blau auf der Titelseite. ›Das passt zu mir‹, sagte sie. Oh, er konnte sich ganz genau an sie erinnern. Na ja, das genügte mir. Dem ärztlichen Befund zufolge muss der Mord vor Taunton verübt worden sein. Ich ging davon aus, dass das Messer sofort entsorgt worden war, und suchte es entlang der Gleise; und tatsächlich fand ich es dort auch. In Taunton zog ich Erkundigungen über unseren Mann ein, aber das ist natürlich ein großer Bahnhof, weshalb nicht anzunehmen war, dass ihn da irgendjemand gesehen hat. Wahrscheinlich fuhr er mit einem späteren Zug nach London zurück.«

Poirot nickte. »Höchstwahrscheinlich.«

»Aber nach meiner Rückkehr fand ich noch etwas heraus. Die verschachern den Schmuck tatsächlich bereits! Der große Smaragd wurde gestern Abend verpfändet – von einem unserer Stammkunden. Was meinen Sie, von wem?«

»Keine Ahnung, aber er war auf jeden Fall von kleiner Statur.«

Japp starrte ihn. »Nun, da haben Sie recht. Er ist ziemlich klein. Es war Red Narky.«

»Wer ist denn Red Narky?«, fragte ich.

»Ein besonders cleverer Juwelendieb, Sir. Und jemand, der auch vor Mord nicht zurückschreckt. Tut sich gewöhnlich mit einer Frau zusammen, mit Gracie Kidd, aber in diese Sache scheint sie nicht verwickelt zu sein – es sei denn, sie hat sich mit dem Rest der Beute nach Holland davongemacht.«

»Haben Sie Narky verhaftet?«

»Klar doch. Allerdings sind wir hinter dem anderen her, dem Mann, der im selben Zug wie Mrs Carrington war. Der hat die ganze Sache nämlich geplant. Aber Narky verpfeift keinen Kumpan.«

Mir fiel auf, dass Poirots Augen ganz grün geworden waren.

»Ich glaube«, sagte er leise, »ich kann Ihnen Narkys Kumpan servieren.«

»Eine von Ihren kleinen Ideen, was?« Japp sah Poirot scharf an. »Fabelhaft, wie Sie es, in Ihrem Alter und so, bisweilen schaffen, Verbrecher zur Strecke zu bringen. Natürlich einfach nur unverschämtes Glück.«

»Mag sein, mag sein«, murmelte mein Freund. »Meinen Hut, Hastings. Und die Bürste. So! Und meine Galoschen, falls es immer noch regnet! Wir dürfen nicht die wertvolle Arbeit des *tisane* zunichtemachen. *Au revoir*, Japp!«

»Viel Glück, Poirot.«

Poirot winkte das erstbeste Taxi herbei und wies den Fahrer an, uns in die Park Lane zu bringen.

Kaum waren wir vor Hallidays Haus vorgefahren, sprang er behände aus dem Wagen, bezahlte den Fahrer und zog an der Klingel. Als der Diener uns die Tür öffnete, trug Poirot ihm mit leiser Stimme eine Bitte vor, woraufhin wir sofort nach oben geleitet wurden. Wir stiegen bis in den obersten Stock und wurden in ein kleines, ordentlich aufgeräumtes Zimmer geführt.

Poirots Blick wanderte im Raum umher und heftete sich auf einen kleinen schwarzen Koffer. Er kniete davor nieder, studierte die Etiketten und holte ein Stückchen Draht aus der Tasche.

»Fragen Sie Mr Halliday, ob er so freundlich wäre, zu mir heraufzukommen«, sagte er, über die Schulter gewandt, zum Diener.

Der Mann verschwand, und Poirot machte sich mit geübter Hand behutsam am Kofferschloss zu schaffen. Nach wenigen Minuten gab es nach, und er klappte den Kofferdeckel hoch. Schnell durchwühlte er die Kleider und warf sie auf den Boden.

Von der Treppe her waren schwere Schritte zu hören, dann trat Halliday ins Zimmer.

»Was zum Teufel machen Sie da?«, fragte er und starrte Poirot an.

»Ich habe etwas gesucht, Monsieur, und zwar das hier.« Poirot zog ein kobaltblaues Frieskostüm aus dem Koffer sowie eine weiße Fuchspelzmütze.

»Was machen Sie da an meinem Koffer?« Ich drehte mich um und sah Jane Mason, die soeben ins Zimmer getreten war.

»Wenn Sie bitte die Tür schließen würden, Hastings. Vielen Dank. Ja, stellen Sie sich mit dem Rücken dagegen. Und jetzt, Mr Halliday, lassen Sie mich Ihnen Gracie Kidd vorstellen, alias Jane Mason, die in Kürze, gütigerweise von Inspector Japp eskortiert, ihrem Komplizen Red Narky Gesellschaft leisten wird.«

Poirot winkte bescheiden ab. »Es war ausgesprochen einfach!« Er nahm sich eine zweite Portion Kaviar.

»Zuerst fiel mir auf, wie nachdrücklich uns das Mädchen auf die Kleidungsstücke, die ihre Herrin getragen hatte, hinwies. Warum war es ihr so wichtig, unsere Aufmerksamkeit darauf zu lenken? Ich überlegte mir, dass sie die Einzige war, die diesen mysteriösen Mann in Bristol in dem Abteil gesehen hatte. Was den ärztlichen Befund anging, so konnte Mrs Carrington genauso gut auch schon *vor* Bristol ermordet worden sein. Wenn dem allerdings so war, dann musste das Mädchen eine Komplizin sein. Und wenn sie eine Komplizin war, dann hätte sie ein Interesse daran, dass jemand anderes ihre Aussage bestätigen konnte. Die Kleidung, die Mrs Carrington trug, war sehr auffällig. Ein Mädchen kann gemeinhin ziemlich großen Einfluss darauf nehmen, was seine Herrin anzieht. Wenn dann also jemand hinter Bristol eine Dame in knallblauem Kostüm und mit einer Pelzmütze gesehen hat, wäre er sicher bereit zu schwören, dass es Mrs Carrington war.

Ich begann die Geschehnisse zu rekonstruieren. Das Mädchen beschafft sich die gleiche Kleidung. Sie und ihr Komplize betäuben und erstechen Mrs Carrington zwischen London und Bristol, praktischerweise höchstwahrscheinlich in einem Tunnel. Die Leiche wird unter die Sitzbank geschoben, und das Mädchen übernimmt die Rolle ihrer Herrin. In Weston muss sie sich dann bemerkbar machen. Aber wie? Aller Voraussicht nach sucht sie sich dafür einen Zeitungsjungen aus. Ein hohes Trinkgeld sorgt dafür, dass er sich an sie erinnert. Eine Bemerkung über eine der Zeitschriften lenkt seine Aufmerksamkeit auf die Farbe ihres Kostüms. Hinter Weston wirft sie das Messer aus dem Fenster, um vorzutäuschen, dass die Tat erst dort verübt wurde, zieht sich um oder streift sich einen langen Mackintosh über. In Taunton steigt sie aus dem Zug und fährt so schnell wie möglich nach Bristol zurück, wo ihr Komplize das Gepäck wie verabredet in der Aufbewahrung abgegeben hat. Er gibt ihr die Gepäckmarke und kehrt nach London zurück. Sie spielt ihre Rolle weiter, wartet auf dem Bahnhof, sucht sich in einem Hotel ein Nachtquartier und fährt am Morgen nach London zurück, genau, wie sie es erzählt hat.

Als Japp von seiner Expedition zurückkehrte, bestätigte er all meine Schlussfolgerungen. Außerdem berichtete er mir, ein einschlägig bekannter Ganove würde die Juwelen bereits zu Geld machen. Wer immer das war, ich wusste, er würde das genaue Gegenteil von dem Mann sein, den Jane Mason beschrieben hatte. Als ich hörte, dass es Red Narky war, der bekanntlich stets mit Gracie Kidd zusammenarbeitet – nun, da wusste ich, wo ich sie finden würde.«

»Und der Comte?«

»Je mehr ich darüber nachdachte, desto sicherer war ich mir, dass er nichts damit zu tun hatte. Dieser Gentleman ist viel zu sehr um seine eigene Haut besorgt, als dass er einen Mord riskieren würde. Es entspräche einfach nicht seinem Charakter.«

»Nun, Monsieur Poirot«, sagte Halliday, »ich stehe tief in Ihrer Schuld. Und der Scheck, den ich Ihnen nach dem Mittagessen ausstellen werde, kann sie nicht annähernd wettmachen.«

Poirot lächelte bescheiden und murmelte mir zu: »Der gute Japp soll ruhig die Lorbeeren ernten, denn obwohl ich ihm seine Gracie Kidd auf einem silbernen Tablett serviert habe, habe ich ihn wohl auch, wie man so schön sagt, einigermaßen in Harnisch gebracht. Er hat sich die Hacken abgelaufen, und ich ihm den Rang.«

Die Pralinenschachtel

Es war eine wilde Nacht. Der Wind heulte wütend, und der Regen peitschte in heftigen Böen gegen die Fenster. Poirot und ich saßen vor dem Kamin, die Beine den fröhlich knisternden Flammen entgegengestreckt. Zwischen uns stand ein kleiner Tisch. Auf meiner Seite dampfte ein sorgfältig zubereiteter Grog, neben Poirot eine Tasse dicker, kräftiger Schokolade, die ich nicht einmal für hundert Pfund getrunken hätte! Poirot nippte an dem dickflüssigen, braunen Modder in der rosafarbenen Porzellantasse und seufzte vor Zufriedenheit.

»*Quelle belle vie!*«, murmelte er.

»Ja, ja, wir leben schon in einer guten Welt«, pflichtete ich ihm bei. »Ich sitze hier, habe Arbeit, und sogar eine gute Arbeit! Und dort sitzen Sie, berühmt …«

»Ach, *mon ami*!«, protestierte Poirot.

»Aber das sind Sie doch. Und völlig zu Recht! Wenn ich an die lange Reihe Ihrer Erfolge zurückdenke, komme ich aus dem Staunen überhaupt nicht mehr heraus. Ich glaube, ›scheitern‹ ist für Sie ein Fremdwort!«

»So etwas kann wirklich nur ein drolliger Kauz behaupten!«

»Nein, im Ernst, sind Sie jemals gescheitert?«

»Unzählige Male, wo denken Sie hin! *La bonne chance*, man kann es nicht immer auf seiner Seite haben. Ich bin zu spät zurate gezogen worden. Sehr oft war jemand anders vor mir am Ziel. Zweimal wurde ich, als ich bereits dicht vor dem Erfolg stand, von einer Krankheit heimgesucht. Man muss die Höhen und Tiefen nehmen, wie sie kommen, *mon ami*.«

»So habe ich das nicht gemeint«, sagte ich. »Ich meinte, sind Sie jemals in einem Fall durch eigenes Verschulden komplett auf die Nase gefallen?«

»Ah, ich verstehe! Sie wollen wissen, ob ich mich jemals zu einem ausgewachsenen Esel gemacht habe, wie man hierzulande sagt? Einmal, *mon ami* ...« Ein leises, nachdenkliches Lächeln huschte über sein Gesicht. »Ja, einmal habe ich mich zum Narren gemacht.«

Plötzlich richtete er sich in seinem Sessel auf.

»Sehen Sie, *mon ami*, Sie haben, wie ich weiß, Buch über meine kleinen Erfolge geführt. Jetzt können Sie Ihrer Sammlung eine weitere Geschichte hinzufügen, die Geschichte eines Scheiterns!«

Er beugte sich vor und legte ein Scheit ins Feuer. Nachdem er sich die Hände sorgfältig an einem kleinen, neben dem Kamin an einem Nagel hängenden Tuch abgewischt hatte, lehnte er sich zurück und begann mit seiner Erzählung.

»Was ich Ihnen jetzt erzähle«, so Monsieur Poirot, »spielte sich vor vielen Jahren in Belgien ab, und zwar genau zu der Zeit, als in Frankreich dieser furchtbare Kampf zwischen Kirche und Staat tobte. Monsieur Paul Déroulard war damals ein bedeutender französischer Abgeordneter. Es war ein offenes Geheimnis, dass ein Ministerposten auf ihn wartete. Da er zu den erbittertsten Gegnern der Katholiken gehörte, war klar, dass er sich nach seinem Machtantritt heftigen Feindseligkeiten ausgesetzt sehen würde. Er war in vielerlei Hinsicht ein eigenartiger Mensch. Obwohl er weder trank noch rauchte, war er in anderen Dingen längst nicht so pingelig. Verstehen Sie, Hastings, *c'était des femmes – toujours des femmes*!

Einige Jahre zuvor hatte er eine junge Dame aus Brüssel geheiratet, die eine erhebliche *dot* in die Ehe eingebracht hatte. Diese Mitgift war ihm bei seiner Karriere zweifelsohne nützlich, denn seine Familie war nicht reich, obwohl er das Recht hatte, sich, wenn er wollte, Monsieur le Baron zu nennen. Aus der Ehe gingen keine Kinder hervor, und nach zwei Jahren starb seine Frau – an den

Folgen eines Treppensturzes. Unter den Gütern, die sie ihm hinterließ, war auch ein Haus in der Avenue Louise in Brüssel.

In diesem Haus ereilte ihn auch sein plötzlicher Tod, der mit dem Rücktritt des Ministers zusammenfiel, dessen Amt er erben sollte. Sämtliche Zeitungen druckten ausführliche Würdigungen seiner Laufbahn. Seinen Tod, der recht überraschend nach einem Abendessen eingetreten war, hatte man einem Herzversagen zugeschrieben.

Zu jener Zeit, *mon ami*, arbeitete ich, wie Sie wissen, bei der belgischen Kriminalpolizei. Monsieur Paul Déroulards Tod interessierte mich nicht besonders. Ich bin, wie Sie ebenfalls wissen, ein *bon catholique*, und sein Ableben schien mir ein Glücksfall.

Etwa drei Tage später, mein Urlaub hatte gerade begonnen, erhielt ich bei mir zu Hause Besuch – von einer tief verschleierten, aber offensichtlich recht jungen Dame, die ich sofort als ein *jeune fille tout à fait comme il faut* erkannte.

›Sie sind Monsieur Hercule Poirot?‹, fragte sie mit einer leisen, weichen Stimme.

Ich verbeugte mich.

›Von der Kriminalpolizei?‹

Erneut verbeugte ich mich. ›Bitte nehmen Sie doch Platz, Mademoiselle‹, sagte ich.

Sie setzte sich in den angebotenen Sessel und schlug den Schleier zurück. Ihr Gesicht war bezaubernd, allerdings von Tränen gezeichnet und wie von quälender Angst gepeinigt.

›Monsieur‹, sagte sie, ›ich weiß, Sie haben Urlaub. Es steht Ihnen also frei, einen privaten Auftrag zu übernehmen. Sie werden verstehen, dass ich nicht die Polizei hinzuziehen möchte.‹

Ich schüttelte den Kopf. ›Ich fürchte, Sie verlangen Unmögliches von mir, Mademoiselle. Obwohl ich im Urlaub bin, gehöre ich trotzdem der Polizei an.‹

Sie beugte sich vor. ›*Écoutez*, Monsieur. Ich bitte Sie lediglich darum, einige Ermittlungen anzustellen. Das Ergebnis Ihrer Ermittlungen dürfen Sie gern der Polizei mitteilen. Wenn das, was ich vermute, tatsächlich wahr ist, benötigen wir sowieso den ganzen Polizeiapparat.‹

Das ließ die Angelegenheit in einem etwas anderen Licht erscheinen, und ich stellte ihr meine Dienste ohne weitere Umstände zur Verfügung.

Eine leichte Röte stieg in ihre Wangen. ›Ich danke Ihnen, Monsieur. Es ist der Tod von Monsieur Paul Déroulard, den ich Sie zu untersuchen bitte.‹

›*Comment?*‹, rief ich überrascht aus.

›Monsieur, ich habe keinerlei Anhaltspunkte, nichts als meinen weiblichen Instinkt, aber ich bin überzeugt – überzeugt, sage ich Ihnen –, dass Monsieur Déroulard keines natürlichen Todes gestorben ist!‹

›Aber die Ärzte haben doch sicherlich …‹

›Ärzte können sich täuschen. Er war so robust, so kräftig. Ah, Monsieur Poirot, ich flehe Sie an, mir zu helfen …‹

Das arme Kind war schier außer sich. Sie wäre sogar vor mir auf die Knie gefallen. Ich beruhigte sie, so gut es ging.

›Ich werde Ihnen helfen, Mademoiselle. Ich bin mir fast vollkommen sicher, dass Ihre Befürchtungen unbegründet sind, aber wir werden sehen. Als Erstes möchte ich Sie bitten, mir die Bewohner des Hauses zu beschreiben.‹

›Da ist natürlich einmal das Personal: Jeannette, Félice und Denise, die Köchin. Letztere steht dort schon seit vielen Jahren in Diensten; die anderen beiden sind einfache Mädchen vom Lande. Dann wäre da noch François, ein ebenfalls langjähriger Diener. Außerdem lebte noch Monsieur Déroulards Mutter bei ihm, und ich. Ich heiße Virginie Mesnard. Ich bin eine arme Cousine der verstorbenen Madame Déroulard, Monsieur Pauls Gattin, und gehöre seit über drei Jahren zu dem Haushalt, dessen Mitglieder ich Ihnen gerade beschrieben habe. Ferner wohnten noch zwei Gäste im Haus.‹

›Die da wären?‹

›Monsieur de Saint Alard, ein Nachbar von Monsieur Déroulard in Frankreich. Sowie ein englischer Freund, Mr John Wilson.‹

›Und die beiden wohnen immer noch bei Ihnen?‹

›Mr Wilson ja, Monsieur de Saint Alard hingegen reiste gestern ab.‹

›Und wie sieht Ihr Plan aus, Mademoiselle Mesnard?‹

›Wenn Sie in einer halben Stunde bei uns vorsprechen, werde ich mir eine Geschichte zurechtgelegt haben, um Ihre Anwesenheit zu erklären. Am besten wäre es wohl, wenn ich behaupten würde, Sie hätten irgendetwas mit der Presse zu tun. Ich sage einfach, Sie kämen aus Paris und hätten ein Empfehlungsschreiben von Monsieur de Saint Alard. Madame Déroulard ist sehr gebrechlich und wird kaum auf irgendwelche Einzelheiten achten.‹

Unter Mademoiselles geschicktem Vorwand gelangte ich ins Haus, und nach einem kurzen Gespräch mit der Mutter des verstorbenen Abgeordneten – einer ausgesprochen imposanten, allerdings eben schwächlichen Aristokratin – durfte ich mich in den Räumlichkeiten frei bewegen.

Ich frage mich, *mon ami*«, fuhr Poirot fort, »ob Sie sich überhaupt vorstellen können, wie schwierig meine Aufgabe war. Es ging hier um den drei Tage zurückliegenden Tod eines Mannes. War er tatsächlich einem Verbrechen zum Opfer gefallen, so gab es nur eine Möglichkeit: Gift! Und es gab weder eine Aussicht darauf, den Leichnam zu sehen, noch eine Gelegenheit, die Substanz zu bestimmen oder zu analysieren, in der das Gift eventuell verabreicht worden war. Es gab keine Anhaltspunkte, die ich verfolgen konnte – keine Spuren, weder hilfreiche noch irreführende. War der Mann vergiftet worden? War er eines natürlichen Todes gestorben? Das musste ich, Hercule Poirot – ohne irgendwelche Indizien – entscheiden.

Zuerst sprach ich mit dem Personal, mit dessen Hilfe ich den Abend rekonstruierte. Besondere Beachtung schenkte ich dem Abendessen und der Art, wie es aufgetragen worden war. Die Suppe hatte Monsieur Déroulard selbst aus einer Terrine serviert. Dann gab es Kotelett, dann Hühnchen. Zum Schluss Kompott. Und alles hatte Monsieur höchstpersönlich aufgetragen und serviert. Der Kaffee war in einer großen Kanne auf den Esstisch gestellt worden. Fehlanzeige, *mon ami* – unmöglich, einen zu vergiften, ohne alle zu vergiften!

Nach dem Essen hatte sich Madame Déroulard, begleitet von Mademoiselle Virginie, in ihre Räume zurückgezogen. Die drei Männer hatten sich in Monsieur Déroulards Arbeitszimmer begeben. Dort hatten sie einige Zeit miteinander geplaudert, als der Abgeordnete urplötzlich, ohne jede Vorwarnung, krachend zu Boden gefallen war. Monsieur de Saint Alard war hinausgeeilt und hatte François aufgetragen, sofort den Arzt zu holen, denn er war sich, so der Diener, sicher, es handele sich um einen Schlaganfall. Doch als der Arzt eintraf, sei es für jede Hilfe zu spät gewesen.

Dann stellte mir Mademoiselle Virginie Mr John Wilson vor: stämmig und in mittlerem Alter, ein regelrechter John Bull, wie man den typischen Engländer damals nannte. Seine in sehr britischem Französisch vorgetragene Darstellung des Abends deckte sich im Wesentlichen mit den anderen Aussagen:

›Déroulard wurde ganz rot im Gesicht und fiel zu Boden.‹

Hier war nichts weiter in Erfahrung zu bringen. Danach ging ich zum Schauplatz der Tragödie, dem Arbeitszimmer, wo man mich auf meine Bitte hin allein ließ. Bisher gab es nichts, was Mademoiselle Mesnards Theorie untermauert hätte. Ich sah mich gezwungen, das Ganze für einen Irrglauben ihrerseits zu halten. Offensichtlich hatte sie romantisch-leidenschaftliche Gefühle für den Toten empfunden, die es ihr unmöglich machten, den Fall nüchtern zu betrachten. Trotzdem suchte ich das Arbeitszimmer peinlich genau ab. Es wäre ja beispielsweise möglich gewesen, dass eine Spritze so am Sessel des Toten angebracht worden war, dass er zwangsläufig eine tödliche Injektion verabreicht bekam. Wahrscheinlich wäre der winzige Einstich unbemerkt geblieben. Allerdings konnte ich keinerlei Beweise für diese Theorie finden. Mit einer Geste der Verzweiflung ließ ich mich in den Sessel fallen.

›*Enfin*, ich gebe auf!‹, sagte ich laut. ›Nirgends gibt es auch nur die geringste Spur! Alles ist absolut normal.‹

Während ich diese Worte sagte, fiel mein Blick auf eine große Pralinenschachtel, die ganz in der Nähe auf einem Tisch lag, und mein Herz machte einen Sprung. Sie war vielleicht kein Schlüssel zu Monsieur Déroulards Tod, aber wenigstens war da etwas, was nicht normal war. Ich hob den Deckel. Die Schachtel war voll, unangetastet; es fehlte keine einzige Praline, was die Eigentümlichkeit, die mir ins Auge gesprungen war, nur umso auffälliger machte. Denn, sehen Sie, Hastings, während die Schachtel selbst rosafarben war, war der Deckel blau. Nun sieht man zwar oft ein blaues Band um eine rosafarbene Schachtel und umgekehrt, aber eine Schachtel in einer Farbe und einen Deckel in einer anderen – *ça ne se voit jamais*!

Mir war noch nicht klar, ob mir diese kleine Eigentümlichkeit irgendwie nützen würde, aber dennoch beschloss ich, die Sache zu untersuchen, allein, weil sie so ungewöhnlich war. Ich läutete nach François und fragte ihn, ob sein verstorbener Herr gerne Süßigkeiten gegessen habe. Ein leises, melancholisches Lächeln spielte um seine Lippen.

›Leidenschaftlich gerne, Monsieur. Er hatte stets eine Schachtel Pralinen im Haus. Sehen Sie, er trank überhaupt keinen Wein.‹

›Und doch blieb diese Schachtel unangetastet.‹ Ich hob den Deckel, um es ihm zu zeigen.

›Pardon, Monsieur, aber diese Schachtel wurde erst am Tag seines Todes gekauft, da die andere fast leer war.‹

›Dann wurde die andere am Tag seines Todes leer gegessen‹, sagte ich langsam.

›Ja, Monsieur, ich fand die leere Schachtel am nächsten Morgen und warf sie weg.‹

›Hat Monsieur Déroulard zu allen Tageszeiten Süßigkeiten gegessen?‹

›Normalerweise nach dem Abendessen, Sir.‹

Langsam sah ich Licht am Ende des Tunnels.

›François‹, sagte ich, ›können Sie diskret sein?‹

›Wenn nötig, Monsieur.‹

›*Bon!* Dann sollen Sie wissen, dass ich von der Polizei bin. Meinen Sie, Sie können die alte Schachtel noch irgendwo aufstöbern?‹

›Auf jeden Fall, Monsieur. Sie ist im Mülleimer.‹

Er ging und kehrte wenige Minuten später mit einem staubigen Gegenstand zurück. Es war genau die gleiche Pralinenschachtel wie die, die ich in Händen hielt, nur dass diesmal die Schachtel blau war und der Deckel rosafarben. Ich dankte François, legte ihm noch einmal nahe, diskret zu sein, und verließ das Haus in der Avenue Louise ohne weitere Umstände.

Als Nächstes rief ich den Arzt an, der nach Monsieur Déroulard gesehen hatte. Er machte mir das Leben schwer. Doch obwohl er sich elegant hinter einer Mauer aus Fachbegriffen verschanzte, hatte ich den Eindruck, dass er sich in diesem Fall seiner Sache nicht ganz so sicher war, wie er es gerne gewesen wäre.

›Es hat schon viele seltsame Vorfälle dieser Art gegeben‹, bemerkte er, als es mir gelungen war, ihm ein wenig den Wind aus den Segeln zu nehmen. ›Ein plötzlicher Wutanfall, eine heftige Gefühlsregung – nach einem schweren Abendessen, *c'est entendu* –, dann schießt einem, bei einem Zornesausbruch, schon das Blut in den Kopf, und zack! – ist es passiert!‹

›Aber Monsieur Déroulard hatte keine heftige Gefühlsregung.‹

›Nein? Ich hatte es so verstanden, dass er eine stürmische Auseinandersetzung mit Monsieur de Saint Alard hatte.‹

›Weshalb denn?‹

›*C'est évident!*‹ Der Arzt zuckte mit den Schultern. ›Ist Monsieur de Saint Alard nicht einer der fanatischsten Katholiken überhaupt? Wegen dieser Fehde zwischen Kirche und Staat ging doch nach und nach ihre Freundschaft in die Brüche. Es verging kein Tag ohne Wortgefechte. In Monsieur de Saint Alards Augen war Déroulard fast schon der Antichrist.‹

Das kam unerwartet und gab mir zu denken.

›Noch eine Frage, *Monsieur le docteur*: Wäre es möglich, eine tödliche Dosis Gift in eine Praline zu injizieren?‹

›Ich denke, das wäre möglich‹, sagte der Arzt langsam. ›Reine Blausäure wäre dazu wie geschaffen, solange sie nicht verdunsten kann, und ein winziges Giftkügelchen würde wohl auch unbemerkt hinuntergeschluckt werden – aber das scheint mir keine allzu wahrscheinliche Hypothese. Eine Praline voller Morphin oder Strychnin ...‹ Er verzog das Gesicht. ›Verstehen Sie, Monsieur Poirot – ein Bissen würde genügen! Der Argwöhnische legt keinen Wert auf Etikette.‹

›Vielen Dank, *Monsieur le docteur.*‹

Ich zog mich zurück. Als Nächstes hörte ich mich in den Apotheken um, insbesondere in der näheren Umgebung der Avenue Louise. Es hilft sehr, wenn man bei der Polizei ist. Anstandslos erhielt ich die gewünschten Informationen. Nur eine einzige Apotheke hatte eine giftige Substanz an die fragliche Adresse geliefert, und zwar Augentropfen mit Atropinsulfat für Madame Déroulard. Atropin ist ein hochwirksames Gift, und einen Augenblick lang war ich guter Dinge, doch die Symptome einer Atropinvergiftung ähneln sehr stark denen einer Fleischvergiftung und hatten mit meinem Fall überhaupt nichts gemein. Und außerdem handelte es sich um ein altes Rezept. Madame Déroulard hatte schon seit vielen Jahren auf beiden Augen den grauen Star.

Entmutigt wandte ich mich ab, als der Apotheker mich zurückrief.

›*Un moment, Monsieur Poirot.* Mir ist gerade eingefallen, das Mädchen, das das Rezept vorbeigebracht hat, hat irgendetwas gesagt von wegen, sie müsse noch weiter in die englische Apotheke. Sie können es ja dort mal versuchen.‹

Was ich auch tat. Wieder bekam ich, sobald ich mich als Kriminalkommissar auswies, die gewünschten Informationen. Am Tag vor Monsieur Déroulards Tod hatte man eine Arznei für Mr John Wilson zubereitet. Nicht, dass tatsächlich irgendetwas zubereitet werden musste. Es handelte sich lediglich um kleine Glyceroltrinitrat-Pillen. Ich bat darum, sie sehen zu dürfen. Als er sie mir zeigte, schlug mein Herz schneller, denn die winzigen Kügelchen waren aus – Schokolade.

›Ist das ein Gift?‹, fragte ich.

›Nein, Monsieur.‹

›Können Sie mir die Wirkung beschreiben?‹

›Die Pillen senken den Blutdruck. Sie kommen bei bestimmten Herzbeschwerden zur Anwendung, beispielsweise bei Angina Pectoris. Sie regulieren den Gefäßdruck. Bei Arteriosklerose …‹

Ich unterbrach ihn. ›*Ma foi!* Dieses Kauderwelsch sagt mir überhaupt nichts. Bekommt man davon ein rotes Gesicht?‹

›Auf jeden Fall.‹

›Und angenommen, ich esse zehn, zwanzig von Ihren kleinen Pillen, was dann?‹

›Das würde ich Ihnen nicht empfehlen‹, sagte er trocken.

›Und trotzdem behaupten Sie, es sei kein Gift?‹

›Es gibt viele Stoffe, die man nicht als Gifte bezeichnet, die aber einen Menschen trotzdem töten können‹, erwiderte er nüchtern.

Euphorisch verließ ich die Apotheke. Endlich kamen die Dinge in Gang!

Ich wusste jetzt, dass John Wilson die Mittel gehabt hätte, den Mord auszuführen – doch wie stand es mit dem Motiv? Er war geschäftlich nach Belgien gekommen und hatte Monsieur Déroulard, den er flüchtig kannte, gebeten, ihn zu beherbergen. Déroulards Tod schien ihm keinerlei Vorteile zu bringen. Außerdem zog ich Erkundigungen in England ein und erfuhr, dass er seit einigen Jahren an einer überaus schmerzhaften Herzkrankheit litt, die gemeinhin als Angina Pectoris bekannt ist. Daher hatte er jedes Recht, diese Pillen zu besitzen. Trotzdem war ich überzeugt, dass sich jemand an den Pralinenschachteln zu schaffen gemacht, versehentlich die volle zuerst geöffnet und dann aus der letzten Praline in der alten Schachtel die Füllung entfernt und so viele kleine Glyceroltrinitrat-Kügelchen wie möglich hineingestopft hatte. Die Pralinen waren groß. Ich war mir sicher, dass zwischen zwanzig und dreißig Pillen hineinpassen würden. Doch wer hatte es getan?

Es waren zwei Gäste im Haus gewesen. John Wilson hatte die Mittel gehabt, Saint Alard das Motiv. Vergessen Sie nicht, er war ein Fanatiker, und religiöse Fanatiker sind die schlimmsten. Hätte er sich, auf welche Art auch immer, John Wilsons Glyceroltrinitrat-Pillen beschaffen können?

Dann hatte ich noch eine andere kleine Idee. Ah, Sie lächeln über meine kleinen Ideen! Warum waren Wilson die Pillen ausgegangen? Er hätte sich doch sicher einen ausreichenden Vorrat aus England mitgebracht. Ich sprach noch einmal in der Avenue Louise vor. Wilson war nicht da, aber Félice, das Mädchen, das sein Zimmer in Ordnung hielt. Ich fragte sie sofort, ob es stimme, dass Monsieur Wilson kürzlich von seinem Waschtisch ein Fläschchen abhandengekommen sei. Das Mädchen antwortete bereitwillig. Es stimmte tatsächlich. Und ihr, Félice, habe man die Schuld gegeben. Der englische Gentleman habe offenbar gedacht, sie habe es zerbrochen, wolle es jedoch nicht zugeben. Obwohl sie es nie angefasst habe. Es sei garantiert Jeannette gewesen, die ständig ihre Nase in Sachen stecke, die sie überhaupt nichts angingen …

Ich bremste ihren Redefluss und verabschiedete mich von ihr. Ich wusste jetzt alles, was ich wissen wollte. Das Einzige, was noch fehlte, waren Beweise. Die würden allerdings nicht leicht zu erbringen sein. *Ich* mochte mir sicher sein, dass Saint Alard das Fläschchen mit den Glyceroltrinitrat-Pillen von John Wilsons Waschtisch entwendet hatte, doch um auch andere zu überzeugen, musste ich Beweise vorlegen. Und die hatte ich nicht!

Aber egal. Ich wusste es, das war das Entscheidende. Erinnern Sie sich noch an unsere Schwierigkeiten mit dem Mord auf Gut Styles, Hastings? Damals wusste ich es auch – aber es dauerte sehr lange, bis ich das fehlende Glied in der Kette fand und der Mörder überführt werden konnte.

Ich bat Mademoiselle Mesnard um eine Unterredung. Sie trat umgehend ein. Ich fragte sie nach Monsieur de Saint Alards Adresse. Ihre Züge nahmen einen unruhigen Ausdruck an.

›Wozu brauchen Sie die, Monsieur?‹

›Mademoiselle, sie ist unerlässlich.‹

Sie wirkte unsicher, besorgt.

›Er kann Ihnen nichts sagen. Die Gedanken dieses Mannes sind nicht von dieser Welt. Er merkt kaum, was um ihn herum vorgeht.‹

›Vielleicht, Mademoiselle. Trotzdem, er war ein alter Freund von Monsieur Déroulard. Möglicherweise kann er mir einiges erzählen – aus der Vergangenheit, alte Animositäten, alte Liebesgeschichten.‹

Das Mädchen errötete und biss sich auf die Lippe. ›Wie Sie wünschen, aber, aber ich bin mir jetzt sicher, dass ich mich geirrt habe. Es war nett von Ihnen, meiner Bitte nachzukommen, aber ich war in den Tagen nach seinem Tod so erschüttert – schier aufgelöst. Jetzt begreife ich, dass es gar kein Geheimnis zu lösen gibt. Ich bitte Sie, Monsieur, belassen Sie es dabei.‹

Ich sah sie scharf an.

›Mademoiselle‹, sagte ich, ›es ist manchmal schwierig für einen Hund, die Fährte aufzunehmen, aber wenn er sie einmal aufgenommen hat, wird ihn nichts auf der Welt mehr davon abbringen können! Das heißt, wenn er ein guter Hund ist! Und ich, Mademoiselle, ich, Hercule Poirot, bin ein sehr guter Hund.‹

Wortlos wandte sie sich ab. Einige Minuten später kehrte sie zurück und reichte mir einen Zettel mit der Adresse. Ich verließ das Haus. Draußen wartete François auf mich. Er sah mich gespannt an.

›Gibt es etwas Neues, Monsieur?‹

›Noch nicht, *mon ami.*‹

›Ah! *Pauvre* Monsieur Déroulard!‹, seufzte er. ›Ich war der gleichen Ansicht wie er. Ich habe nicht viel für Priester übrig. Nicht, dass ich das im Haus sagen würde. Die Damen sind alle fromm – vielleicht ist das auch gut so. *Madame est très pieuse – et Mademoiselle Virginie aussi.*‹

Mademoiselle Virginie ›*très pieuse*‹? Bei dem Gedanken an ihr verweintes, leidenschaftliches Gesicht an jenem ersten Tag kamen mir Zweifel.

Ich besaß jetzt Monsieur de Saint Alards Adresse und verschwendete keine Zeit. Unverzüglich fuhr ich in den Teil der Ardennen, wo sein Château lag, doch es dauerte ein paar Tage, ehe ich einen Vorwand fand, um Zutritt zu dem Gebäude zu erhalten. Letztendlich gelang es mir – stellen Sie sich bloß vor, als Installateur, *mon ami*! Es war nur eine Angelegenheit von wenigen Minuten, in seinem Schlafzimmer ein wenig Gas austreten zu lassen. Ich ging wieder, um meine Werkzeuge zu holen, und achtete darauf, zu einem Zeitpunkt zurückzukehren, wo ich mehr oder weniger allein auf weiter Flur wäre. Was ich eigentlich suchte, wusste ich selbst kaum. Das Einzige, was mir wirklich genützt hätte, würde ich auf keinen Fall finden, da war ich mir sicher. Er wäre nie das Risiko eingegangen, es aufzuheben.

Trotzdem konnte ich, als ich sah, dass das Schränkchen über dem Waschtisch abgeschlossen war, der Versuchung, es zu durchsuchen, nicht widerstehen. Das Schloss war recht einfach zu knacken. Die Tür schwang auf: nichts als alte Fläschchen. Mit zitternder Hand nahm ich eins nach dem anderen heraus. Plötzlich stieß ich einen Schrei aus. Stellen Sie sich vor, *mon ami*, ich hielt eine Flasche in der Hand, auf der ein Etikett von einem englischen Apotheker klebte. Darauf stand: ›*Glyceroltrinitrat-Pillen. Je nach Bedarf ein Kügelchen einnehmen. Für Mr John Wilson.*‹

Ich hielt meine Emotionen in Schach, schloss das Schränkchen, ließ die Flasche in meine Tasche gleiten und ging die undichte Gasleitung reparieren! Man muss schon methodisch vorgehen. Dann verließ ich das Château und nahm den erstbesten Zug zurück in mein Heimatland. Spätabends traf ich in Brüssel ein. Als ich am nächsten Morgen einen Bericht für den *préfet* schrieb, brachte man mir eine Nachricht. Sie stammte von der alten Madame Déroulard, die mich unverzüglich zu sich in die Avenue Louise bestellte.

François öffnete mir die Tür.

›Madame la Baronne erwartet Sie.‹

Er geleitete mich in ihre Räume. Sie saß gravitätisch in einem großen Sessel. Von Mademoiselle Virginie fehlte jede Spur.

›Monsieur Poirot‹, sagte die alte Dame. ›Ich habe soeben erfahren, dass Sie nicht der sind, als der Sie sich ausgegeben haben. Sie sind ein Polizeibeamter.‹

›So ist es, Madame.‹

›Sie sind hierhergekommen, um die Umstände zu untersuchen, unter denen mein Sohn zu Tode kam?‹

Erneut lautete meine Antwort: ›So ist es, Madame.‹

›Ich wäre Ihnen sehr verbunden, wenn Sie mir darlegen könnten, wie Sie vorankommen.‹

Ich zögerte.

›Zuerst wüsste ich gern, wie Sie das alles erfahren haben, Madame.‹

›Von jemandem, der nicht mehr von dieser Welt ist.‹

Ihre Worte sowie ihr schwermütiger Tonfall ließen mein Herz gefrieren. Ich war zu keiner Antwort fähig.

›Deshalb, Monsieur, möchte ich Sie eindringlich bitten, mir genauestens darzulegen, wie Sie mit Ihren Ermittlungen vorankommen.‹

›Madame, meine Ermittlungen sind beendet.‹

›Mein Sohn?‹

›Wurde vorsätzlich getötet.‹

›Sie wissen, von wem?‹

›Ja, Madame.‹

›Also von wem?‹

›Monsieur de Saint Alard.‹

›Sie irren sich. Monsieur de Saint Alard wäre zu solch einem Verbrechen nicht in der Lage.‹

›Ich habe den Beweis in Händen.‹

›Ich möchte Sie nochmals bitten, mir alles genauestens darzulegen.‹

Diesmal kam ich ihrem Wunsch nach und schilderte jeden einzelnen Schritt, der mich zur Wahrheit geführt hatte. Sie hörte aufmerksam zu. Zum Schluss nickte sie.

›Ja, ja, es war alles so, wie Sie sagen – bis auf eins. Monsieur de

Saint Alard hat meinen Sohn nicht umgebracht. Ich habe es getan, ich, seine Mutter.‹

Ich starrte sie an. Sie nickte auch jetzt noch sanft.

›Es ist gut, dass ich Sie herbestellt habe. Durch eine Fügung Gottes hat Virginie mir vor ihrer Abreise ins Kloster erzählt, was sie getan hatte. Hören Sie, Monsieur Poirot! Mein Sohn war ein böser Mensch. Er verfolgte die Kirche. Er lebte in Todsünde. Er zog nicht nur seine eigene Seele, sondern auch die der anderen in den Schmutz. Aber es kam noch viel schlimmer. Als ich eines Morgens hier in diesem Haus aus meinem Zimmer trat, sah ich meine Schwiegertochter oben an der Treppe stehen. Sie las einen Brief. Plötzlich schlich sich mein Sohn von hinten an sie heran. Ein rascher Stoß und sie stürzte und schlug mit dem Kopf auf die Marmorstufen. Als man sie aufhob, war sie tot. Mein Sohn war ein Mörder, und nur ich, seine Mutter, wusste davon.‹

Für einen Moment schloss sie die Augen. ›Sie können sich, Monsieur, meine seelischen Qualen nicht vorstellen, meine Verzweiflung. Was sollte ich tun? Ihn bei der Polizei anzeigen? Das brachte ich nicht über mich. Es war meine Pflicht, doch mein Fleisch war schwach. Und außerdem, würde man mir glauben? Mein Augenlicht hatte schon eine Zeitlang abgenommen – man würde behaupten, ich hätte mich geirrt. Ich schwieg. Doch mein Gewissen ließ mir keine Ruhe. Durch mein Schweigen wurde ich selbst zur Mörderin. Mein Sohn erbte das Geld seiner Frau. Er breitete sich aus und grünte wie ein Lorbeerbaum. Und jetzt sollte er auch noch einen Ministerposten bekommen. Seine Verfolgung der Kirche würde eskalieren. Und dann war da noch Virginie. Das arme Kind, hübsch und von Natur aus fromm, war fasziniert von ihm. Er hatte eine seltsame, furchtbare Macht über Frauen. Ich sah es kommen. Ich war außerstande, es zu verhindern. Er hatte nicht die Absicht, sie zu heiraten. Schließlich war es so weit: Sie war bereit, ihm alles zu geben.

Plötzlich sah ich meinen Weg klar vor mir. Er war mein Sohn. Ich hatte ihm das Leben geschenkt. Ich war für ihn verantwortlich. Den Körper einer Frau hatte er bereits getötet, jetzt würde er die Seele einer anderen töten! Ich ging in Mr Wilsons Zimmer und nahm mir das Pillenfläschchen. Er hatte einmal lachend gesagt, es sei genug darin, um jemanden umzubringen! Ich ging ins Arbeitszimmer und öffnete die große Pralinenschachtel, die dort immer auf dem Tisch lag. Irrtümlich öffnete ich eine neue Schachtel. Die alte lag ebenfalls auf dem Tisch. Darin befand sich nur noch eine einzige Praline. Das vereinfachte die Sache. Außer meinem Sohn und Virginie aß niemand Pralinen. Ich würde Virginie an dem Abend bitten, mich in meine Räume zu begleiten. Alles lief wie geplant …‹

Sie hielt inne, schloss kurz die Augen und öffnete sie dann wieder.

›Monsieur Poirot, Sie haben mich in der Hand. Es heißt, ich hätte nicht mehr lange zu leben. Ich bin bereit, mich für mein Tun vor Gott zu verantworten. Muss ich mich auch noch auf der Erde dafür verantworten?‹

Ich zögerte. ›Aber das leere Fläschchen, Madame‹, sagte ich, um Zeit zu gewinnen. ›Wie kam es in den Besitz von Monsieur de Saint Alard?‹

›Als er sich verabschieden kam, Monsieur, ließ ich es in seine Tasche gleiten. Ich wusste nicht, wie ich es sonst loswerden sollte. Ich bin so gebrechlich, dass ich kaum ohne fremde Hilfe laufen kann, und wenn man das leere Fläschchen in meinen Räumen gefunden hätte, wäre das vielleicht verdächtig gewesen. Sie verstehen, Monsieur‹ – sie richtete sich zu ihrer vollen Größe auf –, ›ich hatte keinesfalls die Absicht, den Verdacht auf Monsieur de Saint Alard zu lenken! Das wäre mir nicht einmal im Traum eingefallen. Ich dachte, sein Diener würde die leere Flasche finden und sie umstandslos wegwerfen.‹

Ich verbeugte mich. ›Ich verstehe, Madame.‹

›Und Ihre Entscheidung, Monsieur?‹

Sie sprach, wie immer hocherhobenen Hauptes, mit fester, unerschütterlicher Stimme.

Ich stand auf.

›Madame‹, sagte ich, ›ich habe die Ehre, Ihnen einen guten Tag zu wünschen. Ich habe meine Ermittlungen angestellt – und bin gescheitert! Der Fall ist abgeschlossen.‹«

Poirot schwieg einen Augenblick, dann sagte er leise: »Eine Woche später starb sie. Mademoiselle Virginie schloss ihr Noviziat ab und nahm, wie es sich gehörte, den Schleier. So weit, *mon ami*, die Geschichte. Ich muss zugeben, dass ich darin keine gute Figur abgebe.«

»Aber das kann man doch wohl kaum als Scheitern bezeichnen«, protestierte ich. »Zu welchem Schluss hätten Sie unter den gegebenen Umständen denn sonst kommen sollen?«

»Ah, sacré, mon ami«, rief Poirot plötzlich auffallend lebhaft. »Begreifen Sie es wirklich nicht? Ich, ich war ein sechsunddreißigfacher Idiot! Meine grauen Zellen, sie funktionierten einfach nicht. Die ganze Zeit hielt ich die Lösung in Händen.«

»Welche Lösung?«

»Die Pralinenschachtel! Verstehen Sie nicht? Niemand, der richtig sehen kann, würde so einen Fehler machen. Ich wusste, dass Madame Déroulard den grauen Star hatte – die Atropintropfen hatten es mir verraten. Es gab nur eine Person in dem Haus, die so schlechte Augen hatte, dass sie nicht sehen konnte, welcher Deckel auf welche Schachtel gehörte. Die Pralinenschachtel hatte mich auf die richtige Spur gebracht, aber ich scheiterte, weil ich bis zum Schluss konsequent ihre wahre Bedeutung übersah!

Und auch meine psychologische Einschätzung war fehlerhaft. Wäre Monsieur de Saint Alard der Täter gewesen, hätte er nie das belastende Fläschchen behalten. Dass ich es bei ihm fand, bewies seine Unschuld. Ich hatte ja bereits von Mademoiselle Virginie erfahren, dass er zerstreut war. Alles in allem war das eine ganz miserable Geschichte! Sie sind der Einzige, dem ich sie je erzählt habe. Verstehen Sie, ich komme nicht gut darin weg! Eine alte Dame verübt ein Verbrechen auf eine so einfache und clevere Art, dass ich, Hercule Poirot, mich völlig hinters Licht führen lasse. *Sapristi!* Ich mag überhaupt nicht daran denken! Vergessen Sie es. Oder nein, vergessen Sie es nicht, und wenn Sie irgendwann glauben, ich werde selbstgefällig – was zwar unwahrscheinlich ist, aber dennoch passieren könnte ...«

Ich verbarg mein Lächeln.

»*Eh bien, mon ami*, dann sagen Sie einfach ›Pralinenschachtel‹ zu mir. Einverstanden?«

»Einverstanden!«

»Und trotzdem«, sagte Poirot nachdenklich, »möchte ich diese Erfahrung nicht missen! Ich, der ich derzeit zweifellos der klügste Kopf Europas bin, kann es mir schließlich leisten, großmütig zu sein!«

»Pralinenschachtel«, murmelte ich.

»Pardon, mon ami?«

Poirot beugte sich fragend vor, und ich blickte mit klopfendem Herzen in sein unschuldiges Gesicht. Obwohl ich oft unter ihm gelitten hatte, konnte auch ich, der ich nicht der klügste Kopf Europas war, es mir leisten, großmütig zu sein!

»Nichts«, log ich, zündete mir meine Pfeife an und lächelte in mich hinein.

Das Geheimnis des ägyptischen Grabes

Ich fand schon immer, eins der spannendsten und dramatischsten Abenteuer, die ich mit Poirot erlebt habe, war unsere Untersuchung der mysteriösen Serie von Todesfällen, die auf die Entdeckung und Öffnung des Grabes von König Men-her-Re folgte.

Kurz nach der Entdeckung des Grabes von Tutanchamun durch Lord Carnarvon stießen Sir John Willard und Mr Bleibner aus New York, die ihre Ausgrabungen unweit von Kairo in der Nähe der Pyramiden von Giseh betrieben, überraschend auf eine Reihe von Grabkammern, die enormes Interesse weckten. Es schien sich um das Grab von König Men-her-Re zu handeln, einem der Schattenkönige der kurz nach dem Zerfall des Alten Reiches einsetzenden 8. Dynastie. Da über diese Zeit nur wenig bekannt war, wurde in allen Zeitungen ausführlich über die Entdeckung berichtet.

Kurz darauf hielt ein merkwürdiger Vorfall die Öffentlichkeit in Atem: Urplötzlich verstarb Sir John Willard an Herzversagen.

Die Sensationspresse nutzte die Gelegenheit sofort, um die abgedroschenen abergläubischen Geschichten über den Fluch, der auf gewissen ägyptischen Schätzen liegt, wieder aufzuwärmen. Mit frischem Eifer wurde die alte Kamelle von der unheilbringenden Mumie im British Museum aufs Neue bemüht und vom Museum geduldig dementiert, war aber en vogue wie eh und je.

Zwei Wochen später starb Mr Bleibner an akuter Blutvergiftung, und wenige Tage darauf erschoss sich ein Neffe von ihm in New York. Der »Fluch von Men-her-Re« war Tagesgespräch, und die Magie des alten, vergangenen Ägypten wurde zum Mythos.

Zu diesem Zeitpunkt erhielt Poirot einen kurzen Brief von Lady

Willard, der Witwe des verstorbenen Archäologen, mit der Bitte, sie in ihrem Haus am Kensington Square aufzusuchen. Ich begleitete ihn.

Lady Willard, eine große, schlanke Frau, trug Trauerkleidung. Ihr verhärmtes Gesicht bezeugte ihren kürzlich erlittenen Schmerz.

»Wie nett von Ihnen, dass Sie sofort gekommen sind, Monsieur Poirot.«

»Ganz zu Ihren Diensten, Lady Willard. Sie wünschen, mich zurate zu ziehen?«

»Sie sind, wie ich weiß, Detektiv, doch möchte ich Sie nicht nur in Ihrer Eigenschaft als Detektiv zurate ziehen. Sie sind ein origineller Kopf, Sie haben Phantasie und Welterfahrung. Sagen Sie, Monsieur Poirot, was halten Sie von übernatürlichen Dingen?«

Poirot zögerte kurz. Er schien nachzudenken. Schließlich erwiderte er:

»Lassen Sie uns nicht aneinander vorbeireden, Lady Willard. Das ist keine allgemeine Frage, die Sie mir hier stellen. Sie hat einen persönlichen Bezug, richtig? Es ist ein versteckter Hinweis auf den Tod Ihres Gatten?«

»So ist es«, gestand sie.

»Sie möchten, dass ich die Umstände seines Todes untersuche?«

»Ich möchte, dass Sie in Erfahrung bringen, wie viel davon genau Zeitungsgeschwätz ist und wie viel durch Fakten belegt werden kann. Drei Todesfälle, Monsieur Poirot – jeder einzelne ist, für sich betrachtet, erklärbar, doch zusammengenommen ist das Ganze zweifellos ein unglaubwürdiger Zufall, und dann auch noch innerhalb eines Monats nach der Öffnung des Grabes! Es kann reiner Aberglaube sein, es könnte aber auch ein starker Fluch aus der Vergangenheit sein, der auf eine Art wirksam wird, die für die moderne Wissenschaft unbegreiflich ist. Doch Tatsache bleibt: Es gab drei Todesfälle. Und ich habe Angst, Monsieur Poirot, fürchterliche Angst. Vielleicht ist noch nicht Schluss damit.«

»Um wen haben Sie Angst?«

»Um meinen Sohn. Als die Nachricht vom Tod meines Mannes eintraf, war ich krank. Mein Sohn, der kürzlich aus Oxford zurückkehrte, fuhr sofort nach Ägypten. Er brachte den – den Leichnam heim, doch dann ist er, trotz meiner flehentlichen Bitten und inbrünstigen Gebete, erneut hingefahren. Die Arbeit dort unten fasziniert ihn derart, dass er die Absicht hat, den Platz seines Vaters einzunehmen und die Ausgrabungen fortzuführen. Sie mögen mich für eine alberne, abergläubische Frau halten, Monsieur Poirot, aber ich habe wirklich Angst. Angenommen, der Geist des toten Königs ist noch nicht zur Ruhe gekommen? Das klingt in Ihren Ohren vielleicht wie Unsinn ...«

»Nein, überhaupt nicht, Lady Willard«, sagte Poirot schnell. »Auch ich glaube an die Macht des Aberglaubens, eine der wirksamsten Kräfte, die unsere Welt kennt.«

Ich sah ihn überrascht an. Nie hätte ich Poirot für abergläubisch gehalten. Doch dem kleinen Mann war es offenbar ernst damit.

»Worum Sie mich tatsächlich bitten, ist also, dass ich Ihren Sohn beschütze? Ich werde tun, was ich kann, damit ihm nichts zustößt.«

»Ja, im herkömmlichen Sinne, aber auch gegen okkulte Kräfte?«

»In Schriften aus dem Mittelalter finden Sie, Lady Willard, viele Mittel gegen die schwarze Magie. Vielleicht wusste man damals mehr als wir heute mit unserer ganzen hochgerühmten Wissenschaft. Jetzt lassen Sie uns jedoch, zu meiner Orientierung, zu den Fakten kommen. Ihr Gatte war seit jeher ein engagierter Ägyptologe, nicht wahr?«

»Ja, seit seiner Jugend. Er war eine der größten lebenden Autoritäten auf diesem Gebiet.«

»Mr Bleibner dagegen war, soweit ich weiß, mehr oder weniger ein Amateur.«

»Sehr richtig. Er war ein äußerst wohlhabender Mann, der sich nach Belieben auf jedem Gebiet versuchte, das es ihm irgendwie angetan hatte. Meinem Gatten gelang es, ihn für die Ägyptologie zu interessieren, und er finanzierte die Ausgrabungen.«

»Und der Neffe? Was wissen Sie über seine Vorlieben? War er je bei den Ausgrabungen dabei?«

»Ich glaube, nicht. Eigentlich hatte ich noch nie von ihm gehört, bis ich in der Zeitung von seinem Tod las. Ich glaube nicht, dass Mr Bleibner mit ihm auf vertrautem Fuß stand. Er hat nie irgendwelche Verwandten erwähnt.«

»Wer war sonst noch bei den Ausgrabungen dabei?«

»Also, da wären Dr. Tosswill, ein kleiner Angestellter des British Museum; Mr Schneider vom Metropolitan Museum in New York; ein junger amerikanischer Sekretär; Dr. Ames, der die Gruppe in seiner Funktion als Arzt begleitet; sowie Hassan, der meinem Mann treu ergebene ägyptische Diener.«

»Können Sie sich an den Namen des amerikanischen Sekretärs erinnern?«

»Ich glaube, er heißt Harper, aber ich bin mir nicht sicher. Er war noch nicht lange bei Mr Bleibner, so viel weiß ich. Ein sehr netter junger Mann.«

»Vielen Dank, Lady Willard.«

»Wenn sonst noch etwas ist …«

»Im Augenblick nicht. Überlassen Sie alles Weitere mir, und seien Sie versichert, dass ich alles Menschenmögliche tun werde, um Ihren Sohn zu beschützen.«

Das klang nicht unbedingt beruhigend, und ich sah, dass Lady Willard bei Poirots Worten zusammenzuckte. Gleichzeitig schien jedoch schon die Tatsache, dass er ihre Befürchtungen nicht einfach abgetan hatte, eine Erleichterung für sie zu sein.

Ich meinerseits hätte es bis dahin nie für möglich gehalten, dass Poirot solch eine ausgeprägte abergläubische Ader hatte. Auf dem Weg nach Hause konfrontierte ich ihn damit. Er reagierte ausgesprochen ernst.

»Aber ja doch, Hastings. Ich glaube an solche Dinge. Sie sollten die Macht des Aberglaubens nicht unterschätzen.«

»Was werden wir also tun?«

»*Toujours pratique*, der gute Hastings! *Eh bien*, erst einmal werden wir ein Kabel nach New York schicken, um nähere Einzelheiten über den Tod des jungen Mr Bleibner zu erfahren.«

Gesagt, getan. Die Antwort war detailliert und präzise. Der junge Rupert Bleibner war seit Jahren knapp bei Kasse gewesen. Er hatte auf verschiedenen Südseeinseln als Strandgutsammler mehr oder weniger von Überweisungen aus der Heimat gelebt, war jedoch vor zwei Jahren nach New York zurückgekehrt, wo er sehr schnell immer mehr absank. Das Wichtigste war meiner Meinung nach die Tatsache, dass es ihm kürzlich gelungen war, sich genügend Geld für eine Reise nach Ägypten zu leihen. »Ich habe dort einen Freund, der mir Geld borgen kann«, hatte er erklärt. Dieser Plan war allerdings in die Hose gegangen. Er war nach New York zurückgekehrt und hatte seinen Geizkragen von einem Onkel verwünscht, dem die Gebeine irgendwelcher mausetoten Könige aus grauer Vorzeit wichtiger waren als sein eigenes Fleisch und Blut. Just während seines Aufenthalts in Ägypten war plötzlich Sir John Willard gestorben. Rupert hatte sich wieder in sein ausschweifendes Leben in New York gestürzt und dann, ohne jede Warnung, Selbstmord begangen und einen Brief hinterlassen, der einige merkwürdige Formulierungen enthielt. Er schien in einem Anfall von Reue geschrieben worden zu sein. Rupert nannte sich einen Aussätzigen und einen Ausgestoßenen und endete den Brief mit der Feststellung, es sei besser, wenn Menschen wie er tot wären.

Mir kam eine vage Theorie in den Sinn. Ich hatte nie wirklich an die Rache eines lange verstorbenen ägyptischen Königs geglaubt. Für mich war das hier ein moderneres Verbrechen. Angenommen, der junge Mann hatte beschlossen, seinen Onkel zu beseitigen, bestenfalls zu vergiften. Durch ein Versehen bekommt Sir John Willard die tödliche Dosis ab. Der junge Mann kehrt, von der Erinnerung an seine Tat verfolgt, nach New York zurück. Dort erhält er die Nachricht vom Tod seines Onkels. Er erkennt, wie unnötig seine Tat gewesen ist, und nimmt sich, von Gewissensbissen gepeinigt, das Leben.

Ich skizzierte Poirot meine Überlegungen. Er hörte interessiert zu.

»Was Sie sich da ausgedacht haben, ist genial, ausgesprochen genial. Vielleicht stimmt es sogar. Allerdings lassen Sie die tödliche Rolle außer Acht, die das Grab in dieser Angelegenheit spielt.«

Ich zuckte mit den Schultern.

»Sie glauben also immer noch, dass es etwas damit zu tun hat?«

»So sehr sogar, *mon ami*, dass wir morgen nach Ägypten abreisen.«

»Was?«, rief ich entgeistert.

»So, jetzt habe ich es gesagt.« Ein Ausdruck demonstrativen Heldentums machte sich auf Poirots Gesicht breit. Dann stöhnte er. »Aber«, jammerte er, »die See! Diese verhasste See!«

Eine Woche war vergangen. Unter unseren Füßen leuchtete der goldene Sand der Wüste. Die heiße Sonne brannte auf uns herab. Poirot, ein Bild des Elends, erschlaffte neben mir. Der kleine Mann vertrug das Reisen einfach nicht. Unsere viertägige Schiffsfahrt von Marseille war eine einzige Qual für ihn gewesen. Als wir in Alexandria an Land gingen, war er ein Schatten seiner selbst – nicht einmal von seiner üblichen adretten Erscheinung war noch etwas übrig. Nach unserer Ankunft in Kairo waren wir sofort ins Mena House Hotel gefahren, das im Schatten der Pyramiden lag.

Mich hatte der Zauber Ägyptens in seinen Bann geschlagen. Poirot allerdings nicht. Er zog sich genauso an wie in London, trug in der Sakkotasche immer eine kleine Kleiderbürste bei sich und führte einen ewigen Feldzug gegen den Staub, der sich auf seiner schwarzen Garderobe ansammelte.

»Und meine Stiefel«, klagte er. »Sehen Sie bloß, Hastings. Meine Stiefel, diese exquisiten, normalerweise so eleganten und blitzblanken Lackstiefel. Sehen Sie, der Sand ist innen drin, was wehtut, und außen drauf, was eine Zumutung für die Augen ist. Dazu die Hitze, von der mein Schnurrbart ganz schlaff wird – schlaff, sage ich Ihnen!«

»Sehen Sie mal, die Sphinx«, beschwor ich ihn. »Selbst ich spüre ihr Geheimnis und ihren Zauber.«

Unzufrieden richtete Poirot seine Blicke auf die Statue.

»Sie, sie macht nicht das fröhliche Gesicht«, stellte er fest. »Wie sollte sie auch, so wie sie da auf diese wüste Art und Weise, halb im Sand vergraben, rumsteht. Ach, dieser verfluchte Sand.«

»Kommen Sie, in Belgien gibt es auch eine Menge Sand«, rief ich ihm ins Gedächtnis und musste an einen Urlaub in Knokke zurückdenken, inmitten der *»dunes impeccables«*, wie es im Fremdenführer geheißen hatte.

»Aber nicht in Brüssel«, erklärte Poirot. Nachdenklich betrachtete er die Pyramiden. »Es ist wahr, sie haben zumindest die solide und geometrische Form, aber ihre Oberfläche ist von einer höchst unerfreulichen Unebenheit. Und die Palmen, ich mag sie überhaupt nicht. Nicht einmal in ordentlichen Reihen pflanzt man sie hier!«

Ich unterbrach sein endloses Lamentieren und schlug vor, uns auf den Weg ins Lager zu machen. Wir mussten auf Kamelen hinreiten; die Tiere, die bereits, geduldig kniend, darauf warteten, dass wir sie bestiegen, standen unter der Obhut mehrerer exotischer Burschen, die von einem wortgewaltigen Dragoman angeführt wurden.

Über das Schauspiel, das Poirot auf einem Kamel bot, werde ich stillschweigend hinweggehen. Es begann mit Gestöhne und Gejammere und endete mit spitzen Schreien, wilden Fuchteleien und Anrufungen der Jungfrau Maria sowie sämtlicher Heiliger des Kirchenkalenders. Schließlich stieg er gedemütigt ab und setzte die Reise auf einem winzigen Esel fort. Ich muss allerdings zugeben, dass ein Ritt auf einem Kamel für den Ungeübten kein Kinderspiel ist. Ich hatte noch tagelang steife Glieder.

Endlich näherten wir uns dem Ausgrabungsort. Ein sonnenverbrannter, graubärtiger Mann in weißen Kleidern und Tropenhelm kam uns entgegen.

»Monsieur Poirot und Captain Hastings? Wir erhielten Ihr Kabel. Es tut mir leid, dass Sie niemand in Kairo abgeholt hat. Ein unvorhergesehenes Ereignis brachte unsere Pläne durcheinander.«

Poirot erbleichte. Seine Hand, die sich auf dem Weg zu seiner Kleiderbürste befand, hielt inne.

»Nicht noch ein Toter?«, flüsterte er.

»Doch.«

»Sir Guy Willard?«, rief ich.

»Nein, Captain Hastings. Mein amerikanischer Kollege, Mr Schneider.«

»Und die Todesursache?«, fragte Poirot.

»Tetanus.«

Ich erblasste. Alles um mich herum schien plötzlich böse, dunkel und bedrohlich. Ein furchtbarer Gedanke schoss mir durch den Kopf. Angenommen, ich wäre der Nächste?

»Mon Dieu«, sagte Poirot im Flüsterton. »Ich verstehe das nicht. Es ist furchtbar. Sagen Sie, Monsieur, es besteht überhaupt kein Zweifel, dass es Tetanus war?«

»Ich glaube, nicht. Aber Dr. Ames kann Ihnen dazu mehr sagen als ich.«

»Ach so, natürlich, Sie sind nicht der Arzt.«

»Mein Name ist Tosswill.«

Das war also der britische Experte, den Lady Willard als kleinen Angestellten des British Museum beschrieben hatte. Er hatte etwas Ernstes und gleichzeitig Unerschütterliches, das mir gefiel.

»Wenn Sie mitkommen wollen«, fuhr Dr. Tosswill fort. »Ich bringe Sie zu Sir Guy Willard. Er wollte unbedingt sofort über Ihre Ankunft unterrichtet werden.«

Wir wurden quer durchs Lager zu einem großen Zelt geführt. Dr. Tosswill schlug die Plane zurück, und wir traten ein. Drinnen saßen drei Männer.

»Monsieur Poirot und Captain Hastings sind eingetroffen, Sir Guy«, sagte Tosswill.

Der Jüngste der drei sprang auf und begrüßte uns. Die Impulsivität, die er an den Tag legte, erinnerte mich an seine Mutter.

Er war längst nicht so sonnenverbrannt wie die anderen, und diese Tatsache, zusammen mit seinen tief verschatteten Augen, ließ ihn älter als seine zweiundzwanzig Jahre erscheinen. Er versuchte ganz eindeutig, einer schweren seelischen Belastung standzuhalten.

Er stellte seine beiden Kollegen vor: Dr. Ames, einen gut dreißigjährigen, kompetent wirkenden Mann mit einem Anflug von Grau an den Schläfen, sowie Mr Harper, den Sekretär, einen netten, schlanken jungen Mann mit typisch amerikanischer Hornbrille.

Nach einer kurzen, zwanglosen Unterhaltung verließ Letzterer das Zelt, gefolgt von Dr. Tosswill. Wir waren allein mit Sir Guy und Dr. Ames.

»Bitte fragen Sie, was immer Sie wollen, Monsieur Poirot«, sagte Willard. »Wir sind, was diese seltsame Serie von Todesfällen angeht, völlig ratlos, aber es ist – es kann nur Zufall sein.«

Die Nervosität, die er an den Tag legte, strafte seine Worte Lügen. Ich bemerkte, dass Poirot ihn aufmerksam musterte.

»Liegt Ihnen diese Arbeit wirklich so am Herzen, Sir Guy?«

»Und ob. Ganz egal, was passiert oder was dabei herauskommt, diese Arbeit wird fortgeführt. Das können Sie mir glauben.«

Rasch wandte sich Poirot an Dr. Ames.

»Was haben Sie dazu zu sagen, *Monsieur le docteur*?«

»Na ja«, sagte der Arzt gedehnt, »ich bin auch nicht fürs Aufhören.«

Poirot schnitt eine seiner ausdrucksvollen Grimassen.

»Dann müssen wir, *évidemment*, herausfinden, wo wir stehen. Wann starb Mr Schneider?«

»Vor drei Tagen.«

»Und Sie sind sich sicher, dass es Tetanus war?«

»Todsicher.«

»Es hätte nicht eventuell eine Strychninvergiftung sein können?«

»Nein, Monsieur Poirot. Ich verstehe, worauf Sie hinauswollen. Aber es war ganz eindeutig Tetanus.«

»Sie haben kein Antiserum gespritzt?«

»Natürlich haben wir das«, sagte der Arzt trocken. »Wir haben alles Erdenkliche getan.«

»Hatten Sie das Antiserum hier?«

»Nein. Wir haben es uns in Kairo besorgt.«

»Hat es im Lager noch weitere Tetanusfälle gegeben?«

»Nein, keinen einzigen.«

»Sind Sie sich sicher, dass Mr Bleibner nicht an Tetanus gestorben ist?«

»Hundertprozentig sicher. Er hatte einen Kratzer am Daumen und infizierte sich, was eine Sepsis zur Folge hatte. Für einen Laien klingt das alles wahrscheinlich sehr ähnlich, aber es handelt sich um zwei völlig verschiedene Dinge.«

»Wir haben also vier absolut unterschiedliche Todesfälle: ein Herzversagen, eine Blutvergiftung, einen Selbstmord und eine Tetanusinfektion.«

»Genau, Monsieur Poirot.«

»Sind Sie sicher, dass diese vier Fälle nichts verbindet?«

»Ich verstehe Sie nicht ganz.«

»Lassen Sie es mich klar ausdrücken: Haben diese vier Männer irgendetwas getan, was der Geist von Men-her-Re als Respektlosigkeit ausgelegt haben könnte?«

Der Arzt sah Poirot erstaunt an.

»Das ist doch dummes Zeug, Monsieur Poirot. Sie haben sich doch hoffentlich nicht zum Besten halten lassen und glauben dieses ganze alberne Geschwätz?«

»Absoluter Unsinn«, murmelte Willard wütend.

Poirot blieb ungerührt und blinzelte lediglich ein wenig mit seinen grünen Katzenaugen.

»Sie glauben es also nicht, *Monsieur le docteur*?«

»Nein, Sir, das tue ich nicht«, erklärte der Arzt mit Nachdruck. »Ich bin Wissenschaftler und glaube nur das, was die Wissenschaft lehrt.«

»Dann gab es also im alten Ägypten keine Wissenschaft?«, fragte Poirot leise. Er wartete nicht auf eine Antwort, um die Dr. Ames im Augenblick ohnehin verlegen zu sein schien. »Nein, nein, Sie brauchen mir nicht zu antworten, sagen Sie mir nur eins: Was halten die hiesigen Arbeiter von der ganzen Sache?«

»Ich glaube«, sagte Dr. Ames, »wenn wir Weißen den Kopf verlieren, hinken die Einheimischen nicht weit hinterher. Ich gebe zu, dass sie es, wenn man so will, mit der Angst zu tun bekommen, obwohl es dazu überhaupt keinen Grund gibt.«

»Wer weiß«, erwiderte Poirot zurückhaltend.

Sir Guy beugte sich vor.

»Aber Sie glauben doch nicht etwa an …«, rief er ungläubig, »also, das ist doch absurd! Wenn Sie das für möglich halten, dann haben Sie keine Ahnung vom alten Ägypten.«

Als Antwort zog Poirot ein Büchlein aus der Tasche, einen uralten, zerfledderten Band. Er hielt ihn hoch, sodass ich den Titel erkennen konnte: *Die Magie der Ägypter und Chaldäer.* Dann wirbelte er herum und schritt aus dem Zelt. Der Arzt starrte mich an.

»Was für eine kleine Idee hat er denn da?«

Dass jemand anders diese Formulierung benutzte, die Poirot so häufig über die Lippen kam, ließ mich schmunzeln.

»Ich weiß es nicht genau«, bekannte ich. »Ich glaube, er hat einen Plan, wie man die bösen Geister bannen kann.«

Ich machte mich auf die Suche nach Poirot und fand ihn im Gespräch mit dem schmalgesichtigen jungen Mann, dem ehemaligen Sekretär des verstorbenen Mr Bleibner.

»Nein«, sagte Mr Harper gerade. »Ich bin erst seit sechs Monaten hier. Aber ich war mit Mr Bleibners Aktivitäten recht vertraut.«

»Können Sie mir etwas über seinen Neffen erzählen?«

»Er tauchte eines Tages hier auf, kein schlecht aussehender Bursche. Ich war ihm noch nie begegnet, einige der anderen kannten ihn allerdings – Ames, glaube ich, und Schneider. Der Alte war alles andere als erfreut, ihn zu sehen. Sie stritten sich sofort, dass die Fetzen flogen. ›Keinen Cent‹, rief der Alte. ›Keinen Cent, weder jetzt noch nach meinem Tod. Das Geld, das ich hinterlasse, soll der Fortsetzung meines Lebenswerks zugutekommen. Ich habe heute mit Mr Schneider darüber gesprochen.‹ Und so weiter und so fort. Der junge Bleibner hat sich umgehend nach Kairo davongemacht.«

»War er zu dem Zeitpunkt kerngesund?«

»Der Alte?«

»Nein, der Junge.«

»Ich glaube, er erwähnte, dass ihm etwas fehle. Aber es kann nichts Ernstes gewesen sein, sonst würde ich mich daran erinnern.«

»Noch etwas: Hat Mr Bleibner ein Testament hinterlassen?«

»Soweit wir wissen, nicht.«

»Bleiben Sie hier bei den Ausgrabungen, Mr Harper?«

»Nein, Sir. Sobald hier alles geregelt ist, kehre ich nach New York zurück. Sie mögen lachen, aber ich bin nicht gewillt, das nächste Opfer dieses verdammten Men-her-Re zu werden. Wenn ich hierbleibe, wird es mich erwischen.«

Der junge Mann wischte sich den Schweiß von der Stirn.

Poirot wandte sich ab. Mit einem eigenartigen Lächeln sagte er über die Schulter:

»Vergessen Sie nicht, eins seiner Opfer musste in New York dran glauben.«

»Verdammt!«, sagte Mr Harper scharf.

»Dieser junge Mann ist nervös«, sagte Poirot nachdenklich. »Seine Nerven liegen blank, absolut blank.«

Neugierig sah ich Poirot an, doch sein rätselhaftes Lächeln verriet mir nichts. Sir Guy Willard und Dr. Tosswill zeigten uns die Ausgrabungsstätte. Die wichtigsten Funde waren bereits nach Kairo geschafft worden, doch auch einige Gegenstände der Grabausstattung waren hochinteressant. Der Enthusiasmus des jungen Baronets war offensichtlich, doch meinte ich, in seinem Verhalten eine Spur von Nervosität zu erkennen, als läge eine Bedrohung in der Luft, der er sich nicht ganz entziehen konnte. Als wir das uns zugewiesene Zelt betreten wollten, um uns vor dem Abendessen zu waschen, trat eine große dunkle Gestalt in weißen Gewändern zur Seite, um uns mit einer anmutigen Geste und einem gemurmelten arabischen Gruß Eintritt zu gewähren. Poirot blieb stehen.

»Sie sind Hassan, der Diener des verstorbenen Sir John Willard?«

»Ich habe meinem Herrn Sir John gedient, jetzt diene ich seinem Sohn.« Er trat einen Schritt näher an uns heran und senkte die Stimme. »Es heißt, Sie sind ein weiser Mann, der gelernt hat, mit bösen Geistern umzugehen. Veranlassen Sie den jungen Herrn, von hier abzureisen. Böses liegt in der Luft.«

Mit einer abrupten Geste schritt er, ohne eine Antwort abzuwarten, davon.

»Böses liegt in der Luft«, murmelte Poirot. »Ja, das spüre ich.«

Das gemeinsame Abendessen war nicht gerade eine fröhliche Angelegenheit. Man überließ das Wort Dr. Tosswill, der lang und breit über ägyptische Antiquitäten dozierte. Als wir uns schließlich zur Nachtruhe begeben wollten, fasste Sir Guy Poirot am Arm und deutete auf eine schattenhafte Gestalt, die zwischen den Zelten umherhuschte. Es war keine menschliche Gestalt: Ich erkannte ganz deutlich die Figur mit dem Hundekopf wieder, die in die Grabwände eingeritzt war.

Mir gefror das Blut in den Adern.

»Mon Dieu!«, murmelte Poirot und bekreuzigte sich heftig. »Anubis, der Schakalköpfige, der Seelengeleiter.«

»Da erlaubt sich jemand einen Scherz mit uns«, rief Dr. Tosswill und erhob sich empört.

»Es ging in Ihr Zelt, Harper«, murmelte Sir Guy mit totenblassem Gesicht.

»Nein«, entgegnete Poirot und schüttelte den Kopf, »in das von Dr. Ames.«

Der Arzt starrte ihn ungläubig an, dann rief er, Dr. Tosswills Worte wiederholend:

»Da erlaubt sich jemand einen Scherz mit uns. Kommen Sie, wir schnappen uns den Kerl.«

Entschlossen rannte er der schattenhaften Erscheinung hinterher. Ich folgte ihm, doch sosehr wir auch suchten, wir konnten nirgends auch nur die Spur einer lebendigen Seele entdecken. Etwas beunruhigt kehrten wir zurück und sahen, wie Poirot, in der ihm eigenen Art, energisch Maßnahmen zu seiner eigenen Sicherheit traf. Emsig zeichnete er um unser Zelt herum Diagramme und Inschriften in den Sand. Überall sah ich das Pentagramm, den fünfzackigen Stern. Wie so oft in derartigen Situationen hielt Poirot gleichzeitig aus dem Stegreif einen Vortrag, diesmal über Hexerei und die Magie im Allgemeinen sowie über die weiße Magie im Gegensatz zur schwarzen im Besonderen, wobei er diverse Hinweise auf den Ka und das *Buch der Toten* einfließen ließ.

Dr. Tosswill schien dafür nichts als die lebhafteste Verachtung übrigzuhaben; als er mich beiseitenahm, schnaubte er buchstäblich vor Wut.

»Kokolores«, rief er wütend. »Der reinste Kokolores. Der Mann ist ein Schaumschläger. Er kennt nicht einmal den Unterschied zwischen dem Aberglauben des Mittelalters und den Glaubensvorstellungen des alten Ägypten. Noch nie habe ich einen derartigen Mischmasch aus Ignoranz und Leichtgläubigkeit gehört.«

Ich beruhigte den aufgeregten Experten und ging zu Poirot ins Zelt. Mein kleiner Freund strahlte vor Vergnügen.

»Jetzt können wir in Ruhe schlafen«, erklärte er fröhlich. »Und ich kann ein bisschen Schlaf gut gebrauchen. Mein Kopf, er schmerzt entsetzlich. Ach, jetzt einen guten *tisane*!«

Als wäre sein Gebet erhört worden, wurde die Plane des Zeltes zurückgeschlagen, und Hassan tauchte mit einer dampfenden Tasse auf, die er Poirot reichte. Es stellte sich heraus, dass es Kamillentee war, ein Getränk, das Poirot außerordentlich gern mochte. Als er sich bei Hassan bedankt und das Angebot einer weiteren Tasse ausgeschlagen hatte, waren wir wieder allein. Ich entkleidete mich, stand dann allerdings noch eine Weile am Zelteingang und blickte in die Wüste hinaus.

»Ein wunderschöner Flecken Erde«, sagte ich laut, »und eine

wunderbare Arbeit. Ich kann die Faszination verstehen. Dieses Leben in der Wüste, dieses Eintauchen in das Innerste einer untergegangenen Zivilisation. Poirot, Sie müssen doch auch diesen Zauber spüren?«

Als ich keine Antwort bekam, wandte ich mich leicht verärgert um. Aus meiner Verärgerung wurde jedoch schnell Besorgnis. Poirot lag quer über der Pritsche, das Gesicht entsetzlich verzerrt. Neben ihm stand die leere Tasse. Ich eilte an seine Seite, dann rannte ich hinaus zum Zelt von Dr. Ames.

»Dr. Ames!«, rief ich. »Kommen Sie sofort.«

»Was ist denn los?«, fragte der im Schlafanzug aus seinem Zelt stürzende Arzt.

»Mein Freund. Er ist krank. Liegt im Sterben. Der Kamillentee. Hassan darf das Lager nicht verlassen.«

In Windeseile rannte der Arzt zu unserem Zelt. Poirot lag so da, wie ich ihn verlassen hatte.

»Seltsam«, rief Ames. »Sieht aus wie ein Krampfanfall, oder – was, haben Sie gesagt, hat er getrunken?« Er nahm die leere Tasse in die Hand.

»Nur habe ich es gar nicht getrunken«, sagte eine ruhige Stimme.

Verwundert drehten wir uns um. Poirot setzte sich auf. Er lächelte.

»Nein«, sagte er leise. »Ich habe es nicht getrunken. Während sich mein guter Freund Hastings in lyrischen Betrachtungen über die Nacht erging, nutzte ich die Gelegenheit und schüttete das Zeug nicht hinunter, sondern in ein kleines Fläschchen. Dieses Fläschchen werden wir chemisch untersuchen lassen. Nein« – der Arzt hatte eine plötzliche Bewegung gemacht –, »als Mann von Verstand wissen Sie doch, dass Ihnen Gewalt nichts bringen wird. Als Hastings Sie holen ging, hatte ich Zeit, das Fläschchen an einem sicheren Ort zu deponieren. Oh, schnell, Hastings, halten Sie ihn fest!«

Ich verstand Poirot allerdings falsch. Darauf bedacht, meinen

Freund zu retten, warf ich mich vor ihn. Hinter der schnellen Bewegung des Arztes steckte jedoch eine andere Absicht. Seine Hand fuhr zum Mund, ein bitterer Mandelgeruch erfüllte die Luft, er schwankte und brach zusammen.

»Noch ein Opfer«, sagte Poirot ernst, »aber das letzte. Vielleicht ist es am besten so. Schließlich hat er drei Menschen auf dem Gewissen.«

»Dr. Ames?«, rief ich verblüfft. »Und ich dachte, Sie glaubten an irgendwelche okkulten Kräfte?«

»Da haben Sie mich missverstanden, Hastings. Ich meinte lediglich, dass ich von der ungeheuren Macht des Aberglaubens überzeugt bin. Ist es im allgemeinen Bewusstsein erst einmal fest verankert, dass eine Reihe von Todesfällen eine übernatürliche Ursache hat, dann können Sie im Prinzip sogar am helllichten Tag jemand niederstechen, und man würde es trotzdem einem Fluch zuschreiben, so stark ist der Glaube ans Übernatürliche im Menschen verwurzelt. Ich habe von Anfang an vermutet, dass sich jemand diesen Glauben zunutze machte. Ich nehme an, Sir John Willards Tod brachte ihn auf die Idee. Der Aberglaube verbreitete sich rasend schnell. Soweit ich es beurteilen konnte, profitierte niemand groß von Sir Johns Tod. Bei Mr Bleibner war das anders. Er war ein äußerst wohlhabender Mann. Die Informationen, die ich aus New York bekam, enthielten mehrere interessante Hinweise. Erst einmal soll der junge Bleibner gesagt haben, dass er einen guten Freund in Ägypten habe, der ihm Geld borgen könne. Es wurde stillschweigend unterstellt, dass er seinen Onkel meinte, aber mir schien, dass er das dann auch direkt gesagt hätte. Seine Wortwahl deutete eher auf einen Freund hin. Und noch etwas: Er kratzte genug Geld für seine Reise nach Ägypten zusammen, sein Onkel weigerte sich rundweg, ihm auch nur einen Penny vorzustrecken, und trotzdem schaffte er es, seine Rückfahrt nach New York zu bezahlen. Irgendjemand musste ihm Geld geliehen haben.«

»Das waren aber alles äußerst dürftige Hinweise«, wandte ich ein.

»Aber es gab ja noch mehr. Hastings, oft werden Worte metaphorisch benutzt und dann wörtlich genommen. Aber umgekehrt passiert es genauso. In diesem Fall wurden Worte, die wörtlich gemeint waren, metaphorisch interpretiert. Der junge Bleibner hatte ganz klar geschrieben: ›Ich bin ein Aussätziger‹, doch niemand begriff, dass er sich erschoss, weil er befürchtete, an Aussatz erkrankt zu sein.«

»Was?«, stieß ich hervor.

»Der clevere Trick eines diabolischen Menschen. Der junge Bleibner litt an irgendeiner harmlosen Hautkrankheit; er hatte in der Südsee gelebt, wo diese Krankheit weit verbreitet ist. Ames war sein Freund gewesen und ein bekannter Arzt, dessen Wort er niemals angezweifelt hätte. Als ich hier eintraf, schwankte mein Verdacht zwischen Harper und Dr. Ames, doch schon bald wurde mir klar, dass nur der Arzt diese Verbrechen verübt und vertuscht haben konnte, und außerdem erfuhr ich von Harper, dass Dr. Ames den jungen Bleibner von früher her kannte. Letzterer hatte zweifellos irgendwann zugunsten des Arztes ein Testament aufgesetzt oder eine Lebensversicherung abgeschlossen. Dr. Ames erkannte seine Chance, reich zu werden. Es war ihm ein Leichtes, Mr Bleibner die tödlichen Erreger einzuimpfen. Sein Neffe, von Verzweiflung überwältigt angesichts der entsetzlichen Diagnose, die sein Freund ihm gestellt hatte, erschoss sich. Mr Bleibner hatte, entgegen seinen Absichten, noch kein Testament aufgesetzt. Sein Vermögen ging an seinen Neffen, und von diesem dann an den Arzt.«

»Und Mr Schneider?«

»Das können wir nicht mit Sicherheit sagen. Er kannte den jungen Bleibner ebenfalls und hat vielleicht Verdacht geschöpft, oder aber der Arzt dachte, bei noch einem grund- und sinnlosen Tod würde sich die Spirale des Aberglaubens weiterdrehen. Und jetzt eröffne ich Ihnen eine interessante psychologische Tatsache, Hastings. Ein Mörder verspürt stets den starken Wunsch, seine erfolgreiche Bluttat zu wiederholen, er findet Geschmack daran.

Deshalb auch meine Angst um den jungen Willard. Die Gestalt des Anubis, die Sie heute Abend sahen, das war Hassan, der sich auf meinen Wunsch verkleidet hatte. Ich wollte sehen, ob ich dem Arzt Angst einjagen konnte. Aber bloß wegen irgendetwas Übernatürlichem bekam der keine Angst. Außerdem merkte ich, dass er von meinem geheuchelten Glauben an das Okkulte nicht völlig überzeugt war. Die kleine Komödie, die ich für ihn aufführte, konnte ihn nicht täuschen. Ich ahnte, dass er mich zum nächsten Opfer ausersehen würde. Ha, aber trotz *la mer maudite*, der grässlichen Hitze und des elenden Sandes, die kleinen grauen Zellen, die funktionieren dennoch!«

Poirots Thesen stellten sich als absolut korrekt heraus. Der junge Bleibner hatte einige Jahre zuvor im Rausch aus Spaß ein Testament aufgesetzt, in dem er verfügte, dass »mein Zigarettenetui, das dir so gefällt, sowie alles andere, was ich bei meinem Tod besitze, in der Hauptsache allerdings Schulden, an meinen guten Freund Robert Ames geht, der mich einmal vor dem Ertrinken gerettet hat«.

Die ganze Angelegenheit wurde, so gut es ging, vertuscht, und so erzählen sich die Leute noch heute von der erstaunlichen Serie von Todesfällen im Zusammenhang mit dem Grab des Menher-Re, in ihren Augen ein eindeutiger Beleg für den Rachefeldzug eines früheren Königs gegen die Schänder seines Grabes – eine Überzeugung, die, wie Poirot zu bedenken gab, sämtlichen ägyptischen Glaubens- und Gedankenmustern widersprach.

Das Geheimnis um Johnnie Waverly

Sie können doch sicher die Gefühle einer Mutter verstehen«, sagte Mrs Waverly zum vielleicht sechsten Mal.

Flehentlich sah sie Poirot an. Mein kleiner Freund, der mit Müttern in Not immer Mitleid empfand, gestikulierte beschwichtigend.

»Ja doch, ja doch, ich verstehe vollkommen. Vertrauen Sie Papa Poirot.«

»Die Polizei ...«, begann Mr Waverly.

Seine Frau wischte den Einwurf mit einer Handbewegung beiseite. »Mit der Polizei will ich nichts mehr zu tun haben. Wir hatten uns auf sie verlassen, und jetzt haben wir die Bescherung! Aber von Monsieur Poirot und seinen großen Taten habe ich so viel gehört, dass ich dachte, er könne uns vielleicht helfen. Die Gefühle einer Mutter ...«

Mit einer beredten Geste unterband Poirot hastig die erneute Beschreibung ihres Gefühlslebens. Mrs Waverlys Emotionen waren offensichtlich echt, passten aber irgendwie nicht zu ihrer listig-schlauen, recht strengen Miene. Als ich später erfuhr, dass sie die Tochter eines bekannten Stahlindustriellen war, der sich vom Laufburschen hochgearbeitet hatte, wurde mir klar, dass sie viele der väterlichen Eigenschaften geerbt hatte.

Mr Waverly war ein großer, rotgesichtiger, jovial wirkender Mann. Er stand breitbeinig da, unverkennbar ein Landadliger.

»Ich nehme an, Sie kennen die Geschichte, Monsieur Poirot?«

Eine fast überflüssige Frage. Seit ein paar Tagen waren die Zeitungen voll von Berichten über die sensationelle Entführung von

Johnnie Waverly, dem dreijährigen Sohn und Erbfolger des hochwohlgeborenen Mr Marcus Waverly, Waverly Court, Surrey, einem der ältesten Familiensitze Englands.

»Die wesentlichen Fakten kenne ich natürlich, aber bitte erzählen Sie mir die ganze Geschichte, Monsieur. Und in allen Einzelheiten, wenn es recht ist.«

»Nun, die ganze Angelegenheit begann wohl vor rund zehn Tagen, als ich einen anonymen Brief bekam – scheußlich, so etwas –, auf den ich mir überhaupt keinen Reim machen konnte. Der Verfasser besaß die Unverschämtheit, fünfundzwanzigtausend Pfund von mir zu verlangen – fünfundzwanzigtausend Pfund, Monsieur Poirot! Sollte ich nicht darauf eingehen, drohte er, würde er Johnnie entführen. Natürlich warf ich den Schrieb ohne langes Federlesen in den Papierkorb. Hielt ihn für einen dummen Scherz. Fünf Tage später erhielt ich einen weiteren Brief. ›*Wenn Sie nicht zahlen, wird Ihr Sohn am 29. entführt.*‹ Das war am 27. Ada machte sich Sorgen, aber ich konnte die Sache einfach nicht ernst nehmen. Wir leben schließlich in England, verdammt noch mal. Hier werden doch keine Kinder entführt und Lösegelder erpresst.«

»Es ist sicher keine gängige Praxis«, sagte Poirot. »Fahren Sie fort, Monsieur.«

»Nun, Ada gab keine Ruhe, und so ging ich, obwohl ich mir etwas albern dabei vorkam, zu Scotland Yard. Dort schien man die Sache nicht allzu ernst zu nehmen und neigte zu derselben Ansicht wie ich, nämlich dass das Ganze ein dummer Scherz sei. Am 28. bekam ich einen dritten Brief: ›*Sie haben nicht gezahlt. Ihr Sohn wird morgen, am 29., um 12 Uhr mittags entführt werden. Es wird Sie fünfzigtausend Pfund kosten, ihn wiederzubekommen.*‹ Erneut fuhr ich zu Scotland Yard. Diesmal zeigte man sich stärker beeindruckt. Man war der Meinung, die Briefe seien von einem Verrückten geschrieben worden, doch werde es zur angegebenen Zeit höchstwahrscheinlich tatsächlich zu irgendeinem Entführungsversuch kommen. Man versicherte mir, es würden alle nötigen Vorsichtsmaßnahmen getroffen. Inspector McNeil würde am Morgen mit seinem Trupp auf Waverly Court anrücken und die Sache in die Hand nehmen.

Äußerst erleichtert kehrte ich nach Hause zurück. Allerdings kamen wir uns so schon vor wie im Belagerungszustand. Ich gab Anweisungen, dass kein Fremder hereingelassen und niemand das Haus verlassen solle. Der Abend verlief ohne Zwischenfall, doch am darauffolgenden Morgen ging es meiner Frau bedenklich schlecht. Da mir ihr Zustand Sorgen machte, ließ ich Doctor Dakers rufen. Ihre Symptome schienen ihm Kopfzerbrechen zu bereiten. Obwohl er zögerte, von einer Vergiftung zu sprechen, spürte ich, dass er genau das vermutete. Es bestehe keine Gefahr, versicherte er mir, aber es würde ein, zwei Tage dauern, bis sie wieder aufstehen könne. Als ich in mein Zimmer zurückkehrte, bemerkte ich zu meiner Verwunderung auf meinem Kissen einen angehefteten Zettel. Es war dieselbe Handschrift wie in den Briefen, doch diesmal enthielt die Nachricht nur drei Wörter: *›Um 12 Uhr.‹*

Ich muss zugeben, Monsieur Poirot, dass ich mit einem Mal rotsah! Irgendjemand im Haus musste daran beteiligt sein, jemand vom Personal. Ich bestellte sie alle zu mir und las ihnen die Leviten. Aber sie verpfeifen sich nie gegenseitig; es war Miss Collins, die Gesellschafterin meiner Frau, die mir dann mitteilte, sie habe gesehen, wie Johnnies Kindermädchen am frühen Morgen die Auffahrt hinuntergehuscht war. Ich sagte es ihr sofort auf den Kopf zu, und ihr Widerstand brach. Sie hatte das Kind beim Hausmädchen gelassen und sich hinausgestohlen, um jemanden zu treffen – und zwar einen Mann! Eine schöne Bescherung! Sie leugnete, den Zettel an mein Kissen geheftet zu haben – vielleicht hat sie die Wahrheit gesagt, ich weiß es nicht. Ich wusste nur, das Risiko, dass das Kindermädchen des Jungen an dem Komplott beteiligt war, das war zu groß. Irgendjemand vom Personal war auf jeden Fall in die Sache verwickelt, da war ich mir sicher. Letztendlich verlor ich die Beherrschung und setzte sie alle an die Luft, einschließlich des Kindermädchens. Ich gab ihnen eine Stunde Zeit, ihre Sachen zu packen und das Haus zu verlassen.«

Bei der Erinnerung an seinen gerechten Zorn wurde Mr Waverlys Gesicht um zwei Schattierungen röter.

»War das nicht ein bisschen unüberlegt, Monsieur?«, deutete Poirot an. »Damit hätten Sie dem Feind doch durchaus in die Hände spielen können.«

Mr Waverly starrte ihn an. »Das glaube ich nicht. Die ganze Bagage vor die Tür zu setzen, das war in dem Moment mein einziger Gedanke. Ich telegrafierte nach London und forderte bis zum Abend Nachschub an. Bis dahin wären ausschließlich Leute im Haus, denen ich vertrauen könnte: Miss Collins, die Sekretärin meiner Frau, sowie Tredwell, der Butler, der schon seit meiner frühesten Kindheit bei uns ist.«

»Und diese Miss Collins, wie lange ist die schon bei Ihnen?«

»Erst ein Jahr«, sagte Mrs Waverly. »Sie leistet mir als Sekretärin und Gesellschafterin unschätzbare Dienste und ist außerdem auch noch eine sehr tüchtige Haushälterin.«

»Und das Kindermädchen?«

»Sie war seit sechs Monaten bei uns. Sie hatte ausgezeichnete Zeugnisse. Trotzdem mochte ich sie nie so recht, obwohl Johnnie sehr an ihr hing.«

»Allerdings war sie ja wohl, wenn ich es recht verstehe, zum Zeitpunkt der Katastrophe nicht mehr im Haus. Wenn Sie so freundlich wären fortzufahren, Mr Waverly.«

Mr Waverly nahm seinen Bericht wieder auf.

»Inspector McNeil traf gegen 10 Uhr 30 ein. Das gesamte Personal war bereits von der Bildfläche verschwunden. Er erklärte sich mit den Vorkehrungen im Haus durchaus zufrieden. Mehrere seiner Männer waren im Park postiert und bewachten sämtliche Zugänge zum Haus, und er versicherte mir, dass wir, sofern die ganze Sache kein Scherz war, den mysteriösen Briefeschreiber zweifellos fassen würden.

Ich hatte Johnnie bei mir, und wir gingen zusammen mit dem

Inspector in den Raum, den wir unsere Ratsstube nennen. Der Inspector schloss die Tür hinter uns ab. Ich muss gestehen, als sich die Zeiger der großen Standuhr auf 12 Uhr zubewegten, flatterten mir die Nerven. Man hörte ein Surren, und dann begann die Uhr zu schlagen. Ich hielt Johnnie fest umklammert. Ich hatte das Gefühl, es könne jederzeit ein Mann vom Himmel fallen. Mit dem letzten Schlag der Uhr erhob sich draußen ein Riesentumult – ein einziges Geschreie und Gerenne. Der Inspector riss das Fenster auf, und ein Constable kam herbeigerannt.

›Wir haben ihn, Sir‹, keuchte er. ›Er schlich durchs Gebüsch. Er hat eine ganze Apotheke voller Betäubungsmittel dabei.‹

Wir liefen auf die Terrasse, wo zwei Constables einen vierschrötig wirkenden Kerl in schäbiger Kleidung festhielten, der, sich hin und her windend, vergeblich zu entkommen versuchte. Einer der Polizisten hielt ein offenes Päckchen in der Hand, das dem Gefangenen entrungen worden war. Darin befanden sich ein Wattebausch und ein Fläschchen Chloroform. Mir kochte das Blut in den Adern. Außerdem lag noch ein Brief für mich dabei. Ich riss ihn auf und las die folgenden Worte: *›Sie hätten zahlen sollen. Das Lösegeld für Ihren Sohn beträgt jetzt fünfzigtausend Pfund. Trotz all Ihrer Vorkehrungen wurde er, wie ich es angekündigt hatte, am 29. entführt.‹*

Ich lachte laut auf, ein Lachen der Erleichterung, doch in dem Augenblick hörte ich einen Motor aufbrummen und jemanden schreien. Ich drehte mich um. Ein flacher, langer grauer Wagen raste in wildem Tempo die Auffahrt hinunter in Richtung südliches Tor. Der Fahrer war es, der die ganze Zeit schrie, doch daher rührte mein Entsetzen nicht. Es war der Anblick von Johnnies flachsblonden Locken, der mir einen Schock versetzte. Das Kind saß neben dem Mann auf dem Beifahrersitz.

Der Inspector stieß einen Fluch aus. ›Der Junge war doch eben noch hier‹, rief er. Er ließ seinen Blick von einem zum anderen wandern. Wir waren alle dort: ich selbst, Tredwell, Miss Collins. ›Wann haben Sie ihn zuletzt gesehen, Mr Waverly?‹

Ich dachte zurück, versuchte mich genau zu erinnern. Als der Constable uns gerufen hatte, war ich mit dem Inspector hinausgelaufen und hatte Johnnie völlig vergessen.

Und dann hörten wir etwas, was uns stutzen ließ: das Läuten einer Kirchturmglocke aus dem Dorf. Mit einem überraschten Ausruf zog der Inspector seine Uhr hervor. Es war genau 12 Uhr. Geschlossen rannten wir in die Ratsstube zurück; die Uhr dort zeigte 12 Uhr 10 an. Jemand musste sie bewusst verstellt haben, denn ich habe noch nie erlebt, dass sie vor- oder nachgegangen ist. Sie geht immer auf die Minute genau.«

Mr Waverly hielt inne. Poirot lächelte in sich hinein und zog einen kleinen Vorleger gerade, den der besorgte Vater verschoben hatte.

»Ein hübsches kleines Problem«, murmelte Poirot, »knifflig, aber reizvoll. Es wird mir ein Vergnügen sein, Ermittlungen für Sie anzustellen. Die Sache wurde wirklich *à merveille* geplant.«

Mrs Waverly sah ihn vorwurfsvoll an. »Aber mein Junge«, jammerte sie.

Rasch rückte Poirot seine Miene zurecht und sah sofort wieder wie das Mitleid in Person aus. »Er ist gesund, Madame, er ist unversehrt. Seien Sie versichert, dass diese Schurken ihn wie ihren Augapfel hüten werden. Ist er für sie nicht die Pute – nein, die Gans, die goldene Eier legt?«

»Monsieur Poirot, ich bin mir sicher, dass uns nur eine Möglichkeit bleibt: zu zahlen. Zuerst war ich absolut dagegen, aber jetzt! Die Gefühle einer Mutter …«

»Aber wir haben Monsieur in seiner Geschichte unterbrochen«, rief Poirot hastig.

»Ich nehme an, den Rest kennen Sie mehr oder weniger aus den Zeitungen«, sagte Mr Waverly. »Natürlich tätigte Inspector McNeil sofort einige Anrufe. Es wurde umgehend eine Beschreibung des Wagens und des Mannes herausgegeben, und zuerst sah es auch so aus, als würde alles gut ausgehen. Ein Wagen, auf den die Beschreibung zutraf, war mit einem Mann und einem kleinen

Jungen durch mehrere Dörfer gekommen und schien nach London unterwegs zu sein. Er hatte einmal angehalten und jemand hatte gesehen, dass das Kind weinte und sich offensichtlich vor seinem Begleiter fürchtete. Als Inspector McNeil verkündete, der Wagen sei angehalten und der Mann und der Junge seien in Gewahrsam genommen worden, war mir fast schlecht vor Erleichterung. Sie kennen die Fortsetzung. Bei dem Jungen handelte es sich nicht um Johnnie, und der Mann war ein leidenschaftlicher Autofahrer, der, kinderlieb, wie er war, einen kleinen Jungen in den Straßen von Edenswell, einem rund fünfundzwanzig Kilometer von hier gelegenen Dorf, spielen gesehen und ihn aus reiner Gefälligkeit ein Stück mitgenommen hatte. Dank der anmaßenden Tollpatschigkeit der Polizei sind sämtliche heißen Spuren abgekühlt. Hätte sie nicht beharrlich den falschen Wagen verfolgt, hätte sie den Jungen vielleicht schon gefunden.«

»Beruhigen Sie sich, Monsieur. Die Polizei besteht aus tapferen, intelligenten Männern. Ihnen ist ein verständlicher Irrtum unterlaufen. Und außerdem war das Ganze äußerst raffiniert eingefädelt. Was den Mann angeht, der auf Ihrem Grundstück festgenommen wurde, er hat bisher, soweit ich weiß, alles hartnäckig geleugnet. Er behauptet, er habe den Brief und das Päckchen lediglich auf Waverly Court abliefern sollen. Der Mann, der ihm die Sachen gegeben hatte, habe ihm einen Zehn-Shilling-Schein in die Hand gedrückt und einen weiteren versprochen, wenn er beides genau zehn Minuten vor zwölf abgeben würde. Er sollte sich dem Haus vom Park aus nähern und am Seiteneingang klopfen.«

»Davon glaube ich kein einziges Wort«, erklärte Mrs Waverly erregt. »Das ist doch alles erstunken und erlogen.«

»*En vérité*, es ist eine ziemlich fadenscheinige Geschichte«, sagte Poirot nachdenklich. »Aber bisher konnte sie nicht widerlegt werden. Außerdem hat er, soviel ich weiß, gewisse Beschuldigungen erhoben?«

Sein fragender Blick heftete sich auf Mr Waverly. Dieser wurde erneut ziemlich rot.

»Der Kerl besaß die Unverschämtheit, so zu tun, als würde er in Tredwell den Mann wiedererkennen, der ihm das Päckchen gegeben hatte. ›Allerdings hat sich der Bursche jetzt den Schnurrbart abrasiert‹, meinte er. Tredwell, der schon hier geboren wurde!«

Poirot lächelte leise über die Empörung des Gutsherrn. »Dabei verdächtigen Sie selbst einen Hausbewohner der Beihilfe zur Entführung.«

»Ja, aber nicht Tredwell.«

»Und Sie, Madame?«, wandte sich Poirot unvermittelt an Mrs Waverly.

»Tredwell hätte dem Landstreicher gar nicht den Brief und das Päckchen geben können – wenn es überhaupt jemand getan hat, was ich bezweifle. Er sagt, er habe die Sachen um 10 Uhr ausgehändigt bekommen. Um 10 Uhr war Tredwell zusammen mit meinem Mann im Raucherzimmer.«

»Konnten Sie das Gesicht des Autofahrers sehen, Monsieur? Ähnelte es irgendwie dem von Tredwell?«

»Ich war zu weit weg, um sein Gesicht sehen zu können.«

»Wissen Sie, ob Tredwell einen Bruder hat?«

»Er hatte mehrere, aber sie sind alle tot. Der letzte kam im Krieg um.«

»Ich kann mir immer noch kein genaues Bild von Waverly Court machen. Der Wagen fuhr in Richtung südliches Tor. Gibt es noch eine andere Einfahrt?«

»Ja, beim östlichen Pförtnerhaus, wie wir es nennen. Man kann es von der anderen Seite des Hauses sehen.«

»Ich finde es seltsam, dass niemand gesehen hat, wie der Wagen aufs Grundstück fuhr.«

»Es gibt ein altes Durchfahrtsrecht und eine Zufahrt zu einer kleinen Kapelle. Da fahren eine ganze Menge Autos entlang. Der Mann muss den Wagen an einer günstigen Stelle geparkt haben und genau dann zum Haus hochgerannt sein, als Alarm geschlagen wurde und unsere Aufmerksamkeit abgelenkt war.«

»Falls er nicht bereits im Haus war«, sinnierte Poirot. »Hätte er sich irgendwo verstecken können?«

»Nun, wir haben sicher nicht das ganze Haus vorher auf den Kopf gestellt. Das schien nicht nötig. Er hätte sich schon irgendwo verstecken können, aber wer hätte ihn hereinlassen sollen?«

»Dazu kommen wir später. Eins nach dem anderen – lassen Sie uns methodisch vorgehen. Es gibt kein besonderes Versteck im Haus? Waverly Court ist ein altes Gebäude, da gibt es manchmal sogenannte Priesterlöcher.«

»Mein Gott, es gibt bei uns wirklich ein Priesterloch. Hinter einem der Paneele in der Halle.«

»In der Nähe der Ratsstube?«

»Direkt neben der Tür.«

»Voilà!«

»Aber außer meiner Frau und mir weiß niemand davon.«

»Tredwell?«

»Nun, er könnte davon gehört haben.«

»Miss Collins?«

»Ihr gegenüber habe ich es nie erwähnt.«

Poirot dachte einen Augenblick nach.

»Gut, Monsieur, als Nächstes muss ich mir Waverly Court ansehen. Wäre es Ihnen recht, wenn ich heute Nachmittag vorbeikomme?«

»Oh, so bald wie möglich, bitte, Monsieur Poirot!«, rief Mrs Waverly. »Lesen Sie das hier noch einmal.«

Sie drückte ihm die letzte Nachricht des Entführers in die Hand, die die beiden am Morgen erhalten hatten, worauf sie spornstreichs zu Poirot geeilt waren. Sie enthielt wohl durchdachte, exakte Anweisungen für die Geldübergabe und schloss mit der Drohung, dass der Junge jegliches Täuschungsmanöver mit dem Leben bezahlen würde. Es war deutlich zu erkennen, dass die Liebe zum Geld mit Mrs Waverlys elementarer Mutterliebe kollidierte, Letztere jedoch schließlich und endlich im Begriff stand, die Oberhand zu gewinnen.

Poirot hielt Mrs Waverly, deren Gatte bereits zur Tür hinaus war, zurück.

»Madame, die Wahrheit, wenn ich bitten darf. Teilen Sie das Vertrauen Ihres Mannes in Tredwell, den Butler?«

»Ich habe nichts gegen ihn, Monsieur Poirot, ich weiß auch nicht, wie er in diese Sache verwickelt sein könnte, aber – nun, ich habe ihn nie gemocht, nie!«

»Und noch eins, Madame, könnten Sie mir die Adresse des Kindermädchens geben?«

»149 Netherall Road, Hammersmith. Sie glauben doch nicht …«

»Ich glaube nie etwas. Ich, ich setze lediglich die kleinen grauen Zellen ein. Und manchmal, nur manchmal, da habe ich eine kleine Idee.«

Noch während sich die Tür hinter ihr schloss, kehrte Poirot zu mir zurück.

»Madame hat den Butler also nie gemocht. Das, das ist doch interessant, eh, Hastings?«

Ich ließ mich nicht aus der Reserve locken. Poirot hat mich schon so oft hereingelegt, dass ich jetzt auf der Hut bin. Irgendwo gibt es immer einen Haken.

Nachdem wir uns sorgfältig zurechtgemacht hatten, brachen wir zur Netherall Road auf. Wir hatten das Glück, Miss Jessie Withers zu Hause anzutreffen. Sie war eine fünfunddreißigjährige Frau mit einem freundlichen Gesicht, kompetent und souverän. Ich konnte mir nicht vorstellen, dass sie in diese Angelegenheit verwickelt war. Sie war äußerst verbittert über die Art und Weise, wie man sie entlassen hatte, gab jedoch zu, einen Fehler gemacht zu haben. Sie war mit einem Maler und Dekorateur verlobt, der zufällig dort in der Gegend arbeitete, und hatte sich mit ihm treffen wollen. Die Sache schien absolut natürlich. Ich konnte Poirot nicht verstehen. Seine Fragen kamen mir ziemlich irrelevant vor. Im Prinzip drehten sie sich alle um ihren Tagesablauf auf Waverly Court. Ehrlich gesagt langweilte ich mich und war froh, als sich Poirot verabschiedete.

»Bei einer Entführung hat man leichtes Spiel, *mon ami*«, sagte er, während er einem Taxi winkte und es zur Waterloo Station beorderte. »Dieser Junge hätte in den letzten drei Jahren jeden Tag mit Leichtigkeit entführt werden können.«

»Ich glaube nicht, dass uns das weiterbringt«, bemerkte ich kühl.

»*Au contraire*, es bringt uns gehörig weiter, gehörig! Wenn Sie schon eine Krawattennadel tragen müssen, Hastings, dann stecken Sie sie wenigstens genau in die Mitte Ihrer Krawatte. Im Moment sitzt sie mindestens anderthalb Millimeter zu weit rechts.«

Waverly Court war ein schönes altes Gebäude, das unlängst geschmackvoll und sorgfältig restauriert worden war. Mr Waverly zeigte uns die Ratsstube, die Terrasse und die verschiedenen anderen relevanten Örtlichkeiten. Schließlich drückte er auf Poirots Bitte hin in der Halle auf eine Feder in der Wand, worauf ein Paneel zur Seite glitt und einen kurzen Gang freilegte, der zum Priesterloch führte.

»Sehen Sie«, sagte Waverly. »Hier ist überhaupt nichts.«

Der winzige Raum war absolut kahl, auf dem Boden war nicht einmal ein Schuhabdruck zu sehen. Als sich Poirot in einer Ecke aufmerksam hinabbeugte, gesellte ich mich zu ihm.

»Was halten Sie davon, *mon ami*?«

Es waren vier Abdrücke, ausgesprochen dicht beieinander.

»Ein Hund«, rief ich.

»Ein sehr kleiner Hund, Hastings.«

»Ein Spitz.«

»Kleiner als ein Spitz.«

»Ein Griffon?«, schlug ich unsicher vor.

»Noch kleiner als ein Griffon. Eine Rasse, die im Zuchtverband unbekannt ist.«

Ich sah ihn an. Sein Gesicht glühte vor Aufregung und Genugtuung.

»Ich hatte recht«, murmelte er. »Ich wusste, dass ich recht hatte. Kommen Sie, Hastings.«

Als wir wieder in die Halle traten und das Paneel sich hinter uns schloss, kam eine junge Frau aus einer am Ende des Ganges gelegenen Tür. Mr Waverly stellte sie uns vor.

»Miss Collins.«

Miss Collins war etwa dreißig Jahre alt, lebhaft und aufgeweckt. Sie hatte recht stumpfes blondes Haar und trug einen Kneifer.

Auf Poirots Bitte hin gingen wir in eine kleine Wohnstube und befragten sie ausführlich nach dem Personal, insbesondere nach Tredwell. Sie gab zu, dass sie den Butler nicht mochte.

»Er tut immer so vornehm«, erklärte sie.

Dann kam Poirot auf die Frage zu sprechen, was Mrs Waverly am Abend des 28. gegessen hatte. Miss Collins meinte, sie selbst habe oben in ihrem Wohnzimmer die gleichen Speisen zu sich genommen, sei jedoch nicht erkrankt. Als sie gehen wollte, stupste ich Poirot an.

»Der Hund«, flüsterte ich.

»Ah ja, der Hund!« Er lächelte breit. »Mademoiselle, gibt es hier im Haus zufällig einen Hund?«

»Draußen im Zwinger sind zwei Retriever.«

»Nein, ich meine einen ganz kleinen Hund, so eine Art Spielzeug.«

»Nein, so etwas gibt es hier nicht.«

Poirot ließ sie gehen. Als er läutete, sagte er zu mir: »Sie lügt, diese Mademoiselle Collins. Was ich an ihrer Stelle vielleicht auch tun würde. Und nun zum Butler.«

Tredwell war ein würdevoller Mensch. Mit gelassener Selbstsicherheit erzählte er seine Geschichte, die im Wesentlichen mit Mr Waverlys Bericht übereinstimmte. Er gab zu, dass er das Priesterloch kannte.

Als er schließlich, bis zuletzt hoheitsvoll, wieder ging, begegnete ich Poirots fragendem Blick.

»Was meinen Sie, Hastings?«

»Und Sie?«, wich ich aus.

»Wie vorsichtig Sie geworden sind. Nie, nie und nimmer werden die grauen Zellen funktionieren, wenn man sie nicht stimuliert. Ach, ich sollte Sie nicht aufziehen! Lassen Sie uns unsere Schlüsse gemeinsam ziehen. Welche Punkte kommen uns besonders schwierig vor?«

»Mir ist eins aufgefallen«, sagte ich. »Warum verließ der Entführer das Anwesen durch das südliche Tor statt durchs östliche, wo ihn niemand gesehen hätte?«

»Das ist eine sehr gute Frage, Hastings, eine ausgezeichnete Frage. Ich will Ihnen nicht nachstehen. Warum hat er die Waverlys gewarnt? Warum hat er das Kind nicht einfach entführt und Lösegeld verlangt?«

»Weil er hoffte, das Geld zu bekommen, ohne zur Tat schreiten zu müssen.«

»Aber es war doch wohl höchst unwahrscheinlich, dass das Geld auf eine bloße Drohung hin bezahlt werden würde?«

»Außerdem wollte er die Aufmerksamkeit auf 12 Uhr lenken, damit er, wenn der Landstreicher gefasst wurde, aus seinem Versteck kommen und unbemerkt mit dem Kind verschwinden konnte.«

»Das ändert aber nichts an der Tatsache, dass eine vollkommen einfache Angelegenheit verkompliziert wurde. Wenn weder Uhrzeit noch Datum bekannt sind, wäre doch nichts einfacher, als eine günstige Gelegenheit abzupassen und das Kind mit dem Auto zu entführen, wenn es gerade irgendwo mit dem Kindermädchen im Freien ist.«

»Ja-a«, räumte ich unsicher ein.

»Eigentlich wurde hier ganz bewusst eine Farce inszeniert! Aber jetzt lassen Sie uns die Frage von einer anderen Seite angehen. Alles deutet darauf hin, dass es im Haus einen Komplizen gab. Punkt eins: Mrs Waverlys mysteriöse Vergiftung. Punkt zwei: der ans Kissen geheftete Brief. Punkt drei: das Vorstellen der Uhr um zehn Minuten – das alles war das Werk eines Hausbewohners. Und noch etwas, was Sie eventuell nicht bemerkt haben. In dem Priesterloch lag kein Stäubchen. Es war mit einem Besen ausgefegt worden.

Also, es sind vier Leute im Haus. Das Kindermädchen können wir ausschließen, denn sie hätte nicht das Priesterloch ausfegen können, obwohl sie die drei anderen Dinge durchaus hätte erledigen können. Vier Leute also: Mr und Mrs Waverly, Tredwell, der Butler, und Miss Collins. Fangen wir mit Miss Collins an. Es spricht nicht viel gegen sie, außer, dass wir sehr wenig über sie wissen, dass sie ganz offensichtlich eine intelligente junge Frau ist und dass sie erst ein Jahr hier arbeitet.«

»Sie meinten, sie habe bei der Sache mit dem Hund gelogen«, erinnerte ich ihn.

»Ach ja, der Hund.« Poirot lächelte seltsam. »Befassen wir uns jetzt mit Tredwell. Gegen ihn liegen mehrere Verdachtsmomente vor. Erstens erklärt der Landstreicher, es sei Tredwell gewesen, der ihm das Päckchen im Dorf gegeben habe.«

»Aber Tredwell hat für diese Zeit ein Alibi.«

»Trotzdem, er hätte Mrs Waverly vergiften, den Brief an das Kissen heften, die Uhr vorstellen und das Priesterloch ausfegen können. Andererseits wurde er hier geboren und ist bei den Waverlys aufgewachsen, stand sein Leben lang in ihren Diensten. Es scheint im höchsten Maße unwahrscheinlich, dass er der Entführung des Stammhalters Vorschub geleistet haben soll. Das passt einfach nicht ins Bild!«

»Also?«

»Wir müssen logisch vorgehen – so absurd es auch scheinen mag. Wir werden kurz Mrs Waverly in Betracht ziehen. Allerdings ist sie reich, das Geld gehört ihr schon. Mit ihrem Geld wurde das heruntergekommene Anwesen restauriert. Es gäbe keinen Grund für sie, ihren Sohn zu entführen und sich ihr eigenes Geld auszuzahlen. Ihr Gatte, nun, der ist in einer anderen Lage. Er hat eine reiche Frau. Das ist etwas ganz anderes, als selbst reich zu sein – eigentlich habe ich sogar die kleine Idee, dass die Dame sich nicht sehr gern von ihrem Geld trennt, es sei denn, es gibt einen sehr triftigen Grund. Mr Waverly dagegen, das sieht man sofort, ist ein *bon viveur.*«

»Unmöglich«, stieß ich hervor.

»Überhaupt nicht. Wer hat das Personal weggeschickt? Mr Waverly. Er kann die Briefe schreiben, seiner Frau Gift ins Essen mischen, die Uhrzeiger vorstellen und seinem treuen Faktotum Tredwell ein ausgezeichnetes Alibi geben. Tredwell hat Mrs Waverly nie gemocht. Er ist seinem Herrn treu ergeben und willens, dessen Anweisungen bedingungslos zu befolgen. Drei Leute waren beteiligt. Waverly, Tredwell und ein Freund von Waverly. Das war der Fehler, den die Polizei machte, sie haben keine weiteren Erkundigungen über den Fahrer des grauen Wagens mit dem falschen Kind eingezogen. Er war der dritte Mann. Er liest in einem nahe gelegenen Dorf ein Kind auf, einen Jungen mit flachsblonden Locken. Er fährt durch das östliche Tor aufs Anwesen und genau im richtigen Moment winkend und rufend durchs südliche wieder hinaus. Da man weder sein Gesicht sehen noch das Nummernschild erkennen kann, ist es genauso unmöglich, das Gesicht des Jungen zu sehen. Dann legt er eine falsche Spur nach London. Inzwischen hat Tredwell seinen Teil erledigt und einem verlottert aussehenden Herrn den Auftrag gegeben, das Päckchen und den Brief abzuliefern. Sollte der Mann ihn trotz seines falschen Schnurrbarts tatsächlich wiedererkennen, was höchst unwahrscheinlich ist, kann ihm sein Herr ein Alibi geben. Was Mr Waverly angeht, so versteckt er das Kind, sobald draußen der Tumult ausbricht und der Inspector hinauseilt, schnell im Priesterloch und rennt dem Inspector hinterher. Später, sobald der Inspector gegangen und Miss Collins anderweitig beschäftigt ist, ist es ihm dann ein Leichtes, das Kind mit seinem Wagen an einen sicheren Ort zu schaffen.«

»Aber was ist mit dem Hund?«, fragte ich. »Und mit Miss Collins' Lüge?«

»Das war ein kleiner Witz von mir. Ich hatte sie gefragt, ob es in dem Haus irgendwelche kleinen, spielzeugähnlichen Hunde gebe, und sie meinte, nein, obwohl es hier zweifellos welche gibt – nämlich im Kinderzimmer! Verstehen Sie, Mr Waverly hatte Spielzeug ins Priesterloch gestellt, damit Johnnie etwas zu tun hatte und ruhig blieb.«

»Monsieur Poirot«, Mr Waverly betrat den Raum, »haben Sie irgendetwas herausgefunden? Haben Sie irgendeine Ahnung, wo der Junge hingebracht wurde?«

Poirot reichte ihm einen Bogen Papier. »Hier ist die Adresse.«

»Aber das Blatt ist leer.«

»Weil ich darauf warte, dass Sie sie mir aufschreiben.«

»Was zum ...« Mr Waverlys Gesicht wurde dunkelrot.

»Ich weiß alles, Monsieur. Ich gebe Ihnen vierundzwanzig Stunden, um den Jungen zurückzubringen. Sie sind allemal findig genug, um sein Wiederauftauchen zu erklären. Sonst wird Mrs Waverly über den genauen Tathergang informiert werden.«

Mr Waverly ließ sich in einen Sessel fallen und vergrub das Gesicht in den Händen. »Er ist bei meinem alten Kindermädchen, fünfzehn Kilometer von hier. Er ist dort sicher und gut aufgehoben.«

»Das bezweifle ich nicht. Wenn mir nicht klar wäre, dass Sie im Grunde Ihres Herzens ein guter Vater sind, wäre ich nicht bereit, Ihnen noch eine zweite Chance zu geben.«

»Der Skandal ...«

»Genau. Sie tragen einen altehrwürdigen Namen. Setzen Sie ihn nicht noch einmal aufs Spiel. Guten Abend, Mr Waverly. Ach, übrigens, noch ein kleiner Tipp: Fegen Sie immer die Ecken aus!«

Das Geheimnis des Plumpuddings

Ich bedauere außerordentlich …«, sagte Monsieur Hercule Poirot.

Er wurde unterbrochen. Allerdings nicht rüde. Es war eine geschmeidige, geschickte, diplomatische Unterbrechung, kein Widerspruch.

»Bitte sagen Sie nicht von vornherein Nein, Monsieur Poirot. Es handelt sich hier um wichtige Staatsangelegenheiten. Man wird Ihre Kooperation an höchster Stelle zu schätzen wissen.«

»Zu gütig«, winkte Hercule Poirot ab, »aber ich kann Ihrer Bitte unmöglich nachkommen. Zu dieser Jahreszeit …«

Erneut unterbrach ihn Mr Jesmond. »Weihnachten«, sagte er gewinnend. »Ein traditionelles englisches Weihnachtsfest auf dem Lande.«

Hercule Poirot schauderte. Die Vorstellung, die Weihnachtszeit in England auf dem Lande verbringen zu müssen, behagte ihm ganz und gar nicht.

»Ein schönes, traditionelles Weihnachtsfest!«, betonte Mr Jesmond noch einmal.

»Ich, ich bin kein Engländer«, sagte Hercule Poirot. »In meinem Land, da ist Weihnachten ein Fest für die Kinder. Was wir feiern, ist das neue Jahr.«

»Aha«, sagte Mr Jesmond, »aber in England ist Weihnachten etwas ganz Besonderes, und ich garantiere Ihnen, in Kings Lacey erwartet Sie ein Fest vom Feinsten. Wissen Sie, das ist ein wunderschönes altes Gebäude. Ein Flügel stammt sogar aus dem 14. Jahrhundert.«

Wieder schauderte Poirot. Bei dem Gedanken an ein englisches Herrenhaus aus dem 14. Jahrhundert beschlich ihn tiefe Beklemmung. Zu oft hatte er in historischen englischen Gebäuden schlechte Erfahrungen gemacht. Dankbar blickte er sich in seiner gemütlichen, modernen Wohnung mit ihren Heizkörpern und den neuesten technischen Vorrichtungen gegen Zugluft um.

»Im Winter«, sagte er entschieden, »bleibe ich in London.«

»Ich glaube, Sie sind sich nicht ganz darüber im Klaren, um was für eine ernste Angelegenheit es sich hier handelt, Monsieur Poirot.« Mr Jesmond blickte kurz zu seinem Begleiter und wandte sich dann wieder Poirot zu.

Poirots zweiter Besucher hatte bis dahin außer einer höflichen Begrüßungsformel nichts gesagt. Er saß da, starrte auf seine blank polierten Schuhe und trug einen durch und durch niedergeschlagenen Ausdruck in seinem dunklen Gesicht. Dieser junge Mann von höchstens dreiundzwanzig Jahren bot unverkennbar ein Bild des absoluten Jammers.

»Ja, ja«, sagte Hercule Poirot. »Natürlich ist es eine ernste Angelegenheit. Darüber bin ich mir schon im Klaren. Seine Hoheit hat mein aufrichtiges Mitgefühl.«

»Die Lage ist äußerst delikat«, erwiderte Mr Jesmond.

Poirot wandte den Blick von dem jungen Mann ab und richtete ihn auf seinen älteren Begleiter. Müsste man Mr Jesmond mit nur einem Wort beschreiben, dann wäre es »Diskretion«. An ihm war aber auch alles diskret. Seine gut geschnittene, aber unauffällige Kleidung, seine angenehme, kultivierte, sich kaum je über ihre wohltuende Monotonie aufschwingende Stimme, sein sich an den Schläfen ein wenig lichtendes hellbraunes Haar, sein blasses, ernstes Gesicht. Hercule Poirot kam es vor, als hätte er im Lauf der Jahre nicht einen, sondern ein Dutzend Mr Jesmonds kennengelernt, von denen alle früher oder später die gleiche Formulierung benutzt hatten: »Eine äußerst delikate Angelegenheit.«

»Wie Sie wissen«, sagte Hercule Poirot, »kann die Polizei sehr diskret sein.«

Mr Jesmond schüttelte energisch den Kopf.

»Keine Polizei«, sagte er. »Um den, äh, um das wiederzubekommen, was wir zurückhaben wollen, wird es sich wohl kaum vermeiden lassen, vor Gericht zu ziehen, aber dazu wissen wir noch zu wenig. Wir haben zwar einen Verdacht, wissen jedoch nichts Genaues.«

»Sie haben mein Mitgefühl«, wiederholte Hercule Poirot.

Falls er dachte, sein Mitgefühl würde seinen Besuchern irgendetwas bedeuten, so hatte er sich allerdings getäuscht. Die beiden wollten kein Mitgefühl, sie wollten praktische Hilfe. Mr Jesmond begann abermals, die Vorzüge eines englischen Weihnachtsfests auf dem Lande zu preisen.

»Wissen Sie, es stirbt langsam aus«, sagte er, »das richtige, traditionelle Weihnachten. Heutzutage feiern die Leute in Hotels. Aber ein englisches Weihnachten, im Kreise der Familie, die Kinder mit ihren Weihnachtsstrümpfen, der Weihnachtsbaum, der Truthahn und der Plumpudding, die Knallbonbons. Der Schneemann vorm Fenster ...«

Im Interesse der Genauigkeit intervenierte Hercule Poirot.

»Um einen Schneemann zu bauen, braucht man Schnee«, sagte er streng. »Und den kann man nicht einfach bestellen, auch nicht für ein englisches Weihnachten.«

»Ich sprach gerade heute mit einem Freund beim Wetterdienst«, entgegnete Mr Jesmond, »und der meinte, es werde aller Wahrscheinlichkeit nach zu Weihnachten Schnee geben.«

Das hätte er nicht sagen sollen. Hercule Poirot schauderte heftiger denn je.

»Schnee auf dem Land!«, sagte er. »Das wäre ja noch grässlicher. Ein großes, kaltes Herrenhaus.«

»Ganz im Gegenteil«, erwiderte Mr Jesmond. »In den letzten zehn Jahren haben sich die Dinge gehörig geändert. Ich sage nur so viel: Ölzentralheizung.«

»In Kings Lacey gibt es eine Ölzentralheizung?«, fragte Poirot. Zum ersten Mal schien er zu schwanken.

Mr Jesmond ergriff die Gelegenheit. »Ja, in der Tat«, sagte er, »und eine hervorragende Warmwasseranlage. In jedem Zimmer befinden sich Heizkörper. Ich versichere Ihnen, mein lieber Monsieur Poirot, Kings Lacey bietet im Winter Komfort par excellence. Es könnte sogar sein, dass es Ihnen in dem Haus *zu* warm wird.«

»Das wäre höchst unwahrscheinlich«, entgegnete Hercule Poirot.

Mit routiniertem Geschick wechselte Mr Jesmond dezent das Thema.

»Sie können sich vorstellen, in welch furchtbarem Dilemma wir stecken«, sagte er in vertraulichem Ton.

Hercule Poirot nickte. Es war tatsächlich ein vertracktes Problem. Ein junger Thronanwärter, der einzige Sohn des Herrschers eines reichen und wichtigen indischen Fürstenstaates, war vor wenigen Wochen in London eingetroffen. In seinem Land herrschten Unruhe und Unzufriedenheit. Während die öffentliche Meinung gegenüber dem Vater, der die östlichen Traditionen hochhielt, loyal blieb, betrachtete das Volk die jüngere Generation eine Spur argwöhnischer. Die Extravaganzen des Sohnes entsprangen dessen westlichen Vorstellungen und stießen daher auf Ablehnung.

Vor Kurzem war jedoch seine Verlobung bekannt gegeben worden. Er sollte eine leibliche Cousine heiraten, eine junge Frau, die, obwohl sie in Cambridge studiert hatte, darauf achtete, in ihrer Heimat keine westlichen Einflüsse zur Schau zu stellen. Der Hochzeitstermin stand fest, und der junge Prinz reiste nach England, um einige der kostbaren Juwelen seines Hauses von Cartier in angemessene moderne Fassungen einsetzen zu lassen. Unter den Edelsteinen befand sich auch ein berühmter Rubin, der aus einer klobigen, altmodischen Kette herausgelöst und von den renommierten Juwelieren zu neuem Leben erweckt worden war. So weit, so gut, doch dann begann der Ärger. Niemand hätte einem derart reichen und geselligen jungen Mann ein paar Eskapaden verübelt. Niemand hätte ihm ein Abenteuer missgönnt. Von jungen Prinzen wurde geradezu erwartet, dass sie sich amüsierten. So hätte man es ganz natürlich und angemessen gefunden, wenn der Prinz mit seiner aktuellen Freundin die Bond Street entlanggebummelt und ihr die Freuden, die sie ihm gewährt hatte, mit einem Smaragdarmband oder einer Diamantbrosche vergolten hätte – im Grunde nichts anderes als die Cadillacs, die sein Vater seiner aktuellen Lieblingstänzerin zu spendieren pflegte.

Allerdings war der Prinz sehr viel indiskreter gewesen. Er hatte einer Dame, deren Interesse ihm schmeichelte, den berühmten Rubin in seiner neuen Fassung gezeigt und ihr schließlich törichterweise sogar die Bitte erfüllt, ihn – nur einen Abend lang – tragen zu dürfen!

Der Schlussakt war kurz und schmerzhaft. Die Dame erhob sich beim Diner vom Tisch und zog sich zurück, um sich die Nase zu pudern. Die Zeit verging. Sie kehrte nicht zurück. Sie hatte das Restaurant durch die Hintertür verlassen und sich in Luft aufgelöst. Bedauerlicherweise war der Rubin in seiner neuen Fassung ebenfalls verschwunden.

Wollte man keine gravierenden Konsequenzen heraufbeschwören, so konnte dieser Sachverhalt unmöglich publik gemacht werden. Der Rubin war mehr als nur ein Rubin, er hatte einen enormen historischen Wert, und die Umstände seines Verschwindens waren derart delikat, dass jedes unnötige Aufsehen äußerst schwerwiegende politische Folgen haben konnte.

Mr Jesmond war nicht in der Lage, diesen Sachverhalt in einfache Sätze zu kleiden. Er verpackte sie gleichsam in einen Wust aus Worten. Wer Mr Jesmond genau war, wusste Hercule Poirot nicht. Er hatte im Lauf seiner Karriere viele Mr Jesmonds kennengelernt. Ob er jetzt für das Innenministerium, das Außenministerium oder eine andere diskrete Behörde tätig war, wurde nie im Einzelnen dargelegt. Er handelte im Interesse des Commonwealth. Der Rubin musste gefunden werden.

Und Monsieur Poirot, darauf bestand Mr Jesmond mit großem Feingefühl, sei der Einzige, der ihn wiederbeschaffen könne.

»Ja, vielleicht«, gab Hercule Poirot zu, »aber Sie können mir so wenig konkrete Details liefern. Vermutungen, Verdachtsmomente, das bringt einen nicht sehr weit.«

»Kommen Sie, Monsieur Poirot, das übersteigt doch nun sicher nicht Ihre Fähigkeiten. Ich bitte Sie.«

»Ich habe nicht immer Erfolg.«

Doch diese Bescheidenheit war nur gespielt. Poirots Ton verriet eindeutig, dass für ihn die Annahme eines Auftrags mehr oder weniger gleichbedeutend mit einem erfolgreichen Abschluss war.

»Seine Hoheit ist noch sehr jung«, sagte Mr Jesmond. »Es wäre schade, wenn sein ganzes Leben lediglich aufgrund einer jugendlichen Unüberlegtheit ruiniert wäre.«

Poirot bedachte den niedergeschlagenen jungen Mann mit einem gütigen Blick. »Die Jugend, das ist die Zeit für Eskapaden«, sagte er aufmunternd, »und bei einem gewöhnlichen jungen Mann spielt so etwas auch keine große Rolle. Der gute Papa, der zahlt; der Familienanwalt, der hilft, die Unannehmlichkeiten aus der Welt zu schaffen; der junge Mann, der lernt aus seinen Erfahrungen – und alles nimmt ein gutes Ende. Ihre Lage ist allerdings wirklich schwierig. Die bevorstehende Hochzeit ...«

»Das ist es. Genau das ist es.« Zum ersten Mal sprudelten Worte aus dem jungen Mann heraus. »Verstehen Sie, sie ist ein sehr, sehr ernsthafter Mensch. Sie nimmt das Leben sehr ernst. Sie hat in Cambridge sehr viele sehr ernst zu nehmende Anregungen aufgegriffen. Es soll in meinem Land ein Bildungssystem entwickelt werden. Es soll Schulen geben. Und vieles andere mehr. Alles im Namen des Fortschritts, verstehen Sie, im Namen der Demokratie. Es wird, sagt sie, nicht so bleiben wie zu Zeiten meines Vaters. Natürlich weiß sie, dass ich mich in London vergnüge, aber einen Skandal darf es nicht geben. Nein! Der Skandal ist das Problem. Es handelt sich nämlich um einen sehr, sehr berühmten Rubin, verstehen Sie. Er hat eine lange Geschichte. Viel Blutvergießen – viele Tote!«

»Tote«, sagte Hercule Poirot nachdenklich. Er sah zu Mr Jesmonds hinüber. »Man hofft natürlich, dass es dazu nicht kommt?«

Mr Jesmonds machte ein seltsames Geräusch, wie eine Henne, die sich entschlossen hat, ein Ei zu legen, und sich dann eines Besseren besinnt.

»Nein, nein, auf gar keinen Fall«, sagte er recht steif. »So etwas ist völlig ausgeschlossen, da bin ich mir sicher.«

»Ganz sicher kann man sich da nicht sein«, entgegnete Hercule Poirot. »Egal, wer den Rubin jetzt hat, es kann durchaus noch andere Personen geben, die ihn in ihren Besitz bringen wollen und die vor nichts haltmachen würden, *mon ami.*«

»Ich bin wirklich nicht der Meinung«, sagte Mr Jesmond und klang dabei steifer denn je, »dass wir uns derartigen Spekulationen hingeben müssen. Äußerst unergiebig.«

»Ich«, sagte Hercule Poirot und kehrte plötzlich den Ausländer heraus, »ich, ich prüfe die Möglichkeiten, ganz wie die Politiker.«

Mr Jesmond blickte ihn zweifelnd an. Sich zusammenreißend, sagte er: »Ich kann also davon ausgehen, Monsieur Poirot, dass die Sache geregelt ist? Dass Sie nach Kings Lacey fahren?«

»Und wie soll ich meine Anwesenheit dort erklären?«, fragte Hercule Poirot.

Mr Jesmond lächelte zuversichtlich.

»Das, glaube ich, lässt sich sehr leicht arrangieren. Ich versichere Ihnen, es wird alles ganz natürlich wirken. Sie werden sehen, die Laceys sind äußerst charmant. Reizende Menschen.«

»Und mit der Ölzentralheizung binden Sie mir keinen Bären auf?«

»Nein, nein, auf gar keinen Fall«, antwortete Mr Jesmond gequält. »Ich versichere Ihnen, Sie werden dort allen erdenklichen Komfort genießen.«

»Tout confort moderne«, murmelte Poirot, in Erinnerungen schwelgend. *»Eh bien*, ich nehme den Auftrag an.«

Die Temperatur in dem lang gestreckten Salon von Kings Lacey betrug angenehme zwanzig Grad, als Hercule Poirot an einem der großen Sprossenfenster saß und sich mit Mrs Lacey unterhielt.

Mrs Lacey war mit einer Handarbeit beschäftigt. Sie saß jedoch weder an einer Petit-Point-Stickerei, noch stickte sie Blumen auf Seide. Stattdessen widmete sie sich der prosaischen Aufgabe, Geschirrtücher zu säumen. Während sie nähte, sprach sie mit einer leisen, bedachten Stimme, die Poirot als äußerst charmant empfand.

»Ich hoffe, Ihnen gefällt unsere Weihnachtsfeier hier, Monsieur Poirot. Wissen Sie, es wird ein reines Familienfest. Meine Enkelin ist zu Gast, ein Enkel und dessen Freund sowie Bridget, meine Großnichte, Diana, eine Cousine, und David Welwyn, ein langjähriger Freund der Familie. Also lediglich eine Familienfeier. Edwina Morecombe meinte allerdings, genau das hätten Sie sich gewünscht. Ein traditionelles Weihnachten. Niemand könnte traditioneller sein als wir! Wissen Sie, mein Mann lebt ganz und gar in der Vergangenheit. Er möchte, dass alles genau so ist, wie es war, als er mit zwölf Jahren seine Ferien hier verbrachte.« Sie schmunzelte. »Alles genau wie früher, der Weihnachtsbaum und die Weihnachtsstrümpfe und die Austernsuppe und der Truthahn – zwei Truthähne, einer gekocht und einer gebraten – und der Plumpudding mit dem Ring und dem Junggesellenknopf und so weiter und so fort. Sixpencestücke können wir heutzutage nicht mehr einbacken, weil sie nicht mehr aus reinem Silber sind. Dazu all die alten Desserts, Pflaumen aus Elvas und Karlsbader Pflaumen und Mandeln und Rosinen und kandierte Früchte und Ingwer. Mein Gott, ich klinge wie ein Katalog von Fortnum & Mason.«

»Sie stimulieren meine gastronomischen Säfte, Madame.«

»Ich fürchte, morgen Abend werden wir alle entsetzliche Verdauungsbeschwerden haben«, sagte Mrs Lacey. »Man ist es ja gar nicht mehr gewohnt, so viel zu essen, oder?«

Sie wurde von lauten Rufen und schallendem Gelächter vor dem Fenster unterbrochen und blickte hinaus.

»Ich habe keine Ahnung, was die da draußen treiben. Wahrscheinlich spielen sie irgendein Spiel. Wissen Sie, ich habe immer solche Angst, dass unsere Weihnachtsfeier die jungen Leute langweilt. Aber dem ist gar nicht so, im Gegenteil. Mein Sohn und meine Tochter und ihre Freunde hatten nämlich früher ziemlich neumodische Vorstellungen von Weihnachten. Meinten, es wäre alles Blödsinn und zu viel Aufwand und viel besser, irgendwo in ein Hotel zu gehen und zu tanzen. Aber der jüngeren Generation scheint das alles furchtbar gut zu gefallen. Und außerdem«, fügte Mrs Lacey ganz pragmatisch hinzu, »haben Kinder im schulpflichtigen Alter ständig Hunger, stimmt's? Ich habe das Gefühl, man lässt sie in diesen Schulen regelrecht verhungern. Schließlich weiß doch jeder, dass Kinder in dem Alter so viel essen wie drei starke Männer zusammen.«

Poirot lachte und sagte: »Madame, es ist äußert liebenswürdig von Ihnen und Ihrem Gatten, mich an Ihrer Familienfeier teilnehmen zu lassen.«

»Oh, es ist uns wirklich beiden ein Vergnügen«, erwiderte Mrs Lacey. »Und falls Horace Ihnen etwas unwirsch vorkommt, achten Sie einfach nicht darauf. Das ist nun mal seine Art, verstehen Sie.«

Genau genommen hatte ihr Gatte, Colonel Lacey, gesagt: »Ist mir schleierhaft, warum du zu Weihnachten einen verdammten Ausländer einlädst, der bloß alles durcheinanderbringt. Können wir ihn nicht ein andermal herbitten? Kann Ausländer nicht ausstehen! Schon gut, schon gut, Edwina Morecombe hat ihn uns also ans Bein gebunden, Ich möchte wissen, wie die eigentlich dazu kommt. Warum lädt sie ihn denn nicht zu sich ein?«

»Weil Edwina, wie du ganz genau weißt, immer ins Claridge-Hotel geht.«

Ihr Gatte hatte sie scharf angesehen und gesagt: »Du führst doch hier nicht irgendetwas im Schilde, oder, Em?«

»Etwas im Schilde?«, sagte Em und sah ihn mit ihren großen blauen Augen an. »Natürlich nicht. Wieso sollte ich?«

Der alte Colonel Lacey hatte tief und dröhnend gelacht. »Ich würde es dir durchaus zutrauen, Em. Du führst nämlich immer etwas im Schilde, wenn du deine Unschuldsmiene aufsetzt.«

Diese Dinge gingen Mrs Lacey durch den Kopf, als sie jetzt fortfuhr: »Edwina meinte, Sie könnten uns eventuell helfen … Ich kann mir zwar nicht genau vorstellen, wie, aber sie sagte, Sie hätten einmal Freunden in einem ähnlichen Fall helfen können. Ich – aber vielleicht wissen Sie ja gar nicht, wovon ich rede?«

Poirot sah sie ermunternd an. Mrs Lacey ging auf die siebzig zu, hielt sich kerzengerade, hatte schneeweiße Haare, rosarote Wangen, blaue Augen, eine lächerlich kleine Nase und ein energisches Kinn.

»Wenn ich Ihnen irgendwie behilflich sein kann, sehr gerne!«, sagte Poirot. »Soweit ich weiß, haben wir es hier mit der bedauerlichen Schwärmerei eines jungen Mädchens zu tun.«

Mrs Lacey nickte. »Ja. Es ist allerdings schon merkwürdig, dass ich – nun, dass ich mit Ihnen darüber rede. Schließlich sind Sie ein wildfremder Mensch …«

»*Und* ein Ausländer«, erwiderte Poirot verständnisvoll.

»Ja«, sagte Mrs Lacey, »aber das macht es vielleicht irgendwie leichter. Jedenfalls schien Edwina zu glauben, dass Sie eventuell, wie soll ich es ausdrücken, dass Sie eventuell nützliche Informationen über diesen jungen Desmond Lee-Wortley in Erfahrung bringen könnten.«

Poirot hielt einen Augenblick inne und bewunderte bei sich das Geschick und die Leichtigkeit, mit denen Mr Jesmond Lady Morecombe für seine Zwecke eingespannt hatte.

»Dieser junge Mann, er hat, soweit ich weiß, keinen sehr guten Ruf?«, begann er vorsichtig.

»Nein, den hat er tatsächlich nicht! Er hat sogar einen äußerst schlechten Ruf! Aber das hilft uns, was Sarah betrifft, nicht weiter. Einem jungen Mädchen zu sagen, dass ein Mann einen schlechten Ruf hat, nützt doch nie etwas, oder? Es, es spornt sie nur an!«

»Da haben Sie völlig recht«, sagte Poirot.

»In meiner Jugend …«, fuhr Mrs Lacey fort. »Mein Gott, wie lange das schon her ist! Wissen Sie, wir wurden vor gewissen jungen Männern gewarnt, was sie für uns natürlich nur umso interessanter machte, und wenn es einem irgendwie gelang, mit ihnen zu tanzen oder in einem dunklen Wintergarten allein zu sein …«, sie lachte. »Deshalb habe ich Horace nie das tun lassen, was er tun wollte.«

»Sagen Sie«, meinte Poirot, »was genau macht Ihnen denn Sorgen?«

»Unser Sohn fiel im Krieg. Meine Schwiegertochter starb bei Sarahs Geburt, weshalb Sarah bei uns aufgewachsen ist. Vielleicht haben wir sie verzogen, ich weiß es nicht. Aber wir waren der Ansicht, wir sollten ihr so viele Freiheiten wie möglich lassen.«

»Das ist, glaube ich, erstrebenswert«, sagte Poirot. »Man muss mit der Zeit gehen.«

»Genau, das fand ich auch. Außerdem tun Mädchen so etwas heutzutage einfach.«

Poirot sah sie fragend an.

»Ich glaube«, fuhr Mrs Lacey fort, »man kann es so ausdrücken: Sarah ist in eine Gruppe von Leuten hineingeraten, die ständig in Cafés herumhocken. Sie will nicht zum Tanz gehen, nicht in die Gesellschaft eingeführt werden, keinen Debütantinnenball besuchen, nichts dergleichen. Stattdessen hat sie eine unansehnliche Zweizimmerwohnung in Chelsea gemietet, unten am Fluss, und trägt diese komische Kleidung, für die sie alle eine Vorliebe haben, und schwarze Strümpfe oder sogar knallgrüne. Sehr dicke Strümpfe. Stelle ich mir immer furchtbar kratzig vor! Und waschen und kämmen tut sie sich auch nie.«

»Ça, c'est tout à fait naturelle«, sagte Poirot. »Das ist momentan Mode. Das gibt sich auch wieder.«

»Ja, ich weiß«, sagte Mrs Lacey. »Wegen so etwas würde ich mir auch keine Sorgen machen. Aber sehen Sie, jetzt hat sie sich mit diesem Desmond Lee-Wortley eingelassen, der nun wirklich einen sehr üblen Ruf hat. Er lässt sich mehr oder weniger von wohlhabenden Mädchen durchfüttern. Sie scheinen ziemlich verrückt nach ihm zu sein. Beinahe hätte er das Mädchen der Hopes geheiratet, aber ihre Familie hat sie schnell noch unter Amtsvormundschaft stellen lassen oder so etwas. Und genau das will Horace jetzt natürlich auch tun. Er meint, es wäre zu ihrem Schutz. Aber ich halte das eigentlich für keine gute Idee, Monsieur Poirot. Ich meine, die würden doch einfach nur zusammen nach Schottland oder Irland oder Argentinien oder sonst wohin durchbrennen und dann dort heiraten oder in wilder Ehe leben. Und obwohl das eventuell eine Missachtung des Gerichts und so darstellen würde – na ja, letztendlich wäre es trotzdem keine Lösung, oder? Besonders, wenn ein Baby unterwegs ist. Dann müsste man nachgeben und die beiden heiraten lassen. Und das führt dann nach ein, zwei Jahren fast immer, will mir scheinen, zu einer Scheidung. Und dann zieht das Mädchen wieder nach Hause und heiratet ein, zwei Jahre später meistens einen so netten Mann, dass er fast schon langweilig ist, und lässt sich häuslich nieder. Besonders bedauerlich ist es jedoch, finde ich, wenn sie ein Kind hat, denn von einem Stiefvater großgezogen zu werden, egal, wie nett er ist, das ist einfach nicht dasselbe. Nein, ich glaube, es wäre viel besser, wenn man es so wie in meiner Jugend angehen würde. Ich meine, der erste junge Mann, in den man sich verliebt hat, war doch nie eine gute Partie. Ich weiß noch, ich verliebte mich unsäglich in einen jungen Mann namens – wie hieß er noch gleich? Seltsam, dass ich mich überhaupt nicht mehr an seinen Vornamen erinnern kann! Mit Nachnamen hieß er Tibbitt. Der junge Tibbitt. Natürlich hat mein Vater ihm mehr oder weniger das Haus verboten, aber er wurde zu denselben Tanzabenden eingeladen wie ich, und dann tanzten wir auch miteinander. Und manchmal schlüpften wir hinaus und saßen draußen zusammen, und gelegentlich veranstalteten Freunde ein Picknick, zu dem wir beide gegangen sind. Das war natürlich alles verboten und aufregend, und es machte enormen Spaß. Aber wir gingen nicht, na ja, nicht so weit wie die Mädchen heutzutage. Und folglich verschwand dieser Mr Tibbitt langsam aus meinem Leben. Und wissen Sie was, als ich ihn dann vier Jahre später zufällig traf, fragte ich mich, was ich je an ihm hatte finden können!

Er kam mir so langweilig vor, dieser junge Mann. Protzig, wissen Sie. Kein interessanter Gesprächspartner.«

»Man glaubt immer, dass in der eigenen Jugend alles viel besser war«, sagte Poirot ein wenig schulmeisterlich.

»Ich weiß«, erwiderte Mrs Lacey. »Ich langweile Sie, stimmt's? Ich möchte Sie nicht langweilen. Aber trotzdem möchte ich nicht, dass Sarah diesen Desmond Lee-Wortley heiratet. Sie ist so ein liebes Mädchen. David Welwyn, der auch zu Besuch ist, und sie waren früher richtig gute Freunde und mochten sich sehr gern, und wir beide, Horace und ich, haben immer gehofft, die beiden würden heiraten, wenn sie groß sind. Aber jetzt findet sie ihn natürlich todlangweilig und ist völlig in diesen Desmond vernarrt.«

»Ich verstehe nicht ganz, Madame. Dieser Desmond Lee-Wortley ist bei Ihnen zu Gast und übernachtet auch hier?«

»Das geht auf mein Konto. Horace wollte ihr unbedingt verbieten, ihn wiederzusehen und so weiter. Zu seiner Zeit hätte der Vater oder Vormund dem jungen Mann natürlich mit einer Reitpeitsche einen Besuch abgestattet! Horace wollte dem Kerl auf jeden Fall das Haus und dem Mädchen den Umgang mit ihm verbieten. Ich erklärte ihm, das sei grundverkehrt. ›Nein‹, habe ich gesagt. ›Lade ihn hierher ein. Er soll mit uns zusammen Weihnachten feiern.‹ Natürlich hielt mich mein Mann für verrückt! ›Liebling‹, habe ich gesagt, ›lass es uns doch wenigstens versuchen. Dann erlebt sie ihn hier in unserem Kreis, in unserem Haus. Wir werden sehr nett zu ihm sein und sehr höflich, und dann lässt ihr Interesse an ihm unter Umständen nach!‹«

»Ich glaube, Madame, da ist, wie man so schön sagt, etwas dran«, sagte Poirot. »Ich glaube, das ist eine sehr kluge Position. Klüger als die Ihres Gatten.«

»Nun, das hoffe ich jedenfalls«, sagte Mrs Lacey unsicher. »Bisher scheint es noch nicht unbedingt zu funktionieren. Aber natürlich ist er erst zwei Tage hier.« In ihrer runzligen Wange zeigte sich ein Grübchen. »Ich muss Ihnen etwas gestehen, Monsieur Poirot. Ich kann mir nicht helfen, aber ich mag ihn. Ich meine, ich mag ihn nicht wirklich, vom Verstand her, aber sein Charme hat eine Wirkung auf mich. O ja, ich kann verstehen, was Sarah an ihm findet. Aber ich bin alt genug und habe genügend Erfahrung, um zu wissen, dass er überhaupt nichts taugt. Selbst wenn ich gern in seiner Gesellschaft bin. Obwohl ich glaube«, fügte Mrs Lacey wehmütig hinzu, »dass er eine gute Seite hat. Wissen Sie, er erkundigte sich vorher, ob er seine Schwester mitbringen könne. Sie war operiert worden und lag im Krankenhaus. Er meinte, er fände es so traurig, wenn sie Weihnachten in einem Sanatorium verbringen müsste, und fragte, ob es zu viele Umstände machen würde, wenn er sie mitbrächte. Er sagte, er würde ihr alle Mahlzeiten aufs Zimmer bringen und so weiter. Also, das finde ich wirklich ziemlich nett von ihm, Sie nicht, Monsieur Poirot?«

»Diese Rücksichtnahme«, sagte Poirot nachdenklich, »scheint irgendwie nicht zu ihm zu passen.«

»Ach, ich weiß nicht. Man kann doch seine Familie lieben und gleichzeitig den Wunsch verspüren, einem jungen reichen Mädchen nachzustellen. Wissen Sie, Sarah wird einmal sehr reich sein, und zwar nicht nur, weil wir ihr etwas hinterlassen werden – was naturgemäß nicht sehr viel sein wird, denn das meiste Geld sowie das Anwesen hier bekommt mein Enkel Colin. Aber ihre Mutter war steinreich, und mit einundzwanzig wird Sarah ihr gesamtes Vermögen erben. Jetzt ist sie zwanzig. Nein, ich finde es wirklich nett, dass Desmond an seine Schwester gedacht hat. Und er hat auch nicht behauptet, sie sei irgendetwas Besonderes oder so. Soweit ich weiß, ist sie Stenotypistin, arbeitet als Sekretärin in London. Und er hat sein Wort gehalten und bringt ihr das Essen hoch. Natürlich nicht immer, aber ziemlich oft. Deshalb glaube ich schon, dass er auch eine gute Seite hat. Aber trotzdem«, sagte Mrs Lacey kategorisch, »möchte ich nicht, dass Sarah ihn heiratet.«

»Nach allem, was ich gehört habe und was mir berichtet wurde«, sagte Poirot, »wäre das tatsächlich eine Katastrophe.«

»Meinen Sie, Sie können uns irgendwie helfen?«, fragte Mrs Lacey.

»Ja, ich denke schon«, erwiderte Hercule Poirot, »doch ich möchte Ihnen nicht zu viel versprechen. Denn Leute wie Mr Desmond Lee-Wortley sind clever, Madame. Aber bitte verzweifeln Sie nicht. Vielleicht lässt sich da doch etwas machen. Ich werde auf jeden Fall mein Bestes versuchen, schon aus Dankbarkeit für Ihre freundliche Einladung zu Ihrem familiären Weihnachtsfest.« Er blickte sich um. »Es ist heutzutage sicher nicht so leicht, ein schönes Weihnachtsfest zu organisieren.«

»Allerdings nicht«, seufzte Mrs Lacey. Sie beugte sich vor. »Monsieur Poirot, wissen Sie, wovon ich träume – was ich wirklich gern hätte?«

»Erzählen Sie es mir, Madame.«

»Ich wünsche mir einfach einen kleinen, modernen Bungalow. Nein, vielleicht nicht unbedingt einen Bungalow, sondern ein kleines, modernes, leicht in Schuss zu haltendes Haus irgendwo hier in unserem Park, mit einer ultramodernen Küche und ohne lange Gänge, wo alles einfach und bequem ist.«

»Das ist ein ausgesprochen praktischer Wunsch, Madame.«

»Für mich aber praktisch unerfüllbar«, entgegnete Mrs Lacey. »Mein Mann liebt dieses Haus über alles. Er lebt furchtbar gern hier. Kleine Unbequemlichkeiten stören ihn nicht, die Ungemütlichkeit macht ihm nichts aus, und er würde es hassen, regelrecht hassen, in einem kleinen modernen Haus im Park zu wohnen.«

»Und so ordnen Sie sich seinen Wünschen unter?«

Mrs Lacey setzte sich auf. »Ich ordne mich nicht unter, Monsieur Poirot. Ich habe meinen Mann in dem Wunsch geheiratet, ihn glücklich zu machen. Er ist mir ein guter Ehemann und hat mich all die Jahre hindurch sehr glücklich gemacht, und ich möchte ihm etwas zurückgeben.«

»Dann werden Sie also hier wohnen bleiben?«

»So ungemütlich ist es auch wieder nicht.«

»Nein, nein«, sagte Poirot hastig. »Im Gegenteil, es ist hier äußerst gemütlich. Ihre Zentralheizung und die Warmwasseranlage sind perfekt.«

»Wir haben eine Menge Geld ausgegeben, damit das Haus gemütlich wird. Wir konnten ein Stück Land verkaufen. ›Baureif‹ nennt man das wohl. Zum Glück auf der anderen Seite des Parks und vom Haus aus nicht zu sehen. Eigentlich ein hässliches Stück Land ohne schönen Ausblick, aber wir erzielten einen sehr guten Preis. Sodass wir im Haus vielerlei nachbessern konnten.«

»Und woher nehmen Sie das Personal, Madame?«

»Ach, das ist einfacher, als man denkt. Natürlich kann man nicht erwarten, so wie früher hinten und vorne bedient zu werden. Aber es kommen verschiedene Leute aus dem Dorf. Zwei Frauen morgens, zwei weitere kochen das Mittagessen und waschen ab, und abends kommen noch mal welche. Eine Menge Leute wollen ein paar Stunden am Tag hier arbeiten. Jetzt zu Weihnachten haben wir natürlich großes Glück. Meine liebe Mrs Ross kommt jedes Weihnachten. Sie ist eine wunderbare Köchin, wirklich erstklassig. Vor rund zehn Jahren setzte sie sich zur Ruhe, aber in Notfällen hilft sie hier immer aus. Und dann ist da noch der gute Peverell.«

»Ihr Butler?«

»Ja. Er ist im Ruhestand und lebt in dem kleinen Häuschen neben dem Pförtnerhaus, aber er ist uns so treu ergeben, dass er darauf besteht, uns zu Weihnachten bei Tisch aufzuwarten. Tatsächlich habe ich schreckliche Angst, Monsieur Poirot, denn er ist so alt und zittrig, dass er, wenn er etwas Schweres trägt, es garantiert fallen lässt. Es ist wirklich eine Qual, ihm zuzusehen. Und er hat ein schwaches Herz, und ich fürchte, dass er sich übernimmt. Aber wenn ich ihm verbieten würde herzukommen, wäre er furchtbar verletzt. Wenn er unser Silberbesteck sieht, rümpft er die Nase und druckst herum, und drei Tage später ist wieder alles tipptopp. Ja. Er ist ein guter, treuer Freund.« Sie lächelte Poirot an. »Sie sehen, alles ist bereit für eine fröhliche Weihnacht. Und eine weiße Weihnacht«, fügte sie hinzu, als sie aus dem Fenster sah. »Sehen Sie? Es fängt an zu schneien. Ah, die Kinder kommen herein. Sie müssen sie kennenlernen, Monsieur Poirot.«

Poirot wurden, in aller Förmlichkeit, zuerst der Enkel Colin und sein Freund Michael vorgestellt, beides nette und höfliche fünfzehnjährige Schuljungen, der eine dunkelhaarig, der andere blond. Dann war Cousine Bridget an der Reihe, ein ungefähr gleichaltriges schwarzhaariges Mädchen, das vor Vitalität nur so strotzte.

»Und das hier ist meine Enkelin Sarah«, sagte Mrs Lacey.

Poirot blickte sie interessiert an. Sarah war ein attraktives Mädchen mit einer roten Mähne; sie wirkte frech und eine Spur trotzig, schien jedoch echte Zuneigung zu ihrer Großmutter zu empfinden.

»Und das ist Mr Lee-Wortley.«

Mr Lee-Wortley trug einen Fischerpullover und enge schwarze Jeans; sein Haar war recht lang, und es war nicht klar, ob er sich am Morgen rasiert hatte. Der junge Mann, der Poirot als David Welwyn vorgestellt wurde, war das genaue Gegenteil: Er war still und solide, trug ein freundliches Lächeln im Gesicht und hatte ganz offensichtlich ein suchtähnliches Verhältnis zu Wasser und Seife. Außerdem gehörte zu der Gruppe noch ein hübsches, etwas überspannt wirkendes Mädchen namens Diana Middleton.

Es wurde Tee serviert, dazu eine üppige Auswahl an Scones, Crumpets und Sandwiches sowie drei Sorten Kuchen. Die jüngere Generation wusste das Angebot zu schätzen. Colonel Lacey kam als Letzter herein und sagte in einem unverbindlichen Tonfall:

»He, Tee? O ja, Tee.«

Seine Gattin reichte ihm eine Tasse, er nahm sich zwei Scones, bedachte Desmond Lee-Wortley mit einem missbilligenden Blick und setzte sich so weit wie möglich von ihm weg. Er war ein stattlicher Mann mit buschigen Augenbrauen und einem roten, wettergegerbten Gesicht. Man hätte ihn eher für einen Bauern als für einen Gutsherrn halten können.

»Hat angefangen zu schneien«, sagte er. »Es gibt doch noch eine weiße Weihnacht.«

Nach dem Tee ging man auseinander.

»Ich schätze, jetzt gehen die Kinder mit ihren Tonbandgeräten spielen«, sagte Mrs Lacey zu Poirot und blickte ihrem Enkel nachsichtig hinterher. Es klang wie: »Jetzt gehen die Kinder mit ihren Zinnsoldaten spielen.«

»Sie sind natürlich technisch schrecklich begabt«, fügte sie hinzu, »ganz grandios.«

Allerdings entschlossen sich die Jungen und Bridget, zum See zu gehen und zu sehen, ob das Eis schon zum Schlittschuhlaufen taugte.

»Ich dachte schon heute Morgen, wir könnten Schlittschuh laufen«, sagte Colin. »Aber der alte Hodgkins sagte Nein. Er ist immer so furchtbar vorsichtig.«

»Komm, David, wir gehen spazieren«, sagte Diana Middleton leise.

David zögerte den Bruchteil einer Sekunde, den Blick auf Sarahs roten Wuschelkopf gerichtet. Sie stand neben Desmond Lee-Wortley, die Hand auf seinen Arm gelegt, und sah zu ihm auf.

»Na gut«, sagte David Welwyn, »ja, gehen wir.«

Diana hakte sich schnell bei ihm unter, und die beiden gingen zu der Tür, die in den Garten führte.

»Sollen wir auch spazieren gehen, Desmond?«, fragte Sarah. »Hier im Haus ist es fürchterlich stickig.«

»Wer will schon einen Spaziergang machen?«, erwiderte Desmond. »Ich hole meinen Wagen. Wir fahren zum Speckled Boar und trinken etwas.«

Sarah zögerte einen Augenblick, ehe sie sagte:

»Lass uns zum White Hart in Market Ledbury fahren. Da ist immer viel mehr Stimmung.«

Obwohl sie es um nichts in der Welt in Worte gefasst hätte, hegte Sarah eine instinktive Abneigung dagegen, mit Desmond in den Dorf-Pub zu gehen. Das verstieß irgendwie gegen die Tradition von Kings Lacey. Die Frauen von Kings Lacey frequentierten das Speckled Boar einfach nicht. Sie hatte das unbestimmte Gefühl, ein Besuch dort hätte den alten Colonel Lacey und seine Frau sehr enttäuscht. »Na und, was macht das schon?«, hätte Desmond Lee-Wortley gesagt. Einen Augenblick lang war Sarah ungehalten, weil sie fand, dass er das eigentlich wissen müsste! Wenn es sich irgendwie vermeiden ließ, tat man so lieben alten Menschen wie Großvater und Em einfach nicht weh. Es war wirklich sehr großzügig von ihnen, sie ihr eigenes Leben leben zu lassen und zu akzeptieren, dass sie in Chelsea wohnen wollte, obwohl die beiden es überhaupt nicht verstehen konnten. Das hatte sie natürlich Em zu verdanken. Großvater hätte sonst was für ein Theater gemacht.

Über die Einstellung ihres Großvaters machte sich Sarah keine Illusionen. Es war nicht seine Idee gewesen, Desmond nach Kings Lacey einzuladen, sondern Ems. Em war ein echter Schatz, schon immer gewesen.

Während Desmond seinen Wagen holte, streckte Sarah noch einmal kurz den Kopf zur Tür des Salons herein.

»Wir fahren rüber nach Market Ledbury«, sagte sie. »Wir dachten, wir gehen im White Hart einen trinken.«

In ihrer Stimme lag ein Anflug von Trotz, den Mrs Lacey aber nicht zu bemerken schien.

»Gut, Liebling«, sagte sie. »Das wird sicher sehr nett. David und Diana sind, wie ich sehe, spazieren gegangen. Das freut mich wirklich. Ich glaube, Diana zu uns einzuladen war ein richtiger Geistesblitz von mir. Wie traurig, in so jungen Jahren schon Witwe zu werden – mit einundzwanzig! Ich hoffe, sie heiratet bald wieder.«

Sarah sah sie scharf an. »Was führst du da im Schilde, Em?«

»Ich habe einen kleinen Plan«, sagte Mrs Lacey vergnügt. »Ich glaube, sie ist genau die Richtige für David. Ich weiß natürlich, dass er furchtbar verliebt in dich war, meine liebe Sarah, aber du hattest ja keine Verwendung für ihn, und inzwischen ist mir klar geworden, dass er einfach nicht dein Typ ist. Aber ich möchte nicht, dass er weiterhin unglücklich ist, und ich glaube, Diana passt wirklich gut zu ihm.«

»Du bist ja eine regelrechte Kupplerin, Em.«

»Ich weiß. Wir alten Frauen sind nun mal so. Ich glaube, Diana ist schon ziemlich angetan von ihm. Findest du nicht, dass sie genau die Richtige für ihn wäre?«

»Das würde ich nicht sagen«, entgegnete Sarah. »Ich glaube, Diana ist viel zu – na ja, zu überspannt, zu ernst. Ich würde denken, wenn David sie tatsächlich heiratet, wird er sich furchtbar langweilen.«

»Na, wir werden ja sehen«, sagte Mrs Lacey. »Du willst ihn doch auf keinen Fall, oder, Liebling?«

»Allerdings nicht«, erwiderte Sarah schnell. Dann fügte sie unvermittelt hinzu: »Du magst Desmond doch, oder, Em?«

»Er ist sicher sehr nett.«

»Großvater mag ihn nicht«, sagte Sarah.

»Nun, das kannst du ja wohl auch kaum von ihm erwarten, oder?«, sagte Mrs Lacey nüchtern. »Allerdings könnte ich mir denken, dass er es sich anders überlegt, sobald er sich daran gewöhnt hat. Du darfst ihn aber nicht drängen, Liebes. Alte Leute ändern ihre Meinung nur langsam, und dein Großvater ist besonders halsstarrig.«

»Mir ist es egal, was Großvater denkt oder sagt. Ich heirate Desmond, wann ich will!«

»Ich weiß, Liebes, ich weiß. Aber versuch doch wenigstens, realistisch zu sein. Weißt du, dein Großvater könnte dir eine Menge Unannehmlichkeiten bereiten. Du bist noch nicht volljährig. In einem Jahr kannst du tun und lassen, was du willst. Ich nehme an, Horace wird es sich schon viel früher anders überlegt haben.«

»Du bist doch auf meiner Seite, oder?«, fragte Sarah. Sie schlang ihrer Großmutter die Arme um den Hals und gab ihr einen zärtlichen Kuss.

»Ich möchte, dass du glücklich bist«, sagte Mrs Lacey. »Ah, da ist dein junger Mann mit seinem Wagen. Weißt du, ich mag diese engen Hosen, die die jungen Männer heutzutage tragen. Sie sehen so schick aus – betonen allerdings X-Beine noch zusätzlich.«

Ja, dachte Sarah, Desmond hat tatsächlich X-Beine, das hatte sie bis dahin noch gar nicht bemerkt …

»Na los, Liebes, viel Spaß«, sagte Mrs Lacey.

Sie sah Sarah hinterher, wie sie nach draußen zum Wagen ging, dann erinnerte sie sich an ihren ausländischen Gast und begab sich in die Bibliothek. Als sie zur Tür hineinblickte, sah sie jedoch, dass Hercule Poirot ein seliges Nickerchen machte, und ging schmunzelnd durch die Halle in die Küche, um noch einiges mit Mrs Ross zu besprechen.

»Komm, Süße«, sagte Desmond. »Macht deine Familie Stunk, weil du in einen Pub gehst? Die hinken hier Jahre hinterher, was?«

»Natürlich machen Sie kein Theater«, sagte Sarah scharf, während sie in den Wagen stieg.

»Weshalb ist dieser Ausländer eigentlich hier? Das ist ein Privatschnüffler, stimmt's? Was muss denn hier ausgeschnüffelt werden?«

»Oh, er ist nicht beruflich hier«, sagte Sarah. »Meine Großmutter, Edwina Morecombe, bat uns, ihn einzuladen. Ich glaube, er ist schon lange im Ruhestand.«

»Klingt, als wäre er ein altersschwacher Droschkengaul.«

»Ich glaube, er wollte mal ein traditionelles englisches Weihnachten miterleben«, sagte Sarah vage.

Desmond lachte verächtlich. »Das ist doch alles absoluter Schwachsinn«, sagte er. »Ich kapiere nicht, wie du das aushältst.«

Sarah warf ihre roten Haare zurück und hob aggressiv das Kinn.

»Mir gefällt es!«, sagte sie trotzig.

»Das ist doch nicht dein Ernst, Süße. Lass uns die ganze Sache morgen abbrechen. Und nach Scarborough fahren oder so.«

»Das kann ich unmöglich tun.«

»Und warum nicht?«

»Oh, es würde ihre Gefühle verletzen.«

»Mumpitz! Im Grunde genommen macht dir dieser kindische, sentimentale Quatsch doch auch keinen Spaß.«

»Na ja, vielleicht nicht so richtig, aber …« Sarah brach ab. Sie fühlte sich schuldig, denn ihr wurde klar, dass sie sich auf die Festlichkeiten eigentlich sehr freute. Ihr gefiel Weihnachten, doch sie schämte sich, es vor Desmond zuzugeben. Weihnachten und Familienleben, das war nicht gerade en vogue. Einen Moment lang wünschte sie, Desmond wäre nicht über Weihnachten hergekommen. Eigentlich wünschte sie sogar fast, Desmond wäre überhaupt nicht gekommen. In London machte es mit ihm viel mehr Spaß als hier zu Hause.

Inzwischen kehrten die Jungen und Bridget bereits wieder vom See zurück und diskutierten noch immer angelegentlich über die Möglichkeit, Schlittschuh zu laufen. Es waren bereits vereinzelte Schneeflocken gefallen, und ein Blick zum Himmel machte deutlich, dass es bald heftig schneien würde.

»Es wird die ganze Nacht schneien«, sagte Colin. »Ich wette, am Weihnachtsmorgen liegt hier mehr als ein halber Meter Schnee.«

Das waren erfreuliche Aussichten.

»Dann bauen wir einen Schneemann«, sagte Michael.

»Mein Gott«, erwiderte Colin, »das letzte Mal habe ich einen Schneemann gebaut – na ja, als ich vier war.«

»Ich glaube nicht, dass das unbedingt ein Kinderspiel ist«, sagte Bridget. »Ich meine, man muss schon wissen, wie es geht.«

»Wir könnten einen Monsieur Poirot aus Schnee bauen«, schlug Colin vor. »Und ihm einen schwarzen Schnurrbart verpassen. In der Kiste mit den Kostümen ist einer.«

»Wisst ihr, ich kann mir überhaupt nicht vorstellen«, sagte Michael nachdenklich, »dass Monsieur Poirot jemals Detektiv gewesen ist. Ich kann mir überhaupt nicht vorstellen, dass er sich je verkleiden könnte.«

»Ich weiß«, sagte Bridget, »und man kann sich auch nicht vorstellen, dass er mit einer Lupe herumläuft und Spuren sucht und Schuhabdrücke misst.«

»Ich habe eine Idee«, sagte Colin. »Wir könnten eine Show für ihn abziehen!«

»Was denn für eine Show?«, fragte Bridget.

»Na ja, einen Mord für ihn inszenieren.«

»Das ist ja eine phantastische Idee«, sagte Bridget. »Du meinst eine Leiche im Schnee, so was?«

»Ja. Dann würde er sich hier zu Hause fühlen, oder?«

Bridget kicherte.

»So weit würde ich vielleicht nicht gehen.«

»Schnee«, sagte Colin, »wäre der ideale Rahmen. Eine Leiche und Fußspuren – wir müssen das wirklich sorgfältig planen und uns einen von Großvaters Dolchen unter den Nagel reißen und ein bisschen Blut anrühren.«

Sie blieben stehen und unterhielten sich aufgeregt, ohne zu merken, dass es heftig zu schneien begann.

»In dem alten Schulzimmer steht ein Farbkasten. Damit könnten wir uns Blut zusammenmischen – karminrot, würde ich sagen.«

»Ich glaube, karminrot ist etwas zu hell«, warf Bridget ein. »Es sollte ein bisschen dunkler sein.«

»Wer will die Leiche sein?«, fragte Michael.

»Ich bin die Leiche«, erwiderte Bridget schnell.

»Ach, guck mal einer an«, sagte Colin. »Das war meine Idee.«

»Nein, nein«, sagte Bridget, »das muss ich machen. Es muss ein Mädchen sein. Das ist viel spannender. Ein hübsches Mädchen, das leblos im Schnee liegt.«

»Ein hübsches Mädchen! Aha«, sagte Michael spöttisch.

»Außerdem habe ich schwarze Haare«, fügte Bridget hinzu.

»Und was hat das damit zu tun?«

»Na ja, die sieht man im Schnee besonders gut, und dazu ziehe ich meinen roten Pyjama an.«

»Wenn du einen roten Pyjama anhast, sieht man die Blutspritzer nicht«, wandte der praktisch denkende Michael ein.

»Aber er würde im Schnee so gut aussehen«, sagte Bridget, »und er hat weiße Aufschläge, weißt du, da könnte doch das Blut drauf sein. Mann, das wird doch phantastisch aussehen, oder? Meint ihr, er fällt wirklich darauf herein?«

»Wenn wir es klug anstellen, ja«, sagte Michael. »Es kommen nur deine Fußspuren in den Schnee und dann noch die von einer anderen Person, und die führen nur zur Leiche hin und wieder weg – das müssen natürlich die Schuhabdrücke von einem Mann sein. Die wird er nicht zertreten wollen, weshalb er sicher auch nicht merkt, dass du gar nicht wirklich tot bist. Ihr glaubt doch nicht«, plötzlich kam ihm ein Gedanke, und er unterbrach sich. »Ihr glaubt doch nicht, dass er wütend wird, oder?«

»Ach, das glaube ich nicht«, sagte Bridget leichthin. »Ich bin mir sicher, er versteht, dass wir ihn nur unterhalten wollten. Eine Art Weihnachtsgeschenk.«

»Ich glaube nicht, dass wir es am Weihnachtstag machen sollten«, sagte Colin nachdenklich. »Ich glaube nicht, dass Großvater das besonders gefallen würde.«

»Dann also am zweiten Feiertag«, sagte Bridget.

»Der zweite Feiertag wäre genau richtig«, meinte Michael.

»Dann haben wir auch mehr Zeit«, fuhr Bridget fort. »Schließlich müssen wir noch eine Menge vorbereiten. Kommt, wir sehen uns mal die ganzen Requisiten an.«

Sie liefen ins Haus.

Am Abend ging es geschäftig zu. Man hatte große Mengen von Stechpalmen und Mistelzweigen ins Haus gebracht, und am hinteren Ende des Speisezimmers war ein Weihnachtsbaum aufgestellt worden. Alle halfen dabei, ihn zu schmücken, die Stechpalmenzweige hinter die Gemälde zu stecken und die Mistelzweige an eine passende Stelle in der Halle zu hängen.

»Ich hatte keine Ahnung, dass etwas derart Archaisches überhaupt noch praktiziert wird«, murmelte Desmond Sarah feixend zu.

»Wir haben es immer so gemacht«, sagte Sarah abwehrend.

»Das ist ja ein großartiger Grund!«

»Ach komm, das wird langsam langweilig, Desmond. Mir macht es Spaß.«

»Sarah, meine Süße, das ist doch nicht dein Ernst!«

»Na ja, vielleicht – vielleicht nicht so richtig, aber – irgendwie schon.«

»Wer trotzt dem Schnee und geht zur Mitternachtsmesse?«, erkundigte sich Mrs Lacey zwanzig Minuten vor zwölf.

»Ich nicht«, sagte Desmond. »Komm, Sarah.«

Er legte ihr die Hand auf den Arm, führte sie in die Bibliothek und ging zum Plattenspieler.

»Alles hat seine Grenzen, Süße«, sagte er. »Zur Mitternachtsmesse!«

»Ja«, sagte Sarah. »Allerdings.«

Unter lautem Gelächter und großem Getöse zogen die meisten anderen ihre Mäntel an und brachen auf. Die beiden Jungen, Bridget, David und Diana machten sich auf den Weg zur Kirche, zehn Minuten durch dicht fallenden Schnee. Ihr Lachen verklang in der Ferne.

»Mitternachtsmesse!«, schnaubte Colonel Lacey. »Bin in meiner Jugend nie zur Mitternachtsmesse gegangen. Messe, wenn ich das schon höre! Papistisches Zeug! Oh, ich bitte um Verzeihung, Monsieur Poirot.«

Poirot winkte ab. »Kein Problem. Lassen Sie sich durch mich nicht stören.«

»Morgenandachten sollten doch wohl reichen, würde ich sagen. Ein ordentlicher Sonntagmorgengottesdienst. *Hark! The Herald Angels Sing* und die ganzen anderen guten alten Weihnachtslieder. Und dann ab nach Hause zum Weihnachtsessen. Stimmt doch, oder, Em?«

»Ja, Liebling«, antwortete Mrs Lacey. »So machen wir es. Aber den jungen Leuten gefällt die Mitternachtsmesse. Und eigentlich ist es doch gut, dass sie tatsächlich in die Kirche gehen.«

»Sarah und dieser Kerl, die wollen allerdings nicht gehen.«

»Also, Liebling, da irrst du dich, glaube ich«, sagte Mrs Lacey. »Du weißt genau, dass Sarah gehen wollte, sie wollte es nur nicht zugeben.«

»Ist mir ein Rätsel, warum sie etwas auf die Meinung dieses Burschen gibt.«

»Sie ist noch sehr jung«, erwiderte Mrs Lacey bedächtig. »Gehen Sie zu Bett, Monsieur Poirot? Gute Nacht. Ich hoffe, Sie schlafen gut.«

»Und Sie, Madame? Sie gehen noch nicht zu Bett?«

»Noch nicht«, sagte Mrs Lacey. »Wissen Sie, ich muss ja noch die Weihnachtsstrümpfe füllen. Ach, ich weiß, die Kinder sind alle praktisch erwachsen, aber ihre Weihnachtsstrümpfe, die mögen sie trotzdem. Da kommen witzige Sachen hinein. Lustige Kleinigkeiten. Die aber für eine Menge Spaß sorgen.«

»Sie geben sich sehr viel Mühe, damit in diesem Haus über Weihnachten alle glücklich sind«, sagte Poirot. »Ich bewundere Sie.«

Mit einer vornehmen Geste führte er ihre Hand an seine Lippen.

»Hm«, brummte Colonel Lacey, als Poirot sich entfernte. »Affektierter Kerl. Aber trotzdem, er weiß dich zu schätzen.«

Mrs Lacey schenkte ihm ihr Grübchen-Lächeln. »Ist dir aufgefallen, Horace, dass ich direkt unter den Mistelzweigen stehe?«, fragte sie mit der scheuen Zurückhaltung eines neunzehnjährigen Mädchens.

Hercule Poirot betrat sein Zimmer. Es war geräumig und großzügig mit Heizkörpern ausgestattet. Auf dem Weg zu dem großen Himmelbett bemerkte er einen Umschlag auf seinem Kopfkissen. Er öffnete ihn und zog ein Blatt Papier heraus. Darauf stand in krakeligen Großbuchstaben:

ESSEN SIE NIE UND NIMMER NICHT VON DEM PLUMPUDDING. JEMAND DER ES GUT MIT IHNEN MEINT.

Hercule Poirot starrte die Nachricht an. Seine Augenbrauen fuhren in die Höhe. »Kryptisch«, murmelte er, »und vollkommen unerwartet.«

Das Weihnachtsessen begann um 14 Uhr und war in der Tat ein Festmahl. In dem großen Kamin prasselten gewaltige Holzscheite munter vor sich hin, ein Prasseln, das von einem lauten Stimmengewirr übertönt wurde. Es hatte Austernsuppe gegeben, und zwei riesengroße Truthähne waren serviert, vertilgt und als Gerippe wieder abgetragen worden. Und dann der absolute Höhepunkt: Feierlich wurde der Plumpudding hereingebracht! Dem alten Peverell mit seinen achtzig Jahren zitterten vor Schwäche die Hände und Knie, und trotzdem durfte niemand anders den Plumpudding tragen. Mrs Lacey saß da und hielt die Hände nervös zusammengepresst. Irgendwann würde, da war sie sich sicher, Peverell an Weihnachten tot umfallen. Vor die Wahl gestellt, entweder das Risiko einzugehen, dass er tot umfiel, oder seine Gefühle derart zu verletzen, dass er selbst wahrscheinlich lieber tot als lebendig wäre, hatte sie sich bisher für die erste Variante entschieden. Wie ein großer Fußball ruhte der Plumpudding in seiner ganzen Pracht auf einer riesigen Silberplatte. Oben im Pudding steckte, einer Siegesfahne gleich, ein Stechpalmenzweig, und rundherum züngelten herrliche blaurote Flammen empor. Es gab Beifallsrufe und bewundernde Aahs und Oohs.

Eine Vorsichtsmaßnahme hatte Mrs Lacey allerdings doch ergriffen: Sie hatte Peverell angewiesen, den Pudding, statt ihn herumzureichen, vor ihr niederzusetzen, sodass sie ihn austeilen konnte. Erleichtert atmete sie auf, als er sicher vor ihr stand. Rasch wurden die Teller mit dem flambierten Pudding weitergereicht.

»Wünschen Sie sich etwas, Monsieur Poirot«, rief Bridget. »Schnell, bevor die Flamme ausgeht. Los, Oma, beeil dich.«

Zufrieden lehnte sich Mrs Lacey zurück. Das Unternehmen »Pudding« war ein voller Erfolg. Vor jedem stand eine Portion, an der noch immer Flammen leckten. Einen Augenblick herrschte absolute Stille am Tisch, während sich jeder intensiv etwas wünschte.

So nahm niemand Monsieur Poirots recht eigenartigen Gesichtsausdruck wahr, als er die Portion auf dem Teller vor sich begutachtete. *›Essen Sie nie und nimmer nicht von dem Plumpudding.‹* Was in aller Welt hatte diese düstere Warnung zu bedeuten? Seine Portion konnte sich doch durch nichts von denen der anderen unterscheiden! Er musste sich eingestehen, dass er verwirrt war – ein Eingeständnis, das Hercule Poirot schwerfiel. Seufzend nahm er Gabel und Löffel zur Hand.

»Brandy-Butter, Monsieur Poirot?«

Genüsslich bediente sich Poirot.

»Hast wohl wieder meinen besten Brandy stibitzt, was, Em?«, tönte der Colonel gut gelaunt vom anderen Ende des Tisches. Mrs Lacey zwinkerte ihm zu.

»Mrs Ross beharrt darauf, nur den allerbesten Brandy zu verwenden, Liebling«, erwiderte sie. »Sie meint, das mache den entscheidenden Unterschied aus.«

»Na ja«, sagte Colonel Lacey, »es ist ja nur einmal im Jahr Weihnachten, und Mrs Ross ist eine großartige Frau. Eine großartige Frau und eine großartige Köchin.«

»Allerdings«, sagte Colin. »Ein fabelhafter Plumpudding ist das – mmh.« Genießerisch nahm er einen weiteren Happen.

Bedächtig, fast schon vorsichtig, machte sich Hercule Poirot über seine Puddingportion her. Er nahm einen Mundvoll. Es war köstlich! Er aß noch einen Bissen. Irgendetwas auf seinem Teller klapperte leise. Er untersuchte es mit der Gabel. Bridget zu seiner Linken kam ihm zu Hilfe.

»Da liegt irgendetwas, Monsieur Poirot«, sagte sie. »Was das wohl ist?«

Poirot löste einen kleinen silbernen Gegenstand von den Rosinen, die an ihm klebten.

»Oooh«, sagte Bridget, »das ist ja der Junggesellenknopf! Monsieur Poirot hat den Junggesellenknopf!«

Hercule Poirot tauchte den kleinen silbernen Knopf in das Fingerschälchen, das neben seinem Teller stand, und wusch die Puddingkrumen ab.

»Er ist sehr hübsch«, stellte er fest.

»Das bedeutet, dass Sie Junggeselle bleiben, Monsieur Poirot«, erklärte Colin ihm zuvorkommend.

»Das war auch nicht anders zu erwarten«, sagte Poirot ernst.

»Ich bin schon seit so vielen Jahren Junggeselle, da ist es unwahrscheinlich, dass sich das plötzlich ändert.«

»Ach, nur nicht aufgeben«, sagte Michael. »Ich habe neulich in der Zeitung gelesen, dass ein Fünfundneunzigjähriger ein zweiundzwanzigjähriges Mädchen geheiratet hat.«

»Du machst mir Mut«, sagte Hercule Poirot.

Plötzlich schrie Colonel Lacey auf. Sein Gesicht lief hochrot an, und er griff sich an den Mund.

»Verflixt noch mal, Emmeline«, brüllte er, »warum in aller Welt erlaubst du es der Köchin eigentlich, Glas in den Pudding zu tun?«

»Glas!«, rief Mrs Lacey fassungslos.

Colonel Lacey nahm das Objekt seiner Verärgerung aus dem Mund. »Hätte mir einen Zahn abbrechen oder das verdammte Ding runterschlucken und eine Blinddarmentzündung bekommen können«, knurrte er.

Er legte das Stück Glas in sein Fingerschälchen und wusch es ab. »Du lieber Gott«, stieß er aus. »Das ist so ein roter Klunker aus einem Knallbonbon.« Er hielt ihn hoch.

»Gestatten Sie?«

Äußerst geschickt streckte Monsieur Poirot den Arm an seinem Tischnachbarn vorbei aus, nahm Colonel Lacey den Stein aus der Hand und sah ihn sich aufmerksam an. Genau wie der Hausherr gesagt hatte, handelte es sich um einen riesigen rubinroten Stein. Als Poirot ihn zwischen den Fingern drehte, funkelten die Facetten nur so im Licht. Irgendwo am Tisch wurde ein Stuhl heftig zurückgestoßen und dann wieder herangezogen.

»Mensch!«, rief Michael. »Wäre das toll, wenn der echt wäre.«

»Vielleicht ist er ja echt«, sagte Bridget voller Hoffnung.

»Red keinen Quatsch, Bridget. Ein Rubin von der Größe wäre doch Tausende und Abertausende von Pfund wert. Stimmt's, Monsieur Poirot?«

»In der Tat«, sagte Poirot.

»Was ich allerdings nicht verstehe«, sagte Mrs Lacey, »ist, wie er in den Pudding gekommen ist.«

»Oooh«, sagte Colin, durch seinen letzten Happen abgelenkt, »ich habe das Schwein gekriegt. Das ist ungerecht.«

Sofort sang Bridget los: »Colin hat das Schwein! Colin hat das Schwein! Colin ist ein gefräßiges, verfressenes Schwein!«

»Ich habe den Ring«, sagte Diana mit ihrer klaren, hohen Stimme.

»Schön für dich, Diana. Du wirst von uns allen als Erste heiraten.«

»Ich habe den Fingerhut«, jammerte Bridget.

»Bridget wird eine alte Jungfer«, sangen die beiden Jungen. »O ja, Bridget wird eine alte Jungfer.«

»Wer hat das Geld bekommen?«, fragte David. »In dem Pudding ist ein richtiges Zehnshillingstück aus Gold. Das weiß ich genau. Mrs Ross hat es mir erzählt.«

»Ich glaube, ich bin der Glückspilz«, sagte Desmond Lee-Wortley.

»Ja, das sieht Ihnen ähnlich«, hörten Colonel Laceys beide Tischnachbarn ihn murmeln.

»Ich habe auch einen Ring«, sagte David. Er sah zu Diana hinüber. »Ein ganz schöner Zufall, was?«

Die Heiterkeit hielt an. Kein Mensch merkte, dass Monsieur Poirot den roten Stein unbekümmert und wie in Gedanken versunken in seine Tasche hatte gleiten lassen.

Nach dem Pudding gab es Mince Pies und weihnachtliche Nachspeisen. Die älteren Herrschaften zogen sich daraufhin zu einer willkommenen Mittagsruhe zurück, ehe zur Teestunde die Lichter am Weihnachtsbaum angezündet werden würden. Hercule Poirot hielt allerdings keine Mittagsruhe. Vielmehr begab er sich in die riesige altmodische Küche.

»Es ist doch gestattet«, sagte er und blickte sich freudestrahlend um, »dass ich der Köchin zu diesem herrlichen Gericht gratuliere, das ich soeben zu mir genommen habe?«

Es entstand eine kurze Pause, dann kam Mrs Ross mit der Würde einer Bühnenherzogin gemessenen Schrittes auf ihn zu und begrüßte ihn. Sie war groß und stattlich. Zwei hagere grauhaarige Frauen wuschen weiter hinten in der Spülküche ab, und ein flachsblondes Mädchen ging ständig zwischen der Spülküche und der Küche hin und her. Diese drei waren jedoch eindeutig einfache Handlangerinnen. Die Königin des Küchenbereichs war Mrs Ross.

»Ich freue mich, dass es Ihnen geschmeckt hat, Sir«, sagte sie zuvorkommend.

»Geschmeckt, und wie!«, rief Hercule Poirot. Mit einer extravaganten fremdländischen Geste führte er seine Hand an die Lippen, küsste sie und blies den Kuss in Richtung Decke. »Sie sind ein Genie, Mrs Ross! Ein Genie! Noch nie habe ich ein so wunderbares Essen genießen dürfen. Die Austernsuppe«, er schnalzte genießerisch mit der Zunge, »und die Füllung. Die Kastanienfüllung in dem Truthahn, die war nach meiner Erfahrung einzigartig.«

»Nun, es ist lustig, dass Sie das sagen, Sir«, erwiderte Mrs Ross freundlich. »Diese Füllung, das ist ein ganz besonderes Rezept. Ein österreichischer Küchenchef, für den ich vor vielen Jahren gearbeitet habe, hat es mir verraten. Aber alles andere«, fügte sie hinzu, »ist gutbürgerliche englische Küche.«

»Kann man sich etwas Besseres wünschen?«, fragte Hercule Poirot.

»Nun, das ist sehr nett von Ihnen, Sir. Als Ausländer hätten Sie natürlich vielleicht die kontinentale Küche bevorzugt. Nicht, dass ich keine kontinentalen Gerichte hinbekäme.«

»Ich bin mir sicher, Mrs Ross, Sie bekommen alles hin! Aber Sie müssen wissen, dass die englische Küche – die gute englische Küche, nicht das, was man in zweitklassigen Hotels oder Restaurants geboten bekommt – von Gourmets auf dem Kontinent sehr geschätzt wird, und ich glaube, ich gehe recht in der Annahme, dass im frühen neunzehnten Jahrhundert extra eine Expedition nach London unternommen und dann ein Bericht über die Wunder der englischen Puddinge nach Frankreich zurückgeschickt wurde. ›*So etwas haben wir in Frankreich überhaupt nicht*‹, stand dort geschrieben. ›*Allein schon um die verschiedenen exzellenten Pud-*

dinge zu kosten, ist London eine Reise wert.‹ Und an erster Stelle unter allen Puddingen«, fuhr Poirot fort, der sich jetzt regelrecht in eine Schwärmerei hineingesteigert hatte, »steht der weihnachtliche Plumpudding, den wir heute gegessen haben. Das war doch ein selbst gemachter Pudding, oder? Kein gekaufter?«

»Allerdings, Sir. Wie schon seit vielen Jahren, von mir selbst nach meinem ureigenen Rezept zubereitet. Als ich herkam, meinte Mrs Lacey, sie habe, um mir die Mühe zu ersparen, in einem Londoner Geschäft einen Pudding bestellt. Aber nicht doch, Madam, sagte ich, das ist zwar sehr nett gemeint, aber ein gekaufter Pudding reicht nie an einen selbst gemachten Plumpudding heran. Wohlgemerkt«, sagte Mrs Ross, eine wahre Kochkünstlerin, die sich jetzt für ihr Thema erwärmte, »wurde er diesmal zu spät zubereitet. Ein guter Plumpudding sollte mehrere Wochen vor dem Fest gekocht werden und dann durchziehen können. Je länger er lagert – solange es sich in einem vernünftigen Rahmen hält –, desto besser. Ich weiß noch, als ich ein Kind war und wir jeden Sonntag in die Kirche gingen, haben wir immer aufgepasst, wann das Kollektengebet mit den Worten ›Biete deine Macht auf, o Herr, und komm, wir bitten dich‹ begann, denn das war sozusagen das Zeichen dafür, dass in genau dieser Woche die Puddinge zubereitet werden sollten. Und so war es auch jedes Jahr. Wenn wir am Sonntag dieses Kollektengebet hörten, begann meine Mutter während der Woche ganz sicher, die Plumpuddinge zuzubereiten. Und dieses Jahr sollte es auch wieder so sein. In Wirklichkeit wurde dieser Pudding aber erst vor drei Tagen gemacht, einen Tag vor Ihrer Ankunft, Sir. Trotzdem hielt ich mich an den alten Brauch. Alle mussten in die Küche kommen, den Teig einmal umrühren und sich dabei etwas wünschen. Das ist ein alter Brauch, Sir, den ich immer hochgehalten habe.«

»Höchst interessant«, sagte Hercule Poirot. »Höchst interessant. Dann sind also alle hierher in die Küche gekommen?«

»Ja, Sir. Der junge Herr, Miss Bridget und der Gentleman aus London, der hier übernachtet, sowie seine Schwester und Mr David und Miss Diana – besser gesagt, Mrs Middleton – ja, jeder hat einmal umgerührt.«

»Wie viele Puddinge haben Sie denn gekocht? War das der einzige?«

»Nein, Sir, ich habe vier gemacht. Zwei große und zwei kleinere. Den anderen großen wollte ich Neujahr servieren, und die beiden kleineren sind für Colonel und Mrs Lacey, wenn sie wieder allein sind und nicht mehr so viele Familienangehörige um sich haben.«

»Verstehe, verstehe«, sagte Poirot.

»Genau genommen, Sir«, sagte Mrs Ross, »haben Sie heute zum Mittag den falschen Pudding gegessen.«

»Den falschen Pudding?« Poirot runzelte die Stirn. »Wie das?«

»Nun, Sir, wir haben eine große Plumpudding-Form aus Porzellan, mit einem Stechpalmen- und Mistelmotiv obendrauf. Darin wird immer der Pudding für den Weihnachtstag gekocht. Allerdings ist uns ein höchst bedauerliches Missgeschick passiert. Als Annie ihn heute Morgen aus dem Regal in der Vorratskammer holte, rutschte sie aus, und die Form fiel auf die Erde und zerbrach. Nun, Sir, diesen Pudding konnte ich natürlich nicht servieren lassen, nicht wahr? Da hätten schließlich Splitter drin sein können. Deshalb mussten wir den anderen nehmen – den Neujahrspudding, der sich in einer ganz normalen Schüssel befand. Darin wird er zwar schön rund, aber es sieht nicht so festlich aus wie in der Weihnachtsform. Wo wir noch einmal so eine schöne Form herbekommen sollen, ist mir wirklich ein Rätsel. In der Größe wird so etwas doch gar nicht mehr hergestellt. Heutzutage gibt es nur noch so klitzekleines Zeug. Man bekommt doch nicht mal mehr eine vernünftige Frühstücksplatte, auf die acht bis zehn Eier mit Speck passen. Ach ja, nichts ist mehr so, wie es früher war.«

»Allerdings nicht«, sagte Poirot. »Aber der heutige Tag bildet da eine Ausnahme. Dieser Weihnachtstag ist doch ganz so wie in den alten Zeiten, oder etwa nicht?«

Mrs Ross seufzte. »Nun, ich freue mich, dass Sie das sagen, Sir, aber ich habe natürlich nicht mehr so gute Hilfen wie früher. Qualifizierte Hilfen, meine ich. Die Mädchen heutzutage« – hier senkte sie ein wenig die Stimme –, »die meinen es zwar alle sehr gut und zeigen viel guten Willen, aber sie sind eben nicht ausgebildet, wenn Sie verstehen, was ich meine.«

»Ja, die Zeiten ändern sich«, sagte Hercule Poirot. »Auch mich stimmt es manchmal traurig.«

»Wissen Sie, Sir«, fuhr Mrs Ross fort, »dieses Haus ist zu groß für die Herrin und den Colonel. Und die Herrin weiß das auch. Nur in einer Ecke des Hauses zu leben, wie die beiden es tun, ist einfach nicht dasselbe. Eigentlich könnte man sagen, kommt nur Leben ins Haus, wenn sich die ganze Familie zu Weihnachten hier versammelt.«

»Soweit ich weiß, sind Mr Lee-Wortley und seine Schwester zum ersten Mal hier?«

»Ja, Sir.« Mrs Ross' Stimme klang jetzt etwas reservierter. »Er ist ein sehr netter Gentleman, wirklich, aber, na ja – wir finden alle, er passt nicht zu Miss Sarah. Aber in London herrschen eben andere Sitten! Es ist schon traurig, dass es seiner Schwester so schlecht geht. Musste sogar operiert werden, die Ärmste. Am ersten Tag hier schien es ihr ganz gut zu gehen, aber nachdem wir dann alle den Teig umgerührt hatten, wurde es plötzlich wieder schlimmer, und seitdem liegt sie die ganze Zeit im Bett. Wahrscheinlich ist sie zu früh nach der Operation aufgestanden. Ach, die Ärzte heutzutage, die entlassen einen doch aus dem Krankenhaus, ehe man überhaupt wieder richtig auf den Beinen ist. Die Frau meines Neffen …« Mrs Ross hob zu einer langatmigen, temperamentvollen Schilderung der Krankenhausbehandlungen an, die ihren Verwandten zuteilgeworden waren und die im Vergleich zu der Aufmerksamkeit, mit der man sie früher überschüttet hatte, alles andere als gut abschnitten.

Poirot zeigte sich gebührend mitfühlend. »Jetzt bleibt mir nur noch«, sagte er schließlich, »Ihnen für dieses exquisite und lukullische Mahl zu danken. Sie erlauben doch, dass ich mich ein klein wenig erkenntlich zeige?« Eine nagelneue Fünfpfundnote wechselte den Besitzer, während Mrs Ross der Form halber sagte:

»Das ist aber wirklich nicht nötig, Sir.«

»Ich bestehe darauf. Ich bestehe darauf.«

»Nun, das ist ausgesprochen nett von Ihnen, Sir.« Mrs Ross nahm den Tribut entgegen, als stünde er ihr zu. »Und ich wünsche Ihnen ein frohes Weihnachtsfest, Sir, und ein erfolgreiches neues Jahr.«

Der Weihnachtstag endete, wie die meisten Weihnachtstage enden: Die Kerzen am Baum wurden angezündet, und zum Tee wurde ein herrlicher Weihnachtskuchen serviert, der zwar bewundert, dem aber nur mäßig zugesprochen wurde. Anschließend gab es ein kaltes Abendessen.

Sowohl Poirot als auch seine beiden Gastgeber gingen früh zu Bett.

»Gute Nacht, Monsieur Poirot«, sagte Mrs Lacey. »Ich hoffe, Sie haben sich gut unterhalten.«

»Das war ein wunderbarer Tag, Madame, ein wunderbarer Tag.«

»Sie sehen sehr nachdenklich aus«, sagte Mrs Lacey.

»Es ist der englische Pudding, über den ich mir Gedanken mache.«

»Sie fanden ihn vielleicht etwas schwer?«, erkundigte sich Mrs Lacey taktvoll.

»Nein, nein, ich meine nicht den gastronomischen Aspekt. Ich mache mir über seine Bedeutung Gedanken.«

»Die liegt natürlich in der Tradition begründet«, erwiderte Mrs Lacey. »Also, gute Nacht, Monsieur Poirot, und träumen Sie nicht allzu viel von Plumpuddingen und Mince Pies.«

»Ja«, murmelte Poirot, während er sich auszog. »Er ist auf jeden Fall ein Problem, dieser weihnachtliche Plumpudding. Es gibt da etwas, was ich überhaupt nicht verstehe.« Verärgert schüttelte er den Kopf. »Nun, wir werden sehen.«

Nachdem er gewisse Vorbereitungen getroffen hatte, legte sich Poirot ins Bett, allerdings nicht, um zu schlafen.

Nach etwa zwei Stunden wurde seine Geduld belohnt. Langsam und leise öffnete sich die Zimmertür. Er schmunzelte. Genau das hatte er erwartet. Flüchtig dachte er an die Kaffeetasse zurück, die Desmond Lee-Wortley ihm so höflich gereicht hatte. Als Desmond ihm kurz darauf den Rücken zudrehte, hatte Poirot die Tasse auf dem Tisch abgestellt. Ein paar Sekunden später hatte er sie scheinbar wieder in die Hand genommen und Desmond die Genugtuung verschafft, so es denn Genugtuung gewesen war, zu sehen, wie er den Kaffee bis auf den letzten Tropfen austrank. Als er sich vorstellte, dass jetzt nicht er, sondern jemand anders den Schlaf des Gerechten schlief, hob ein leises Lächeln seinen Schnurrbart. Dieser nette junge Mann David, sagte er sich, ist besorgt und unglücklich. Es wird ihm nichts schaden, wenn er eine Nacht tief und fest schläft. Und jetzt wollen wir mal sehen, was passiert.

Poirot lag regungslos da und atmete gleichmäßig ein und aus, wobei gelegentlich der Hauch, aber auch nur der Hauch eines Schnarchens zu hören war.

Jemand trat an sein Bett und beugte sich über ihn. Dann wandte sich dieser Jemand zufrieden ab und ging zur Frisierkommode hinüber. Im Licht einer winzigen Taschenlampe untersuchte der Besucher Poirots fein säuberlich auf der Kommode abgelegte Habseligkeiten. Finger durchstöberten seine Brieftasche, zogen vorsichtig die Schubladen der Frisierkommode auf und dehnten ihre Suche dann auf Poirots Anzugtaschen aus. Schließlich trat der Besucher erneut ans Bett und ließ mit größter Behutsamkeit eine Hand unter das Kopfkissen gleiten. Als er sie wieder zurückgezogen hatte, hielt er einen Moment inne, als wäre er unschlüssig, was er als Nächstes tun sollte. Er ging im Zimmer umher, inspizierte diverse Nippfiguren und begab sich dann ins angrenzende Badezimmer, aus dem er jedoch sofort wieder zurückkam. Mit einem leisen Fluch auf den Lippen verließ er das Zimmer.

»Ah«, murmelte Poirot vor sich hin. »Du hast die Enttäuschung.

Ja, ja, die schwere Enttäuschung. Pah! Allein schon sich einzubilden, dass Hercule Poirot etwas so verstecken würde, dass du es findest!« Dann drehte er sich auf die andere Seite und schlief friedlich ein.

Am nächsten Morgen wurde er durch ein leises, nachdrückliches Klopfen an der Tür geweckt.

»*Qui est là*? Herein, herein.«

Die Tür ging auf. Auf der Schwelle stand, außer Atem und mit hochrotem Kopf, Colin, dahinter Michael.

»Monsieur Poirot, Monsieur Poirot.«

»Ja, bitte?« Poirot setzte sich im Bett auf. »Ist es der Frühaufstehertee? Aber nein. Du bist es, Colin. Was ist passiert?«

Colin hatte es für einen Moment die Sprache verschlagen. Eine starke Emotion schien ihn in der Gewalt zu haben. In Wirklichkeit war es jedoch der Anblick der Schlafmütze auf Hercule Poirots Kopf, der seine Sprechwerkzeuge kurzzeitig lähmte. Dann fing er sich wieder und sagte:

»Ich glaube – Monsieur Poirot, könnten Sie uns helfen? Es ist etwas ziemlich Schlimmes passiert.«

»Es ist etwas passiert? Was denn?«

»Es geht, es geht um Bridget. Sie liegt draußen im Schnee. Ich glaube – sie bewegt sich nicht und sagt kein Wort und – ach, Sie sollten es sich selbst ansehen. Ich habe furchtbare Angst – vielleicht ist sie tot.«

»Was?« Poirot warf die Bettdecke zur Seite. »Mademoiselle Bridget – tot!«

»Ich glaube, ich glaube, jemand hat sie umgebracht. Da ist, da ist Blut und – so kommen Sie doch!«

»Aber sicher. Aber sicher. Ich komme in diesem Augenblick.«

Ganz pragmatisch schlüpfte Poirot sofort in seine Straßenschuhe und zog einen pelzgefütterten Mantel über den Schlafanzug.

»Ich komme«, sagte er. »Ich komme in diesem Moment. Du hast das Haus geweckt?«

»Nein. Nein, bis jetzt habe ich es nur Ihnen gesagt. Ich dachte, es wäre besser so. Großvater und Oma sind noch nicht auf. Unten wird gerade der Frühstückstisch gedeckt, aber Peverell habe ich nichts gesagt. Sie, also Bridget, liegt auf der anderen Seite vom Haus, in der Nähe von der Terrasse und dem Fenster der Bibliothek.«

»Verstehe. Geh du vor. Ich folge dir auf dem Fuß.«

Colin drehte das Gesicht weg, um sein erfreutes Grinsen zu verbergen, und ging die Treppe hinunter voraus. Durch die Seitentür traten sie ins Freie. Es war ein klarer Morgen, die Sonne war gerade erst über dem Horizont aufgetaucht. Im Augenblick fiel kein Schnee, doch nachts hatte es kräftig geschneit, sodass ringsum eine dicke, unberührte Schneedecke lag. Die Welt sah sehr rein und weiß und schön aus.

»Da!«, sagte Colin atemlos. »Ich – es – da ist es!« Mit einer dramatischen Geste deutete er in eine bestimmte Richtung.

Der Anblick, der sich ihnen bot, war allerdings dramatisch. Wenige Meter entfernt lag Bridget im Schnee. Sie trug einen scharlachroten Schlafanzug und um die Schultern einen weißen Wollumhang, auf dem ein blutroter Fleck zu sehen war. Ihr Kopf war zur Seite gedreht, ihr Gesicht von ihren ausgebreiteten dichten schwarzen Haaren verdeckt. Ein Arm lag unter ihrem Körper, der andere war weit ausgestreckt, die Finger zur Faust geballt – und in der Mitte des blutroten Flecks ragte das Heft des großen geschwungenen kurdischen Dolchs hervor, den Colonel Lacey noch am Abend zuvor seinen Gästen gezeigt hatte.

»Mon Dieu!«, stieß Monsieur Poirot hervor. »Wie auf einer Bühne!«

Von Michael kam ein leiser, erstickter Laut. Colin sprang schnell in die Bresche.

»Ich weiß«, sagte er. »Es, es kommt einem irgendwie unwirklich vor, oder? Sehen Sie die Fußspuren – ich nehme an, die dürfen nicht zertrampelt werden.«

»Ah ja, die Fußspuren. Nein, wir müssen aufpassen, dass wir die Fußspuren nicht zerstören.«

»Das habe ich mir auch gedacht«, sagte Colin. »Deshalb wollte ich auch niemanden an sie heranlassen, bis wir Sie geholt hatten. Ich dachte, Sie würden wissen, was zu tun ist.«

»Aber trotzdem«, sagte Hercule Poirot energisch, »müssen wir zuerst nachsehen, ob sie noch lebt. Oder etwa nicht?«

»Nun – ja – natürlich«, sagte Michael etwas unsicher. »Aber sehen Sie, wir dachten – ich meine, wir wollten nicht …«

»Ah, ihr habt die Vorsicht! Ihr habt die Detektivgeschichten gelesen. Es ist äußerst wichtig, dass nichts angerührt und an der Leiche nichts verändert wird. Aber wir wissen ja noch gar nicht genau, ob es überhaupt eine Leiche ist, nicht wahr? Denn obwohl die Vorsicht die Mutter der Porzellansicherheit ist, steht der Mensch doch an erster Stelle. Ehe wir an die Polizei denken, müssen wir an den Arzt denken, oder?«

»O ja. Natürlich«, sagte Colin, immer noch etwas verdattert.

»Wir dachten nur, ich meine, wir dachten, ehe wir irgendetwas tun, sollten wir zuerst Sie holen«, sagte Michael hastig.

»Dann bleibt ihr beide jetzt hier«, sagte Poirot. »Ich gehe von hinten an sie heran, damit ich diese Fußspuren nicht zerstöre. Was für herrliche Fußspuren, nicht wahr – so überdeutlich. Die Fußabdrücke eines Mannes und eines Mädchens, die zusammen zu der Stelle gingen, wo sie jetzt liegt. Und dann kommen die Spuren des Mannes zurück, die des Mädchens jedoch – nicht.«

»Das müssen die Fußspuren des Mörders sein«, sagte Colin mit angehaltenem Atem.

»Genau«, sagte Poirot. »Die Fußspuren des Mörders. Ein langer, schmaler Fuß in einem recht eigenartigen Schuh. Sehr interessant. Leicht zu identifizieren, glaube ich. Ja, diese Fußspuren sind sehr wichtig.«

In diesem Augenblick trat Desmond Lee-Wortley gemeinsam mit Sarah aus dem Haus und kam auf sie zu.

»Was in aller Welt geht denn hier vor?«, rief er theatralisch aus. »Ich habe es von meinem Zimmer aus gesehen. Was ist denn los? Mein Gott, was ist das denn? Das, das sieht ja aus wie …«

»Genau«, sagte Hercule Poirot. »Es sieht nach Mord aus, nicht wahr?«

Sarah stockte der Atem, dann warf sie den beiden Jungen einen kurzen, misstrauischen Blick zu.

»Sie meinen, jemand hat das Mädchen umgebracht – wie heißt sie noch mal –, Bridget?«, fragte Desmond. »Wer in aller Welt hätte sie denn töten wollen? Das ist doch unglaublich!«

»Es gibt viele unglaubliche Dinge«, sagte Poirot. »Besonders vor dem Frühstück, nicht wahr? Das hat einer Ihrer modernen Klassiker gesagt. Sechs unmögliche Dinge vor dem Frühstück.« Dann fügte er hinzu: »Bitte warten Sie alle hier.«

Vorsichtig ging er um Bridget herum, trat an sie heran und beugte sich einen Moment lang über sie. Colin und Michael schüttelten sich mittlerweile vor unterdrücktem Lachen. Sarah, der es ähnlich ging, murmelte: »Was habt ihr da bloß wieder angestellt?«

»Die gute alte Bridget«, flüsterte Colin. »Ist sie nicht phantastisch? Keine Regung!«

»Ich habe noch nie etwas so Totes gesehen wie Bridget«, flüsterte Michael.

Hercule Poirot richtete sich auf.

»Das ist wirklich schrecklich«, sagte er. In seiner Stimme lag ein neuer Ton.

Um nicht prustend loszulachen, drehten sich Michael und Colin weg. Mit erstickter Stimme fragte Michael:

»Was, was sollen wir jetzt machen?«

»Es gibt nur eine Möglichkeit«, erwiderte Poirot. »Wir müssen die Polizei rufen. Geht einer von euch telefonieren oder soll ich es tun?«

»Ich glaube«, sagte Colin, »ich glaube – was meinst du, Michael?«

»Ja«, sagte Michael, »ich glaube, das Spiel ist jetzt aus.« Er trat vor. Zum ersten Mal wirkte er ein wenig unsicher. »Es tut mir furchtbar leid«, sagte er, »ich hoffe, Sie nehmen es uns nicht allzu übel. Es, äh, es war eine Art Weihnachtsscherz und so, verstehen Sie. Wir dachten, wir – na ja, könnten einen Mord für Sie inszenieren.«

»Ihr dachtet, ihr könntet einen Mord für mich inszenieren? Dann ist, dann ist …«

»Das ist alles nur Theater«, erklärte Colin, »damit, damit Sie sich hier ganz wie zu Hause fühlen, verstehen Sie.«

»Aha«, sagte Hercule Poirot. »Verstehe. Sie schicken mich in den April, ja? Aber heute ist nicht der 1. April, sondern der 26. Dezember.«

»Wahrscheinlich hätten wir es nicht tun sollen«, sagte Colin, »aber, aber – Sie nehmen es uns doch nicht wirklich übel, oder, Monsieur Poirot? Komm jetzt, Bridget«, rief er, »steh auf. Du musst ja schon halb erfroren sein.«

Doch die Gestalt im Schnee rührte sich nicht.

»Seltsam«, sagte Hercule Poirot, »sie scheint dich nicht zu hören.« Er blickte sie nachdenklich an. »Du hast gesagt, das sei nur ein Scherz? Bist du dir sicher, dass es nur ein Scherz ist?«

»Aber klar doch.« Colins Stimme klang jetzt beklommen. »Wir, wir haben es nicht böse gemeint.«

»Aber warum steht Mademoiselle Bridget dann nicht auf?«

»Ich habe keine Ahnung«, sagte Colin.

»Komm, Bridget«, sagte Sarah ungeduldig. »Steh auf und mach dich nicht zum Narren.«

»Es tut uns wirklich sehr leid, Monsieur Poirot«, sagte Colin besorgt. »Wir entschuldigen uns von ganzem Herzen.«

»Ihr braucht euch nicht zu entschuldigen«, sagte Poirot in einem eigenartigen Tonfall.

»Was meinen Sie damit?« Colin starrte ihn an. Erneut wandte er sich an die Gestalt am Boden. »Bridget! Bridget! Was ist denn los? Warum steht sie nicht auf? Warum bleibt sie da einfach liegen?«

Poirot winkte Desmond herbei. »Sie, Mr Lee-Wortley. Kommen Sie mal …«

Desmond trat zu ihm.

»Fühlen Sie ihren Puls«, sagte Poirot.

Desmond Lee-Wortley beugte sich hinunter. Er ergriff ihren Arm, ihr Handgelenk.

»Da ist kein Puls …« Er starrte Poirot an. »Ihr Arm ist ganz steif. Mein Gott, sie ist wirklich tot!«

Poirot nickte. »Ja, sie ist tot«, sagte er. »Irgendjemand hat aus der Komödie eine Tragödie gemacht.«

»Irgendjemand – aber wer?«

»Es gibt ein Paar Fußspuren, die führen hin und wieder zurück. Fußspuren, die eine große Ähnlichkeit mit den Fußspuren haben, die Sie gerade hinterlassen haben, Mr Lee-Wortley, als Sie den Pfad verließen und hierherkamen.«

Desmond Lee-Wortley wirbelte herum.

»Was in aller Welt … Wollen Sie mich beschuldigen? Mich? Sie sind doch verrückt! Warum in aller Welt hätte ich das Mädchen denn umbringen sollen?«

»Ah, warum? Warum wohl … Lassen Sie uns mal überlegen …«

Poirot bückte sich und löste sanft die steifen, zur Faust geballten Finger des Mädchens.

Desmond atmete scharf ein. Ungläubig blickte er nach unten. In der Hand des toten Mädchens lag etwas, das wie ein großer Rubin aussah.

»Das ist doch dieses verdammte Ding aus dem Pudding!«, rief er.

»Wirklich?«, fragte Poirot. »Sind Sie sich sicher?«

»Natürlich ist es das.«

Mit einer flinken Bewegung bückte Desmond sich und nahm den roten Stein aus Bridgets Hand an sich.

»Das hätten Sie nicht tun sollen«, sagte Poirot vorwurfsvoll. »Es sollte doch nichts angerührt werden.«

»Die Leiche habe ich ja auch nicht angerührt, oder? Aber dieses Ding könnte, könnte verloren gehen, und es ist ein Beweisstück. Das Wichtigste ist jetzt, dass die Polizei so schnell wie möglich herkommt. Ich rufe umgehend an.«

Er wirbelte herum und rannte zum Haus. Sofort trat Sarah zu Poirot.

»Ich verstehe das nicht«, flüsterte sie. Ihr Gesicht war totenblass. »Ich verstehe es nicht.« Sie ergriff Poirots Arm. »Wie meinten Sie das denn mit, mit den Fußspuren?«

»Sehen Sie selbst, Mademoiselle.«

Die Fußspuren, die zur Leiche hin und wieder zurück führten, waren die gleichen, die Desmond hinterlassen hatte, als er zu Poirot getreten war.

»Sie meinen – es war Desmond? Unsinn!«

Plötzlich hörte man in der eisigen Luft einen Automotor aufheulen. Alle wirbelten herum. Sie sahen, wie ein Wagen in rasendem Tempo die Auffahrt hinunterjagte, und Sarah erkannte sofort, wessen Auto es war.

»Das ist Desmond«, sagte sie. »Das ist Desmonds Wagen. Er, er fährt sicher zur Polizei, statt sie anzurufen.«

Diana Middleton kam aus dem Haus zu ihnen gerannt.

»Was ist denn passiert?«, rief sie, nach Luft ringend. »Desmond kam gerade hereingestürmt. Er sagte irgendetwas von einem Mord an Bridget, und dann rüttelte er am Telefon, aber die Leitung war tot. Er bekam keine Verbindung. Er meinte, die Leitung müsse durchgeschnitten worden sein. Er sagte, es bleibe nichts anderes übrig, als mit dem Wagen zur Polizei zu fahren. Wieso denn zur Polizei?«

Poirot machte eine Handbewegung.

»Bridget?« Diana starrte ihn an. »Aber das ist doch wohl – eine Art Scherz? Ich habe da etwas gehört, gestern Abend. Ich dachte, sie wollten Ihnen einen Streich spielen, Monsieur Poirot?«

»Ja«, sagte Poirot, »das war ihr Plan – mir einen Streich zu spielen. Aber jetzt lassen Sie uns alle ins Haus zurückgehen. Sonst holen wir uns hier noch den Kältetod, und bis Mr Lee-Wortley mit der Polizei zurückkommt, können wir sowieso nichts tun.«

»Aber hören Sie«, sagte Colin, »wir können, wir können doch Bridget nicht einfach alleine hier liegen lassen.«

»Wenn du hier bleibst, hilft ihr das auch nicht«, sagte Poirot sanft. »Komm, das ist eine Tragödie, eine große Tragödie, aber wir können für Mademoiselle Bridget nichts mehr tun. Deshalb sollten wir jetzt hineingehen und uns aufwärmen und vielleicht eine Tasse Tee oder Kaffee trinken.«

Gehorsam folgten sie ihm ins Haus. Peverell wollte gerade den Gong schlagen. Sollte es ihm merkwürdig vorkommen, dass die meisten Hausbewohner draußen gewesen waren und Poirot in Schlafanzug und Mantel antanzte, so ließ er sich jedenfalls nichts anmerken. Selbst auf seine alten Tage war Peverell noch immer ein perfekter Butler. Er bemerkte nichts, was er nicht bemerken sollte. Sie gingen ins Speisezimmer und setzten sich. Als der Kaffee serviert war und jeder an seiner Tasse nippte, begann Poirot zu sprechen.

»Ich möchte Ihnen«, sagte er, »eine kleine Geschichte erzählen. Zwar nicht bis ins letzte Detail, nein, das geht nicht, aber doch in groben Zügen. Sie handelt von einem jungen Prinzen, der zu Besuch in dieses Land kam. Er brachte einen berühmten Edelstein mit, den er für seine zukünftige Frau neu fassen lassen wollte, doch leider machte er zuvor die Bekanntschaft einer sehr schönen jungen Dame. Diese schöne junge Dame machte sich nicht sehr viel aus ihm, dafür aber umso mehr aus seinem Edelstein – und zwar so viel, dass sie sich eines Tages mit diesem historischen Stück, das über Generationen im Besitz seiner Familie gewesen war, aus dem Staub machte. Und so steckte der arme junge Mann in einer Zwickmühle, verstehen Sie. Vor allem musste er einen Skandal vermeiden. Ausgeschlossen, die Polizei einzuschalten. Deshalb kommt er zu mir, zu Hercule Poirot. ›Bringen Sie mir‹, sagte er, ›meinen historischen Rubin zurück.‹ *Eh bien*, diese junge Dame hat einen Freund, und dieser Freund hat bereits mehrere äußerst dubiose Geschäfte gemacht. Er war in eine Erpressung verwickelt und am Verkauf von Juwelen ins Ausland beteiligt. Aber er ist immer sehr clever gewesen. Ja, man verdächtigt ihn, aber es gibt keine Beweise. Es kommt mir zu Ohren, dass dieser äußerst clevere Gentleman das Weihnachtsfest hier in diesem Haus verbringen wird. Es ist wichtig, dass die schöne junge Frau, nachdem sie den

Edelstein an sich genommen hat, eine Zeit lang aus dem Verkehr gezogen wird, damit man sie nicht unter Druck setzen, ihr keine Fragen stellen kann. Deshalb wird es so eingerichtet, dass sie hierherkommt, nach Kings Lacey, und zwar als angebliche Schwester dieses cleveren Gentleman ...«

Sarah atmete scharf ein.

»O nein. O nein, nicht hierher! Nicht jetzt, wo ich auch gerade hier bin!«

»Genau so ist es aber«, sagte Poirot. »Und durch einen kleinen Trick komme auch ich als Weihnachtsgast hierher. Diese junge Dame soll gerade erst aus dem Krankenhaus entlassen worden sein. Als sie hier eintrifft, geht es ihr bereits viel besser. Doch dann erfährt sie, dass auch ich, ein Detektiv, hierherkomme – ein bekannter Detektiv. Sofort kriegt sie, wie man so schön sagt, Fracksausen. Sie versteckt den Rubin an der erstbesten Stelle, und dann erleidet sie einen Rückfall und hütet wieder das Bett. Sie will nicht, dass ich sie zu Gesicht bekomme, da ich zweifellos ein Foto von ihr habe und sie erkennen würde. Ja, es ist äußerst langweilig für sie, aber sie muss in ihrem Zimmer bleiben, und ihr Bruder, der bringt ihr das Essen hoch.«

»Und der Rubin?«, fragte Michael.

»Ich glaube«, erwiderte Poirot, »dass die junge Dame genau in dem Augenblick, als sie von meiner Ankunft hier erfährt, zusammen mit allen anderen in der Küche ist, und alles lacht und erzählt und rührt den Plumpuddingteig um. Der wird dann auf die Schüsseln verteilt, und dabei versteckt die junge Dame den Rubin, drückt ihn tief in den Teig eines der Puddinge. Und zwar nicht in den, der zu Weihnachten serviert werden soll. O nein, der befindet sich ja in einer besonderen Form, das weiß sie. Sie versteckt ihn in der anderen Schüssel, die zu Neujahr auf den Tisch kommen soll. Bis dahin würde sie zur Abreise bereit sein, und dann würde sie den Plumpudding selbstverständlich mitnehmen. Aber sehen Sie nur, wie das Schicksal so spielt, passiert genau am Weihnachtsmorgen ein Malheur. Der Plumpudding in der festlichen Schüssel fällt auf den Steinfußboden, und die Schüssel zerspringt in tausend Stücke. Was tun? Die gute Mrs Ross nimmt kurzerhand den anderen Pudding und lässt ihn servieren.«

»Mein Gott«, sagte Colin, »wollen Sie damit sagen, dass Großvater, als er am Weihnachtstag seinen Pudding aß, einen echten Rubin aus seinem Mund geholt hat?«

»Genau«, sagte Poirot, »und du kannst dir vorstellen, wie Mr Desmond Lee-Wortley zumute war, als er es bemerkte. *Eh bien*, was passiert dann? Der Rubin wird herumgereicht. Ich untersuche ihn, und es gelingt mir, ihn unauffällig in die Tasche gleiten zu lassen. Wie ein zerstreuter Professor, als würde er mich überhaupt nicht interessieren. Aber mindestens eine Person beobachtet mich dabei. Als ich im Bett liege, durchsucht diese Person mein Zimmer. Sie durchsucht meine Taschen. Aber sie kann den Rubin nicht finden. Warum nicht?«

»Weil Sie ihn«, sagte Michael atemlos, »Bridget gegeben haben. Das meinen Sie doch. Dann ist das also der Grund – aber ich verstehe es nicht ganz – ich meine ... Hören Sie, was ist dann passiert?«

Poirot lächelte ihn an.

»Jetzt kommt mal alle mit in die Bibliothek«, sagte er, »und seht aus dem Fenster, dann zeige ich euch etwas, was vielleicht alles erklärt.«

Er ging voran, und sie folgten ihm.

»Werft noch einmal«, sagte Poirot, »einen Blick auf den Schauplatz des Verbrechens.«

Er zeigte aus dem Fenster. Alle hielten gleichzeitig die Luft an. Es lag keine Leiche mehr im Schnee, und es waren keine Spuren der Tragödie mehr zu erkennen, außer allerhand zertrampeltem Schnee.

»Das war doch nicht alles nur ein Traum, oder?«, fragte Colin leise. »Ich – hat irgendjemand die Leiche weggeschafft?«

»Ah«, sagte Poirot. »Seht ihr? Das Geheimnis der verschwundenen Leiche.« Er nickte und zwinkerte ihnen zu.

»Mein Gott«, rief Michael. »Monsieur Poirot, Sie sind – Sie haben doch nicht – oh, hört mal, er hat uns die ganze Zeit auf den Arm genommen!«

Poirot zwinkerte noch heftiger.

»Es stimmt, liebe Kinder, auch ich habe mir einen kleinen Scherz erlaubt. Seht ihr, ich wusste von eurem kleinen Plan, und da habe ich einen Gegenplan ausgeheckt. Ah, *voilà* Mademoiselle Bridget. Ich hoffe, es ist Ihnen nichts passiert, obwohl sie so lange im Schnee gelegen haben. Ich könnte es mir nie verzeihen, wenn Sie *une fluxion de poitrine* attrappiert hätten.«

Bridget hatte soeben den Raum betreten. Sie trug einen dicken Rock und einen Wollpullover und kugelte sich vor Lachen.

»Ich habe einen *tisane* auf Ihr Zimmer bringen lassen«, sagte Poirot streng. »Haben Sie ihn getrunken?«

»Ein Schluck hat mir gereicht!«, erwiderte Bridget. »Mir geht's gut. Habe ich meine Sache ordentlich gemacht, Monsieur Poirot? Meine Güte, mein Arm tut immer noch weh von der Aderpresse, die ich auf Ihr Geheiß anlegen musste.«

»Sie waren hervorragend, mein Kind«, sagte Poirot. »Hervorragend. Allerdings tappen die anderen, wie Sie sehen, immer noch im Dunkeln. Gestern Abend ging ich zu Mademoiselle Bridget. Ich sagte ihr, dass ich von eurem kleinen *complot* wusste, und fragte sie, ob sie für mich eine Rolle spielen würde. Sie hat das äußerst clever gemacht. Für die Fußspuren hat sie ein Paar von Mr Lee-Wortleys Schuhen benutzt.«

Schroff fuhr Sarah dazwischen:

»Aber wozu das alles, Monsieur Poirot? Wozu Desmond losschicken, damit er die Polizei holt? Die werden extrem wütend sein, wenn sie merken, dass das alles nur ein Scherz war.«

Poirot schüttelte nachsichtig den Kopf.

»Aber Mademoiselle, ich glaube nie und nimmer, dass Mr Lee-Wortley die Polizei holen gefahren ist«, sagte er. »Mit einem Mord will Mr Lee-Wortley nichts zu tun haben. Er hat völlig die Nerven verloren. Er konnte nur noch an eins denken: den Rubin zu bekommen. Er schnappte ihn sich, tat so, als wäre das Telefon kaputt, und raste unter dem Vorwand, die Polizei zu holen, in seinem Wagen davon. Er hat, soviel ich weiß, seine eigenen Mittel und Wege, England zu verlassen. Er besitzt doch ein Flugzeug, nicht wahr, Mademoiselle?«

Sarah nickte.

»Ja«, sagte sie. »Wir dachten daran ...« Sie hielt inne.

»Er wollte mit Ihnen in seinem Flugzeug durchbrennen, nicht wahr? *Eh bien*, das ist eine ausgezeichnete Strategie, einen Edelstein aus dem Land zu schmuggeln. Wenn man mit einem Mädchen durchbrennt und diese Tatsache publik wird, dann wird einen niemand verdächtigen, gleichzeitig auch noch einen historischen Rubin außer Landes geschmuggelt zu haben. O ja, das wäre eine sehr gute Tarnung gewesen.«

»Das glaube ich nicht«, sagte Sarah. »Ich glaube kein Wort davon.«

»Dann fragen Sie doch seine Schwester«, sagte Poirot und deutete mit dem Kopf über ihre Schulter. Abrupt drehte Sarah sich um.

Im Türrahmen stand eine plantinblonde Frau. Sie trug einen Pelzmantel und machte ein finsteres Gesicht. Sie war sichtlich ungehalten.

»Von wegen seine Schwester!«, sagte sie mit einem kurzen, unfreundlichen Lachen. »Dieses Schwein ist nicht mein Bruder! Er ist also abgehauen, ja, und ich darf die Sache ausbaden? Das war alles seine Idee! Er hat mich dazu angestiftet! Meinte, es sei leicht verdientes Geld. Wegen des Skandals würde nie Anklage erhoben. Schließlich könnte ich immer behaupten, dass Ali mir diesen historischen Rubin geschenkt hatte. Die Beute wollten Des und ich uns dann in Paris teilen – und jetzt lässt mich das Schwein hier hängen! Umbringen möchte ich ihn!« Abrupt wechselte sie das Thema. »Je schneller ich hier wegkomme ... Könnte mir jemand ein Taxi rufen?«

»Vor der Tür wartet ein Wagen, der Sie zum Bahnhof bringt, Mademoiselle«, sagte Poirot.

»Sie denken aber auch an alles, was?«

»So gut wie«, erwiderte Poirot selbstgefällig.

Ganz so glimpflich sollte Poirot allerdings nicht davonkommen. Als er, nachdem er der falschen Miss Lee-Wortley in das wartende Auto geholfen hatte, das Speisezimmer betrat, wurde er bereits erwartet.

Auf Colins knabenhaftem Gesicht lag ein mürrischer Ausdruck.

»Hören Sie, Monsieur Poirot. Was ist denn nun mit dem Rubin? Wollen Sie etwa sagen, Sie haben ihn damit entkommen lassen?«

Poirot machte ein langes Gesicht. Er zwirbelte seinen Schnurrbart. Er schien sich nicht wohl in seiner Haut zu fühlen.

»Ich werde ihn sicherstellen«, sagte er schwach. »Es gibt noch andere Möglichkeiten. Ich werde ...«

»Ich glaub's nicht!«, sagte Michael. »Dieses Schwein einfach mit dem Rubin entwischen zu lassen!«

Bridget war scharfsinniger.

»Er hält uns schon wieder zum Besten«, rief sie. »Stimmt's, Monsieur Poirot?«

»Sollen wir ein letztes Zauberkunststück vorführen, Mademoiselle? Greifen Sie in meine linke Tasche.«

Bridget fuhr mit der Hand hinein. Mit einem Triumphschrei zog sie sie wieder heraus und hielt einen großen, prachtvoll funkelnden dunkelroten Rubin hoch.

»Verstehen Sie«, erklärte Poirot, »was Sie in Ihrer Faust umklammert hielten, war eine Fälschung. Ich brachte sie aus London mit, für den Fall, dass ich sie gegen den echten Stein austauschen könnte. Verstehen Sie jetzt? Wir wollen keinen Skandal. Monsieur Desmond wird versuchen, seinen Rubin in Paris oder Belgien oder wo auch immer er Verbindungen hat, loszuwerden, und dann wird sich herausstellen, dass er nicht echt ist! Was können wir uns Besseres wünschen? Alle sind glücklich und zufrieden. Der Skandal wird vermieden, mein Prinzlein bekommt seinen Rubin wieder, kehrt in sein Land zurück und führt eine vernünftige und hoffentlich glückliche Ehe. Ende gut, alles gut.«

»Nur nicht für mich«, murmelte Sarah.

Sie sprach so leise, dass es niemand außer Poirot gehört hatte. Sanft schüttelte er den Kopf.

»Sie irren sich, Mademoiselle Sarah. Sie haben Erfahrungen gesammelt. Jede Erfahrung ist wertvoll. Vor Ihnen liegen, das prophezeie ich Ihnen, glückliche Zeiten.«

»Das sagen Sie«, erwiderte Sarah.

»Hören Sie, Monsieur Poirot.« Colin runzelte die Stirn. »Woher wussten Sie, dass wir Ihnen etwas vorspielen wollten?«

»Es ist mein Beruf, alles zu wissen«, sagte Hercule Poirot. Er zwirbelte seinen Schnurrbart.

»Ja, aber ich verstehe nicht, woher Sie es wussten. Hat uns jemand verpfiffen? Ist jemand zu Ihnen gekommen und hat es Ihnen erzählt?«

»Nein, nein, so war es nicht.«

»Wie dann? Erzählen Sie es uns?«

Und dann alle im Chor: »Ja, erzählen Sie es uns.«

»Aber nein«, protestierte Poirot. »Nein. Wenn ich verrate, wie ich darauf gekommen bin, ist es nichts Besonderes mehr. Das wäre genauso, als wenn ein Zauberkünstler seine Tricks verraten würde.«

»Erzählen Sie es uns, Monsieur Poirot! Na los. Erzählen Sie es, erzählen Sie es!«

»Ihr wollt wirklich, dass ich euch dieses letzte Geheimnis verrate?«

»Ja, los. Erzählen Sie es uns.«

»Ich glaube, ich kann es einfach nicht. Ihr werdet derart enttäuscht sein.«

»Machen Sie schon, Monsieur Poirot, erzählen Sie es uns. Woher wussten Sie es?«

»Also gut, ich habe neulich nach dem Tee in der Bibliothek am Fenster in einem Sessel gesessen und mich entspannt. Ich war eingenickt, und als ich aufwachte, habt ihr gerade direkt unter dem Fenster eure Pläne geschmiedet, und die obere Hälfte des Fensters stand offen.«

»Das ist alles?«, rief Colin entrüstet. »Noch simpler geht's ja kaum.«

»Nicht wahr?«, sagte Hercule Poirot lächelnd. »Seht ihr? Jetzt seid ihr doch enttäuscht!«

»Na ja«, sagte Michael, »wenigstens wissen wir jetzt alles.«

»Wirklich?«, murmelte Hercule Poirot. »Ich nicht. Ich, dessen Beruf es ist, alles zu wissen.«

Mit einem leichten Kopfschütteln ging er in die Halle hinaus. Zum vielleicht zwanzigsten Mal zog er einen ziemlich schmutzigen Zettel aus der Tasche: *ESSEN SIE NIE UND NIMMER NICHT VON DEM PLUMPUDDING. JEMAND DER ES GUT MIT IHNEN MEINT.*

Nachdenklich schüttelte Hercule Poirot noch einmal den Kopf. Er, der alles erklären konnte, fand dafür keine Erklärung! Demütigend. Wer hatte das geschrieben? Und warum? Bis er das herausbekäme, würde er keine Ruhe finden. Ein plötzliches, seltsames Keuchen ließ ihn aus seinen Gedanken aufschrecken. Er heftete den Blick fest auf den Boden vor sich, wo sich eine flachsblonde Gestalt in einer geblümten Kittelschürze mit Schaufel und Besen zu schaffen machte. Mit großen runden Augen starrte sie auf den Zettel in seiner Hand.

»Oh, Sir«, sagte die Erscheinung. »Oh, Sir. Bitte, Sir.«

»Und wer sind Sie, *mon enfant*?«, erkundigte sich Monsieur Poirot freundlich.

»Annie Bates, Sir, bitte, Sir. Ich bin Mrs Ross' Küchenhilfe. Ich wollte wirklich nicht, Sir, ich wollte wirklich nicht – irgendetwas Unschickliches tun. Ich habe es gut gemeint, Sir. Ich meine, ich wollte nur Ihr Bestes.«

Poirot ging ein Licht auf. Er hielt ihr den schmutzigen Zettel hin.

»Haben Sie das geschrieben, Annie?«

»Ich habe es nicht böse gemeint, Sir. Wirklich nicht.«

»Natürlich nicht, Annie.« Er lächelte sie an. »Aber erzählen Sie. Warum haben Sie das geschrieben?«

»Na ja, wegen den beiden, Sir. Wegen Mr Lee-Wortley und seiner Schwester. In Wirklichkeit war sie natürlich gar nicht seine Schwester, da bin ich mir sicher. Das hat ihnen keiner von uns geglaubt! Und sie war auch kein bisschen krank. Das war uns auch allen klar. Wir dachten, wir alle dachten, dass da irgendwas faul war. Ich sage es Ihnen rundheraus, Sir. Einmal brachte ich ihr neue Handtücher ins Badezimmer und lauschte an ihrer Tür. Er war bei ihr im Zimmer, und die beiden unterhielten sich. Ich habe ganz deutlich gehört, was sie gesagt haben. ›Dieser Detektiv‹, sagte er. ›Dieser Kerl, dieser Poirot, der hierherkommt. Da müssen wir irgendetwas unternehmen. Wir müssen ihn so schnell wie möglich aus dem Weg räumen.‹ Und dann senkte er die Stimme und sagte auf so eine fiese, finstere Art zu ihr: ›Wo hast du ihn hingetan?‹ Und sie antwortete: ›In den Pudding.‹ Oh, Sir, mein Herz schlug mir bis zum Hals. Ich dachte, es würde stehen bleiben. Ich dachte, die wollten Sie mit dem Plumpudding vergiften. Ich wusste nicht, was ich tun sollte! Mrs Ross, die hört ja nicht auf meinesgleichen. Da kam mir die Idee, Ihnen eine Warnung zu schreiben. Das habe ich dann auch getan und den Zettel auf Ihr Kissen gelegt, wo Sie ihn beim Schlafengehen finden würden.« Annie hielt atemlos inne.

Für eine Weile sah Poirot sie ernst an.

»Ich glaube, Sie sehen zu viele Reißer im Kino, Annie«, sagte er schließlich, »oder hat das Fernsehen eine so starke Wirkung auf Sie? Das Wichtigste ist aber, dass Sie ein gutes Herz haben und eine gewisse Findigkeit. Wenn ich wieder in London bin, schicke ich Ihnen ein Geschenk.«

»Oh, vielen Dank, Sir. Vielen, vielen Dank, Sir.«

»Was für ein Geschenk hätten Sie denn gern, Annie?«

»Was ich will, Sir? Kann ich mir aussuchen, was ich will?«

»Ja«, sagte Hercule Poirot vorsichtig, »solange es sich in Grenzen hält.«

»Oh, Sir, könnte ich einen Kosmetikkoffer haben? Einen richtig vornehmen aufklappbaren Kosmetikkoffer, wie der von Mr Lee-Wortleys Schwester, die ja gar nicht seine Schwester war?«

»Ja«, sagte Poirot, »ja, ich glaube, das lässt sich arrangieren. Interessant«, fügte er hinzu, mehr zu sich als an Annie gerichtet. »Neulich war ich in einem Museum und sah mir antike Gegenstände aus Babylon oder einem von diesen Orten an, die waren Tausende von Jahren alt – und darunter befanden sich auch Kosmetikkoffer. Im Grunde ihres Herzens ändern sich Frauen nicht.«

»Bitte, Sir?«

»Nichts. Ich denke nur nach. Sie werden Ihren Kosmetikkoffer bekommen, mein Kind.«

»Oh, vielen Dank, Sir. Oh, allerherzlichsten Dank, Sir.«

Überglücklich zog Annie ab. Mit einem zufriedenen Kopfnicken sah Poirot ihr nach.

»Ah«, murmelte er vor sich hin. »Und jetzt – gehe ich. Hier gibt es nichts mehr zu tun.«

Unversehens legten sich von hinten zwei Arme um seine Schultern.

»Wenn Sie sich bitte unter die Mistelzweige stellen würden …«, sagte Bridget.

Hercule Poirot genoss es. Er genoss es sehr. Er fand, es sei ein sehr schönes Weihnachtsfest gewesen.

Das Geheimnis der spanischen Truhe

Wie immer pünktlich auf die Minute betrat Hercule Poirot den kleinen Raum, in dem Miss Lemon, seine effiziente Sekretärin, ihre Anweisungen für den Tag erwartete.

Auf den ersten Blick schien Miss Lemon durchweg aus Ecken und Kanten zu bestehen, wodurch sie Poirots Bedürfnis nach Symmetrie befriedigte.

Nicht, dass Poirot seine Leidenschaft für geometrische Präzision unbedingt auf das weibliche Geschlecht ausdehnte. Im Gegenteil, in dieser Hinsicht war er altmodisch. Er hatte ein kontinentales Faible für Kurven – für üppige Kurven, könnte man sogar sagen. Er mochte es, wenn Frauen *Frauen* waren. Er mochte sie sinnlich, farbenprächtig, exotisch. Es hatte da einmal eine gewisse russische Gräfin gegeben, doch das war lange her. Sozusagen eine Jugendsünde.

Miss Lemon hatte er jedoch nie als Frau betrachtet. Sie war eine menschliche Maschine, ein Präzisionsinstrument. Ihre Effizienz war phänomenal. Sie war achtundvierzig Jahre alt und hatte das Glück, absolut keine Phantasie zu besitzen.

»Guten Morgen, Miss Lemon.«

»Guten Morgen, Monsieur Poirot.«

Poirot setzte sich, und Miss Lemon legte die nach Kategorien geordnete morgendliche Post vor ihn hin. Dann nahm sie wieder ihren Platz ein, den Block aufgeschlagen, den Bleistift gezückt.

Dieser Morgen sollte jedoch eine leichte Änderung der gewohnten Routine mit sich bringen. Poirot hatte die Morgenzeitung bei sich und überflog interessiert die große, fette Schlagzeile:

DAS GEHEIMNIS DER SPANISCHEN TRUHE
DIE JÜNGSTEN ENTWICKLUNGEN

»Sie haben doch sicher die Morgenzeitung gelesen, Miss Lemon?«

»Ja, Monsieur Poirot. Die Nachrichten aus Genf sind nicht gerade gut.«

Mit einer umfassenden Armbewegung fegte Poirot die Nachrichten aus Genf beiseite.

»Eine spanische Truhe«, sagte er sinnierend. »Miss Lemon, können Sie mir sagen, was genau eine spanische Truhe eigentlich ist?«

»Ich vermute, Monsieur Poirot, es ist eine Truhe, die ursprünglich aus Spanien stammt.«

»Das könnte man durchaus vermuten. Sie verfügen also über keinerlei Sachkenntnisse?«

»Ich glaube, sie stammen in der Regel aus der elisabethanischen Zeit. Groß, und jede Menge Messingverzierungen. Wenn sie gut gepflegt und poliert werden, sehen sie sehr schön aus. Meine Schwester hat einmal eine ersteigert. Sie bewahrt ihre Haushaltswäsche darin auf. Die Truhe sieht sehr hübsch aus.«

»Ich bin mir sicher, dass im Haushalt einer Schwester von Ihnen sämtliche Möbel gut gepflegt werden«, sagte Poirot mit einer anmutigen Verbeugung.

Miss Lemon erwiderte traurig, das Personal heutzutage scheine nicht mehr zu wissen, was es überhaupt hieß, ein Haus zu wienern. Poirot wirkte ein wenig ratlos, beschloss jedoch, sich nicht nach der genauen Bedeutung des mysteriösen Wortes »wienern« zu erkundigen.

Er blickte wieder in die Zeitung und studierte die Namen: Major Rich, Mr und Mrs Clayton, Commander McLaren, Mr und Mrs Spence. Namen, nichts als Namen, und trotzdem waren ihre Träger Menschen aus Fleisch und Blut, voller Hass, Liebe und Angst. Ein Drama, in dem er, Hercule Poirot, nicht mitwirkte. Obwohl er es so gern getan hätte! Sechs Menschen auf einer Abendgesellschaft, in einem Raum, an dessen einer Wand eine große spanische Truhe stand, sechs Menschen, von denen sich fünf unterhielten, an einem Büfett gütlich taten, Schallplatten auflegten, tanzten – und der sechste tot in der spanischen Truhe lag …

Ah, dachte Poirot. Wie sehr hätte das doch meinem lieben Freund Hastings gefallen! Welche romantischen, phantasievollen Gedankensprünge er gemacht hätte. Was für stümperhafte Bemerkungen er von sich gegeben hätte! Ah, *ce cher Hastings*, in diesem Augenblick, heute, da fehlt er mir … Stattdessen …

Er seufzte und sah zu Miss Lemon hinüber. Miss Lemon, die korrekt erkannte, dass Poirot nicht in der Stimmung war, Briefe zu diktieren, hatte ihre Schreibmaschine abgedeckt und wartete auf den Augenblick, wo sie sich daranmachen konnte, gewisse Rückstände aufzuarbeiten. Nichts hätte sie weniger interessieren können als unheimliche spanische Truhen voller Leichen.

Poirot seufzte erneut und sah sich das abgedruckte Porträt an. Zeitungsfotos waren nie gut, und das hier war ausgesprochen verschwommen – aber was für ein Gesicht! Mrs Clayton, die Frau des Ermordeten …

Aus einem Impuls heraus schob er Miss Lemon die Zeitung hinüber.

»Sehen Sie mal«, sagte er. »Sehen Sie sich mal das Gesicht an.«

Gehorsam und ohne jede Regung kam Miss Lemon seiner Bitte nach.

»Was halten Sie von ihr, Miss Lemon? Das ist Mrs Clayton.«

Miss Lemon nahm die Zeitung in die Hand, warf noch einen beiläufigen Blick auf das Foto und meinte:

»Sie sieht ein bisschen aus wie die Frau des Filialleiters unserer Bank, als wir noch in Croydon Heath wohnten.«

»Interessant«, sagte Poirot. »Erzählen Sie mir doch bitte, wenn Sie so freundlich wären, die Geschichte der Frau Ihres Bankfilialleiters.«

»Nun, Monsieur Poirot, das ist keine sehr schöne Geschichte.«

»Das hatte ich mir schon gedacht. Fahren Sie fort.«

»Es wurde viel geredet, über Mrs Adams und einen jungen

Künstler. Dann gab sich Mr Adams die Kugel. Doch Mrs Adams wollte den anderen nicht heiraten, der daraufhin irgendein Gift schluckte – aber letztendlich durchkam. Mrs Adams heiratete schließlich einen jungen Anwalt. Ich glaube, danach gab es noch mehr Ärger, aber zu dem Zeitpunkt waren wir natürlich schon aus Croydon Heath weggezogen, weshalb ich kaum noch etwas darüber hörte.«

Hercule Poirot nickte ernst.

»Sie war schön?«

»Nun, nicht im eigentlichen Sinne. Aber sie hatte wohl etwas …«

»Genau. Was ist dieses gewisse Etwas, das die Sirenen dieser Welt besitzen? Die schönen Helenas, die Kleopatras …?«

Resolut spannte Miss Lemon einen Bogen Papier in die Schreibmaschine.

»Eigentlich habe ich nie darüber nachgedacht, Monsieur Poirot. Mir kommt das alles höchst albern vor. Es wäre entschieden besser, wenn die Leute einfach ihre Arbeit täten und sich nicht über solche Dinge den Kopf zerbrechen würden.«

Nachdem Miss Lemon menschliche Schwächen und Leidenschaften derart entschieden abgetan hatte, brachte sie die Finger über den Tasten ihrer Schreibmaschine in Stellung und wartete voller Ungeduld darauf, mit der Arbeit beginnen zu können.

»Das ist *Ihre* Ansicht«, sagte Poirot. »Und in diesem Augenblick ist es *Ihr* Wunsch, mit *Ihrer* Arbeit beginnen zu dürfen. Doch Ihre Arbeit, Miss Lemon, beschränkt sich nicht darauf, meine Briefe aufzunehmen, meine Papiere abzuheften, meine Anrufe entgegenzunehmen, meine Briefe zu tippen. Das alles erledigen Sie auf bewundernswerte Art und Weise. Aber ich, ich habe nicht nur mit Akten zu tun, sondern auch mit Menschen. Und da brauche ich ebenfalls Unterstützung.«

»Natürlich, Monsieur Poirot«, sagte Miss Lemon geduldig. »Was soll ich also tun?«

»Dieser Fall interessiert mich. Ich würde mich freuen, wenn Sie sich sämtliche Berichte darüber in den Morgenzeitungen und später dann auch in den Abendzeitungen durchlesen könnten. Stellen Sie mir ein *précis* der Fakten zusammen.«

»Sehr wohl, Monsieur Poirot.«

Mit einem reuigen Lächeln im Gesicht zog sich Poirot in sein Wohnzimmer zurück.

»Es ist tatsächlich die Ironie«, sagte er zu sich selbst, »dass ich nach meinem lieben Freund Hastings jetzt Miss Lemon an meiner Seite habe. Kann man sich überhaupt einen größeren Gegensatz vorstellen? *Ce cher Hastings*, wie viel Spaß ihm dieser Fall gemacht hätte. Wie er bei seinen Erörterungen auf und ab gegangen wäre, jeder Begebenheit die romantischste Konstruktion übergestülpt hätte, jedes Wort in den Zeitungen für bare Münze genommen hätte. Und meiner armen Miss Lemon, der wird das, was ich ihr da aufgetragen habe, kein bisschen Spaß machen!«

Zu gegebener Zeit erschien Miss Lemon bei ihm, ein maschinengeschriebenes Blatt Papier in der Hand.

»Ich habe die gewünschten Informationen, Monsieur Poirot. Ich fürchte jedoch, dass sie nicht als verlässlich gelten können. Die Zeitungsberichte unterscheiden sich doch erheblich. Ich kann nicht garantieren, dass die angeführten Fakten zu mehr als sechzig Prozent wahr sind.«

»Das ist höchstwahrscheinlich eine konservative Schätzung«, murmelte Poirot. »Vielen Dank für Ihre Mühe, Miss Lemon.«

Die Fakten waren reißerisch aufgemacht, aber relativ klar. Major Charles Rich, ein wohlhabender Junggeselle, hatte für ein paar Freunde in seinem Appartement eine Abendgesellschaft gegeben. Die Gäste waren Mr und Mrs Clayton, Mr und Mrs Spence sowie ein Commander McLaren. Commander McLaren war ein sehr alter Freund von Rich und den Claytons, während Mr und Mrs Spence, ein jüngeres Ehepaar, recht neue Bekannte waren. Arnold Clayton arbeitete im Finanz- und Wirtschaftsministerium. Jeremy Spence war ein kleiner Beamter. Major Rich war achtundvierzig, Arnold Clayton fünfundfünfzig, Commander McLaren sechsundvierzig, Jeremy Spence siebenunddreißig. Mrs Clayton war angeblich »einige Jahre jünger als ihr Gatte«. Einer der Eingeladenen war verhindert gewesen. Dringende Geschäfte hatten Mr Clayton im letzten Moment zu einer Reise nach Schottland gezwungen, weshalb er, so hieß es, mit dem Zug um 20 Uhr 15 von der King's Cross Station abgefahren sei.

Die Abendgesellschaft verlief, wie solche Abendgesellschaften halt verlaufen. Alle schienen sich zu amüsieren. Es ging weder wild her, noch war es ein Besäufnis. Um 23 Uhr 45 trennte man sich. Die vier Gäste nahmen ein gemeinsames Taxi. Zuerst wurde Commander McLaren an seinem Klub abgesetzt, dann brachten die Spences Margharita Clayton in die Cardigan Gardens, eine Seitenstraße der Sloane Street, und fuhren schließlich allein weiter zu ihrem Haus in Chelsea.

Die grausige Entdeckung machte am folgenden Morgen William Burgess, Major Rich' Diener, der nicht im Appartement seines Herrn wohnte. Er war früh gekommen, um das Wohnzimmer aufzuräumen, ehe er Major Rich seinen Morgentee bringen würde. Beim Aufräumen entdeckte Burgess zu seiner Überraschung einen großen Fleck auf dem hellen Teppich, auf dem die spanische Truhe stand. Irgendetwas schien aus der Truhe herausgesickert zu sein, weshalb der Diener sofort den Deckel aufklappte und hineinsah. Zu seinem Entsetzen fand er dort die Leiche von Mr Clayton, mit durchstochener Kehle.

Seinem ersten Impuls gehorchend, rannte Burgess auf die Straße und rief den nächstbesten Polizisten herbei.

Dies waren die nackten Fakten. Es gab jedoch noch weitere Informationen. Die Polizei hatte sofort Mrs Clayton benachrichtigt, die »völlig niedergeschmettert« war. Sie hatte ihren Mann zum letzten Mal am Abend zuvor kurz nach 18 Uhr gesehen. Er war ziemlich wütend nach Hause gekommen, da er im Zusammenhang mit einem Grundstück, das er in Schottland besaß, dringend nach Edinburgh fahren musste. Er hatte seine Frau gedrängt, ohne ihn zu der Abendgesellschaft zu gehen. Dann war Mr Clayton zu seinem Klub gefahren, in dem auch Commander McLaren verkehrte, hatte einen Drink mit seinem Freund genommen und ihm die Sachlage erklärt. Nach einem Blick auf die Uhr hatte er gesagt, er habe auf seinem Weg zur King's Cross Station gerade noch genug Zeit, um Major Rich kurz Bescheid zu sagen. Er habe bereits versucht, ihn telefonisch zu erreichen, aber die Verbindung schien gestört zu sein.

Laut William Burgess traf Mr Clayton gegen 19 Uhr 55 in dem Appartement ein. Major Rich war nicht zu Hause, würde aber jeden Augenblick zurückkehren, weshalb Burgess Mr Clayton vorschlug, drinnen zu warten. Clayton meinte, er habe keine Zeit, wolle aber gern ein paar Zeilen hinterlassen. Er erklärte, er sei auf dem Weg zur King's Cross Station. Der Diener führte ihn ins Wohnzimmer und ging dann in die Küche zurück, wo er gerade die Kanapees anrichtete. Burgess hörte seinen Herrn nicht zurückkehren, doch rund zehn Minuten später kam Major Rich in die Küche und bat ihn, rasch ein paar türkische Zigaretten zu besorgen, da Mr Spence diese Sorte am liebsten rauche. Der Diener kam der Bitte nach und übergab die Zigaretten seinem Herrn im Wohnzimmer. Mr Clayton war zu dem Zeitpunkt nicht dort, aber Burgess nahm natürlich an, er sei bereits auf dem Weg zum Bahnhof.

Major Rich' Bericht war kurz und bündig: Als er zurückkam, war Mr Clayton nicht in der Wohnung, und er hatte keine Ahnung, dass er überhaupt dort gewesen sei. Er hatte keine Nachricht vorgefunden, und von Mr Claytons Schottlandreise hatte er erst erfahren, als Mrs Clayton und die anderen eintrafen.

Die Abendzeitung lieferte zwei zusätzliche Fakten. Mrs Clayton, »zutiefst schockiert und niedergeschmettert«, habe ihre Wohnung in den Cardigan Gardens verlassen und halte sich, wie es hieß, bei Freunden auf.

Die zweite Nachricht stand unter den »Letzten Meldungen«: Major Charles Rich war des Mordes an Arnold Clayton beschuldigt und in Untersuchungshaft genommen worden.

»Das wär's also«, sagte Poirot und blickte zu Miss Lemon auf. »Major Rich' Verhaftung war zu erwarten gewesen. Aber was für ein bemerkenswerter Fall. Ein *sehr* bemerkenswerter Fall! Finden Sie nicht auch?«

»Tja, solche Dinge scheinen einfach zu passieren, Monsieur Poirot«, antwortete Miss Lemon ohne besonderes Interesse.

»Ja, sicher! Solche Dinge passieren jeden Tag. Oder fast jeden Tag. Aber meistens sind sie nachvollziehbar, wenn auch bedauerlich.«

»Es ist auf jeden Fall eine äußerst unerfreuliche Angelegenheit.«

»Erstochen und in eine spanische Truhe gestopft zu werden ist für das Opfer natürlich unerfreulich, höchst unerfreulich. Wenn ich allerdings von einem bemerkenswerten Fall spreche, dann meine ich damit das bemerkenswerte Verhalten von Major Rich.«

Mit leisem Widerwillen sagte Miss Lemon:

»Es gibt Gerüchte, dass Major Rich und Mrs Clayton sehr eng befreundet waren … Da das keine erwiesene Tatsache, sondern nur eine Vermutung ist, habe ich es nicht mit angeführt.«

»Das war äußerst korrekt von Ihnen. Allerdings ist es eine naheliegende Schlussfolgerung. Ist das alles, was Sie zu sagen haben?«

Miss Lemon setzte eine ausdruckslose Miene auf. Poirot seufzte – er vermisste die reiche, schillernde Phantasie seines Freundes Hastings. Einen Fall mit Miss Lemon zu besprechen war mühsame Arbeit.

»Sehen wir uns einmal kurz diesen Major Rich an. Zugegeben, er ist in Mrs Clayton verliebt … Er will ihren Mann beseitigen, auch das räumen wir ein, obwohl man sich schon fragt, warum es, wenn Mrs Clayton in ihn verliebt ist und die beiden eine Affäre haben, plötzlich so dringend ist. Hat es vielleicht damit zu tun, dass Mr Clayton seiner Frau die Scheidung verweigert? Aber von diesen ganzen Sachen rede ich gar nicht. Major Rich, er ist ein Soldat im Ruhestand, und es heißt manchmal, Soldaten seien nicht sehr helle. Aber *tout de même*, dieser Major Rich, ist er, kann er denn ein vollkommener Idiot sein?«

Miss Lemon erwiderte nichts. Sie hielt es für eine rein rhetorische Frage.

»Nun«, sagte Hercule Poirot. »Was halten *Sie* denn von der ganzen Geschichte?«

»Was *ich* davon halte?« Miss Lemon schreckte auf.

»*Mais oui*, Sie!«

Miss Lemon bereitete ihren Kopf auf die Strapazen vor, die ihm plötzlich abverlangt wurden. Sie erging sich nie in irgendwelchen abstrakten Spekulationen, es sei denn, man bat sie ausdrücklich darum. Während der freien Augenblicke, die ihr vergönnt waren, war ihr Kopf voll von den einzelnen Details eines über alle Maßen perfekten Ablagesystems. Das war der einzige Denksport, den sie kannte.

»Nun …«, begann sie und hielt inne.

»Erzählen Sie mir einfach, was passiert ist, was Ihrer Meinung nach an jenem Abend passiert ist. Mr Clayton ist im Wohnzimmer und schreibt ein paar Zeilen, Major Rich kehrt nach Hause zurück – und dann?«

»Sieht er Mr Clayton. Sie … vermutlich bekommen sie Streit miteinander. Major Rich sticht ihn nieder. Als er merkt, was er getan hat – steckt er die Leiche in die Truhe. Schließlich können die Gäste jeden Augenblick eintreffen.«

»Ja, ja. Die Gäste treffen ein! Die Leiche ist in der Truhe. Der Abend vergeht. Die Gäste brechen auf. Und dann …«

»Nun, dann geht Major Rich vermutlich ins Bett und – oh!«

»Ah«, sagte Poirot. »Jetzt geht Ihnen ein Licht auf. Sie haben einen Menschen ermordet. Sie haben seine Leiche in einer Truhe versteckt. Und dann … gehen sie friedlich zu Bett und stören sich überhaupt nicht an der Tatsache, dass Ihr Diener das Verbrechen am nächsten Morgen entdecken wird.«

»Es wäre wohl möglich gewesen, dass der Diener nie in der Truhe nachgesehen hätte.«

»Wenn auf dem Teppich unter der Truhe eine riesige Blutlache ist?«

»Vielleicht war Major Rich nicht klar, dass dort Blut sein würde.«

»Wäre es nicht ein wenig unvorsichtig gewesen, nicht nachzusehen?«

»Ich könnte mir denken, dass er durcheinander war«, sagte Miss Lemon.

Verzweifelt warf Poirot die Hände in die Luft.

Miss Lemon nutzte die Gunst der Stunde, um von der Bildfläche zu verschwinden.

Genau genommen ging das Geheimnis der spanischen Truhe Poirot überhaupt nichts an. Er war im Augenblick mit einem delikaten Auftrag beschäftigt, den ihm eine der großen Ölgesellschaften erteilt hatte, weil man befürchtete, eine der Führungskräfte sei unter Umständen in ein fragwürdiges Geschäft verwickelt. Es war eine wichtige, streng geheime und extrem lukrative Angelegenheit. Sie war komplex genug, um Poirot einiges an Aufmerksamkeit abzuverlangen, und hatte den großen Vorteil, dass sie kaum körperliche Aktivität erforderte. Die Aufgabe war anspruchsvoll und unblutig. Ein Verbrechen auf allerhöchster Ebene.

Das Geheimnis der spanischen Truhe dagegen war hochdramatisch und hochemotional, zwei Eigenschaften, die viele Menschen, wie Poirot Hastings gegenüber oft betont hatte, unter Umständen stark überbewerteten – wessen sich Letzterer tatsächlich häufig schuldig gemacht hatte. In diesem Punkt hatte Poirot *ce cher Hastings* immer getadelt, und jetzt saß er hier und benahm sich so, wie sein Freund es getan hätte, war besessen von schönen Frauen, Verbrechen aus Leidenschaft, Eifersucht, Hass und all den anderen romantischen Mordmotiven! Er wollte alles darüber wissen. Er wollte wissen, was Major Rich für ein Mensch war, was sein Diener Burgess für ein Mensch war, was Margharita Clayton für ein Mensch war (obwohl er das zu wissen glaubte), was der verstorbene Arnold Clayton für ein Mensch gewesen war (da er der Auffassung war, der Charakter des Opfers sei in einem Mordfall immer von größter Bedeutung) und sogar was Commander McLaren, der treue Freund, sowie Mr und Mrs Spence, die neuen Bekannten, für Menschen waren.

Allerdings wusste er nicht genau, wie er seine Neugier befriedigen sollte!

Im Laufe des Tages ließ er sich die Angelegenheit weiter durch den Kopf gehen.

Weshalb faszinierte ihn diese Geschichte so sehr? Nach einiger Überlegung kam er zu dem Schluss, es habe damit zu tun, dass das Ganze – da ja alles miteinander zusammenhing – mehr oder weniger unmöglich war! Ja, die Sache hatte etwas Euklidisches.

Man konnte allerdings davon ausgehen, dass es zu einem Streit zwischen zwei Männern gekommen war. Der Grund: vermutlich eine Frau. In der Hitze des Gefechts brachte einer den anderen um. Ja, so etwas kam vor, obwohl es plausibler gewesen wäre, wenn der Ehemann den Liebhaber umgebracht hätte. Egal: Der Liebhaber hatte den Ehemann umgebracht, hatte ihn mit einem Dolch (?) erstochen – irgendwie eine eher unwahrscheinliche Waffe. Vielleicht hatte Major Rich eine italienische Mutter gehabt? Irgendeine Erklärung für die Wahl eines Dolches als Waffe musste es jedenfalls geben. Wegdiskutieren ließ sich der Dolch nicht (einige Zeitungen sprachen allerdings von einem Stilett!). Er war zur Hand gewesen und benutzt worden. Die Leiche wurde in der Truhe versteckt. Das war unvermeidlich, es entsprach dem gesunden Menschenverstand. Da der Mord nicht geplant gewesen war, der Diener jeden Augenblick zurückkehren konnte und in Kürze vier Gäste eintreffen würden, schien es die einzige vernünftige Lösung zu sein.

Die Abendgesellschaft wird abgehalten, die Gäste brechen auf, der Diener ist bereits gegangen, und – Major Rich geht zu Bett!

Um das verstehen zu können, muss man mit Major Rich persönlich sprechen und herausfinden, was es braucht, um so zu handeln.

Könnte es sein, dass er, überwältigt vom Entsetzen über seine Tat und der großen Anstrengung, sich den ganzen Abend über natürlich zu geben, eine Schlaftablette oder irgendein Beruhigungsmittel genommen hatte und in einen so tiefen Schlaf versetzt worden war, dass er viel später als sonst aufwachte? Möglich. Oder, und diese Sichtweise war besonders für einen Psychologen interessant, hatten Major Rich' unbewusste Schuldgefühle in ihm den *Wunsch* nach der Aufdeckung des Verbrechens geweckt? Um sich darüber eine Meinung zu bilden, müsste man mit Major Rich persönlich reden. Im Grunde lief alles immer wieder darauf hinaus …

Das Telefon schellte. Poirot ließ es eine Weile klingeln, bis ihm klar wurde, dass Miss Lemon bereits vor längerer Zeit, nachdem sie ihm mehrere Briefe zur Unterschrift vorgelegt hatte, nach Hause und George höchstwahrscheinlich ausgegangen war.

Er nahm den Hörer ab.

»Monsieur Poirot?«

»Am Apparat!«

»Oh, fabelhaft.« Poirot war etwas überrascht über die Leidenschaft in dieser charmanten weiblichen Stimme. »Abbie Chatterton hier.«

»Ach, Lady Chatterton. Was kann ich für Sie tun?«

»Kommen Sie so schnell wie möglich schnurstracks zu dieser einfach entsetzlichen Cocktailparty, die ich gerade gebe. Nicht wegen der Cocktailparty, sondern aus einem ganz anderen Grund. Ich *brauche* Sie. Es ist absolut wichtig, lebenswichtig. Bitte, bitte, bitte lassen Sie mich nicht im Stich! Sagen Sie nicht, dass Sie verhindert sind.«

Poirot hatte nicht die Absicht gehabt, irgendetwas in der Art zu sagen. Lord Chatterton war zwar ein Peer im House of Lords und hielt dort gelegentlich eine äußerst langweilige Rede, ansonsten war er jedoch niemand Besonderes. Lady Chatterton dagegen war einer der hellsten Sterne am Firmament der, wie es Poirot nannte, *haut monde*. Alles, was sie tat oder sagte, kam in die Schlagzeilen. Sie besaß Verstand, Schönheit, Originalität und genügend Energie, um eine Rakete zum Mond zu schießen.

»Ich *brauche* Sie«, wiederholte sie. »Zwirbeln Sie sich ordentlich Ihren wunderbaren Schnurrbart und kommen Sie!«

Ganz so schnell ging es allerdings nicht. Erst einmal musste sich Poirot schniegeln und striegeln. Das Zwirbeln des Schnurrbarts war eine Dreingabe, und dann machte er sich auf den Weg.

Die Tür zu Lady Chattertons prachtvollem Haus in der Cheriton Street stand offen, während von drinnen Geräusche kamen, die an eine Meuterei im Zoo erinnerten. Lady Chatterton, die gleichzeitig zwei Botschafter, einen berühmten Rugbyspieler sowie einen amerikanischen Evangelisten auf Trab gehalten hatte, servierte gekonnt alle vier gleichzeitig ab und eilte an Poirots Seite.

»Monsieur Poirot, wie fabelhaft, dass Sie gekommen sind! Nein, nehmen Sie keinen von diesen scheußlichen Martinis. Ich habe etwas Besonderes für Sie – eine Art von *sirop*, den die Scheiche in Marokko trinken. Er ist oben in meinem kleinen Zimmer.«

Sie setzte sich in Bewegung, und Poirot folgte ihr hinauf. Einmal blieb sie kurz stehen und sagte über die Schulter:

»Ich habe diese Leute nicht wieder ausgeladen, weil es von größter Wichtigkeit ist, geheim zu halten, dass hier etwas Besonderes vor sich geht, und dem Personal habe ich ein fürstliches Trinkgeld versprochen, wenn kein Wort nach draußen dringt. Schließlich will man ja nicht, dass sein Haus von Reportern belagert wird. Wo die Ärmste sowieso schon so viel durchgemacht hat.«

Lady Chatterton blieb nicht im ersten Stock, sondern rauschte weiter in den nächsten.

Nach Luft japsend und etwas verwundert, folgte Hercule Poirot ihr.

Lady Chatterton wartete kurz, warf einen schnellen Blick über das Geländer nach unten und stieß eine Tür auf, wobei sie ausrief:

»Ich habe ihn, Margharita! Ich habe ihn! Hier ist er!«

Triumphierend trat sie zur Seite, um Poirot ins Zimmer zu lassen, dann machte sie die beiden rasch miteinander bekannt.

»Das ist Margharita Clayton. Sie ist eine sehr, sehr gute Freundin von mir. Sie werden ihr doch helfen, nicht wahr? Margharita, das ist der wunderbare Hercule Poirot. Er wird absolut alles tun, was du willst – das werden Sie doch, nicht wahr, lieber Monsieur Poirot?«

Seine Zustimmung offenkundig als selbstverständlich voraussetzend (die schöne Lady Chatterton war ihr Leben lang verwöhnt worden), stürmte sie aus dem Zimmer und die Treppe hinunter, wobei sie recht taktlos über die Schulter rief: »Ich muss zu diesen ganzen grässlichen Leuten zurück …«

Die Frau, die in einem Sessel am Fenster gesessen hatte, erhob sich und kam auf ihn zu. Er hätte sie auch erkannt, wenn Lady Chatterton nicht ihren Namen erwähnt hätte: diese breite, sehr breite Stirn, die wie Flügel abstehenden dunklen Haare, die weit auseinanderstehenden grauen Augen. Sie trug ein eng anliegendes, hochgeschlossenes mattschwarzes Kleid, das ihren schönen Körper und ihre magnolienweiße Haut betonte. Ihr Gesicht war eher ungewöhnlich als schön, eins dieser merkwürdig proportionerten Gesichter, die man manchmal in der italienischen primitiven Malerei sieht. Sie hatte etwas mittelalterlich Einfaches an sich, eine seltsame Unschuld, die, wie Poirot fand, umwerfender sein konnte als jede sinnliche Raffinesse. Als sie sprach, war sie von einer kindlichen Offenheit.

»Abbie sagt, Sie würden mir helfen …«

Sie sah ihn ernst und fragend an.

Einen Augenblick stand er ganz still und musterte sie eingehend. Sein Gebaren hatte nichts Unhöfliches an sich. Eher taxierte er sie mit dem freundlichen, aber forschenden Blick, mit dem ein berühmter Arzt einen neuen Patienten betrachtet.

»Sind Sie sicher, Madame«, sagte er schließlich, »dass ich Ihnen überhaupt helfen *kann*?«

Eine leichte Röte stieg in ihre Wangen.

»Ich weiß nicht, was Sie meinen.«

»Was, Madame, soll ich denn für Sie tun?«

»Oh«, sie wirkte überrascht. »Ich dachte, Sie wüssten, wer ich bin.«

»Ich weiß, wer Sie sind. Ihr Mann wurde umgebracht, erstochen – und ein Major Rich wurde wegen Mordverdachts festgenommen.«

Die Röte auf ihren Wangen vertiefte sich.

»Major Rich hat meinen Mann nicht umgebracht.«

Blitzschnell erwiderte Poirot:

»Wieso nicht?«

Sie starrte ihn verdutzt an. »Wie, wie bitte?«

»Ich habe Sie verwirrt, weil ich nicht die Frage gestellt habe, die alle stellen, die Polizei, die Anwälte: ›Warum sollte Major Rich Arnold Clayton umgebracht haben?‹ Ich frage genau das Gegenteil. Ich frage Sie, Madame, wieso Sie sich sicher sind, dass Major Rich ihn nicht umgebracht hat.«

»Weil«, sie zögerte einen Augenblick, »weil ich Major Rich sehr gut kenne.«

»Sie kennen Major Rich sehr gut«, sagte Poirot tonlos.

Er hielt inne und fragte dann scharf:

»Wie gut?«

Ob sie sich der Bedeutung seiner Frage bewusst war, konnte er nicht sagen. Er dachte bei sich: Margharita Clayton ist entweder eine Frau von großer Schlichtheit oder aber von großer Subtilität … Diese Frage müssen sich schon viele gestellt haben …

»Wie gut?« Sie sah ihn unsicher an. »Seit fünf Jahren, nein, fast seit sechs.«

»Das war eigentlich nicht das, was ich meinte … Sie müssen verstehen, Madame, dass ich Ihnen die unverschämten Fragen stellen muss. Vielleicht sagen Sie die Wahrheit, vielleicht lügen Sie. Manchmal ist es unumgänglich, dass eine Frau lügt. Frauen müssen sich verteidigen, und die Lüge, sie kann eine mächtige Waffe sein. Allerdings gibt es drei Menschen, Madame, denen eine Frau die Wahrheit sagen sollte: ihrem Beichtvater, ihrem Friseur und ihrem Privatdetektiv – wenn sie ihm vertraut. Vertrauen Sie mir, Madame?«

Margharita Clayton holte tief Atem.

»Ja«, sagte sie. »Das tue ich.« Und fügte hinzu: »Weil ich es muss.«

»Nun gut. Was soll ich also für Sie tun? Herausfinden, wer Ihren Mann umgebracht hat?«

»Na ja, schon.«

»Aber das ist nicht entscheidend? Soll ich Major Rich also vom Mordverdacht befreien?«

Sie nickte schnell und dankbar.

»Und – das ist alles?«

Das war, wie er sofort merkte, eine unnötige Frage. Margharita Clayton war eine Frau, die sich immer nur auf eine Sache konzentrieren konnte.

»Und jetzt«, sagte er, »zu den Unverschämtheiten. Sie und Major Rich sind ein Liebespaar, ja?«

»Sie meinen, ob wir eine Affäre hatten? Nein.«

»Aber er war in Sie verliebt?«

»Ja.«

»Und Sie, waren Sie in ihn verliebt?«

»Ich glaube, ja.«

»Sie sind sich also nicht ganz sicher?«

»Doch, *jetzt* bin ich mir sicher.«

»Ah! Sie haben also nicht Ihren Mann geliebt?«

»Nein.«

»Sie antworten mit bewundernswerter Prägnanz. Die meisten Frauen hätten das Verlangen, ihre Gefühle lang und breit auszuwalzen. Wie lange waren Sie verheiratet?«

»Elf Jahre.«

»Können Sie mir etwas über Ihren Mann erzählen? Was war er für ein Mensch?«

Sie runzelte die Stirn.

»Das ist schwierig. Ich weiß eigentlich nicht, was für ein Mensch Arnold war. Er war sehr ruhig, sehr reserviert. Man wusste nie, was er gerade dachte. Natürlich war er klug, sogar brillant, das sagten jedenfalls alle – in seinem Beruf, meine ich … Er hat sich nicht – wie soll ich sagen? Er hat sich nie irgendwie offenbart …«

»War er in Sie verliebt?«

»O ja. Er muss es gewesen sein. Sonst hätte er sich nicht so aufgeregt ...« Sie verstummte.

»Über andere Männer? Wollten Sie das sagen? Er war eifersüchtig?«

»Er muss es gewesen sein«, wiederholte sie. Dann, als spürte sie, dass diese Behauptung einer Erklärung bedurfte, schob sie nach: »Manchmal sprach er tagelang kein Wort ...«

Poirot nickte nachdenklich.

»Diese Gewalt, die in Ihr Leben eingebrochen ist. War das das erste Mal?«

»Gewalt?« Sie runzelte die Stirn, dann errötete sie. »Geht es ... meinen Sie den armen Jungen, der sich erschossen hat?«

»Ja«, sagte Poirot. »Ich glaube, den meine ich.«

»Ich hatte keine Ahnung, dass er solche Gefühle empfand ... Er tat mir leid – er wirkte so schüchtern, so einsam. Ich glaube, er muss extrem neurotisch gewesen sein. Und dann waren da auch noch zwei Italiener – ein Duell. Absolut lächerlich! Immerhin wurde, Gott sei Dank, niemand getötet ... Ehrlich gesagt, interessierte mich keiner von beiden! Ich habe nicht einmal Interesse vorgetäuscht.«

»Nein. Sie waren einfach nur – da! Und wo Sie sind, passiert etwas! Das habe ich schon des Öfteren erlebt. Gerade *weil* Sie sich nicht für die Männer interessieren, bringen Sie sie um den Verstand. Aber für Major Rich haben Sie sich interessiert. Deshalb müssen wir tun, was wir können ...«

Er schwieg ein Weilchen.

Sie saß ernst da und beobachtete ihn.

»Wir wenden uns jetzt von den Fragen der Persönlichkeit ab, die ja oft am wichtigsten sind, und den simplen Fakten zu. Ich weiß nur, was in den Zeitungen stand. Den dort geschilderten Fakten nach zu urteilen, hatten nur zwei Personen die Gelegenheit, Ihren Mann umzubringen, können nur zwei Personen ihn umgebracht haben: Major Rich und Major Rich' Diener.«

Stur beharrte sie auf ihrem Standpunkt:

»Ich weiß, dass Charles ihn nicht umgebracht hat.«

»Dann muss es also der Diener gewesen sein. Stimmen Sie mir zu?«

»Ich verstehe, was Sie meinen …«, sagte sie unsicher.

»Aber Sie haben da Ihre Zweifel?«

»Es scheint – unvorstellbar!«

»Und doch besteht die Möglichkeit. Ihr Mann betrat auf jeden Fall die Wohnung, da seine Leiche dort gefunden wurde. Wenn die Geschichte des Dieners stimmt, hat Major Rich ihn umgebracht. Und wenn die Geschichte des Dieners nicht stimmt? Dann brachte der Diener ihn um und versteckte die Leiche vor der Rückkehr seines Herrn in der Truhe. Aus seiner Sicht eine ausgezeichnete Art und Weise, den Leichnam loszuwerden. Er braucht am nächsten Morgen lediglich den Blutfleck zu ›bemerken‹ und die Leiche zu ›entdecken‹. Der Verdacht fällt dann sofort auf Rich.«

»Aber warum sollte er Arnold töten wollen?«

»Ah, warum? Es kann kein offensichtliches Motiv geben, sonst hätte die Polizei es durchleuchtet. Es ist möglich, dass Ihr Mann etwas Nachteiliges über den Diener wusste und es Major Rich mitteilen wollte. Hat Ihr Mann Ihnen gegenüber jemals irgendetwas über diesen Burgess gesagt?«

Sie schüttelte den Kopf.

»Glauben Sie, er hätte es getan, wenn er tatsächlich etwas gewusst hätte?«

Sie runzelte die Stirn.

»Das ist schwer zu sagen. Vielleicht nicht. Arnold sprach nicht viel über andere Menschen. Ich sagte Ihnen ja bereits, er war reserviert. Er war nicht, er war nie sehr gesprächig.«

»Er war jemand, der seine Meinung für sich behielt … Gut, und was halten Sie von Burgess?«

»Das ist jemand, der einem nicht unbedingt auffällt. Ein ziemlich guter Diener. Passabel, aber nicht vollendet.«

»Wie alt?«

»Ungefähr sieben- oder achtunddreißig, würde ich sagen. Während des Krieges war er Offiziersbursche, aber kein Berufssoldat.«

»Wie lange arbeitet er schon für Major Rich?«

»Nicht allzu lange. Etwa anderthalb Jahre, glaube ich.«

»Ihnen ist nie aufgefallen, dass er Ihrem Mann gegenüber ein seltsames Verhalten an den Tag gelegt hat?«

»Wir waren nicht sehr oft dort. Nein, ich habe nichts bemerkt.«

»Erzählen Sie mir jetzt, was an dem Abend passierte. Um wie viel Uhr waren Sie eingeladen?«

»Zwischen 20 Uhr 15 und 20 Uhr 30.«

»Und um was für eine Art von Abendgesellschaft handelte es sich?«

»Nun, es sollte Drinks geben und ein Büfett, das meistens sehr gut ist. Foie gras auf warmem Toast. Geräucherten Lachs. Manchmal gab es ein warmes Reisgericht – Charles kannte da ein besonderes Rezept aus dem Nahen Osten –, aber eher im Winter. Dann wurde gewöhnlich Musik gespielt – Charles hatte einen sehr guten Stereoplattenspieler. Sowohl mein Mann als auch Jock McLaren hatten eine große Schwäche für klassische Musik. Und es gab Tanzmusik – die Spences tanzen sehr gern. So etwas in der Art, ein ruhiger, zwangloser Abend. Charles ist ein sehr guter Gastgeber.«

»Und dieser Abend lief ab wie üblich? Sie bemerkten nichts Ungewöhnliches, alles war an seinem Platz?«

»An seinem Platz?« Sie runzelte kurz die Stirn. »Als Sie das jetzt gerade sagten, dachte ich – nein, es ist weg. Irgendetwas war da …« Wieder schüttelte sie den Kopf. »Nein. Um Ihre Frage zu beantworten, an dem Abend geschah überhaupt nichts Ungewöhnliches. Wir amüsierten uns. Alle wirkten entspannt und fröhlich.« Sie schauderte. »Wenn man bedenkt, dass die ganze Zeit …«

Rasch hob Poirot die Hand.

»Denken Sie nicht daran. Diese geschäftliche Angelegenheit, deretwegen Ihr Mann nach Schottland musste, was wissen Sie darüber?«

»Nicht sehr viel. Es gab irgendeinen Streit über gewisse Auflagen im Zusammenhang mit dem Verkauf eines Grundstücks, das meinem Mann gehörte. Angeblich war der Verkauf bereits abgeschlossen, doch dann gab es plötzlich noch irgendwelche Komplikationen.«

»Was genau hat Ihr Mann Ihnen erzählt?«

»Er kam mit einem Telegramm in der Hand an. Soweit ich mich erinnern kann, sagte er: ›Das ist äußerst ärgerlich. Ich muss noch heute mit dem Nachtzug nach Edinburgh fahren und morgen früh gleich mit Johnston sprechen … Zu dumm, wo ich doch dachte, die Sache sei endlich reibungslos über die Bühne gegangen.‹ Dann meinte er: ›Soll ich Jock anrufen und ihn bitten, dich abzuholen?‹, und ich sagte: ›Unsinn, ich nehme einfach ein Taxi‹, und dann meinte er, Jock oder die Spences würden mich sicher nach Hause bringen. Ich fragte ihn, ob ich ihm etwas einpacken solle, aber er erwiderte, er würde einfach ein paar Sachen in die Reisetasche werfen und im Klub noch schnell einen Snack essen. Dann ging er los – und das war das letzte Mal, dass ich ihn sah.«

Bei den letzten Worten brach ihre Stimme.

Poirot blickte sie scharf an.

»Hat er Ihnen das Telegramm gezeigt?«

»Nein.«

»Schade.«

»Warum sagen Sie das?«

Er ging nicht auf ihre Frage ein. Stattdessen fuhr er resolut fort:

»Und nun zum Geschäftlichen. Wie heißen die Anwälte, die Major Rich vertreten?«

Sie nannte ihm die Namen, und er notierte sich die Adresse.

»Würden Sie ihnen ein paar Zeilen schreiben und sie mir geben? Ich möchte nämlich gern mit Major Rich sprechen.«

»Er – ist für eine Woche in Untersuchungshaft.«

»Natürlich. Das ist die übliche Vorgehensweise. Würden Sie bitte auch Commander McLaren und Ihren Freunden, den Spences, ein paar Zeilen schreiben? Mit denen möchte ich auch gern sprechen, und es ist wichtig, dass sie mir nicht sofort die Tür weisen.«

Als sie vom Schreibtisch aufstand, sagte er:

»Noch etwas. Ich werde natürlich meine eigenen Eindrücke sammeln, wüsste aber auch gerne, welchen Eindruck Sie haben – von Commander McLaren und Mr und Mrs Spence.«

»Jock ist einer unserer ältesten Freunde. Ich kenne ihn noch aus Kindertagen. Er wirkt ziemlich griesgrämig, ist aber in Wirklichkeit ein lieber Mensch – immer derselbe geblieben, immer verlässlich. Ein Spaßvogel ist er sicher nicht, aber eine große Stütze; Arnold und ich haben uns oft auf sein Urteil verlassen.«

»Und zweifellos ist auch er in Sie verliebt?«, fragte Poirot mit einem leichten Augenzwinkern.

»O ja«, sagte Margharita fröhlich. »Er war schon immer in mich verliebt, aber mittlerweile ist es ihm quasi schon zur Gewohnheit geworden.«

»Und die Spences?«

»Die sind sehr lustig, eine sehr angenehme Gesellschaft. Linda Spence ist wirklich ziemlich clever. Arnold hat sich immer gern mit ihr unterhalten. Und attraktiv ist sie auch.«

»Sie sind befreundet?«

»Sie und ich? In gewisser Weise. Aber ich weiß nicht, ob ich sie wirklich mag. Sie ist zu boshaft.«

»Und ihr Mann?«

»Oh, Jeremy ist charmant. Hochmusikalisch. Versteht auch sehr viel von Filmen. Wir beide gehen ziemlich oft zusammen ins Kino ...«

»Aha. Nun, ich werde mich selbst schlaumachen.« Er ergriff ihre Hand. »Ich hoffe, Madame, Sie werden es nicht bereuen, mich um Hilfe gebeten zu haben.«

»Warum sollte ich es bereuen?« Ihre Augen wurden groß.

»Man kann nie wissen«, erwiderte Poirot kryptisch.

»Und ich, ich weiß es auch nicht«, murmelte er vor sich hin, während er die Treppe hinunterging. Die Cocktailparty war noch immer in vollem Gange, aber er vermied es, abgefangen zu werden, und trat auf die Straße.

»Nein«, sagte er. »Ich weiß es nicht.«

Dabei dachte er an Margharita Clayton.

Diese scheinbar kindliche Offenheit, diese natürliche Unschuld – war das echt? Oder verbarg sich dahinter etwas anderes? Im Mittelalter hatte es solche Frauen gegeben, Frauen, über die sich die Historiker bis heute nicht einig sind. Er dachte an Mary Stuart, die Königin von Schottland. Hatte sie von der Tat gewusst, die in jener Nacht im Haus Kirk o' Field begangen werden würde? Oder war sie völlig unschuldig? Hatten sie die Verschwörer nicht eingeweiht? War sie eine dieser kindlichen, einfachen Frauen, die sich einreden können, dass sie nichts wissen, und es dann auch glauben? Er spürte Margharita Claytons Zauber. Gleichzeitig war er sich jedoch nicht ganz sicher …

Solche Frauen konnten, auch wenn sie selbst unschuldig waren, durchaus Verbrechen provozieren.

Solche Frauen konnten, was ihre Pläne und Absichten anbelangte, sehr wohl Verbrecherinnen sein, auch wenn sie die Tat selbst nicht begingen.

Ihre Hand war nie die Hand, die das Messer hielt …

Was Margharita Clayton anging, nein, er wusste es nicht!

Major Rich' Anwälte fand Hercule Poirot nicht sehr hilfsbereit. Allerdings hatte er auch nichts anders erwartet.

Sie gaben ihm durch die Blume zu verstehen, dass es im Interesse ihres Klienten sei, wenn Mrs Clayton keinerlei Anstalten machte, in seinem Namen aktiv zu werden.

Dass er bei ihnen vorsprach, geschah allerdings auch nur aus Gründen der »Korrektheit«. Er hatte genügend Einfluss im Innenministerium und bei Scotland Yard, um das Gespräch mit dem Häftling auch so gewährt zu bekommen.

Auf Inspector Miller, der für den Fall Clayton zuständig war, hielt Poirot freilich keine großen Stücke. Diesmal trat Miller jedoch nicht feindselig, sondern lediglich herablassend auf.

»Kann nicht viel Zeit mit dem alten Tattergreis verschwenden«, hatte der Inspector zu dem ihm assistierenden Sergeant gesagt, ehe man Poirot hereingeführt hatte. »Trotzdem, höflich muss ich bleiben.«

»Wenn Sie hier irgendwas erreichen wollen, müssen Sie schon ein paar Kaninchen aus dem Hut zaubern, Monsieur Poirot«, sagte er fröhlich. »Außer Rich kann den Kerl gar keiner ermordet haben.«

»Bis auf den Diener.«

»Oh, den Diener gestehe ich Ihnen zu! Eine Möglichkeit, mehr nicht. Aber da werden Sie nichts entdecken. Kein einziges Motiv.«

»Da können Sie sich nicht absolut sicher sein. So ein Motiv ist eine komische Angelegenheit.«

»Nun, er kannte Clayton überhaupt nicht. Er hat eine absolut harmlose Vergangenheit. Und er scheint absolut richtig im Kopf zu sein. Ich weiß nicht, was Sie noch wollen?«

»Ich will herausbekommen, dass Rich den Mord nicht begangen hat.«

»Um der Dame gefällig zu sein, eh?« Inspector Miller grinste frech. »Die hat es Ihnen wohl angetan? Nicht von schlechten Eltern, was? *Cherchez la femme* mit voller Kraft voraus. Wissen Sie, wenn sie die Gelegenheit gehabt hätte, dann hätte sie es durchaus selbst tun können.«

»Das, *niemals*!«

»Sie würden sich wundern. Ich kannte einmal so eine Frau. Hat zwei Ehemänner aus dem Weg geräumt, ohne auch nur mit der Wimper zu zucken. Und dann ihre Unschuldsmiene. Und ihr gebrochenes Herz. Die Geschworenen hätten sie sofort freigesprochen, wenn es irgendwie möglich gewesen wäre – aber es ging einfach nicht, die Beweise waren so gut wie hieb- und stichfest.«

»Nun, *mon ami*, lassen Sie uns nicht streiten. Ich möchte mich hiermit erdreisten, Sie um ein paar verlässliche Fakten zu bitten. Zeitungen drucken die neuesten Nachrichten – aber nicht immer die Wahrheit!«

»Die wollen halt auch ihren Spaß haben. Was möchten Sie wissen?«

»Den Todeszeitpunkt, aber so genau wie möglich.«

»Das geht aber nicht sehr genau, denn die Leiche wurde erst am nächsten Morgen untersucht. Der Tod trat schätzungsweise zehn bis dreizehn Stunden vorher ein. Das heißt, am Vorabend zwischen 19 und 22 Uhr ... Er wurde in die Halsschlagader gestochen und muss innerhalb von wenigen Sekunden tot gewesen sein.«

»Und die Waffe?«

»Eine Art italienisches Stilett – ziemlich klein und rasiermesserscharf. Niemand hatte es je zuvor gesehen oder weiß, wo es herkommt. Aber letztendlich werden wir es herausfinden ... Lediglich eine Frage der Zeit und der Geduld.«

»Man hätte es sich bei einem Streit nicht einfach schnappen können?«

»Nein. Der Diener meinte, so etwas habe sich nicht in der Wohnung befunden.«

»Was mich interessiert, ist das Telegramm«, sagte Poirot. »Das Telegramm, das Arnold Clayton nach Schottland zitierte ... Gab es da wirklich Probleme?«

»Nein. Es gab dort oben überhaupt keine Komplikationen. Die Grundstücksübertragung, oder was immer das jetzt war, ging völlig normal vonstatten.«

»Wer hat das Telegramm dann aufgeben – ich meine, es gab doch ein Telegramm?«

»Es muss eins gegeben haben ... Nicht, dass wir Mrs Clayton unbedingt glauben. Aber Clayton hat dem Diener erzählt, er sei telegrafisch nach Schottland gerufen worden. Und Commander McLaren hat er es auch erzählt.«

»Um wie viel Uhr traf er Commander McLaren?«

»Sie haben in ihrem Klub – Combined Services – zusammen einen Snack gegessen, und zwar gegen 19 Uhr 15. Dann nahm Clayton ein Taxi zu Rich' Wohnung, wo er kurz vor 20 Uhr eintraf. Danach ...« Miller hob ratlos die Hände.

»Ist irgendjemand an dem Abend irgendetwas Merkwürdiges an Rich' Verhalten aufgefallen?«

»Nun, Sie wissen ja, wie die Leute sind. Sobald etwas passiert ist, bilden sie sich ein, eine Menge gesehen zu haben. Ich wette, sie haben überhaupt nichts gesehen. Mrs Spence etwa meinte, er sei den ganzen Abend über ›zerstreut‹ gewesen. Sei nicht immer wirklich auf den Punkt gekommen. Als hätte ihn ›irgendetwas beschäftigt‹. Kann ich mir gut vorstellen, wenn er eine Leiche in der Truhe liegen hatte! Hat sich garantiert überlegt, wie er sie beseitigen kann!«

»Warum hat er sie denn nicht beseitigt?«

»Da bin ich überfragt. Vielleicht hat er die Nerven verloren. Sie bis zum nächsten Morgen in der Truhe zu lassen, war allerdings Wahnsinn. Eine bessere Gelegenheit als in der Nacht hätte er nie bekommen. Das Gebäude hat keinen Nachtportier. Er hätte mit seinem Wagen vorfahren und den Leichnam in den Kofferraum packen können – er hat einen großen Kofferraum –, und dann ab aufs Land und sie irgendwo abladen. Vielleicht hätte ihn jemand beim Verstauen der Leiche im Auto beobachtet, aber das Gebäude liegt in einer Seitenstraße, und außerdem muss man noch über einen Hof fahren. Sagen wir um 3 Uhr morgens hätte er eine reelle Chance gehabt. Und was macht er? Geht ins Bett, schläft bis weit in den Vormittag hinein, und als er aufwacht, hat er die Polizei in der Wohnung!«

»Er ging ins Bett und schlief tief und fest, so wie es einem Unschuldigen zusteht.«

»Bitte, wenn Sie es so sehen wollen. Aber glauben Sie das eigentlich selbst?«

»Diese Frage kann ich Ihnen erst beantworten, wenn ich den Mann mit eigenen Augen gesehen habe.«

»Glauben Sie, Sie können jemandem an der Nase ansehen, ob er unschuldig ist? So einfach ist das nicht.«

»Ich weiß, das ist nicht einfach – und deshalb will ich auch nicht behaupten, dass ich es kann. Worüber ich mir klar werden möchte, ist, ob dieser Mann wirklich so dämlich ist, wie es den Anschein hat.«

Poirot wollte Charles Rich erst ganz zum Schluss aufsuchen, nachdem er mit allen anderen gesprochen hatte.

Er begann mit Commander McLaren.

McLaren war ein großer, dunkelhäutiger, wortkarger Mann mit einem zerfurchten, aber freundlichen Gesicht. Er war scheu und nicht sehr umgänglich. Poirot gab jedoch nicht nach.

Als er Margharitas Zeilen gelesen hatte, sagte McLaren fast widerwillig:

»Nun, wenn Margharita will, dass ich Ihnen alles sage, was ich weiß, dann tue ich das natürlich. Weiß allerdings nicht, was es groß zu sagen gibt. Sie haben schon alles gehört. Aber ganz, wie Margharita es will – ich habe immer getan, was sie wollte, seit ihrem sechzehnten Lebensjahr. Sie hat so etwas an sich, wissen Sie.«

»Ich weiß«, sagte Poirot. Dann fuhr er fort: »Zunächst möchte ich Sie bitten, mir eine Frage ganz offen und ehrlich zu beantworten: Halten Sie Major Rich für schuldig?«

»Ja, das tue ich. Wenn Margharita ihn für unschuldig halten möchte, würde ich es ihr so nicht ins Gesicht sagen, aber ich sehe einfach keine andere Möglichkeit. Zum Henker, der Kerl muss einfach schuldig sein!«

»Gab es zwischen ihm und Mr Clayton böses Blut?«

»Überhaupt nicht. Arnold und Charles waren sehr enge Freunde. Das macht die ganze Sache ja so außergewöhnlich.«

»Vielleicht war Major Rich' Freundschaft mit Mrs Clayton …«

Er wurde unterbrochen.

»Pfui! Dieses ganze Gewäsch. Diese ganzen versteckten Andeutungen in den Zeitungen … Verdammte Anzüglichkeiten! Mrs Clayton und Rich waren gut befreundet, und das ist alles! Margharita hat viele Freunde. Ich bin auch ihr Freund. Schon seit Jahren. Und zwischen uns ist nichts vorgefallen, was nicht die ganze Welt wissen darf. Und mit Charles und Margharita war es genau dasselbe.«

»Sie sind also nicht der Ansicht, dass die beiden eine Affäre miteinander hatten?«

»Allerdings nicht!« McLaren war äußerst erzürnt. »Hören Sie bloß nicht auf diese Spence, diese Giftkröte. Die würde sonst was behaupten.«

»Aber vielleicht hatte Mr Clayton seine Frau und Major Rich im Verdacht, irgendetwas miteinander zu haben.«

»Sie können mir glauben, dass dem nicht so war! Das hätte ich gewusst. Arnold und ich standen uns sehr nahe.«

»Was für ein Mensch war er denn? Wenn es irgendjemand weiß, dann Sie.«

»Nun, Arnold war eher der ruhige Typ. Aber klug, ich glaube sogar, brillant. Ein absolutes Finanzgenie, wie man so schön sagt. Wissen Sie, er bekleidete einen ziemlich hohen Posten im Finanz- und Wirtschaftsministerium.«

»Ja, das habe ich gehört.«

»Er hat viel gelesen. Und Briefmarken gesammelt. Und er hatte eine große Schwäche für Musik. Getanzt hat er allerdings nicht, und ausgegangen ist er auch nicht gerne.«

»Glauben Sie, dass es eine glückliche Ehe war?«

Commander McLaren antwortete nicht sofort. Er schien sich seine Worte erst zurechtlegen zu müssen.

»So etwas ist sehr schwer zu sagen … Ja, ich glaube, die beiden waren glücklich. Er war ihr, auf seine stille Art, treu ergeben. Ich bin mir sicher, dass sie ihn gern mochte. Eine Trennung war unwahrscheinlich, falls Sie das meinen. Vielleicht gab es zwischen den beiden nicht allzu viele Gemeinsamkeiten.«

Poirot nickte. Mehr würde er wohl kaum in Erfahrung bringen. »Jetzt erzählen Sie doch bitte von jenem Abend«, sagte er. »Mr Clayton aß mit Ihnen zusammen im Klub. Was hat er gesagt?«

»Meinte, er müsse nach Schottland fahren. Schien verärgert. Wir haben übrigens nicht zu Abend gegessen. Keine Zeit. Nur Sandwiches und einen Drink. Für ihn jedenfalls. Ich nahm nur den Drink. Vergessen Sie nicht, ich war auf dem Weg zu einer Abendgesellschaft mit Büfett.«

»Mr Clayton erwähnte ein Telegramm?«

»Ja.«

»Er hat Ihnen das Telegramm aber nicht gezeigt?«

»Nein.«

»Hat er gesagt, dass er bei Rich vorbeischauen würde?«

»Nicht definitiv. Eigentlich bezweifelte er, dass er genügend Zeit haben würde. Er meinte: ›Margharita kann es erklären, oder auch du.‹ Und dann sagte er: ›Sorge dafür, dass sie gut nach Hause kommt, ja?‹ Dann ging er. Alles ganz natürlich und ungezwungen.«

»Er hegte nicht den Verdacht, dass das Telegramm nicht echt war?«

»War es das nicht?« Commander McLaren schien überrascht.

»Anscheinend nicht.«

»Höchst seltsam ...« Commander McLaren fiel in eine Art Dämmerzustand, aus dem er urplötzlich wieder auftauchte: »Das ist aber wirklich seltsam. Ich meine, was soll das? Warum sollte ihn jemand nach Schottland schicken wollen?«

»Das ist eine Frage, die unbedingt beantwortet werden muss.«

Hercule Poirot erhob sich und ging davon, während der Commander anscheinend immer noch über diese seltsame Angelegenheit nachgrübelte.

Die Spences wohnten in einem winzigen Haus in Chelsea.

Linda Spence empfing Poirot voller Begeisterung.

»Erzählen Sie«, sagte sie. »Erzählen Sie mir alles über Margharita! Wo ist sie?«

»Das steht mir nicht frei, Madame.«

»Sie hat sich wirklich gut versteckt! In solchen Sachen ist Margharita gewieft. Aber beim Prozess wird sie doch sicher in den Zeugenstand gerufen? Da kann sie sich wohl kaum herauswinden.«

Poirot musterte sie abschätzend. Zähneknirschend musste er zugeben, dass sie, wenn man das moderne Schönheitsideal zugrunde legte (welches sich gerade an unterernährten Waisenkindern orientierte), attraktiv war. Es war kein Ideal, das er besonders schätzte. Das kunstvoll-wirre Haar stand ihr vom Kopf ab, ein Paar listige Augen beobachteten ihn aus einem leicht schmutzigen Gesicht, das bar jeglichen Make-ups war – bis auf den kräftig leuchtenden kirschroten Mund. Sie trug einen riesigen blassgelben Pullover, der ihr fast bis zu den Knien herabhing, sowie enge schwarze Hosen.

»Welche Rolle spielen Sie denn in dem Ganzen?«, fragte Mrs Spence. »Sollen Sie den Freund irgendwie raushauen? Ist das der Plan? Na, viel Glück!«

»Sie halten ihn also für schuldig?«

»Natürlich. Wer soll's denn sonst gewesen sein?«

Genau das, dachte Poirot, war die Frage. Er parierte sie mit einer Gegenfrage.

»Wie wirkte Major Rich an jenem verhängnisvollen Abend auf Sie? Wie immer? Oder nicht wie immer?«

Linda Spence kniff abwägend die Augen zusammen.

»Nein, er war nicht er selbst. Er war – anders.«

»Wie, anders?«

»Na, hören Sie mal, wenn man gerade jemanden kaltblütig erstochen hat …«

»Aber Sie wussten zu dem Zeitpunkt doch überhaupt nicht, dass er gerade jemand kaltblütig erstochen hatte, oder?«

»Nein, natürlich nicht.«

»Wie haben Sie es sich also erklärt, dass er ›anders‹ war? Inwiefern anders?«

»Nun, zerstreut. Ach, ich weiß auch nicht. Aber als ich mir das Ganze im Nachhinein durch den Kopf gehen ließ, kam ich zu dem Schluss, dass da auf jeden Fall irgendetwas war.«

Poirot seufzte.

»Wer traf zuerst ein?«

»Wir, Jim und ich. Dann kam Jock. Und schließlich Margharita.«

»Und wann wurde Mr Claytons Reise nach Schottland zum ersten Mal erwähnt?«

»Als Margharita eintraf. Sie meinte zu Charles: ›Es tut Arnold furchtbar leid. Er musste ganz dringend mit dem Nachtzug nach Edinburgh.‹ Und Charles erwiderte: ›Oh, so ein Pech.‹ Und dann sagte Jock: ›Pardon. Dachte, du wüsstest es bereits.‹ Dann nahmen wir alle einen Drink.«

»Major Rich hat zu keiner Zeit erwähnt, dass er Mr Clayton an dem Abend gesehen hatte? Er hat nichts davon gesagt, dass er auf dem Weg zum Bahnhof vorbeigeschaut hatte?«

»Ich habe nichts davon gehört.«

»Das war doch komisch, oder«, sagte Poirot, »das mit dem Telegramm?«

»Was war daran komisch?«

»Es war nicht echt. In Edinburgh weiß kein Mensch etwas darüber.«

»Aha. Ich habe mich an dem Abend schon gewundert.«

»Haben Sie irgendeine Idee, was das Telegramm angeht?«

»Das springt einem doch regelrecht ins Auge, würde ich sagen.«

»Was genau meinen Sie damit?«

»Guter Mann«, sagte Linda. »Tun Sie doch nicht so, als könnten Sie kein Wässerchen trüben. Namenloser Scherzbold hält sich den Ehemann vom Hals! Zumindest für diese Nacht ist die Luft rein.«

»Sie meinen, Major Rich und Mrs Clayton hatten die Absicht, die Nacht zusammen zu verbringen?«

»Von so etwas haben Sie doch sicher schon mal gehört, oder?« Linda sah ihn amüsiert an.

»Und einer der beiden schickte das Telegramm?«

»Es würde mich nicht überraschen.«

»Sie glauben also, Major Rich und Mrs Clayton hatten eine Affäre?«

»Sagen wir, es würde mich überhaupt nicht verwundern. Genau weiß ich es allerdings nicht.«

»Hatte Mr Clayton einen Verdacht?«

»Arnold war ein außergewöhnlicher Mensch. Er war sehr zugeknöpft, wenn Sie wissen, was ich meine. Ich glaube schon, dass er es wusste. Aber er war jemand, der sich nie etwas hätte anmerken lassen. Alle hielten ihn für einen gefühllosen Stockfisch. Aber ich bin mir ziemlich sicher, dass er in seinem tiefsten Innern ganz anders war. Das Komische ist, dass es mich längst nicht so überrascht hätte, wenn Arnold Charles erstochen hätte, anstatt umgekehrt. Ich habe den Eindruck, dass Arnold in Wirklichkeit ein wahnsinnig eifersüchtiger Mensch war.«

»Das ist interessant.«

»Obwohl es eigentlich konsequenter gewesen wäre, wenn er Margharita um die Ecke gebracht hätte. Othello, so etwas in der Art. Wissen Sie, Margharita hat eine außergewöhnliche Wirkung auf Männer.«

»Sie ist eine gut aussehende Frau«, sagte Poirot – eine bewusste Untertreibung.

»Es ist viel mehr. Sie hat etwas. Sie bringt die Männer immer völlig aus dem Häuschen, sodass sie absolut verrückt nach ihr sind – und dann dreht sie sich um und sieht sie mit großen, erstaunten Augen an, was sie regelmäßig in den Wahnsinn treibt.«

»Une femme fatale.«

»So nennt man das wahrscheinlich im Ausland.«

»Kennen Sie sie gut?«

»Mein Lieber, sie ist eine meiner besten Freundinnen – und ich würde ihr nicht eine Sekunde über den Weg trauen!«

»Ah«, sagte Poirot und lenkte das Thema auf Commander McLaren.

»Jock? Diese treue Seele? Er ist ein Schatz. Dazu bestimmt, ein Freund der Familie zu sein. Arnold und er waren wirklich eng befreundet. Ich glaube, Arnold ging ihm gegenüber mehr aus sich heraus als bei irgendjemand anderem. Und außerdem ist er natürlich Margharitas Schoßhund. Er ist ihr schon seit Jahren treu ergeben.«

»Und war Mr Clayton auch auf ihn eifersüchtig?«

»Auf Jock eifersüchtig? Allein die Vorstellung! Margharita mag Jock wirklich gern, aber dieser Gedanke wäre ihr nie gekommen.

Ich glaube, auf so einen Gedanken kommt man bei ihm einfach nicht … Ich weiß auch nicht, warum … Eigentlich schade. Er ist so nett.«

Poirot kam auf den Diener zu sprechen. Doch abgesehen von einer vagen Bemerkung darüber, dass er einen guten Sidecar mixe, schien Linda Spence nichts über Burgess zu wissen, ja, ihn kaum zur Kenntnis genommen zu haben.

Aber sie war alles andere als schwer von Begriff.

»Sie glauben wohl, er hätte Arnold genauso leicht wie Charles umbringen können? Das kommt mir allerdings wahnsinnig unwahrscheinlich vor.«

»Diese Bemerkung betrübt mich, Madame. Andererseits kommt es mir – obwohl Sie mir da vermutlich nicht zustimmen werden – gar nicht so wahnsinnig unwahrscheinlich vor, dass Major Rich Arnold Clayton umgebracht hat, sondern vielmehr, dass er ihn auf genau diese Weise umgebracht hat.«

»Die Stilettnummer? Ja, definitiv nicht seine Art. Dann schon eher mit einem stumpfen Gegenstand. Vielleicht hätte er ihn auch erwürgt?«

Poirot seufzte.

»Womit wir wieder bei Othello wären. Ja, Othello … Sie haben mich da auf eine kleine Idee gebracht …«

»Wirklich? Was …« Man hörte, wie sich ein Schlüssel im Schloss drehte und die Haustür geöffnet wurde. »Oh, da kommt Jeremy. Wollen Sie mit ihm auch sprechen?«

Jeremy Spence war ein sympathisch wirkender Mittdreißiger von gepflegtem Äußeren, der sich fast schon demonstrativ diskret gab. Mrs Spence meinte, sie müsse unbedingt in der Küche nach dem Auflauf sehen, und ließ die beiden Männer allein.

Jeremy Spence legte nichts von der einnehmenden Offenheit seiner Frau an den Tag. Es war ihm sichtlich unangenehm, überhaupt in den Fall verwickelt zu sein, und seine Äußerungen waren bewusst nichtssagend. Sie würden die Claytons schon eine Weile kennen, Rich dagegen nicht so gut. Scheine ein angenehmer Zeitgenosse zu sein. Soweit er sich erinnern könne, war Rich am fraglichen Abend genau wie immer gewesen. Clayton und Rich schienen immer gut miteinander auszukommen. Die ganze Angelegenheit scheine absolut unbegreiflich.

Während der gesamten Unterhaltung ließ Jeremy Spence unmissverständlich durchblicken, dass er von Poirot erwartete, so bald wie möglich wieder zu gehen. Er blieb zwar höflich, aber mehr schlecht als recht.

»Es tut mir leid«, sagte Poirot, »dass Ihnen diese Fragen nicht gefallen.«

»Nun, wir haben bereits eine ziemlich lange Sitzung mit der Polizei hinter uns. Ich finde schon, das reicht. Wir haben alles erzählt, was wir wissen und gesehen haben. Jetzt – würde ich die ganze Sache einfach gern vergessen.«

»Das kann ich gut verstehen. Es ist höchst unangenehm, in so etwas verwickelt zu sein. Und ständig gefragt zu werden, was man weiß und gesehen hat – und dann vielleicht sogar noch, was man darüber denkt.«

»Am besten, man denkt gar nicht darüber nach.«

»Aber lässt sich das denn vermeiden? Glauben Sie zum Beispiel, dass Mrs Clayton auch darin verstrickt ist? Dass sie den Tod ihres Mannes mit Rich zusammen geplant hatte?«

»Um Himmels willen, nein.« Spence klang schockiert und bestürzt. »Ich wusste überhaupt nicht, dass solche Überlegungen im Raum stehen.«

»Hat Ihre Frau denn diese Möglichkeit nie angedeutet?«

»Ach, Linda! Sie wissen doch, wie Frauen sind – ständig hacken sie aufeinander rum. Margharita kommt bei ihren Geschlechtsgenossinnen nie gut weg – sieht einfach zu verdammt gut aus. Aber diese Theorie, dass Rich und Margharita einen Mord geplant haben, die ist absurd!«

»So etwas ist durchaus schon vorgekommen. Zum Beispiel die Waffe. Diese Art von Waffe findet man viel eher bei einer Frau als bei einem Mann.«

»Sie meinen, die Polizei hat sie zu ihr zurückverfolgt? Das kann gar nicht sein! Ich meine ...«

»Ich weiß überhaupt nichts«, sagte Poirot wahrheitsgemäß und machte, dass er wegkam.

Der Bestürzung in Spence' Gesicht nach zu urteilen, hatte er diesem Herrn einiges zu denken gegeben!

»Sie werden entschuldigen, Monsieur Poirot, wenn ich Ihnen sage, dass ich absolut keine Ahnung habe, wie Sie mir behilflich sein könnten.«

Poirot antwortete nicht. Nachdenklich blickte er den Mann an, dem der Mord an seinem Freund Arnold Clayton zur Last gelegt wurde.

Er betrachtete das kräftige Kinn, den schmalen Kopf. Ein schlanker, gebräunter Mann, drahtig und sportlich. Wie ein Windhund. Ein Mann, dessen Gesicht nichts verriet und der seinen Besucher mit einem deutlichen Mangel an Herzlichkeit empfing.

»Ich verstehe durchaus, dass Mrs Clayton Sie mit den besten Absichten zu mir geschickt hat. Allerdings glaube ich, ehrlich gesagt, nicht, dass das sehr schlau von ihr war. Es liegt weder in ihrem eigenen noch in meinem Interesse.«

»Sie meinen?«

Rich warf einen nervösen Blick über die Schulter. Doch der Aufseher wahrte den vorgeschriebenen Abstand. Rich senkte die Stimme.

»Die brauchen ein Motiv für diese lächerliche Anschuldigung. Sie werden versuchen zu behaupten, dass es – ein Verhältnis zwischen Mrs Clayton und mir gab. Das ist, wie Ihnen Mrs Clayton ganz bestimmt mitgeteilt hat, absolut unwahr. Wir sind befreundet, weiter nichts. Aber unter diesen Umständen wäre es doch sicherlich ratsam, wenn sie nichts unternehmen würde, um mir zu helfen?«

Hercule Poirot ignorierte diesen Punkt. Stattdessen griff er ein anderes Wort heraus:

»Sie sprachen von einer ›lächerlichen‹ Anschuldigung. Das ist sie aber keineswegs, verstehen Sie.«

»Ich habe Arnold Clayton nicht umgebracht.«

»Dann nennen Sie es eine falsche Anschuldigung. Sagen Sie, die Anschuldigung ist unwahr. Aber ›lächerlich‹ ist sie nicht. Im Gegenteil, sie ist höchst plausibel. Das muss Ihnen doch vollkommen klar sein.«

»Ich kann Ihnen nur sagen, dass sie mir absurd vorkommt.«

»Das wird Ihnen aber wenig nützen. Wir müssen uns etwas Besseres überlegen.«

»Ich werde durch meine Anwälte vertreten. Sie haben, soweit ich weiß, einen angesehenen Strafverteidiger beauftragt, in meinem Interesse tätig zu werden. Ihren Gebrauch des Wortes ›wir‹ kann ich daher nicht akzeptieren.«

Überraschenderweise lächelte Poirot.

»Ah«, sagte er und kehrte den Ausländer heraus, »das ist der Floh im Ohr, den Sie mir geben. Also gut. Ich gehe. Ich wollte Sie kennenlernen. Ich habe Sie kennengelernt. Längst habe ich Ihre Karriere studiert. Sie haben die Aufnahmeprüfung für Sandhurst als einer der Besten bestanden. Dann ging es an die Generalstabsakademie. Und so weiter und so fort. Ich habe mir heute einen persönlichen Eindruck von Ihnen verschafft. Sie sind kein Dummkopf.«

»Und was hat das alles damit zu tun?«

»Alles! Es ist unmöglich, dass ein Mann mit Ihren Fähigkeiten einen Mord auf diese Weise begehen würde. Sie sind also unschuldig. Jetzt erzählen Sie mir von Ihrem Diener Burgess.«

»Burgess?«

»Ja. Wenn Sie Clayton nicht umgebracht haben, dann muss es Burgess gewesen sein. Das ist die zwangsläufige Schlussfolgerung. Aber warum? Es muss einen Grund geben. Sie sind der Einzige, der Burgess gut genug kennt, um eine fundierte Vermutung zu äußern. Warum, Major Rich, warum?«

»Ich habe keine Ahnung. Ich kann es mir einfach nicht vorstellen. Oh, ich habe dieselben Überlegungen angestellt wie Sie. Ja, Burgess hatte die Gelegenheit – als Einziger, außer mir natürlich. Das Problem ist, dass ich es einfach nicht glauben kann. Burgess ist niemand, den man sich als Mörder vorstellen kann.«

»Was sagen Ihre Anwälte?«

Grimmig presste Rich die Lippen zusammen.

»Meine Anwälte verbringen ihre Zeit damit, mir Suggestivfragen darüber zu stellen, ob es nicht stimme, dass ich schon mein ganzes Leben lang immer wieder Aussetzer gehabt hätte, sodass ich dann letztlich nicht weiß, was ich tue!«

»So schlimm steht es also«, sagte Poirot. »Nun, vielleicht kriegen wir ja heraus, dass es Burgess ist, der gelegentlich unter Aussetzern leidet. Das wäre zumindest eine Idee. Jetzt zur Waffe. Man hat sie Ihnen gezeigt und Sie gefragt, ob es Ihre sei?«

»Das ist nicht meine. Ich hatte sie noch nie gesehen.«

»Nein, es ist nicht Ihre. Aber sind Sie sich sicher, dass Sie sie noch nie gesehen hatten?«

»Nein.« Ein leichtes Zaudern? »Eigentlich ist es eher ein Spielzeug, eine Art Ziergegenstand – so etwas sieht man öfter in Wohnungen herumliegen.«

»Vielleicht im Salon einer Dame? Vielleicht in Mrs Claytons Salon?«

»Garantiert nicht!«

Er hatte so laut gesprochen, dass der Aufseher aufblickte.

»*Très bien.* Garantiert nicht – aber es gibt keinen Grund zu schreien. Irgendwo, irgendwann haben Sie so einen Gegenstand jedoch schon einmal gesehen. Eh? Habe ich recht?«

»Ich glaube, nicht ... Vielleicht ... in einem Kuriositätenladen.«

»Ah, höchstwahrscheinlich.« Poirot erhob sich. »Ich empfehle mich.«

»Und jetzt«, sagte Hercule Poirot, »zu Burgess. Ja, endlich geht's zu Burgess.«

Er hatte über alle an dem Fall beteiligten Personen etwas erfahren, von ihnen selbst sowie auf Umwegen. Doch niemand hatte ihm irgendetwas über Burgess gesagt. Kein Hinweis, kein Anhaltspunkt, was für ein Mensch er war.

Als er Burgess vor sich sah, wusste er, warum.

Der Diener, den Commander McLaren telefonisch über Poirots bevorstehenden Besuch unterrichtet hatte, erwartete ihn in Major Rich' Wohnung.

»Ich bin Hercule Poirot.«

»Jawohl, Sir, ich habe Sie erwartet.«

Ehrerbietig hielt Burgess die Tür auf, und Poirot trat ein. Ein kleiner quadratischer Eingangsbereich, von dem eine offene Tür zur Linken ins Wohnzimmer führte. Burgess nahm Poirot Hut und Mantel ab und folgte ihm.

»Ah«, sagte Poirot und sah sich im Wohnzimmer um. »Hier ist es also passiert?«

»Ja, Sir.«

Ein stiller Bursche, dieser Burgess, blasses Gesicht, etwas schmächtig. Steife Schultern und Ellbogen. Eine ausdruckslose Stimme mit einem ländlichen Akzent, den Poirot nicht kannte. Vielleicht von der Ostküste. Ein etwas nervöser Mann, doch ansonsten keine besonderen Merkmale. Es war schwierig, ihm irgendwelche aktiven Handlungen zuzuschreiben. Konnte man einen inaktiven Mörder postulieren?

Er hatte diese blassblauen, recht unsteten Augen, die oberflächliche Menschen oft mit Unehrlichkeit gleichsetzen. Doch auch Lügner können einem dreist und selbstbewusst direkt ins Gesicht blicken.

»Was passiert mit der Wohnung?«, erkundigte sich Poirot.

»Ich kümmere mich immer noch darum, Sir. Major Rich hat dafür gesorgt, dass ich weiterhin meinen Lohn bekomme, und wünscht, dass ich sie in Ordnung halte, bis – bis …«

Seine Augen huschten unruhig hin und her.

»Bis …«, stimmte Poirot ihm zu.

In sachlichem Ton fügte er hinzu: »Ich sollte Ihnen sagen, dass

Major Rich mit an Sicherheit grenzender Wahrscheinlichkeit vor Gericht gestellt wird. Der Fall wird vermutlich in circa drei Monaten verhandelt werden.«

Burgess schüttelte den Kopf, nicht, weil er es nicht wahrhaben wollte, sondern einfach, weil er ratlos war.

»Es kommt einem irgendwie völlig unwirklich vor«, sagte er.

»Dass Major Rich ein Mörder sein soll?«

»Alles. Die Truhe ...«

Sein Blick glitt durchs Zimmer.

»Ah, das ist also die berühmte Truhe.«

Es war ein gewaltiges Möbelstück aus sehr dunklem, poliertem Holz, mit Messingbeschlägen, einem großen Messingüberwurf und einem antiken Schloss.

»Ein schönes Stück.« Poirot ging zur Truhe hinüber.

Sie stand in der Nähe des Fensters an der Wand, neben einem modernen Schallplattenschrank. Auf ihrer anderen Seite befand sich eine halb offene Tür, die teilweise von einem großen, bemalten ledernen Wandschirm verdeckt war.

»Die Tür führt in Major Rich' Schlafzimmer«, sagte Burgess.

Poirot nickte. Sein Blick wanderte zum anderen Ende des Zimmers. Dort stand ein Stereoplattenspieler mit zwei Lautsprechern, jeder auf einem niedrigen Tisch, hinter denen sich Kabel wie Schlangen hinunterwanden. Davor Sessel und ein großer Tisch. An den Wänden hingen mehrere japanische Drucke. Es war ein hübsches, gemütliches, aber kein luxuriöses Zimmer.

Er blickte wieder zu William Burgess.

»Der Fund«, sagte er freundlich, »muss ein großer Schock für Sie gewesen sein.«

»O ja, Sir. Ich werde es nie vergessen.« Der Diener wurde plötzlich sehr gesprächig. Die Worte sprudelten nur so aus ihm heraus. Vielleicht hatte er das Gefühl, wenn er die Geschichte nur oft genug erzählte, könne er sie aus seinem Gedächtnis löschen.

»Ich bin durchs ganze Zimmer gegangen. Habe aufgeräumt. Gläser und so. Ich hatte mich gerade gebückt, um zwei Oliven aufzuheben, da sah ich ihn: einen dunklen, rostbraunen Fleck auf dem Teppich. Nein, der Teppich ist jetzt weg. In der Reinigung. Die Polizei war damit fertig. Was ist das denn?, dachte ich. Sagte, halb im Scherz, vor mich hin: ›Könnte tatsächlich Blut sein! Aber wo kommt es her? Was wurde da vergossen?‹ Und dann sah ich, dass es aus der Truhe kam – an der Seite, hier, wo die Ritze ist. Und sagte, immer noch, ohne mir etwas dabei zu denken: ›Also, was zum Kuckuck …?‹ Und hob den Deckel hoch, so« – er machte es vor –, »und da lag er – ein toter Mann, zusammengekrümmt, auf der Seite, als schliefe er. Und aus seinem Hals ragte dieses exotische Messer oder so eine Art Dolch heraus. Ich werde es nie vergessen, nie! In meinem ganzen Leben nicht. Der Schock – es war so unerwartet, verstehen Sie …«

Er holte tief Luft.

»Ich ließ den Deckel fallen und rannte aus der Wohnung auf die Straße hinunter. Suchte einen Polizisten – und hatte Glück, denn gleich um die Ecke fand ich einen.«

Poirot blickte ihn nachdenklich an. Das war extrem gut geschauspielert, wenn es denn geschauspielert war. Langsam befürchtete er, dass es nicht geschauspielert war, sondern einfach der Wahrheit entsprach.

»Sie kamen nicht auf die Idee, erst einmal Major Rich zu wecken?«

»Daran habe ich überhaupt nicht gedacht, Sir. Bei dem Schock. Ich, ich wollte hier einfach raus«, er schluckte, »und Hilfe holen.«

Poirot nickte.

»War Ihnen klar, dass es Mr Clayton war?«

»Eigentlich hätte es mir klar sein müssen, Sir, aber wissen Sie, ich glaube, es war mir nicht klar. Als ich mit dem Polizisten zurückkam, sagte ich natürlich sofort: ›Das ist ja Mr Clayton!‹ Und er meinte: ›Wer ist Mr Clayton?‹ Und ich sagte: ›Er war gestern Abend hier.‹«

»Ah«, sagte Poirot, »gestern Abend … Können Sie sich erinnern, wann genau Mr Clayton hier eintraf?«

»Nicht auf die Minute genau. Aber so gegen 19 Uhr 45, würde ich sagen …«

»Kannten Sie ihn gut?«

»Mrs Clayton und er waren in den anderthalb Jahren, seit ich hier arbeite, recht häufig hier.«

»Wirkte er im Prinzip so wie immer?«

»Ich glaube, schon. Etwas außer Atem, aber ich nahm an, dass er in Eile war. Er musste ja seinen Zug erreichen, hat er jedenfalls gesagt.«

»Er hatte sicher eine Reisetasche bei sich, wo er doch nach Schottland wollte?«

»Nein, Sir. Ich könnte mir vorstellen, dass ein Taxi unten auf ihn wartete.«

»War er enttäuscht, dass Major Rich nicht zu Hause war?«

»Mir ist nichts aufgefallen. Meinte nur, er würde ihm schnell ein paar Zeilen schreiben. Er kam hier herein und trat zum Schreibtisch, während ich in die Küche zurückging. Ich war mit den Sardelleneiern ein bisschen in Verzug geraten. Die Küche liegt am Ende vom Flur, da hört man kaum etwas. Ich habe ihn nicht fortgehen und den Herrn nicht hereinkommen hören, aber das war auch nicht zu erwarten gewesen.«

»Und dann?«

»Major Rich rief mich. Er stand hier in der Tür. Er meinte, er habe Mrs Spence' türkische Zigaretten vergessen. Ich solle sie schnell holen gehen. Was ich auch getan habe. Ich besorgte sie und legte sie hier drinnen auf den Tisch. Ich ging natürlich davon aus, dass Mr Clayton inzwischen auf dem Weg zum Zug war.«

»Und während Major Rich aushäusig war und Sie sich in der Küche aufhielten, kam niemand in die Wohnung?«

»Nein, Sir, niemand.«

»Sind Sie sich da sicher?«

»Wie hätte das gehen sollen, Sir? Der Betreffende hätte schließlich klingeln müssen.«

Poirot schüttelte den Kopf. Wie hätte das gehen sollen? Die

Spences und McLaren und auch Mrs Clayton konnten, das wusste er bereits, über jede Minute Rechenschaft ablegen. McLaren war mit Bekannten im Klub gewesen, die Spences hatten ein paar Freunde auf einen Drink zu Besuch gehabt, ehe sie aufbrachen. Margharita Clayton hatte genau zu dieser Zeit mit einer Freundin telefoniert. Nicht, dass er einen von ihnen als möglichen Täter in Betracht gezogen hätte. Aber es hätte entschieden bessere Mittel und Wege gegeben, Arnold Clayton umzubringen, als ihm in eine Wohnung zu folgen, wo ein Diener tätig war und der Hausherr jeden Augenblick zurückkehren konnte. Nein, er musste seine allerletzten Hoffnungen auf einen geheimnisvollen Fremden aufgeben! Jemand aus Claytons anscheinend untadeliger Vergangenheit, der ihn auf der Straße erkannt hatte und ihm hierher gefolgt war. Ihn mit dem Stilett erstochen, die Leiche in die Truhe gestopft und das Weite gesucht hatte. Reines Melodrama, ohne Sinn und Verstand, irrwitzig und unrealistisch! Wie aus einem historischen Liebesschinken – genau wie die spanische Truhe.

Er ging noch einmal zur Truhe hinüber und hob den Deckel. Er ließ sich leicht und lautlos öffnen.

Mit schwacher Stimme sagte Burgess: »Sie wurde ausgescheuert, Sir, darum habe ich mich gleich gekümmert.«

Poirot beugte sich über die Truhe. Mit einem leisen Ausruf beugte er sich tiefer hinein. Er tastete mit den Fingern herum.

»Diese Löcher, an der Rückwand und an einer Seite, die sehen aus – die fühlen sich an, als wären sie erst kürzlich entstanden.«

»Löcher, Sir?« Der Diener beugte sich herab. »Dazu kann ich wirklich nichts sagen. Sie sind mir eigentlich noch nie aufgefallen.«

»Sie sind auch nicht besonders auffällig. Aber sie sind auf jeden Fall vorhanden. Was meinen Sie, was sollen sie bezwecken?«

»Das weiß ich wirklich nicht, Sir. Vielleicht irgendein Tier – ich meine, ein Käfer oder so? Irgendein Tier, das Holz annagt?«

»Ein Tier?«, sagte Poirot. »Das sollte mich wundern.«

Er ging ans andere Ende des Zimmers zurück.

»Als Sie mit den Zigaretten hereinkamen, sah da irgendetwas in diesem Zimmer anders aus? Irgendetwas? Stand vielleicht ein Sessel woanders oder ein Tisch, so etwas?«

»Es ist komisch, dass Sie das sagen, Sir … Jetzt, wo Sie es erwähnen – ja, da war etwas. Dieser Wandschirm dort, der den Luftzug aus dem Schlafzimmer abfangen soll, stand etwas weiter links.«

»So?« Poirot schob ihn ein wenig zur Seite.

»Noch ein bisschen weiter … So ist's richtig.«

Der Wandschirm hatte vorher bereits die halbe Truhe verdeckt. So, wie er jetzt stand, verdeckte er sie fast vollständig.

»Was denken Sie, warum wurde er verrückt?«

»Ich habe nicht darüber nachgedacht, Sir.«

(Eine zweite Miss Lemon!)

Unsicher fügte Burgess hinzu:

»Na ja, der Weg ins Schlafzimmer ist dadurch nicht so verstellt – falls die Damen ihre Mäntel dort ablegen wollten.«

»Vielleicht. Aber vielleicht gibt es auch noch einen anderen Grund.« Burgess sah ihn fragend an. »Jetzt verdeckt der Wandschirm die Truhe, und den Teppich unter der Truhe. Wenn Major Rich Mr Clayton erstochen hat, wäre sofort Blut durch die Ritzen am Boden der Truhe gesickert. Das könnte jemand bemerken – so wie Sie am nächsten Morgen. Also wurde der Wandschirm verrückt.«

»Auf den Gedanken wäre ich nie gekommen, Sir.«

»Ist die Beleuchtung hier eher hell oder eher gedämpft?«

»Ich zeige es Ihnen, Sir.«

Schnell zog der Diener die Vorhänge vor und schaltete mehrere Lampen an. Sie gaben ein weiches, warmes Licht ab, das kaum hell genug zum Lesen war. Poirot blickte zur Deckenleuchte empor.

»Die war nicht an, Sir. Sie wird kaum je benutzt.«

Poirot sah sich in dem gedämpften Licht um.

»Ich glaube nicht«, sagte der Diener, »dass man irgendwelche Blutflecken sehen würde, Sir, dazu ist es zu düster.«

»Da haben Sie sicherlich recht. Weshalb wurde also der Wandschirm verrückt?«

Burgess erschauderte.

»Es ist ein furchtbarer Gedanke, dass ein – netter Gentleman wie Major Rich so etwas getan hat.«

»Sie sind sich also sicher, dass er es getan hat? Warum hat er es getan, Burgess?«

»Nun, er hat natürlich den Krieg mitgemacht. Vielleicht hatte er eine Kopfverletzung, könnte doch sein. Man sagt ja, dass so etwas manchmal Jahre später wieder aufflammt. Dann werden die Leute plötzlich wunderlich und wissen nicht, was sie tun. Und man sagt, dass sie dann meistens auf ihre Lieben losgehen. Glauben Sie, dass es so gewesen sein könnte?«

Poirot starrte ihn an. Er seufzte und wandte sich ab.

»Nein«, sagte er, »so war es nicht.«

Mit dem Geschick eines Taschenspielers schob Poirot Burgess einen druckfrischen Schein in die Hand.

»Oh, vielen Dank, Sir, aber das kann ich wirklich ...«

»Sie haben mir sehr geholfen«, sagte Poirot. »Dadurch, dass Sie mir dieses Zimmer gezeigt haben. Dadurch, dass Sie mir gezeigt haben, was sich in diesem Zimmer befindet. Dadurch, dass Sie mir gezeigt haben, was an jenem Abend geschah. Das Unmögliche ist nie unmöglich! Denken Sie daran. Ich hatte gesagt, es gebe nur zwei Möglichkeiten – da habe ich mich geirrt. Es gibt eine dritte Möglichkeit.« Erneut blickte er sich in dem Zimmer um, und es überlief ihn ein leichtes Frösteln. »Ziehen Sie die Vorhänge auf. Lassen Sie Licht und Luft herein. Dieses Zimmer braucht das. Es muss auslüften. Ich schätze, es wird noch sehr lange dauern, bis es von dem gereinigt ist, was in ihm fortlebt – die Erinnerung an einen tiefen Hass.«

Mit offenem Mund reichte Burgess Poirot Mantel und Hut. Er schien verwirrt. Poirot, dem es Spaß machte, unverständliche Bemerkungen fallen zu lassen, ging schnellen Schrittes auf die Straße hinunter.

Als Poirot nach Hause kam, rief er Inspector Miller an.

»Was ist eigentlich mit Claytons Reisetasche passiert? Seine Frau meinte, er habe eine gepackt.«

»Sie stand im Klub. Er hatte sie beim Portier abgegeben. Dann muss er sie wohl vergessen haben und ist ohne sie losgezogen.«

»Und was enthielt sie?«

»Das Übliche. Einen Schlafanzug, ein zweites Hemd, Waschzeug.«

»Reichhaltig bestückt.«

»Was haben Sie denn erwartet?«

Poirot ignorierte die Frage.

»Was das Stilett angeht«, sagte er. »Ich schlage vor, Sie treiben die Putzfrau auf, die bei Mrs Spence sauber macht. Finden Sie heraus, ob sie je so etwas dort herumliegen gesehen hat.«

»Bei Mrs Spence?« Miller stieß einen Pfiff aus. »In diese Richtung arbeitet Ihr Verstand also? Den Spences haben wir das Stilett allerdings gezeigt. Sie haben es nicht erkannt.«

»Fragen Sie sie noch einmal.«

»Meinen Sie ...«

»Und dann sagen Sie mir Bescheid, was sie geantwortet haben ...«

»Ich kann mir überhaupt nicht vorstellen, was Sie da entdeckt zu haben glauben.«

»Lesen Sie *Othello*, Miller. Denken Sie an die Personen in *Othello*. Wir haben eine übersehen.«

Er legte auf. Dann wählte er Lady Chattertons Nummer. Sie war besetzt.

Ein wenig später versuchte er es noch einmal. Wieder ohne Erfolg. Er rief seinen Diener George und instruierte ihn, die Nummer so lange anzurufen, bis jemand abnahm. Lady Chatterton, das wusste er, war eine unverbesserliche Vieltelefoniererin.

Er setzte sich in einen Sessel, streifte sorgsam die Lackschuhe ab, streckte die Zehen und lehnte sich zurück.

»Ich bin alt«, sagte Hercule Poirot. »Ich werde schnell müde ...«

Seine Miene hellte sich auf. »Aber die Zellen, die funktionieren noch. Zwar langsam, aber sie funktionieren ... Ja, *Othello*. Wer hatte davon gesprochen? Ach ja, Mrs Spence. Die Reisetasche ... Der Wandschirm ... Die Leiche, die wie ein schlafender Mann aussah. Ein cleverer Mord. Vorsätzlich, geplant ... Ich glaube sogar: genossen! ...«

George meldete, dass Lady Chatterton am Apparat sei.

»Madame, Hercule Poirot hier. Könnte ich vielleicht mit Ihrem Gast sprechen?«

»Aber natürlich! Oh, Monsieur Poirot, haben Sie etwa ein fabelhaftes Ergebnis zu vermelden?«

»Noch nicht«, sagte Poirot. »Aber es geht voran.«

Kurz darauf erklang Margharitas Stimme, ruhig und sanft.

»Madame, als ich Sie fragte, ob an jenem Abend alles an seinem Platz stand, runzelten Sie die Stirn, als erinnerten Sie sich an irgendetwas – aber dann war es wieder weg. Könnte es der Standort des Wandschirms gewesen sein?«

»Des Wandschirms? Aber natürlich, ja. Er stand nicht genau an seinem gewohnten Platz.«

»Haben Sie an jenem Abend getanzt?«

»Hin und wieder.«

»Mit wem tanzten Sie hauptsächlich?«

»Mit Jeremy Spence. Ein wunderbarer Tänzer. Charles tanzt auch gut, aber nicht herausragend. Linda und er tanzten ab und zu, und dann haben wir die Partner gewechselt. Jock McLaren tanzt gar nicht. Er hat die Schallplatten herausgesucht und die Musik aufgelegt.«

»Später hörten sie dann ernste Musik?«

»Ja.«

Es entstand eine Pause. Dann sagte Margharita:

»Monsieur Poirot, was – bedeutet das alles? Haben Sie, gibt es – Hoffnung?«

»Madame, wissen Sie eigentlich je, was die Menschen um Sie herum fühlen?«

Eine Spur überrascht antwortete sie:

»Ich – glaube schon.«

»Ich glaube, nicht. Ich glaube, Sie haben nicht die geringste Ahnung. Ich glaube, das ist die Tragödie Ihres Lebens. Allerdings ist es eine Tragödie für die anderen, nicht für Sie.

Heute hat jemand mir gegenüber Othello erwähnt. Ich hatte Sie gefragt, ob Ihr Mann eifersüchtig sei, und Sie meinten, er müsse es gewesen sein. Aber Sie sagten es leichthin. Sie sagten es so, wie Desdemona es gesagt haben würde, ohne sich einer Gefahr bewusst zu sein. Auch sie erkannte Eifersucht, aber sie verstand sie nicht, weil sie selbst nie Eifersucht empfunden hatte oder auch nur empfinden konnte. Sie war sich, glaube ich, der Intensität, die eine heftige körperliche Leidenschaft haben kann, kaum bewusst. Ihre Liebe zu ihrem Gatten war inbrünstige, romantische Schwärmerei, ihre Liebe zu ihrem Freund Cassio, den sie als einen guten Gefährten ansah, war eher unschuldig … Ich glaube, weil sie gegen Leidenschaft immun war, brachte sie die Männer um den Verstand … Drücke ich mich da verständlich aus, Madame?«

Es entstand eine Pause, dann antwortete Margharitas Stimme. Kühl, sanft, etwas verwirrt.

»Ich verstehe nicht, ich verstehe nicht genau, was Sie sagen wollen …«

Poirot seufzte. In nüchtern-sachlichem Ton erwiderte er:

»Heute Abend statte ich Ihnen einen Besuch ab.«

Inspector Miller war nicht leicht zu überreden. Aber Hercule Poirot war auch nicht leicht abzuschütteln. Knurrend kapitulierte Inspector Miller schließlich.

»… aber was Lady Chatterton damit zu tun hat …«

»Eigentlich nichts. Sie hat einer Freundin Zuflucht gewährt, das ist alles.«

»Und das mit den Spences, woher wussten Sie das?«

»Das Stilett stammte also von dort? Das war reine Spekulation. Eine Bemerkung von Jeremy Spence brachte mich auf den Gedanken. Ich deutete an, dass es Margharita Claytons Stilett sein könnte. Er ließ durchblicken, dass er definitiv wusste, dass es nicht ihrs war.« Poirot hielt inne. »Was haben die beiden denn gesagt?«, fragte er neugierig.

»Gaben zu, dass es sehr stark einem Zierdolch ähnelte, den sie einmal besessen hatten. Aber vor ein paar Wochen hätten sie es verlegt und dann völlig vergessen. Ich nehme an, Rich hat es stibitzt.«

»Ein Mensch, der gerne auf Nummer sicher geht, dieser Mr Jeremy Spence«, sagte Hercule Poirot. Und murmelte in seinen Bart hinein: »Vor ein paar Wochen ... O ja, die Planungen begannen schon vor langer Zeit.«

»Was haben Sie gesagt?«

»Wir sind da«, sagte Poirot. Das Taxi fuhr vor Lady Chattertons Haus in der Cheriton Street vor. Poirot beglich die Rechnung.

Margharita Clayton erwartete sie in ihrem Zimmer im Obergeschoss. Als sie Miller erblickte, verhärtete sich ihre Miene.

»Ich wusste nicht ...«

»Sie wussten nicht, wer der Freund war, den ich mitbringen wollte?«

»Inspector Miller ist nicht mein Freund.«

»Das hängt ganz davon ab, ob Sie wünschen, dass der Gerechtigkeit Genüge getan wird oder nicht, Mrs Clayton«, erwiderte Miller. »Ihr Mann wurde ermordet ...«

»Und jetzt müssen wir darüber reden, wer ihn ermordet hat«, warf Poirot schnell ein. »Dürfen wir uns setzen, Madame?«

Langsam nahm Margharita gegenüber von den beiden Männern in einem Sessel mit hoher Rückenlehne Platz.

»Ich möchte Sie bitten«, sagte Poirot zu beiden, »mir geduldig zuzuhören. Ich glaube, ich weiß jetzt, was an jenem verhängnisvollen Abend in Major Rich' Wohnung geschah ... Wir alle gingen von einer falschen Annahme aus – und zwar der Annahme, dass nur zwei Personen die Gelegenheit hatten, den jetzt Verschiedenen in die Truhe zu legen, nämlich Major Rich und William Burgess. Aber wir irrten uns – es war an jenem Abend noch eine dritte Person in der Wohnung, die eine ebenso gute Gelegenheit dazu hatte.«

»Und wer wäre das?«, fragte Miller skeptisch. »Der Liftboy?«

»Nein. Arnold Clayton.«

»Was? Er hat seine eigene Leiche verborgen? Sie sind ja verrückt.«

»Natürlich hat er nicht seine Leiche verborgen – sondern sein quicklebendiges Selbst. Einfach ausgedrückt: Er hat sich in der Truhe versteckt. Das hat es, historisch betrachtet, des Öfteren gegeben. Die tote Braut in der *Legende vom Mistelzweig*, Iachimo in Shakespeares *Cymbelin*, der es auf Imogen abgesehen hat, und so weiter. Der Gedanke kam mir in dem Moment, wo ich sah, dass unlängst Löcher in die Truhe gebohrt worden waren. Warum? Damit genügend Luft in die Truhe kam. Warum war der Wandschirm an jenem Abend verrückt worden? Damit die Truhe von den Leuten im Zimmer nicht gesehen werden konnte. Damit der dort verborgene Mann ab und zu den Deckel hochheben konnte, um seine Muskelkrämpfe zu lindern und besser mithören zu können.«

»Aber warum«, fragte Margharita mit großen, erstaunten Augen, »warum hätte sich Arnold in der Truhe verstecken sollen?«

»Das fragen Sie, Madame? Ihr Mann war rasend eifersüchtig. Und er bekam den Mund nicht auf. ›Zugeknöpft‹ nannte es Ihre Freundin Mrs Spence. Seine Eifersucht steigerte sich immer mehr. Sie quälte ihn! Waren Sie oder waren Sie nicht Rich' Geliebte? Er wusste es nicht! Aber er *musste* es wissen! Also ein ›Telegramm aus Schottland‹, ein Telegramm, das niemand abgeschickt hatte und das niemand je zu Gesicht bekam. Die Reisetasche wird gepackt und praktischerweise im Klub vergessen. Er geht zu einer Zeit zu Rich' Wohnung, wo dieser, wie er wahrscheinlich in Erfahrung gebracht hat, nicht da ist. Er erzählt dem Diener, er wolle dem Hausherrn ein paar Zeilen schreiben. Sobald er alleine im Zimmer ist, bohrt er die Löcher in die Truhe, rückt den Wandschirm zurecht und klettert in die Truhe. Heute Abend wird er die Wahrheit erfahren. Vielleicht bleibt seine Frau noch da, wenn die anderen gehen, vielleicht bricht sie mit ihnen auf und kommt später zurück. An diesem Abend wird der verzweifelte, eifersuchtsgeplagte Mann Gewissheit erlangen …«

»Sie wollen doch nicht behaupten, dass er sich selbst erstochen hat?« Millers Stimme klang ungläubig. »Unfug!«

»O nein, er wurde erstochen. Von jemand, der wusste, wo er war. Es war auf jeden Fall Mord. Ein sorgfältig, lange im Voraus geplanter Mord. Denken Sie an die anderen Personen in *Othello*. Wir hätten Iago nicht vergessen dürfen. Andeutungen, Unterstellungen, Verdächtigungen vergifteten auf subtile Weise Arnold Claytons Seele. Der ehrliche Iago, der treue Freund, der Mann, dem man immer glaubt! Arnold Clayton glaubte ihm. Arnold Clayton duldete es, dass mit seiner Eifersucht gespielt, dass sie auf den Siedepunkt getrieben wurde. War es Arnolds eigene Idee gewesen, sich in der Truhe zu verstecken? Vielleicht glaubte er es, höchstwahrscheinlich sogar! Womit der Rahmen abgesteckt war. Das Stilett, einige Wochen zuvor unauffällig entwendet, ist griffbereit. Es ist so weit. Es herrscht gedämpftes Licht, es spielt Musik, zwei Paare tanzen, das fünfte Rad am Wagen ist am Plattenschrank beschäftigt, gleich neben der spanischen Truhe und dem Wandschirm. Hinter den Schirm zu schlüpfen, den Deckel hochzuheben und zuzustechen – dreist, aber ziemlich einfach!«

»Clayton hätte doch geschrien!«

»Nicht, wenn er betäubt war«, sagte Poirot. »Dem Diener zufolge sah die Leiche aus wie ein schlafender Mann. Clayton schlief tatsächlich, betäubt von dem einzigen Menschen, der ihn überhaupt hätte betäuben können, nämlich von dem Mann, mit dem er im Klub einen Drink genommen hatte.«

»Jock?« Margharitas Stimme wurde schrill vor kindlicher Überraschung. »Jock? Doch nicht der liebe alte Jock. Ich kenne ihn schon mein ganzes Leben! Warum um alles auf der Welt hätte Jock …?«

Poirot wandte sich ihr zu.

»Warum haben zwei Italiener ein Duell ausgetragen? Warum

erschoss sich ein junger Mann? Jock McLaren ist kein beredter Mensch. Vielleicht hat er sich damit abgefunden, Ihnen und Ihrem Mann ein treuer Freund zu sein, aber dann kommt auch noch Major Rich hinzu. Das ist einfach zu viel! In der Finsternis des Hasses und der Begierde plant er den nahezu perfekten Mord – eigentlich einen Doppelmord, denn Major Rich wird mit an Sicherheit grenzender Wahrscheinlichkeit schuldig gesprochen werden. Und wenn Rich und Ihr Mann aus dem Weg geräumt sind – dann, so glaubt er, werden Sie sich endlich *ihm* zuwenden. Und vielleicht, Madame, hätten Sie das ja auch getan … Eh?«

Mit vor Entsetzen weit aufgerissen Augen starrte sie ihn an.

Wie betäubt hauchte sie:

»Vielleicht … ich – weiß es nicht …«

Inspector Miller meldete sich mit plötzlicher Autorität in der Stimme zu Wort:

»Das ist ja alles schön und gut, Poirot. Aber es ist eine Theorie, mehr nicht. Es gibt nicht den geringsten Beweis dafür. Wahrscheinlich stimmt davon kein einziges Wort.«

»Es stimmt absolut alles.«

»Aber es gibt keinen Beweis. Wir haben keinen Anhaltspunkt, um tätig zu werden.«

»Sie irren sich. Ich glaube, wenn man Klartext redet, legt McLaren ein Geständnis ab. Das heißt, wenn man ihm zu verstehen gibt, dass Margharita Clayton Bescheid weiß …«

Poirot machte eine kurze Pause und fügte dann hinzu:

»Denn wenn er das weiß, hat er verloren … Dann wird der perfekte Mord umsonst gewesen sein.«

Was wächst in deinem Garten?

Hercule Poirot stapelte seine Briefe ordentlich vor sich auf. Dann nahm er den obersten, studierte einen Moment lang den Absender, schlitzte den Umschlag penibel mit einem kleinen Brieföffner auf, den er zu genau diesem Zweck auf dem Frühstückstisch liegen hatte, und zog den Inhalt heraus. Es handelte sich um einen zweiten, sorgfältig mit dunkelrotem Wachs versiegelten Umschlag, der mit der Aufschrift »Privat und vertraulich« versehen war.

Die Augenbrauen an Hercule Poirots eiförmigem Kopf wanderten leicht in die Höhe. *»Patience! Nous allons arriver!«*, murmelte er und brachte den kleinen Brieföffner erneut zum Einsatz. Diesmal kam tatsächlich ein Brief zum Vorschein, geschrieben in einer recht zittrigen und steilen Handschrift. Mehrere Wörter waren dick unterstrichen.

Hercule Poirot faltete ihn komplett auf und begann zu lesen. Er war noch einmal mit »Privat und vertraulich« überschrieben. Rechts standen der Absender – Rosebank, Charman's Green, Bucks – sowie das Datum: 21. März.

Sehr geehrter Monsieur Poirot,

Sie wurden mir von einem alten, geschätzten Freund empfohlen, der weiß, was für Kummer und Sorgen ich in letzter Zeit habe. Nicht, dass jener Freund die konkreten Umstände kennen würde – die habe ich gänzlich für mich behalten, da es sich um eine reine Privatangelegenheit handelt. Mein Freund versichert mir, Sie seien die Diskretion in Person und ich bräuchte nicht zu befürchten, in eine polizeiliche Untersuchung hineingezogen zu werden, was ich, sollte sich mein Verdacht als begründet erweisen, überhaupt nicht gern sähe. Es ist natürlich möglich, dass ich völlig falschliege. Ich habe nicht das Gefühl, dass ich momentan – wo ich an Schlaflosigkeit leide sowie an den Folgen einer schweren Krankheit im letzten Winter – klar genug denken kann, um selbst Nachforschungen anzustellen. Ich habe weder die Möglichkeit noch die Fähigkeit dazu. Andererseits muss ich noch einmal wiederholen, dass dies eine äußerst delikate Familienangelegenheit ist, die ich aus verschiedenen Gründen unter Umständen werde vertuschen wollen. Bin ich erst einmal mit den Fakten vertraut, kann ich die Angelegenheit durchaus selbst in die Hand nehmen und würde eine solche Vorgehensweise auch vorziehen. Ich hoffe, ich habe mich in diesem Punkt klar genug ausgedrückt. Sollten Sie bereit sein, diese Ermittlungen zu übernehmen, würde ich mich freuen, wenn Sie mir unter obiger Adresse Bescheid geben könnten.

Hochachtungsvoll,
Amelia Barrowby

Poirot las den Brief ein zweites Mal. Erneut wanderten seine Augenbrauen in die Höhe. Dann legte er ihn beiseite und griff nach dem nächsten Brief auf dem Stapel.

Punkt 10 Uhr betrat er den Raum, in dem Miss Lemon, seine Privatsekretärin, bereits auf ihre Anweisungen für den Tag wartete. Miss Lemon war achtundvierzig und von wenig ansprechender Erscheinung. Der allgemeine Eindruck, den sie machte, war der eines aufs Geratewohl zusammengewürfelten Haufens von Knochen. Ihre leidenschaftliche Ordnungsliebe war fast so groß wie die von Poirot; und obwohl sie selbstständig zu denken in der Lage war, tat sie es lediglich, wenn sie dazu aufgefordert wurde.

Poirot reichte ihr die morgendliche Post.

»Wenn Sie die Güte hätten, Mademoiselle, sämtliche Schreiben mit einer korrekt formulierten Absage zu beantworten.«

Miss Lemon überflog die Briefe und kritzelte auf jeden irgendwelche Hieroglyphen. Diese privaten Chiffren – »Süßholz«, »Ohrfeige«, »schnurr, schnurr«, »knapp« und so weiter – konnte nur sie entziffern und verstehen. Als sie fertig war, nickte sie und blickte, weitere Anweisungen erwartend, auf.

Poirot reichte ihr Amelia Barrowbys Brief. Sie zog ihn aus dem doppelten Umschlag heraus, las ihn und sah ihren Chef fragend an.

»Ja, Monsieur Poirot?«

Ihr Bleistift schwebte einsatzbereit über ihrem Stenogrammblock.

»Was halten Sie von diesem Brief, Miss Lemon?«

Mit einem leichten Stirnrunzeln legte Miss Lemon den Bleistift beiseite und las den Brief ein zweites Mal.

Der Inhalt eines Briefes war Miss Lemon vollkommen einerlei, sie betrachtete ihn lediglich unter dem Aspekt der adäquaten Formulierung einer Antwort. Hin und wieder appellierte ihr Arbeitgeber allerdings nicht an ihre beruflichen, sondern an ihre menschlichen Fähigkeiten. Es irritierte Miss Lemon jedes Mal ein wenig; sie war nahezu die perfekte Maschine und zeigte für alle menschlichen Belange ein völliges und geradezu glorioses Desinteresse. Die wahre Leidenschaft in ihrem Leben galt der Perfektionierung eines Ablagesystems, neben dem sämtliche anderen Ablagesysteme der Vergessenheit anheimfallen würden. Des Nachts träumte sie von einem derartigen System. Dessen ungeachtet war Miss Lemon jedoch, wie Hercule Poirot sehr genau wusste, durchaus dazu in der Lage, auch in menschlichen Belangen ihre Intelligenz zu beweisen.

»Nun?«, fragte er.

»Alte Dame«, sagte Miss Lemon. »Hat ziemliches Fracksausen.«

»Aha. Sie glauben, sie rennt in einem Frack herum?«

Miss Lemon, die der Ansicht war, Poirot sei mittlerweile lange genug im Land, um umgangssprachliche Redewendungen zu verstehen, gab keine Antwort. Sie warf einen kurzen Blick auf den doppelten Umschlag.

»Streng vertraulich«, sagte sie. »Und dabei vertraut sie einem überhaupt nichts an.«

»Ja«, erwiderte Hercule Poirot. »Das ist mir auch aufgefallen.«

Wieder schwebte Miss Lemons Hand voller Hoffnung über dem Stenogrammblock. Diesmal ging Hercule Poirot darauf ein.

»Sagen Sie ihr, es sei mir eine Ehre, sie zu jedem ihr genehmen Zeitpunkt aufzusuchen, es sei denn, sie zöge es vor, mich hier zu konsultieren. Aber tippen Sie den Brief nicht – schreiben Sie ihn mit der Hand.«

»Jawohl, Monsieur Poirot.«

Poirot überreichte ihr weitere eingegangene Schreiben.

»Das sind Rechnungen.«

Miss Lemons kompetente Hände hatten sie schnell sortiert.

»Bis auf diese beiden begleiche ich alle.«

»Und warum nicht diese beiden? Sie enthalten keinerlei Fehler.«

»Das sind Firmen, mit denen Sie erst seit Kurzem geschäftlich verkehren. Es macht einen schlechten Eindruck, als neuer Kunde prompt zu zahlen – das erweckt den Anschein, als hätte man es darauf abgesehen, später einen Kredit zu bekommen.«

»Aha«, murmelte Poirot. »Ich verneige mich vor Ihrer umfassenden Kenntnis der britischen Geschäftswelt.«

»Es gibt kaum etwas, was ich nicht darüber weiß«, sagte Miss Lemon mit grimmiger Miene.

Der Brief an Miss Amelia Barrowby wurde ordnungsgemäß geschrieben und aufgegeben, doch die Antwort blieb aus. Vielleicht, dachte Hercule Poirot, hatte die alte Dame das Geheimnis selbst gelöst. Dennoch war er ein klein wenig überrascht, dass sie in diesem Fall nicht die Höflichkeit besessen hatte, ihn davon in Kenntnis zu setzen, dass seine Dienste nicht mehr benötigt würden.

Fünf Tage später sagte Miss Lemon, nachdem sie ihre morgendlichen Anweisungen erhalten hatte:

»Diese Miss Barrowby, der wir geschrieben haben – kein Wunder, dass sie nicht antwortet. Sie ist tot.«

»Ach, tot«, erwiderte Hercule Poirot leise. Es klang eher wie eine Antwort als wie eine Frage.

Miss Lemon öffnete ihre Handtasche und zog einen Zeitungsausschnitt hervor.

»Ich habe es in der U-Bahn gesehen und herausgerissen.«

Anerkennend registrierte Poirot, dass Miss Lemon zwar das Wort »herausgerissen« benutzt, die Meldung jedoch säuberlich mit der Schere ausgeschnitten hatte, und studierte die Anzeige aus der Rubrik »Geburten, Todesfälle und Eheschließungen« der *Morning Post*:

Am 26. März verstarb völlig unerwartet
im Alter von 72 Jahren Amelia Jan Barrowby in Rosebank,
Charman's Green. Wir bitten, von Blumen abzusehen.

Poirot las es ein zweites Mal.

»Völlig unerwartet«, murmelte er in seinen Bart. Dann sagte er mit energischer Stimme: »Wenn Sie so freundlich wären, einen Brief aufzunehmen, Miss Lemon.«

Der Bleistift schwebte. Miss Lemon, deren Gedanken bei den Feinheiten ihres Ablagesystems weilten, nahm schnell und korrekt folgendes Stenogramm auf:

Sehr geehrte Miss Barrowby,
obwohl ich noch keine Antwort von Ihnen erhalten habe, werde ich Sie, da ich am Freitag in der Nähe von Charman's Green weile, an diesem Tag aufsuchen, um die in Ihrem Brief erwähnte Angelegenheit näher zu besprechen.
Hochachtungsvoll usw.

»Diesen Brief tippen Sie bitte; wenn er umgehend aufgegeben wird, müsste er noch heute Abend in Charman's Green sein.«

Am folgenden Morgen traf mit der zweiten Post ein schwarz umrandeter Brief ein:

Sehr geehrter Mr Poirot,
in Beantwortung Ihres Schreibens an meine Tante, Miss Barrowby, muss ich Ihnen leider mitteilen, dass sie am 26. verstorben ist, womit sich die von Ihnen erwähnte Angelegenheit erledigt hat.
Hochachtungsvoll,
Mary Delafontaine

Poirot lächelte in sich hinein.

»Erledigt hat … Na, das werden wir erst noch sehen. *En avant* – auf nach Charman's Green.«

Rosebank machte den Eindruck, als würde es seinem Namen alle Ehre machen, was mehr ist, als sich von den meisten Häusern dieser Art und dieses Formats behaupten lässt.

Auf dem Weg zur Eingangstür hielt Hercule Poirot inne und blickte anerkennend auf die sauber angelegten Beete zu beiden Seiten: Rosenstöcke, die in einigen Monaten eine reiche Blüte versprachen, bereits blühende Osterglocken, frühe Tulpen, blaue Hyazinthen, deren Beet zum Teil von Muschelschalen eingefasst war.

»Wie geht er noch mal, dieser englische Reim, den die Kinder immer singen?«, murmelte Poirot vor sich hin.

»Mistress Mary, du Widerborst,
was wächst in deinem Garten?
Silberglöckchen und Muschelschalen
und hübsche Mädchen aller Arten.«

Vielleicht nicht aller Arten, dachte er, aber zumindest ein hübsches Mädchen sorgt ja jetzt doch dafür, dass sich der kleine Vers bewahrheitet.

Die Haustür hatte sich geöffnet, und ein adrettes kleines Dienstmädchen in Schürze und Häubchen beobachtete ein wenig skeptisch das Schauspiel, das ein auffallend schnurrbärtiger, laute Selbstgespräche führender fremdländischer Gentleman im Vorgarten ablieferte. Sie selbst war, wie Poirot bemerkt hatte, ein sehr hübsches Mädchen mit runden blauen Augen und rosigen Wangen.

Höflich lüftete Poirot den Hut.

»Pardon«, sagte er, »aber wohnt hier eine gewisse Miss Amelia Barrowby?«

Dem Mädchen stockte der Atem, und ihre Augen wurden noch runder.

»Oh, Sir, wissen Sie es denn nicht? Sie ist tot. Ganz plötzlich ist es passiert. Dienstagabend.«

Sie zögerte, hin- und hergerissen zwischen zwei starken Empfindungen: einerseits dem Misstrauen gegenüber einem Ausländer, andererseits dem genüsslichen Vergnügen, das es ihrer Schicht bereitet, sich mit dem Thema Krankheit und Tod zu beschäftigen.

»Sie versetzen mich in Erstaunen«, erwiderte Hercule Poirot, was nicht unbedingt der Wahrheit entsprach. »Ich hatte heute eine Verabredung mit der Dame. Vielleicht könnte ich dann mit der anderen Dame sprechen, die hier wohnt?«

Das Mädchen schien ein klein wenig unsicher.

»Mit der Hausherrin? Nun, Sie könnten vielleicht schon mit ihr sprechen, aber ich weiß nicht, ob die Herrin irgendjemanden empfängt oder nicht.«

»Sie wird mich empfangen«, sagte Poirot und reichte ihr seine Visitenkarte.

Die Autorität in seiner Stimme zeigte Wirkung. Das rotwangige Mädchen wich zurück und geleitete Poirot in den rechts von der Eingangshalle gelegenen Salon. Dann ging sie, seine Karte in der Hand, die Hausherrin holen.

Hercule Poirot blickte sich um. Er befand sich in einem traditionell eingerichteten Salon: hellbeige Tapeten mit einem Zierstreifen als Abschluss, auf den Sesseln farblich undefinierbare Cretonnebezüge, rosafarbene Kissen und Vorhänge, Unmengen von Porzellanfiguren und Nippes. Nichts in dem Raum stach hervor, nichts deutete auf eine ausgeprägte Persönlichkeit der Hausherrin hin.

Plötzlich spürte Poirot, der sehr feinfühlig war, dass ihn jemand beobachtete. Er wirbelte herum. In der Terrassentür stand ein Mädchen, ein kleines, bleiches Mädchen mit pechschwarzen Haaren und misstrauischen Augen.

Sie kam herein, und als sich Poirot leicht verbeugte, platzte es schroff aus ihr heraus:

»Warum sind Sie hier?«

Poirot antwortete nicht. Er hob lediglich die Augenbrauen.

»Sie sind kein Anwalt, nein?« Ihr Englisch war zwar gut, aber für eine Engländerin hätte man sie trotzdem keine Sekunde lang gehalten.

»Warum sollte ich ein Anwalt sein, Mademoiselle?«

Das Mädchen starrte ihn missmutig an.

»Ich dachte, Sie wären vielleicht einer. Ich dachte, Sie wären womöglich hergekommen, um mir zu erklären, dass sie nicht wusste, was sie tat. Von so was habe ich nämlich schon gehört – die unzulässige Beeinflussung. So nennt man das, nein? Aber das stimmt nicht. Sie wollte, dass ich das Geld bekomme, und ich werde es bekommen. Wenn es notwendig ist, nehme ich mir selbst einen Anwalt. Das Geld gehört mir. So hat sie es aufgeschrieben, und so soll es auch sein.«

Mit ihrem vorgestreckten Kinn und den funkelnden Augen sah sie jetzt regelrecht hässlich aus.

Die Tür ging auf, eine große Frau trat ein und sagte: »Katrina.«

Das Mädchen fuhr zusammen, errötete, murmelte etwas und ging durch die Terrassentür nach draußen.

Poirot wandte sich der Frau zu, die die Situation mit einem einzigen Wort wieder ins Lot gebracht hatte. In ihrer Stimme hatte Autorität gelegen sowie Verachtung und eine Spur vornehme Ironie. Ihm war sofort klar, dass er die Dame des Hauses vor sich hatte, Mary Delafontaine.

»Monsieur Poirot? Ich hatte Ihnen geschrieben. Sie scheinen meinen Brief nicht erhalten zu haben.«

»Leider nein, ich war kurzzeitig nicht in London.«

»Aha, das erklärt es. Darf ich mich vorstellen? Mein Name ist Delafontaine. Das ist mein Mann. Miss Barrowby war meine Tante.«

Mr Delafontaine war so leise hereingekommen, dass Poirot es überhaupt nicht bemerkt hatte. Er war ein großer, grauhaariger Mann mit einem undefinierbaren Gebaren, der die Angewohnheit hatte, sich nervös am Kinn herumzufingern. Oft blickte er zu seiner Frau hinüber; es war unverkennbar, dass er von ihr erwartete, in Gesprächen die Initiative zu ergreifen.

»Ich bedaure sehr, Sie in Ihrer Trauer zu stören«, sagte Hercule Poirot.

»Mir ist klar, dass Sie keine Schuld daran trifft«, erwiderte Mrs Delafontaine. »Meine Tante starb am Dienstagabend, und zwar völlig unerwartet.«

»Absolut unerwartet«, sagte Mr Delafontaine. »Schwerer Schlag.«

Sein Blick war auf die Terrassentür gerichtet, durch die das Mädchen verschwunden war.

»Ich bitte um Entschuldigung«, sagte Hercule Poirot. »Ich werde mich zurückziehen.«

Er machte einen Schritt auf die Tür zu.

»Einen Moment«, sagte Mr Delafontaine. »Sie, äh, hatten einen Termin mit Tante Amelia, sagten Sie?«

»*Parfaitement.*«

»Vielleicht können Sie uns erklären, worum es gehen sollte«, sagte seine Frau. »Wenn wir Ihnen irgendwie behilflich …«

»Es war eine Privatangelegenheit«, fiel Poirot ihr ins Wort. »Ich bin Detektiv«, fügte er knapp hinzu.

Mr Delafontaine stieß die kleine Porzellanfigur um, mit der er gespielt hatte. Seine Frau wirkte verwirrt.

»Detektiv? Und Sie hatten einen Termin mit Tantchen? Wie

merkwürdig!« Sie starrte ihn an. »Können Sie uns nicht ein bisschen mehr erzählen, Monsieur Poirot? Es, es klingt einfach ungeheuerlich.«

Poirot schwieg einen Augenblick. Er wählte seine Worte mit Bedacht.

»Es fällt mir nicht leicht, Madame, mich zu entscheiden, was ich tun soll.«

»Hören Sie«, sagte Mr Delafontaine. »Sie hat nicht etwa irgendwelche Russen erwähnt, oder?«

»Russen?«

»Ja, Sie wissen schon – Bolschewisten, Rote und dergleichen.«

»Sei nicht albern, Henry«, sagte seine Frau.

Mr Delafontaine gab sofort klein bei:

»Tut mir leid, tut mir leid – ich war nur neugierig.«

Mary Delafontaine sah Poirot offen an. Ihre Augen waren leuchtend blau – blau wie Vergissmeinnicht.

»Wenn Sie uns irgendetwas sagen können, Monsieur Poirot, dann wäre ich Ihnen sehr verbunden. Ich versichere Ihnen, ich habe einen, einen Grund für meine Bitte.«

Mr Delafontaine wirkte beunruhigt.

»Sei vorsichtig, altes Mädchen – du weißt, da ist vielleicht überhaupt nichts dran.«

Diesmal brachte seine Frau ihn mit einem Blick zum Schweigen.

»Also, Monsieur Poirot?«

Langsam und ernst schüttelte Hercule Poirot den Kopf. Er schüttelte ihn mit sichtlichem Bedauern, aber er schüttelte ihn.

»Ich fürchte, Madame«, sagte er, »zum gegenwärtigen Zeitpunkt kann ich Ihnen nichts sagen.«

Er verneigte sich, nahm seinen Hut und ging in Richtung Tür. Mary Delafontaine begleitete ihn in die Eingangshalle. Vor der Haustür hielt er inne und sah sie an.

»Sie lieben Ihren Garten, nicht wahr, Madame?«

»Ich? Ja, ich arbeite viel im Garten.«

»Je vous fais mes compliments.«

Erneut verneigte er sich und schritt zum Tor. Als er das Anwesen verlassen und sich nach rechts gewandt hatte, warf er einen Blick zurück und registrierte zwei Dinge: ein bleiches Gesicht, das ihn von einem Fenster im ersten Stock beobachtete, und einen Mann, der in aufrechter, soldatischer Haltung auf der gegenüberliegenden Straßenseite auf und ab ging.

Hercule Poirot nickte.

»Definitivement«, sagte er bei sich. »In diesem Loch steckt eine Maus! Welchen Zug macht jetzt wohl die Katze?«

Er entschied sich, zur nächsten Post zu gehen. Dort führte er mehrere Telefonate. Das Ergebnis schien ihn zufriedenzustellen. Er lenkte seine Schritte zum Polizeirevier von Charman's Green, wo er nach Inspector Sims fragte.

Inspector Sims war ein großer, kräftiger, jovialer Mann.

»Monsieur Poirot?«, fragte er. »Das dachte ich mir schon. Gerade hat mich der Chief Constable Ihretwegen angerufen. Er meinte, Sie würden vorbeischauen. Kommen Sie mit in mein Büro.«

Er schloss die Tür, bot Poirot einen Sessel an, setzte sich ebenfalls und musterte seinen Besucher scharf.

»Sie lassen aber wirklich nichts anbrennen, Monsieur Poirot. Sind wegen dieses Rosebank-Falls hier, noch ehe uns richtig bewusst ist, dass wir es überhaupt mit einem Fall zu tun haben. Was hat Sie denn darauf gebracht?«

Poirot holte den Brief hervor, den er erhalten hatte, und reichte ihn dem Inspector, der ihn mit einigem Interesse durchlas.

»Interessant«, sagte er. »Das Problem ist, dass das alles und nichts heißen kann. Schade, dass sie sich nicht ein bisschen deutlicher ausgedrückt hat. Das würde uns jetzt sehr helfen.«

»Oder aber es wäre gar keine Hilfe nötig.«

»Wie meinen Sie das?«

»Vielleicht wäre sie noch am Leben.«

»So weit gehen Sie also, ja? Hm, damit mögen Sie nicht einmal unrecht haben.«

»Ich bitte Sie, Inspector, schildern Sie mir den Sachverhalt. Ich weiß überhaupt nichts.«

»Das ist schnell getan. Dienstag nach dem Abendessen wurde der alten Dame übel. Höchst beunruhigend. Schüttelkrämpfe, Spasmen und Ähnliches. Der Arzt wurde gerufen. Als er eintraf, war sie bereits tot. Es hieß, sie sei an einer Art Anfall gestorben. Ihm gefiel die Sache allerdings nicht. Er druckste herum und schmierte den Angehörigen ein bisschen Honig ums Maul, machte ihnen jedoch klar, dass er keinen Totenschein ausstellen könne. Was die Familie angeht, ist das der Stand der Dinge. Sie warten jetzt auf das Obduktionsergebnis. Wir sind bereits ein Stückchen weiter. Der Arzt hat uns sofort informiert – er und der Rechtsmediziner haben die Obduktion gemeinsam durchgeführt, und das Ergebnis lässt keinen Zweifel zu: Die alte Dame starb an einer hohen Dosis Strychnin.«

»Aha!«

»Genau. Äußerst üble Sache. Die Frage ist, wer hat es ihr gegeben? Es muss ihr ganz kurz vor ihrem Tod verabreicht worden sein. Zuerst dachte man, es müsse in ihrem Abendessen gewesen sein – aber das scheint, ehrlich gesagt, eine Luftnummer zu sein. Es gab Artischockensuppe aus einer Terrine, Fischauflauf und Apfeltorte.«

»Und wer war beim Essen alles dabei?«

»Miss Barrowby, Mr Delafontaine und Mrs Delafontaine. Miss Barrowby hatte eine Art Pflegerin, die zur Hälfte Russin ist, aber sie hat nicht mit der Familie zusammen gegessen. Sie aß immer die Reste, die aus dem Speisezimmer kamen. Es gibt noch ein Dienstmädchen, die aber an dem Abend frei hatte. Sie ließ die Suppe auf dem Herd und den Fischauflauf im Ofen, und die Apfeltorte war fertig. Alle drei aßen das Gleiche – und außerdem glaube ich nicht, dass man jemandem auf diese Art Strychnin verabreichen kann. Das Zeug ist bitter wie Galle. Der Arzt meinte, man könne es selbst in einer Verdünnung von eins zu tausend oder irgend so was noch herausschmecken.«

»Kaffee?«

»Kaffee ginge schon eher, aber die alte Dame trank keinen Kaffee.«

»Verstehe. Ja, eine scheinbar unüberwindliche Schwierigkeit. Was hat sie zum Essen getrunken?«

»Wasser.«

»Das wird ja immer schlimmer.«

»Eine ganz schön harte Nuss, was?«

»Hatte die alte Dame Geld?«

»Sehr gut situiert, nehme ich an. Natürlich kennen wir noch nicht die genauen Einzelheiten. Die Delafontaines sind, soweit ich das beurteilen kann, ziemlich knapp bei Kasse. Die alte Dame hatte ihnen beim Unterhalt des Hauses geholfen.«

Poirot lächelte.

»Sie verdächtigen also die Delafontaines«, sagte er. »Und wen von den beiden?«

»Ich sage nicht unbedingt, dass ich einen der beiden besonders verdächtige. Aber es ist nun mal so: Sie sind ihre einzigen nahen Verwandten, und bei ihrem Tod bekommen sie ein hübsches Sümmchen, da bin ich mir sicher. Wir wissen doch alle, wie die Menschen sind!«

»Manchmal unmenschlich – ja, das stimmt. Und sonst hat die alte Dame nichts gegessen oder getrunken?«

»Na ja, genau genommen …«

»Ah, *voilà*! Ich habe schon die ganze Zeit das Gefühl gehabt, Sie hätten, wie man hierzulande sagt, noch etwas im Ärmel. Die Suppe, der Fischauflauf, die Apfeltorte – eine *bêtise*! Jetzt kommen wir zum springenden Punkt.«

»Da bin ich mir nicht sicher. Aber jedenfalls hat das alte Mädchen vor den Mahlzeiten stets eine Kapsel eingenommen. Verstehen Sie, keine Pille oder Tablette, sondern eins von diesen Oblatenpapierdingern mit einem Pulver drin. Irgendetwas absolut Harmloses für die Verdauung.«

»Vortrefflich. Nichts einfacher, als so eine Kapsel mit Strychnin zu füllen und gegen eine normale auszutauschen. Man spült sie mit einem Schluck Wasser hinunter und schmeckt nichts.«

»Stimmt. Das Problem ist, das Mädchen hat sie ihr gegeben.«

»Das russische Mädchen?«

»Ja. Katrina Rieger. Sie war für Miss Barrowby eine Art Haustochter, Pflegerin und Gesellschafterin. Wurde von ihr auch, so wie ich das sehe, ziemlich herumkommandiert. Holen Sie dies, holen Sie das, holen Sie jenes, massieren Sie mir die Schultern, geben Sie mir meine Medizin, gehen Sie mal schnell zur Apotheke – solche Sachen halt. Sie wissen ja, wie alte Damen sind – sie wollen nett sein, brauchen aber in Wirklichkeit einen Sklaven!«

»Sehen Sie, und das wär's auch schon«, fuhr Inspector Sims fort. »Da passt nichts wirklich zusammen. Warum sollte das Mädchen sie vergiften wollen? Miss Barrowby stirbt, und jetzt hat das Mädchen keine Arbeit mehr, und Arbeit zu finden ist nicht leicht – sie hat ja keine Ausbildung oder so.«

»Trotzdem«, wandte Poirot ein, »wenn die Kapseln irgendwo herumgelegen haben, hätte jeder im Haus die Gelegenheit gehabt.«

»Natürlich ziehen wir Erkundigungen ein – im Stillen, verstehen Sie. Wann das Medikament zum letzten Mal zubereitet wurde, wo es normalerweise aufbewahrt wurde – Geduld und eine Menge Kleinarbeit werden letztlich zum Erfolg führen. Und dann wäre da noch Miss Barrowbys Anwalt. Den befrage ich morgen. Und den Filialleiter ihrer Bank. Es gibt noch einiges zu tun.«

Poirot erhob sich.

»Bitte, nur einen kleinen Gefallen, Inspector Sims: Geben Sie mir Nachricht, wie die Sache weitermarschiert. Ich würde es als eine große Gefälligkeit erachten. Hier ist meine Telefonnummer.«

»Aber gewiss doch, Monsieur Poirot. Zwei Köpfe sind besser als einer, und außerdem sollten Sie mit von der Partie sein, wo Sie doch den Brief bekommen haben und so.«

»Zu freundlich, Inspector.«

Höflich schüttelte Poirot ihm die Hand und verabschiedete sich.

Am darauffolgenden Nachmittag bekam er einen Anruf.

»Spreche ich mit Monsieur Poirot? Inspector Sims hier. Es gibt ein paar hübsche neue Entwicklungen in der kleinen Angelegenheit, von der wir beide wissen.«

»Wahrhaftig? Ich bitte Sie inständig, erzählen Sie doch.«

»Also, hier ist Punkt eins – ein ziemlich wichtiger Punkt. Miss B. hat ihrer Nichte eine kleine Erbschaft hinterlassen, alles andere geht an K. Als Dank für ihre große Hilfsbereitschaft und Zuvorkommenheit, wie es wortwörtlich hieß. Das rückt die Sache natürlich in ein anderes Licht.«

Vor Poirots innerem Auge tauchte sofort ein Bild auf. Ein missmutiges Gesicht und die leidenschaftlichen Worte: »Das Geld gehört mir. So hat sie es aufgeschrieben, und so soll es auch sein.« Für Katrina war die Erbschaft also keine Überraschung, sie hatte schon vorher davon gewusst.

»Punkt zwei«, fuhr Inspector Sims fort. »Niemand außer K. hatte diese Kapseln in der Hand.«

»Da sind Sie sich ganz sicher?«

»Das Mädchen streitet es selbst nicht ab. Was sagen Sie dazu?«

»Äußerst interessant.«

»Jetzt brauchen wir nur noch eins: einen eindeutigen Hinweis darauf, wie sie an das Strychnin gekommen ist. Das sollte nicht allzu schwierig sein.«

»Aber noch haben Sie nichts?«

»Ich habe gerade erst mit den Ermittlungen begonnen. Die Untersuchung durch den Coroner war heute Morgen.«

»Was geschah dort?«

»Wurde um eine Woche vertagt.«

»Und die junge Dame, K.?«

»Ich nehme sie wegen Tatverdachts fest. Will kein Risiko eingehen. Vielleicht hat sie hier irgendwelche zwielichtigen Freunde, die versuchen würden, sie außer Landes zu bringen.«

»Nein«, sagte Poirot. »Ich glaube nicht, dass sie hier Freunde hat.«

»Wirklich? Wie kommen Sie darauf, Monsieur Poirot?«

»Ist nur so eine Vermutung. Gibt es noch andere ›Punkte‹, wie Sie es nennen?«

»Nichts wirklich Relevantes. Miss B. scheint in letzter Zeit ein bisschen an der Börse herumgespielt zu haben – muss ein hübsches Sümmchen verloren haben. Ist irgendwie ziemlich komisch, aber ich kann mir nicht vorstellen, dass da ein Zusammenhang besteht – jedenfalls im Augenblick noch nicht.«

»Nein, da haben Sie wahrscheinlich recht. Also, allerbesten Dank. Sehr freundlich von Ihnen, mich anzurufen.«

»Keine Ursache. Ich stehe zu meinem Wort. Hab doch gesehen, dass die Sache Sie interessiert. Wer weiß, vielleicht können Sie mir bei der Lösung des Falles noch behilflich sein.«

»Das wäre mir ein großes Vergnügen. Zum Beispiel könnte es Ihnen durchaus helfen, wenn es mir gelingen würde, einen Freund dieser Katrina aufzustöbern.«

»Ich dachte, Sie hätten gerade gesagt, dieses Mädchen habe keine Freunde«, sagte Inspector Sims verblüfft.

»Da habe ich mich geirrt«, sagte Hercule Poirot. »Einen hat sie.«

Ehe der Inspector weitere Fragen stellen konnte, legte Poirot auf.

Mit ernster Miene ging er in den Raum hinüber, in dem Miss Lemon an ihrer Schreibmaschine saß. Als ihr Arbeitgeber näher trat, nahm sie die Finger von den Tasten und sah ihn fragend an.

»Ich möchte«, sagte Poirot, »dass Sie sich eine kleine Geschichte vorstellen.«

Resigniert ließ Miss Lemon die Hände in den Schoß sinken. Es machte ihr Spaß, an der Schreibmaschine zu arbeiten, Rechnungen zu begleichen, Schriftstücke abzuheften und Termine einzutragen. Sich in irgendwelche hypothetischen Situationen versetzen zu müssen langweilte sie über alle Maßen, doch sie akzeptierte es, wenn auch nur als unangenehmen Teil ihrer Pflichten.

»Sie sind ein russisches Mädchen«, begann Poirot.

»Ja«, sagte Miss Lemon, wirkte allerdings extrem britisch.

»Sie sind allein in diesem Land und haben keine Freunde. Aus bestimmten Gründen wollen Sie nicht nach Russland zurückkehren. Sie arbeiten als eine Art Sklavin, als Pflegerin und Gesellschafterin einer alten Dame. Sie sind lammfromm und verrichten klaglos ihren Dienst.«

»Ja«, sagte Miss Lemon gehorsam, konnte sich jedoch überhaupt nicht vorstellen, irgendeiner alten Dame gegenüber lammfromm zu sein.

»Die alte Dame findet Gefallen an Ihnen. Sie beschließt, Ihnen ihr Geld zu hinterlassen. Sie sagt es Ihnen auch.« Poirot hielt inne.

Wieder antwortete Miss Lemon mit einem Ja.

»Und dann findet die alte Dame etwas heraus: Vielleicht geht es um Geld – möglicherweise merkt sie, dass Sie nicht ehrlich zu ihr waren. Oder es ist etwas noch Ernsteres: Ein Medikament hat anders geschmeckt, ein Gericht ist ihr nicht bekommen. Jedenfalls wird sie misstrauisch und schreibt einen Brief an einen äußerst berühmten Detektiv – *enfin*, an den allerberühmtesten Detektiv überhaupt, nämlich an mich! Ich solle sie binnen Kurzem aufsuchen. Dann würde, wie man hierzulande sagt, das Bratenfett natürlich ins Feuer tropfen. Das Entscheidende ist also, schnell zu handeln. Und noch ehe der große Detektiv eintrifft – ist die alte Dame tot. Und das Geld geht an Sie ... Sagen Sie, kommt Ihnen das plausibel vor?«

»Ziemlich plausibel«, sagte Miss Lemon. »Das heißt, für eine Russin ziemlich plausibel. Ich persönlich würde nie eine Stelle als Gesellschafterin annehmen. Ich mag es, wenn meine Aufgaben klar definiert sind. Und natürlich würde ich nicht im Traum daran denken, jemanden umzubringen.«

Poirot seufzte.

»Wie sehr ich doch meinen Freund Hastings vermisse. Er hatte so viel Phantasie. So ein romantisches Gemüt. Es stimmt schon, er hat sich jedes Mal die falsche Lösung zusammenphantasiert – aber selbst das war schon ein guter Anhaltspunkt.«

Miss Lemon schwieg. Sehnsuchtsvoll blickte sie auf das Blatt Papier vor sich.

»Es kommt Ihnen also plausibel vor«, sagte Poirot sinnierend.

»Ihnen nicht?«

»Ich fürchte fast, doch«, seufzte Poirot.

Das Telefon läutete, und Miss Lemon ging ins Nebenzimmer, um den Anruf entgegenzunehmen. Sie kam zurück und meinte:

»Es ist noch einmal Inspector Sims.«

Poirot eilte an den Apparat.

»*Allô, allô?* Was sagen Sie da?«

Sims wiederholte seine Worte:

»Wir haben im Zimmer des Mädchens ein Päckchen Strychnin gefunden – unter der Matratze. Der Sergeant brachte eben die Nachricht. Ich glaube, damit ist die Sache mehr oder weniger klar.«

»Ja«, sagte Poirot. »Ich glaube, damit ist die Sache klar.« Seine Stimme hatte sich verändert. Plötzlich klang sie zuversichtlich.

Als er aufgelegt hatte, setzte er sich an seinen Schreibtisch, rückte mechanisch sämtliche Gegenstände zurecht und murmelte vor sich hin:

»Irgendetwas stimmte da nicht. Ich konnte es spüren – nein, nicht spüren. Sehen, ich muss etwas gesehen haben. *En avant*, ihr kleinen grauen Zellen. Grübelt, denkt nach. War alles logisch und schlüssig? Das Mädchen, ihre Angst um das Geld; Madame Delafontaine; ihr Mann und seine Frage wegen der Russen – schwachsinnig, aber er ist auch ein Schwachkopf; das Zimmer; der Garten – ah! Genau, der Garten.«

Poirot setzte sich auf. Seine Augen leuchteten grün. Er sprang auf und ging ins Nebenzimmer.

»Miss Lemon, hätten Sie die Freundlichkeit, mit Ihrer gegenwärtigen Arbeit aufzuhören und Nachforschungen für mich anzustellen?«

»Nachforschungen, Monsieur Poirot? Ich fürchte, ich bin nicht besonders gut …«

Poirot unterbrach sie.

»Sie haben einmal gesagt, Sie wüssten alles über die Geschäftswelt.«

»Allerdings tue ich das«, erwiderte Miss Lemon voller Selbstvertrauen.

»Dann ist die Sache einfach. Sie begeben sich nach Charman's Green und machen einen Fischhändler ausfindig.«

»Einen Fischhändler?«, fragte Miss Lemon verblüfft.

»Genau. Den Fischhändler, der Rosebank mit Fisch beliefert hat. Und wenn Sie ihn gefunden haben, stellen Sie ihm eine ganz bestimmte Frage.«

Er reichte ihr einen Zettel. Miss Lemon nahm ihn entgegen, las ihn ohne großes Interesse, nickte und klappte den Deckel über ihre Schreibmaschine.

»Wir fahren zusammen nach Charman's Green«, sagte Poirot. »Sie gehen zum Fischhändler und ich zur Polizei. Von der Baker Street ist es nur eine halbe Stunde.«

Als er auf dem Revier ankam, wurde er von einem überraschten Inspector Sims begrüßt.

»Na, das nenne ich fix, Monsieur Poirot. Wir haben doch erst vor einer Stunde telefoniert.«

»Ich habe eine Bitte an Sie, und zwar, dass Sie mir gestatten, mit diesem Mädchen zu sprechen, dieser Katrina – wie heißt sie weiter?«

»Katrina Rieger. Nun, dagegen ist wohl nichts einzuwenden.«

Katrina wirkte bleicher und missmutiger denn je.

»Mademoiselle«, sagte Poirot sehr sanft, »Sie müssen mir glauben, dass ich nicht Ihr Feind bin. Sie müssen mir die Wahrheit sagen.«

Ihre Augen blitzten trotzig auf.

»Ich habe Ihnen die Wahrheit gesagt. Allen habe ich die Wahrheit gesagt! Wenn die alte Dame vergiftet wurde, dann wurde sie nicht von mir vergiftet. Das ist alles ein Irrtum. Sie wollen verhindern, dass ich das Geld bekomme.«

Ihre Stimme klang krächzend. Sie sah, fand er, wie eine erbärmliche, in die Enge getriebene kleine Ratte aus.

»Hat sie außer Ihnen niemand in der Hand gehabt?«

»Das habe ich doch gesagt, oder? Sie wurden am selben Nachmittag in der Apotheke hergestellt. Ich trug sie in meiner Tasche nach Hause – direkt vor dem Abendessen. Ich habe die Schachtel aufgemacht und Miss Barrowby eine davon zusammen mit einem Glas Wasser gegeben.«

»Niemand außer Ihnen hat sie angefasst?«

»Nein.«

Eine in die Enge getriebene Ratte – mit Courage!

»Und Miss Barrowby aß nur das zu Abend, was man uns erzählt hat? Die Suppe, den Fischauflauf, die Torte?«

»Ja.«

Ein hoffnungsloses Ja – dunkle, glühende Augen, die nirgendwo einen Hoffnungsschimmer sahen.

Poirot klopfte ihr auf die Schulter.

»Seien Sie guten Mutes, Mademoiselle. Es ist durchaus möglich, dass Sie die Freiheit erwartet – ja, und Geld, ein Leben der Muße.«

Sie blickte ihn misstrauisch an.

Als sie hinausging, meinte Sims:

»Ich habe nicht genau verstanden, was Sie am Telefon sagten – irgendwas von wegen, dass das Mädchen doch einen Freund hat.«

»Hat sie auch. Mich!«, erwiderte Hercule Poirot und hatte das Polizeirevier bereits verlassen, ehe der Inspector überhaupt seine fünf Sinne wieder beisammen hatte.

Sie saßen im Green Cat Tearoom. Miss Lemon spannte ihren Arbeitgeber nicht auf die Folter, sondern kam direkt auf den Punkt.

»Der Mann heißt Rudge, das Geschäft ist in der High Street, und Sie hatten absolut recht. Genau anderthalb Dutzend. Ich habe mir aufgeschrieben, was er gesagt hat.«

Sie reichte ihm einen Zettel.

»Arrr.« Es klang wie das tiefe, satte Schnurren einer Katze.

Hercule Poirot begab sich nach Rosebank. Als er, die untergehende Sonne im Rücken, im Vorgarten stand, trat Mary Delafontaine aus dem Haus.

»Monsieur Poirot?« Sie klang überrascht. »Sie sind noch einmal zurückgekommen?«

»Ja, ich bin noch einmal zurückgekommen.« Er machte eine kurze Pause, dann sagte er: »Als ich zum ersten Mal hier war, Madame, da fiel mir dieser Kinderreim ein:

Mistress Mary, du Widerborst,
was wächst in deinem Garten?
Silberglöckchen und Muschelschalen
und hübsche Mädchen aller Arten.

Es sind allerdings nicht irgendwelche Muschelschalen, nicht wahr, Madame? Es sind Austernschalen.«

Er deutete auf ein Beet und hörte, wie ihr der Atem stockte. Reglos blieb sie stehen. In ihren Augen lag eine Frage.

Er nickte.

»*Mais oui*, ich weiß es! Das Dienstmädchen hatte das Essen warmgestellt – sie und Katrina schwören, dass es das Einzige war, was Sie alle an dem Abend aßen. Nur Sie und Ihr Mann wissen, dass Sie anderthalb Dutzend Austern besorgt hatten – ein kleiner Leckerbissen *pour la bonne tante*. Ein Kinderspiel, Strychnin in eine Auster zu injizieren. Sie wird geschlürft, *comme ça*! Allerdings bleiben die Schalen übrig – die auf keinen Fall in den Mülleimer wandern dürfen, denn dort würde das Dienstmädchen sie sehen. Und da kam Ihnen die Idee, ein Blumenbeet damit einzufassen. Allerdings hatten Sie nicht genug, weshalb die Einfassung unvollständig ist. Das nimmt sich nicht gut aus, denn es zerstört die Symmetrie Ihres ansonsten so bezaubernden Gartens. Diese wenigen Austernschalen wirkten befremdlich – gleich bei meinem ersten Besuch waren sie mir ein Dorn im Auge.«

»Wahrscheinlich hatten Sie schon nach dem Brief eine Vermutung«, sagte Mary Delafontaine. »Ich wusste, dass meine Tante Ihnen geschrieben hatte, aber ich wusste nicht, wie viel sie Ihnen erzählt hatte.«

Poirot gab eine ausweichende Antwort:

»Zumindest wusste ich, dass es um eine Familienangelegenheit ging. Wenn Katrina damit zu tun gehabt hätte, dann hätte es keinen Grund gegeben, die Sache zu vertuschen. Soviel ich weiß, haben Sie und Ihr Mann Miss Barrowbys Wertpapiere verwaltet und zu Ihren eigenen Gunsten genutzt, und sie ist dahintergekommen ...«

Mary Delafontaine nickte.

»Das machen wir schon seit Jahren – hier ein bisschen, dort ein bisschen. Mir war nie klar, dass sie clever genug war dahinterzukommen. Und dann erfuhr ich, dass sie einen Detektiv herbestellt hatte; und außerdem hörte ich, dass sie ihr Geld Katrina vererben wollte – dieser elenden Kreatur!«

»Deshalb wurde das Strychnin also in Katrinas Zimmer deponiert? Verstehe. Sie schützen sich und Ihren Gatten vor möglichen unliebsamen Entdeckungen meinerseits und wälzen den Mord gleichzeitig auf ein unschuldiges Kind ab. Haben Sie denn gar kein Mitgefühl, Madame?«

Mary Delafontaine zuckte die Achseln und sah Poirot mit ihren leuchtend blauen Vergissmeinnicht-Augen groß an. Er erinnerte sich an ihre perfekte Schauspielerei während seines ersten Besuchs und an die stümperhaften Versuche ihres Mannes. Eine überdurchschnittliche Frau – aber unmenschlich.

»Mitgefühl?«, sagte sie. »Für diese elende intrigante kleine Ratte?« Ihre Verachtung war nicht zu überhören.

Langsam erwiderte Hercule Poirot:

»Ich glaube, Madame, Ihnen haben in Ihrem ganzen Leben nur zwei Dinge je am Herzen gelegen. Einmal Ihr Mann.«

Ihre Lippen begannen zu beben.

»Und dann – Ihr Garten.«

Er sah sich um. Sein Blick schien die Blumen um Verzeihung zu bitten für das, was er getan hatte und was er gleich tun würde.

Mord in der Bardsley Gardens Mews

»Einen Penny für Guy, Sir?«

Ein kleiner Junge mit rußigem Gesicht lächelte zuckersüß.

»Garantiert nicht!«, sagte Chief Inspector Japp. »Und jetzt hör mir mal zu, mein Bürschchen …«

Es folgte eine kurze Gardinenpredigt. Der verblüffte Gassenjunge machte sich fluchtartig aus dem Staub und rief seinen Freunden kurz und knapp zu:

»Mensch, der feine Pinkel ist 'n Bulle!«

Die Bande nahm die Beine in die Hand und sang dabei das Guy-Fawkes-Lied:

Vergesst niemals, niemals die Tat
vom fünften Novembertag –
Pulver, Verschwörung und Verrat.
Es wäre vermessen,
die Pulververschwörung
jemals zu vergessen.

Der Begleiter des Chief Inspector, ein kleiner älterer Herr mit einem eiförmigen Kopf und einem großen, militärisch anmutenden Schnurrbart, lächelte in sich hinein.

»*Très bien*, Japp«, bemerkte er. »Sie halten eine vortreffliche Predigt! Ich gratuliere.«

»Weiter nichts als eine faule Ausrede fürs Betteln, dieser Guy-Fawkes-Tag!«, erwiderte Japp.

»Ein interessantes Überbleibsel«, sagte Hercule Poirot sinnierend. »Das Feuerwerk schießt – krach, peng – in die Luft, obwohl der Mann, dessen man gedenkt, und seine Tat längst vergessen sind.«

Der Mann von Scotland Yard pflichtete ihm bei.

»Glaube nicht, dass viele dieser Lümmel überhaupt wissen, wer dieser Guy Fawkes eigentlich war.«

»Und schon bald kommt es zu einer allgemeinen Desorientierung. Wird das *feu d'artifice* am 5. November in den Himmel geschossen, um ihn zu ehren oder um ihn zu verwünschen? Ein englisches Parlament in die Luft zu jagen, wäre das eine Schandtat oder eine Heldentat gewesen?«

Japp kicherte. »Manch einer würde wohl Letzteres behaupten.«

Die beiden Männer bogen von der Hauptstraße in die Bardsley Gardens Mews ein, eine vergleichsweise ruhige Wohngegend mit umgebauten alten Remisen. Sie hatten zusammen zu Abend gegessen und nahmen jetzt eine Abkürzung zu Hercule Poirots Wohnung.

Noch immer konnte man vereinzelte Knallfrösche hören. Gelegentlich erleuchtete ein goldener Funkenregen den Himmel.

»Guter Abend für einen Mord«, bemerkte Japp mit kriminalistischem Interesse. »Einen Schuss zum Beispiel würde in so einer Nacht kein Mensch hören.«

»Ich fand es schon immer komisch, dass das nicht öfter von Verbrechern ausgenutzt wird«, erwiderte Hercule Poirot.

»Wissen Sie, Poirot, manchmal wünsche ich mir fast, *Sie* würden einen Mord begehen.«

»Mon cher!«

»Ja, ich würde wirklich gerne sehen, wie Sie es anstellen würden.«

»Mein lieber Japp, wenn ich tatsächlich einen Mord begehen würde, hätten Sie nicht die geringste Chance zu sehen, wie ich es anstelle! Sie würden wahrscheinlich nicht einmal merken, dass überhaupt ein Mord begangen wurde.«

Japp lachte herzlich und gutmütig.

»Sie blasierter kleiner Satansbraten, Sie«, sagte er nachsichtig.

Um 10 Uhr 30 am nächsten Morgen klingelte Hercule Poirots Telefon.

»Allô? Allô?«

»Hallo, sind Sie's, Poirot?«

»Oui, c'est moi.«

»Japp am Apparat. Wissen Sie noch, wie wir gestern Abend auf dem Nachhauseweg durch die Bardsley Gardens Mews gegangen sind?«

»Ja?«

»Und wie wir darüber sprachen, wie leicht es wäre, bei dem ganzen Geknalle und Geböller jemanden zu erschießen?«

»Sicher.«

»Nun, genau dort gab es einen Selbstmord. In der Nr. 14. Eine junge Witwe, Mrs Allen. Ich fahre jetzt dorthin. Hätten Sie Lust, mich zu begleiten?«

»Entschuldigung, aber wird normalerweise jemand von Ihrem Kaliber, *mon ami*, zu einem Selbstmord gerufen?«

»Schlaues Bürschchen. Nein, das wird er nicht. Aber unser Arzt scheint der Meinung zu sein, dass an der Sache etwas faul ist. Kommen Sie? Irgendwie habe ich das Gefühl, Sie sollten mit dabei sein.«

»Sicher komme ich. Nr. 14, sagten Sie?«

»Genau.«

Poirot traf fast genau im gleichen Augenblick an der Bardsley Gardens Mews Nr. 14 ein, als dort ein Wagen mit Japp und drei weiteren Männern vorfuhr.

Das Haus Nr. 14 stand ganz eindeutig im Blickpunkt des allgemeinen Interesses. Eine Menschenmenge – die Chauffeure aus der Nachbarschaft mit ihren Frauen, Laufburschen, Tagediebe, elegant gekleidete Passanten und unzählige Kinder – bildete einen Halbkreis vor dem Gebäude und starrte es mit offenem Mund wie gebannt an.

Ein uniformierter Constable war auf der Treppe postiert und hielt die Neugierigen so gut es ging zurück. Junge Männer mit Fotoapparaten rannten geschäftig umher und stürzten sofort herbei, als Japp aus dem Wagen stieg.

»Gibt noch nichts«, sagte Japp und wimmelte sie ab. Er nickte Poirot zu. »Da sind Sie ja. Gehen wir rein.«

Schnell traten sie ins Haus, die Tür fiel hinter ihnen ins Schloss, und die beiden standen, auf engstem Raum zusammengedrängt, am Fuß einer leiterähnlich steil ansteigenden Treppe.

Ein Mann erschien auf dem oberen Treppenabsatz, erkannte Japp und meinte:

»Hier oben, Sir.«

Japp und Poirot stiegen die Treppe hinauf.

Der Mann am Kopf der Treppe öffnete eine Tür zu ihrer Linken, und sie traten in ein kleines Zimmer.

»Dachte, ich sollte Ihnen kurz die wichtigsten Eckpunkte darlegen, Sir.«

»Ganz recht, Jameson«, sagte Japp. »Also?«

Divisional Inspector Jameson begann mit seinem Bericht:

»Die Tote ist eine gewisse Mrs Allen, Sir. Lebte hier zusammen mit einer Freundin, einer Miss Plenderleith. Miss Plenderleith war aufs Land gefahren und kehrte heute Vormittag zurück. Sie schloss die Tür auf, doch zu ihrer Überraschung war niemand zu Hause. Normalerweise kommt jeden Morgen um 9 Uhr die Putzfrau vorbei. Zuerst ging sie hinauf in ihr Zimmer – das wäre dieses hier – und dann zu dem ihrer Freundin auf der anderen Seite der Treppe. Die Tür war von innen abgeschlossen. Sie rüttelte am Knauf, klopfte und rief, bekam jedoch keine Antwort. Schließlich kriegte sie es mit der Angst zu tun und rief die Polizei. Das war um 10 Uhr 45. Wir kamen sofort und brachen die Tür auf. Mrs Allen lag, mit einer Schusswunde im Kopf, zusammengesunken am Boden. In ihrer Hand befand sich ein Revolver, ein .25er Webley – sah nach einem klaren Fall von Selbstmord aus.«

»Wo ist Miss Plenderleith jetzt?«

»Unten im Wohnzimmer, Sir. Eine sehr besonnene, tüchtige junge Dame, würde ich sagen. Ein helles Köpfchen.«

»Ich gehe gleich runter. Aber jetzt sollte ich erst mal mit Brett reden.«

Von Poirot begleitet, ging er ins gegenüberliegende Zimmer. Ein großer älterer Herr blickte auf und nickte.

»Tag, Japp, gut, dass Sie da sind. Komische Sache, das Ganze.«

Japp trat zu ihm. Hercule Poirot ließ seinen Blick prüfend durch das Zimmer wandern.

Es war entschieden größer als der Raum, aus dem sie gerade gekommen waren. Es gab ein Erkerfenster, und während der andere Raum ein reines Schlafzimmer war, handelte es sich hier ganz eindeutig um ein Schlafzimmer, das gleichzeitig als Wohnzimmer fungierte.

Die Wände waren silberfarben, die Decke smaragdgrün. Die Vorhänge hatten ein modernes silbergrünes Muster. Auf einem Divan lagen ein gesteppter, smaragdgrün schimmernder Seidenüberwurf sowie eine Reihe von golden und silbern gemusterten Kissen. Es gab einen hohen antiken Nussbaum-Sekretär, eine Nussbaum-Kommode und mehrere moderne chromblitzende Sessel. Auf einem niedrigen Glastisch stand ein großer Aschenbecher voller Zigarettenkippen.

Diskret schnupperte Hercule Poirot. Dann trat er zu Japp, der auf die Leiche hinabblickte.

Vor ihnen lag der zusammengesackte Leichnam einer jungen, vielleicht siebenundzwanzigjährigen Frau, und zwar exakt so, wie sie aus einem der Chromsessel auf den Boden gesunken war. Sie hatte blonde Haare und feine Züge, trug kaum Make-up. Ihr Gesicht war hübsch, melancholisch und vielleicht ein klein wenig dümmlich. Die linke Schläfe war voller geronnenem Blut. Die Finger der rechten Hand hielten einen kleinen Revolver umklammert. Die Frau trug ein einfaches, hochgeschlossenes dunkelgrünes Kleid.

»Also, Brett, wo liegt das Problem?«

Japp blickte auf die am Boden kauernde Gestalt.

»Die Position stimmt«, erwiderte der Arzt. »Wenn sie sich selbst erschossen hätte, wäre sie wahrscheinlich aus dem Sessel genau in diese Position gerutscht. Die Tür war abgeschlossen und das Fenster von innen verriegelt.«

»Das stimmt also alles, sagen Sie. Was ist dann faul?«

»Sehen Sie sich mal den Revolver an. Ich habe ihn nicht angerührt – warte noch auf die Spurensicherung, wegen der Fingerabdrücke. Aber es ist ziemlich leicht zu erkennen, was ich meine.«

Poirot und Japp knieten sich hin und betrachteten den Revolver eingehend.

»Ich weiß, was Sie meinen«, sagte Japp und erhob sich wieder. »Die Wölbung ihrer Hand. Es sieht aus, als wenn sie ihn hält, aber in Wirklichkeit hält sie ihn gar nicht. Noch etwas?«

»Eine Menge. Sie hält den Revolver in der rechten Hand. Jetzt sehen Sie sich einmal die Wunde an. Der Revolver wurde dicht an die Schläfe gehalten, direkt über dem linken Ohr – dem *linken* Ohr, wohlgemerkt!«

»Hm«, sagte Japp. »Damit wäre der Fall wohl klar. Mit der rechten Hand kann sie den Revolver also nicht so gehalten und abgedrückt haben?«

»Schlicht unmöglich, würde ich sagen. Vielleicht bekommt man den Arm so weit herum, aber ich bezweifle, dass man dann noch abdrücken kann.«

»Die Sache scheint also ziemlich eindeutig. Sie wurde von jemandem erschossen, der dann einen Selbstmord vortäuschen wollte. Aber was ist mit der abgeschlossenen Tür und dem Fenster?«

Diesmal antwortete Inspector Jameson:

»Das Fenster war verriegelt, Sir, und die Tür war abgeschlossen, aber den Schlüssel konnten wir nirgends finden.«

Japp nickte.

»Ja, das ist Pech. Als der Täter ging, hat er die Tür abgeschlossen und gehofft, das Fehlen des Schlüssels würde unbemerkt bleiben.«

»C'est bête, ça!«, murmelte Poirot.

»Ach, kommen Sie, Poirot, Sie können doch nicht alle Menschen im Lichte Ihres strahlenden Intellekts betrachten! In Wirklichkeit ist das doch genau eins von diesen kleinen Details, die ziemlich leicht übersehen werden. Die Tür ist abgeschlossen. Sie wird aufgebrochen. Eine Tote auf dem Boden, in der Hand einen Revolver – ein klarer Fall von Selbstmord, nachdem sie sich selbst eingeschlossen hat. Da sucht man nicht lange nach irgendwelchen Schlüsseln. Im Prinzip war es sogar ein glücklicher Zufall, dass Miss Plenderleith die Polizei gerufen hat. Wenn sie ein oder zwei von den Chauffeuren aus der Nachbarschaft geholt hätte, damit sie die Tür aufbrechen, wäre die Sache mit den Schlüsseln vollkommen übersehen worden.«

»Ja, das ist durchaus möglich«, sagte Hercule Poirot. »Viele Leute hätten erst einmal so reagiert. Die Polizei ist wirklich immer der letzte Strohhalm, nicht?«

Er starrte immer noch auf die Leiche hinab.

»Fällt Ihnen irgendetwas auf?«, fragte Japp.

Die Frage klang beiläufig, doch seine wachsamen Augen waren gespannt auf Poirot gerichtet.

Hercule Poirot schüttelte langsam den Kopf.

»Ich habe nur auf ihre Armbanduhr geguckt.«

Er beugte sich hinab und berührte sie mit der Fingerspitze. Es war eine elegante, brillantenbesetzte Uhr mit einem schwarzen Moiréband am Gelenk der Hand, die den Revolver hielt.

»Spitzenqualität«, bemerkte Japp. »Muss teuer gewesen sein!« Er neigte den Kopf zur Seite und sah Poirot fragend an. »Kann uns die irgendwie weiterhelfen?«

»Möglicherweise schon.«

Poirot wanderte zum Sekretär hinüber. Er hatte einen wunderschön gearbeiteten ausklappbaren Pultdeckel mit einer auf das allgemeine Farbschema des Zimmers abgestimmten Schreibtischgarnitur.

In der Mitte der Schreibplatte stand ein recht massives silbernes Tintenfass, davor lag eine Löschpapiermappe mit einem hübschen grünen Lackdeckel. Links daneben eine Stiftschale aus smaragdgrünem Glas mit einem silbernen Federhalter, einer Stange grünem Siegellack, einem Bleistift und zwei Briefmarken. Rechts daneben ein Kalender, der den Wochentag, das Datum und den Monat anzeigte, sowie ein kleines, zur Hälfte mit Bleikugeln gefülltes Glasgefäß, in dem ein prachtvoller grüner Federkiel stand. Dieser Federkiel schien Poirots Interesse zu wecken. Er nahm ihn heraus und besah ihn sich genau, konnte jedoch keine Tintenspuren entdecken. Der Federkiel war ganz eindeutig nur ein Dekorationsstück, mehr nicht. Benutzt wurde allein der silberne Federhalter mit der tintenbefleckten Schreibfeder. Sein Blick wanderte zum Kalender.

»Dienstag, der 5. November«, sagte Japp. »Gestern. Das stimmt so weit.«

Er wandte sich an Brett.

»Wie lange ist sie schon tot?«

»Sie wurde gestern Abend um 23 Uhr 33 umgebracht«, kam Bretts prompte Antwort.

Als er Japps überraschtes Gesicht sah, grinste er.

»Tut mir leid, altes Haus«, sagte er. »Musste einfach mal den Superarzt geben, wie man ihn aus Detektivgeschichten kennt! Tatsächlich schätze ich den Todeszeitpunkt auf 23 Uhr – mit einem Spielraum von plus/minus einer Stunde.«

»Ach so, ich dachte, die Armbanduhr sei stehen geblieben oder so etwas.«

»Die ist auch stehen geblieben, allerdings um 4 Uhr 15.«

»Und 4 Uhr 15 kommt, nehme ich mal an, als Todeszeitpunkt nicht in Frage.«

»Das können Sie völlig vergessen.«

Poirot hatte den Deckel der Löschpapiermappe aufgeschlagen.

»Gute Idee«, meinte Japp. »Aber leider Pech gehabt.«

Das oberste Blatt war vollkommen unbenutzt. Poirot sah sich die Blätter darunter an, aber auch sie wiesen keinerlei Spuren auf.

Er richtete seine Aufmerksamkeit auf den Papierkorb.

Er enthielt zwei oder drei zerrissene Briefe sowie Reklame. Alles war nur einmal durchgerissen und daher leicht wieder zusammenzusetzen. Ein Spendenaufruf von einer Gesellschaft zur Unterstützung von Kriegsveteranen, eine Einladung zu einer Cocktailparty am 3. November und ein Termin bei einer Schneiderei. Dazu die Ankündigung eines Pelzausverkaufs und ein Kaufhauskatalog.

»Nichts«, sagte Japp.

»Nein, komisch …«, erwiderte Poirot.

»Sie meinen, normalerweise hinterlassen Selbstmörder einen Abschiedsbrief?«

»Genau.«

»Also noch ein Beweis dafür, dass es kein Selbstmord war.«

Er ging in Richtung Tür.

»Ich sage jetzt meinen Männern, dass sie anfangen können. Wir sollten inzwischen nach unten gehen und diese Miss Plenderleith befragen. Kommen Sie, Poirot?«

Poirot schien noch immer fasziniert vom Sekretär und seinen Accessoires.

Er verließ das Zimmer, doch als er in der Tür stand, wanderte sein Blick noch einmal zurück zu dem prächtigen smaragdgrünen Federkiel.

Am Fuß der schmalen Treppe führte eine Tür in ein großes Wohnzimmer – in Wirklichkeit der ehemalige Pferdestall. In diesem Raum, an dessen grob verputzten Wänden Radierungen und Holzschnitte hingen, saßen zwei Frauen.

Die eine, eine dunkelhaarige, tüchtig wirkende Sieben- oder Achtundzwanzigjährige, saß in einem Sessel in der Nähe des Kamins und hatte die Hände zum Feuer ausgestreckt. Die andere, eine ältere, vollschlanke Frau, hielt ein Einkaufsnetz in der Hand und schwadronierte atemlos vor sich hin, als die beiden Männer den Raum betraten.

»… wie gesagt, Miss, ich bekam so einen Schreck, dass ich fast auf der Stelle umgekippt wäre. Und wenn man sich vorstellt, dass ausgerechnet heute Morgen …«

Die andere schnitt ihr das Wort ab.

»Das genügt, Mrs Pierce. Diese Herren sind von der Polizei, glaube ich.«

»Miss Plenderleith?«, fragte Japp und trat vor.

Die junge Frau nickte.

»Ja, das bin ich. Dies hier ist Mrs Pierce, die jeden Tag bei uns sauber macht.«

Mrs Pierce ließ sich nicht unterkriegen und legte sofort wieder los.

»Wie ich gerade zu Miss Plenderleith sagte, wenn man sich vorstellt, dass ausgerechnet heute Morgen die kleine Louisa Maud, die Tochter von meiner Schwester, einen Anfall bekommen musste und außer mir keiner da war und, wie ich immer sage, das eigen Fleisch und Blut eben doch das eigen Fleisch und Blut ist, und ich dachte, dass Mrs Allen sicher nichts dagegen hätte, obwohl ich die gnädigen Frauen um keinen Preis hängen lassen möchte ...«

Japp unterbrach sie geschickt.

»Ganz recht, Mrs Pierce. Wenn Sie jetzt mit Inspector Jameson in die Küche gehen würden, damit er Ihre Aussage aufnehmen kann.«

Als er die redselige Mrs Pierce, die jetzt Jameson die Ohren vollposaunte, losgeworden war, wandte Japp seine Aufmerksamkeit erneut der jungen Frau zu.

»Ich bin Chief Inspector Japp. Also, Miss Plenderleith, ich würde gern alles wissen, was Sie mir über diese Angelegenheit erzählen können.«

»Sicher. Wo soll ich anfangen?«

Ihre Selbstbeherrschung war bewundernswert. Bis auf ihre fast schon unnatürlich steifen Umgangsformen zeigte sie keinerlei Anzeichen von Trauer oder Schock.

»Um wie viel Uhr trafen Sie heute Morgen hier ein?«

»Ich glaube, kurz vor 9 Uhr 30. Mrs Pierce, diese Heuchlerin, war, wie ich feststellen musste, nicht hier ...«

»Kommt das oft vor?«

Jane Plenderleith zuckte mit den Schultern.

»Etwa zweimal die Woche erscheint sie um 12 – oder gar nicht.

Eigentlich sollte sie jeden Morgen um 9 Uhr hier sein. In Wirklichkeit fühlt sie sich, wie gesagt, zweimal die Woche ›komisch‹ oder jemand in ihrer Familie ist plötzlich krank. Aber so sind sie, die Putzfrauen – ab und zu lassen sie einen eben im Stich. Vergleichsweise ist sie gar nicht übel.«

»Sie arbeitet schon lange hier?«

»Gut einen Monat. Die Letzte hat lange Finger gemacht.«

»Bitte fahren Sie fort, Miss Plenderleith.«

»Ich habe das Taxi bezahlt, trug meinen Koffer ins Haus, suchte Mrs P., konnte sie nirgends finden und ging hoch in mein Zimmer. Ich habe ein bisschen aufgeräumt, und dann ging ich zu Barbara – Mrs Allen – hinüber und bemerkte, dass die Tür abgeschlossen war. Ich rüttelte am Türknauf und klopfte, bekam aber keine Antwort. Ich ging wieder nach unten und rief die Polizei.«

»Pardon!« Beherzt warf Poirot eine Frage dazwischen: »Sie kamen nicht auf den Gedanken zu versuchen, die Tür aufzubrechen – zum Beispiel mit Hilfe eines der Chauffeure, die hier in der Nachbarschaft wohnen?«

Ihre Augen – kühle, graugrüne Augen – richteten sich auf Poirot. Abschätzend ließ sie ihren Blick über ihn gleiten.

»Nein, ich glaube, auf die Idee bin ich gar nicht gekommen. Wenn da irgendetwas nicht stimmte, dann, so schien es mir, wäre die Polizei der richtige Ansprechpartner.«

»Dann haben Sie also – Pardon, Mademoiselle – vermutet, dass tatsächlich irgendetwas nicht stimmte?«

»Natürlich.«

»Weil Sie auf Ihr Klopfen keine Antwort bekamen? Aber hätte es nicht sein können, dass Ihre Freundin ein Schlafmittel oder so etwas eingenommen hatte …«

»Sie nahm keine Schlafmittel«, kam die scharfe Antwort.

»Oder dass sie irgendwo hingegangen war und die Tür abgeschlossen hatte?«

»Warum hätte sie sie abschließen sollen? Auf jeden Fall hätte sie mir dann eine Nachricht hinterlassen.«

»Und sie hat Ihnen keine Nachricht hinterlassen? Da sind Sie sich völlig sicher?«

»Natürlich bin ich mir da sicher. Ich hätte sie doch sofort gesehen.«

Ihr Ton wurde schärfer.

»Sie haben nicht versucht, durchs Schlüsselloch zu gucken, Miss Plenderleith?«, fragte Japp.

»Nein«, erwiderte Jane Plenderleith nachdenklich. »Daran habe ich gar nicht gedacht. Aber ich hätte doch sowieso nichts sehen können, oder? Der Schlüssel hat doch wohl im Schloss gesteckt?«

Ihr fragender Blick, ihre unschuldigen, großen Augen richteten sich auf Japp. Poirot lächelte in sich hinein.

»Sie haben natürlich genau richtig gehandelt, Miss Plenderleith«, sagte Japp. »Ich nehme an, Sie hatten keinen Grund zu der Vermutung, dass Ihre Freundin Selbstmord begehen würde?«

»Woher denn!«

»Sie wirkte nicht besorgt – oder irgendwie beunruhigt?«

Es entstand eine Pause, eine deutliche Pause, ehe die junge Frau antwortete.

»Nein.«

»Wussten Sie, dass sie einen Revolver besaß?«

Jane Plenderleith nickte.

»Ja, er war noch aus Indien. Sie bewahrte ihn in einem Schubfach in ihrem Zimmer auf.«

»Hm. Hatte sie einen Waffenschein?«

»Ich denke schon. Das weiß ich aber nicht genau.«

»Gut, Miss Plenderleith, würden Sie mir jetzt bitte alles erzählen, was Sie über Mrs Allen wissen, wie lange Sie sie schon kennen, wo ihre Verwandten leben – alles eben.«

Jane Plenderleith nickte.

»Ich kenne Barbara seit circa fünf Jahren. Ich lernte sie auf einer Reise kennen – genauer gesagt, in Ägypten. Sie befand sich auf der Heimreise von Indien. Ich war ein Weilchen an der British School in Athen gewesen und verbrachte vor meiner Rückkehr nach England noch ein paar Wochen in Ägypten. Wir nahmen beide an einer Nilkreuzfahrt teil. Wir fanden einander sympathisch und freundeten uns an. Ich suchte damals jemanden, mit dem ich eine Wohnung oder ein kleines Haus teilen könnte. Barbara war ganz allein auf der Welt. Wir dachten, wir würden gut miteinander auskommen.«

»Und Sie kamen dann auch gut miteinander aus?«, fragte Poirot.

»Sehr gut sogar. Wir hatten beide unseren eigenen Freundeskreis: Barbaras Freunde stammten eher aus der High Society, meine aus dem Künstlermilieu. Das war wahrscheinlich gut so.«

Poirot nickte.

»Was wissen Sie über Mrs Allens Familie und ihr Leben, ehe Sie beide sich kennenlernten?«, fuhr Japp fort.

Jane Plenderleith zuckte mit den Achseln.

»Eigentlich nicht sehr viel. Ihr Mädchenname war Armitage, glaube ich.«

»Und ihr Mann?«

»Mit dem war wohl nicht viel Staat zu machen. Soweit ich weiß, trank er. Ich glaube, er starb ein oder zwei Jahre nach ihrer Hochzeit. Es gab ein Kind, ein kleines Mädchen, das mit drei Jahren starb. Barbara hat nicht viel über ihren Mann gesprochen. Ich glaube, sie hat ihn in Indien geheiratet, als sie ungefähr siebzehn war. Dann ging es nach Borneo oder in irgendeine andere gottverlassene Gegend, wo man Nichtsnutze hinschickt – aber da das offensichtlich ein schmerzhaftes Thema für sie war, habe ich es nie angesprochen.«

»Wissen Sie, ob Mrs Allen in finanziellen Schwierigkeiten steckte?«

»Nein, ganz bestimmt nicht.«

»Keine Schulden, nichts dergleichen?«

»O nein! In so einer Bredouille saß sie sicher nicht.«

»Ich muss Ihnen jetzt noch eine weitere Frage stellen, von der ich hoffe, dass Sie sie mir nicht übel nehmen, Miss Plenderleith. Hat Mrs Allen eine Männerbekanntschaft oder auch mehrere gehabt?«

»Nun«, erwiderte Jane Plenderleith kühl, »sie war verlobt und wollte heiraten, falls das Ihre Frage beantwortet.«

»Wie heißt ihr Verlobter?«

»Charles Laverton-West. Er ist Parlamentsabgeordneter für irgendeinen Wahlkreis in Hampshire.«

»Kannte sie ihn schon lange?«

»Ein gutes Jahr.«

»Und seit wann war sie mit ihm verlobt?«

»Seit zwei, nein, eher seit drei Monaten.«

»Und soweit Sie wissen, gab es keinen Streit?«

Miss Plenderleith schüttelte den Kopf.

»Nein. Das hätte mich auch wirklich gewundert. Barbara war nicht der streitsüchtige Typ.«

»Wann haben Sie Mrs Allen das letzte Mal gesehen?«

»Letzten Freitag, bevor ich fürs Wochenende wegfuhr.«

»Mrs Allen blieb in der Stadt?«

»Ja. Ich glaube, Sie wollte am Sonntag mit ihrem Verlobten ausgehen.«

»Und Sie, wo verbrachten Sie das Wochenende?«

»Auf Laidells Hall in Laidells, Essex.«

»Der Name Ihrer Gastgeber?«

»Mr und Mrs Bentinck.«

»Und Sie fuhren dort erst heute Morgen wieder ab?«

»Ja.«

»Dann müssen Sie ja äußerst früh abgereist sein?«

»Mr Bentinck nahm mich mit dem Wagen mit. Er bricht immer sehr zeitig auf, weil er um 10 Uhr in der Stadt sein muss.«

»Verstehe.«

Japp nickte wohlwollend. Miss Plenderleiths Antworten waren allesamt knapp und überzeugend gewesen.

Dann war Poirot mit einer Frage an der Reihe:

»Was halten Sie von Mr Laverton-West?«

Die junge Frau zuckte mit den Schultern.

»Spielt das eine Rolle?«

»Nein, es spielt vielleicht keine Rolle, aber ich würde es trotzdem gern wissen.«

»Ich glaube, ich habe mir gar nicht groß Gedanken über ihn gemacht. Er ist jung – höchstens ein- oder zweiunddreißig –, ehrgeizig, ein guter Redner, will es im Leben zu etwas bringen.«

»Das wäre die Habenseite – und die Sollseite?«

»Nun«, Miss Plenderleith überlegte einen Augenblick. »Meiner Meinung nach ist er nichts Besonderes – seine Vorstellungen sind nicht unbedingt originell, und er ist etwas aufgeblasen.«

»Das sind aber keine besonders gravierenden Charakterfehler, Mademoiselle«, sagte Poirot lächelnd.

»Finden Sie nicht?«

Ihre Stimme klang ironisch.

»Für Sie vielleicht schon.«

Er beobachtete sie, sah ihre etwas befremdete Miene und nutzte die Gelegenheit.

»Aber für Mrs Allen – nein, sie hat sie sicher gar nicht bemerkt.«

»Da haben Sie vollkommen recht. Barbara fand ihn phantastisch – sah ihn so, wie er sich selbst gern sah.«

»Sie hatten Ihre Freundin gern?«, fragte Poirot sanft.

Er sah, wie sich ihre Hand auf dem Knie verkrampfte, wie sich ihre Kinnpartie verspannte, und dennoch antwortete sie in einem nüchternen, emotionslosen Tonfall.

»Da haben Sie völlig recht. Ich hatte sie gern.«

»Nur eins noch, Miss Plenderleith«, sagte Japp. »Sie beide hatten nicht zufällig Streit? Es gab keine Unstimmigkeiten zwischen Ihnen?«

»Absolut nicht.«

»Auch nicht wegen dieser Verlobung?«

»Nicht die Spur. Ich habe mich gefreut, dass sie so glücklich war.«

Nach einem kurzen Schweigen fragte Japp:

»Hatte Mrs Allen Ihres Wissens irgendwelche Feinde?«

Jetzt entstand eine deutliche Pause, ehe Jane Plenderleith antwortete. Als sie sprach, hatte sich ihr Tonfall ein wenig verändert.

»Mir ist nicht ganz klar, was Sie unter ›Feinden‹ verstehen.«

»Zum Beispiel all jene, die von ihrem Tod profitieren würden.«

»Nicht doch, das wäre geradezu lächerlich. Sie hatte ohnehin nur sehr geringe Einkünfte.«

»Und wer erbt dieses Geld?«

Jane Plenderleiths Stimme klang jetzt erstaunt:

»Wissen Sie, das weiß ich gar nicht genau. Es würde mich nicht wundern, wenn ich die Erbin wäre. Falls sie überhaupt ein Testament aufgesetzt hat.«

»Und auch in anderer Hinsicht hatte sie keine Feinde?«, wechselte Japp schnell zu einem anderen Aspekt über. »Irgendwelche Leute, die einen Groll gegen sie hegten?«

»Ich glaube nicht, dass irgendjemand einen Groll gegen sie hegte. Sie war ein sehr sanfter Mensch, der immer allen alles recht machen wollte. Sie hatte ein wirklich nettes, liebenswürdiges Wesen.«

Zum ersten Mal zitterte ihre harte, nüchterne Stimme ein wenig. Poirot nickte sanft.

»Dann läuft es also auf Folgendes hinaus«, sagte Japp. »Mrs Allen war in letzter Zeit guter Dinge, sie steckte in keinen finanziellen Schwierigkeiten, sie wollte heiraten und war glücklich verlobt. Es gab überhaupt keinen Grund, weshalb sie hätte Selbstmord verüben sollen. Stimmt das so weit?«

Nach einem kurzen Schweigen antwortete Jane mit Ja.

Japp erhob sich.

»Entschuldigen Sie mich, aber ich muss kurz mit Inspector Jameson sprechen.«

Er verließ das Zimmer.

Hercule Poirot blieb zu einem Gespräch unter vier Augen allein mit Jane Plenderleith zurück.

Ein paar Minuten herrschte Stille.

Jane Plenderleith warf einen schnellen, abschätzenden Blick auf den kleinen Mann, dann starrte sie vor sich hin und schwieg. Eine gewisse Nervosität verriet jedoch, dass sie sich seiner Anwesenheit sehr wohl bewusst war. Ihre Körperhaltung war ruhig, aber nicht entspannt. Als Poirot das Schweigen endlich brach, schien ihr schon allein der Klang seiner Stimme eine gewisse Erleichterung zu verschaffen. In einem freundlichen, beiläufigen Ton stellte er ihr eine Frage:

»Wann haben Sie das Feuer angezündet, Mademoiselle?«

»Das Feuer?«, fragte sie geistesabwesend zurück. »Oh, gleich heute Morgen, als ich zurückkam.«

»Ehe Sie nach oben gegangen sind oder danach?«

»Davor.«

»Verstehe. Ja, natürlich … Und es war schon alles vorbereitet – oder mussten Sie das noch tun?«

»Es war bereits vorbereitet – ich musste nur noch ein Streichholz daranhalten.«

Es lag ein Hauch von Ungeduld in ihrer Stimme. Sie hatte ihn ganz eindeutig im Verdacht, lediglich Small Talk zu betreiben. Vielleicht war es auch nicht mehr. Auf jeden Fall fuhr er im selben ruhigen Plauderton fort:

»Aber Ihre Freundin – in ihrem Zimmer sah ich nur eine Gasheizung?«

Jane Plenderleith antwortete rein mechanisch:

»Das hier ist unser einziger Kamin – die anderen Räume haben Gasheizung.«

»Und Sie kochen auch mit Gas?«

»Ich glaube, das tut heutzutage jeder.«

»Stimmt. Es erspart einem eine Menge Arbeit.«

Das kleine Gespräch kam zum Erliegen. Jane Plenderleith klopfte mit dem Fuß auf den Boden. Dann sagte sie abrupt:

»Dieser Mann, dieser Chief Inspector Japp, gilt der eigentlich als clever?«

»Er ist sehr tüchtig. Ja, er hat einen guten Ruf. Er ist fleißig und gründlich, und es entgeht ihm nur sehr wenig.«

»Ich möchte wissen …«, murmelte die junge Frau.

Poirot beobachtete sie. Im Schein des Feuers schimmerten seine Augen sehr grün. Leise fragte er:

»Der Tod Ihrer Freundin war ein großer Schock für Sie, ja?«

»Schrecklich.«

Plötzlich klang sie sehr offenherzig.

»Sie haben nicht damit gerechnet, nein?«

»Natürlich nicht.«

»Sodass es Ihnen zuerst vielleicht so vorkam, als wäre es unmöglich – als könnte es einfach nicht wahr sein?«

Das diskrete Mitgefühl in seiner Stimme schien Jane Plenderleiths Abwehrhaltung zu durchbrechen. Ihre Antwort war energisch, natürlich, alles andere als steif:

»Genau so ist es. Und selbst wenn Barbara sich umgebracht hat, ist es für mich unbegreiflich, dass sie es auf diese Weise getan hat.«

»Aber sie besaß doch einen Revolver?«

Jane Plenderleith machte eine ungeduldige Handbewegung.

»Ja, aber dieser Revolver war ein – ach, ein Relikt aus alten Zeiten. Sie war früher oft in abgelegenen Gegenden unterwegs. Sie hat ihn einfach behalten, aus reiner Gewohnheit – nicht aus irgendeinem besonderen Grund. Da bin ich mir ganz sicher.«

»Aha! Und warum sind Sie sich da sicher?«

»Ach, wegen verschiedener Dinge, die sie gesagt hat.«

»Wie zum Beispiel?«

Seine Stimme war sanft und freundlich, lockte sie behutsam aus der Reserve.

»Nun, zum Beispiel haben wir einmal über Selbstmord gesprochen, und sie meinte, die bei weitem einfachste Methode wäre es, den Gashahn aufzudrehen, alle Ritzen zuzustopfen und ins Bett zu gehen. Ich hielt das für ein Ding der Unmöglichkeit – einfach dazuliegen und auf das Ende zu warten. Ich sagte, dann würde ich mich lieber erschießen. Aber sie meinte, nein, sich zu erschießen, das würde sie nie fertigbringen. Sie hätte viel zu viel Angst, dass der Schuss nicht losgehen würde, und außerdem würde sie den Knall unerträglich finden.«

»Verstehe«, sagte Poirot. »Sie haben recht, es ist wirklich seltsam … Denn, wie Sie vorhin sagten, ihr Zimmer hat ja Gasheizung.«

Jane Plenderleith sah ihn etwas verdattert an.

»Ja, das stimmt … Ich verstehe nicht – nein, ich verstehe wirklich nicht, warum sie dann nicht diesen Weg gewählt hat.«

Poirot schüttelte den Kopf.

»Ja, es mutet seltsam an, irgendwie unlogisch.«

»Die ganze Sache scheint unlogisch. Ich kann es immer noch nicht glauben, dass sie sich umgebracht hat. Aber es muss wohl Selbstmord gewesen sein, oder?«

»Nun ja, es gibt auch noch eine andere Möglichkeit.«

»Wie meinen Sie das?«

Poirot sah ihr direkt in die Augen.

»Es könnte auch – Mord gewesen sein.«

»Nein.« Jane Plenderleith fuhr zurück. »O nein! Was für eine entsetzliche Vorstellung.«

»Ja, es hört sich vielleicht entsetzlich an, doch kommt es Ihnen abwegig vor?«

»Aber die Tür war von innen abgeschlossen. Und das Fenster war auch verriegelt.«

»Ja, die Tür war abgeschlossen. Aber es ist unklar, ob von innen oder von außen. Der Schlüssel ist nämlich verschwunden.«

»Aber – wenn er verschwunden ist …« Sie überlegte einen Augenblick. »Dann muss die Tür von außen zugeschlossen worden sein. Sonst wäre er doch irgendwo im Zimmer.«

»Ja, das ist er vielleicht auch. Vergessen Sie nicht, das Zimmer wurde noch nicht gründlich durchsucht. Oder er wurde aus dem Fenster geworfen und jemand hat ihn gefunden und mitgenommen.«

»Mord!«, sagte Jane Plenderleith. Sie erwog diese Möglichkeit; an ihrem finsteren, klugen Gesicht ließ sich ablesen, dass sie bereits die Fährte aufnahm. »Ich glaube, Sie haben recht.«

»Aber wenn es Mord war, muss es ein Motiv gegeben haben. Wüssten Sie ein Motiv, Mademoiselle?«

Langsam schüttelte sie den Kopf. Und trotzdem gewann Poirot erneut den Eindruck, dass Jane Plenderleith irgendetwas verschwieg. Die Tür ging auf, und Japp trat ein.

Poirot erhob sich.

»Ich habe Miss Plenderleith gerade zu verstehen gegeben«, sagte er, »dass der Tod ihrer Freundin kein Selbstmord war.«

Japp wirkte für einen Moment verstimmt. Er warf Poirot einen vorwurfsvollen Blick zu.

»Es ist noch zu früh für ein endgültiges Urteil. Verstehen Sie, wir müssen immer sämtliche Möglichkeiten in Betracht ziehen. Mehr ist dazu im Moment nicht zu sagen.«

»Ich verstehe«, antwortete Jane Plenderleith ruhig.

Japp trat auf sie zu.

»Sagen Sie, Miss Plenderleith, haben Sie das hier schon einmal gesehen?«

In seiner ausgestreckten Hand lag ein kleines, ovales Stück dunkelblaue Emaille.

Jane Plenderleith schüttelte den Kopf.

»Nein, noch nie.«

»Es gehört weder Ihnen noch Mrs Allen?«

»Nein. So etwas tragen Menschen unseres Geschlechts normalerweise nicht, oder?«

»Oh! Sie wissen also, was es ist.«

»Nun, das ist ja wohl ziemlich eindeutig, oder etwa nicht? Das ist ein halber Manschettenknopf.«

»Diese junge Dame bildet sich ein, sie wäre sonst was«, klagte Japp.

Die beiden waren noch einmal in Mrs Allens Zimmer. Der Leichnam war fotografiert und abtransportiert worden, und der Mann von der Spurensicherung hatte die Fingerabdrücke gesichert und war ebenfalls gegangen.

»Es wäre nicht ratsam, sie wie eine Närrin zu behandeln«, stimmte Poirot ihm zu. »Sie ist ganz eindeutig keine Närrin. Im Grunde ist sie eine ausgesprochen kluge und fähige junge Frau.«

»Glauben Sie, sie war's?«, fragte Japp, und ein flüchtiger Hoffnungsschimmer huschte über seine Miene. »Sie könnte es nämlich durchaus gewesen sein. Wir müssen ihr Alibi überprüfen. Vielleicht irgendein Streit wegen dieses jungen Mannes, dieses Nachwuchsparlamentariers. Ihre Bemerkungen über ihn sind viel zu bissig, finde ich. Da ist irgendetwas faul! Als wäre sie selbst in ihn vernarrt und er hätte sie abblitzen lassen. Diese Art von Frau würde doch jeden abmurksen, wenn ihr danach ist, und dabei auch noch einen kühlen Kopf bewahren! Ja, wir werden ihr Alibi überprüfen müssen. Sie hatte auf alles eine Antwort parat, und so weit weg ist Essex auch wieder nicht. Eine Menge Zugverbindungen. Oder ein schnelles Auto. Es wäre zum Beispiel gut, herauszubekommen, ob sie gestern Abend mit Kopfschmerzen früh schlafen ging.«

»Da haben Sie recht«, pflichtete ihm Poirot bei.

»Jedenfalls«, fuhr Japp fort, »verheimlicht sie uns etwas. Eh? Hatten Sie nicht auch das Gefühl? Diese junge Dame weiß etwas.«

Poirot nickte nachdenklich.

»Ja, das war deutlich zu erkennen.«

»Das ist in solchen Fällen immer schwierig«, beschwerte sich Japp. »Die Leute hüten einfach ihre Zunge – manchmal aus den ehrenwertesten Motiven.«

»Woraus man ihnen kaum einen Vorwurf machen kann, *mon ami.*«

»Nein, aber es macht unsere Arbeit natürlich umso schwerer«, brummte Japp.

»Es gibt Ihnen lediglich die Möglichkeit, Ihre Genialität in vollem Maße unter Beweis zu stellen«, tröstete ihn Poirot. »Was ist übrigens mit den Fingerabdrücken?«

»Also, es war auf jeden Fall Mord. Keinerlei Abdrücke auf dem Revolver. Abgewischt, ehe er ihr in die Hand gelegt wurde. Selbst wenn es ihr gelungen sein sollte, sich den Arm mit irgendwelchen phantastischen akrobatischen Verrenkungen um den Kopf zu schlingen, hätte sie kaum abdrücken können, ohne den Revolver festzuhalten, und abwischen hätte sie ihn nach ihrem Tod natürlich auch nicht mehr können.«

»Nein, nein, das deutet ganz eindeutig auf Fremdeinwirkung hin.«

»Im Übrigen ist die Ausbeute an Fingerabdrücken enttäuschend. Auf dem Türknauf nichts. Auf dem Fenster nichts. Aufschlussreich, was? Von Mrs Allen finden sich ansonsten überall welche.«

»Hat Jameson irgendetwas herausbekommen?«

»Aus der Putzfrau? Nein. Sie hat zwar eine Menge geredet, wusste aber nicht wirklich viel. Hat bestätigt, dass Allen und Plenderleith gut miteinander auskamen. Habe Jameson losgeschickt, damit er in der Nachbarschaft Erkundigungen einzieht. Mit Mr Laverton-West müssen wir auch noch reden. Wir müssen herausfinden, wo er gestern Abend war und was er getan hat. In der Zwischenzeit sollten wir ihre Papiere durchgehen.«

Er machte sich sofort an die Arbeit. Gelegentlich knurrte er und schob Poirot etwas zu. Die Durchsicht dauerte nicht lange. Es befanden sich nicht viele Papiere im Sekretär, und die wenigen, die dort lagen, waren fein säuberlich geordnet und abgeheftet.

Schließlich lehnte sich Japp zurück und stieß einen Seufzer aus.

»Nicht gerade viel, was?«

»Sie sagen es.«

»Im Prinzip ganz normale Sachen: quittierte Rechnungen, einige unbezahlte Rechnungen, nichts besonders Auffälliges. Gesellschaftliche Verpflichtungen: Einladungen. Briefe von Bekannten. Die hier« – er legte die Hand auf einen Stapel von sieben oder acht Briefen –, »sowie ihr Scheckbuch und ihr Sparbuch. Fällt Ihnen da irgendetwas auf?«

»Ja, sie hatte ihr Konto überzogen.«

»Sonst noch etwas?«

Poirot lächelte.

»Unterziehen Sie mich hier einer Prüfung? Aber, ja, ich habe gesehen, was Sie meinen. Vor drei Monaten eine Barabhebung von zweihundert Pfund – und gestern noch einmal zweihundert Pfund …«

»Und nichts auf den Kontrollabschnitten im Scheckbuch. Bis auf kleine Summen – im Höchstfall fünfzehn Pfund – keine anderen Barabhebungen. Und ich sage Ihnen noch etwas: Ein derartiger Betrag wurde nirgendwo im Haus gefunden. In einer Handtasche steckten vier Pfund zehn und in einer anderen Tasche noch mal ein, zwei Shilling. Die Sache ist ziemlich klar, finde ich.«

»Mit anderen Worten, sie hat diesen Betrag gestern ausgegeben.«

»Ja. An wen hat sie ihn also gezahlt?«

Die Tür ging auf, und Inspector Jameson trat ein.

»Nun, Jameson, haben Sie was?«

»Ja, Sir, Verschiedenes. Zunächst einmal hat niemand den Schuss wirklich gehört. Zwei oder drei Frauen behaupten, sie hätten ihn gehört, weil sie sich wünschen, sie hätten ihn gehört, aber das ist auch schon alles. Bei dem ganzen Feuerwerk gestern – nicht die Spur einer Chance!«

»Wahrscheinlich nicht«, brummte Japp. »Und weiter?«

»Mrs Allen war fast den ganzen Nachmittag und Abend zu Hause. Kam gegen 17 Uhr. Ging rund eine Stunde später noch einmal aus dem Haus, aber nur bis zum Briefkasten am Ende der Straße. Gegen 21 Uhr 30 fuhr ein Wagen vor – eine Standard-Swallow-Limousine –, und ein Mann stieg aus. Personenbeschreibung: circa fünfundvierzig, gut aussehender Gentleman, militärische Erscheinung, dunkelblauer Mantel, Melone, Zweifingerbart. James Hogg, der Chauffeur von Nr. 18, meint, dieser Herr habe Mrs Allen schon des Öfteren besucht.«

»Fünfundvierzig«, sagte Japp. »Kann eigentlich nicht Laverton-West gewesen sein.«

»Der Mann, wer auch immer es war, blieb knapp eine Stunde hier. Verließ das Haus gegen 22 Uhr 20. Blieb noch einmal in der Tür stehen und sprach mit Mrs Allen. Der kleine Frederick Hogg trieb sich ganz in der Nähe herum und konnte hören, was er sagte.«

»Und was hat er gesagt?«

»›Also, überlegen Sie es sich und geben Sie mir Bescheid.‹ Dann hat sie etwas gesagt, und er meinte: ›In Ordnung. Bis dann.‹ Daraufhin stieg er in seinen Wagen und fuhr weg.«

»Das war um 22 Uhr 20«, sagte Poirot nachdenklich.

Japp rieb sich die Nase.

»Dann war Mrs Allen um 22 Uhr 20 also noch am Leben«, sagte er. »Was weiter?«

»Mir ist nicht mehr viel zu Ohren gekommen, Sir. Der Chauffeur von Nr. 22 kam um 22 Uhr 30 nach Hause und hatte seinen Kindern versprochen, mit ihnen ein Feuerwerk abzubrennen. Sie hatten auf ihn gewartet, und die anderen Kinder in der Nachbarschaft auch. Er schoss es ab, und Groß und Klein sah begeistert zu. Danach gingen alle schlafen.«

»Und niemand hat gesehen, dass noch jemand Nr. 14 betrat?«

»Nein, aber das will nichts heißen. Es hätte kein Mensch bemerkt.«

»Hm«, sagte Japp. »Stimmt. Tja, dann müssen wir wohl den Gentleman vom Militär mit dem Zweifingerbart ausfindig machen. Es ist einigermaßen klar, dass er der Letzte war, der sie lebend gesehen hat. Wer könnte das gewesen sein?«

»Vielleicht sagt Miss Plenderleith es uns?«, schlug Poirot vor.

»Vielleicht«, sagte Japp finster. »Vielleicht auch nicht. Ich habe das Gefühl, sie könnte uns eine ganze Menge sagen – wenn sie nur wollte. Und Sie, Poirot, altes Haus? Sie waren doch ein Weilchen allein mit ihr. Haben Sie denn nicht wieder Ihre mitunter so erfolgreiche Beichtvater-Masche abgezogen?«

Poirot breitete entschuldigend die Hände aus.

»Wir haben uns leider nur über die Gasheizung unterhalten.«

»Die Gasheizung – die Gasheizung!« Japp klang entrüstet. »Was ist eigentlich los mit Ihnen, Sie altes Schlitzohr? Seit Sie hier sind, interessieren Sie sich einzig und allein für Federkiele und Papierkörbe. O ja, ich habe Sie beobachtet, wie Sie unten still und leise einen inspiziert haben. Irgendetwas gefunden?«

Poirot seufzte.

»Einen Katalog für Tulpenzwiebeln und eine alte Zeitschrift.«

»Was soll das eigentlich? Wenn man ein belastendes Dokument oder worauf immer Sie spekulieren, loswerden will, wird man es doch wohl kaum einfach in einen Papierkorb werfen.«

»Das ist sehr richtig, was Sie da sagen. Man würde sicher nur etwas ziemlich Unwichtiges in einen Papierkorb werfen.«

Poirots Stimme klang lammfromm. Trotzdem sah Japp ihn argwöhnisch an.

»Also«, sagte er. »Ich weiß, was ich als Nächstes tue. Und Sie?«

»Eh bien«, sagte Poirot. »Ich werde meine Suche nach dem Unwichtigen zu Ende führen. Da wäre nämlich noch der Mülleimer.«

Behände schlüpfte er aus dem Zimmer. Japp blickte ihm mit einer Spur von Empörung hinterher.

»Übergeschnappt«, sagte er. »Völlig übergeschnappt.«

Inspector Jameson schwieg respektvoll. In seinem Gesicht stand, mit typisch britischer Überheblichkeit, nur ein einziges Wort geschrieben: »Ausländer!«

Aus seinem Mund kamen die Worte:

»Das ist also Mr Hercule Poirot! Ich habe von ihm gehört.«

»Ein alter Freund von mir«, erklärte Japp. »Ist übrigens längst nicht so unterbelichtet, wie es den Anschein hat. Kommt allerdings in die Jahre.«

»Leicht plemplem, wie man so schön sagt, Sir«, meinte Inspector Jameson. »Na ja, das Alter macht sich halt bemerkbar.«

»Trotzdem«, sagte Japp. »Ich wüsste zu gern, was er im Schilde führt.«

Er ging zum Sekretär hinüber und starrte nervös auf den smaragdgrünen Federkiel.

Japp befragte gerade die dritte Chauffeursgattin, als Poirot, sich lautlos wie eine Katze bewegend, plötzlich neben ihm stand.

»Mann, haben Sie mich erschreckt«, sagte Japp. »Was gefunden?«

»Nicht das, was ich gesucht habe.«

Japp wandte sich wieder Mrs James Hogg zu.

»Und Sie sagen, Sie hätten diesen Gentleman schon einmal gesehen?«

»O ja, Sir. Und mein Mann auch. Wir haben ihn sofort wiedererkannt.«

»Hören Sie, Mrs Hogg, Sie sind doch eine kluge Frau, das sehe ich sofort. Mir ist vollkommen klar, dass Sie alles über Ihre Nachbarn wissen. Und Sie sind eine Menschenkennerin – eine ungewöhnlich gute Menschenkennerin, das sehe ich auch sofort ...« Ohne rot zu werden, wiederholte er es ein drittes Mal. Mrs Hogg warf den Kopf leicht zurück, und ihr Gesicht nahm einen Ausdruck übermenschlicher Intelligenz an. »Erzählen Sie mir etwas über diese beiden jungen Damen, über Mrs Allen und Miss Plenderleith. Wie waren sie so? Gesellig? Lauter Partys und dergleichen?«

»O nein, Sir, ganz und gar nicht. Sie sind ziemlich oft ausgegangen – insbesondere Mrs Allen –, aber sie haben Stil, wenn Sie wissen, was ich meine. Nicht wie gewisse andere Leute hier, deren Namen ich Ihnen ohne weiteres nennen könnte. Ich bin mir sicher, so wie sich diese Mrs Stevens aufführt, wenn sie überhaupt eine ›Mrs‹ ist, was ich eher bezweifle – na ja, ich möchte Ihnen gar nicht weiter erzählen, was da so vor sich geht, ich ...«

»Ganz recht«, unterbrach Japp geschickt ihren Redefluss. »Was Sie mir da gesagt haben, ist äußerst wichtig. Mrs Allen und Miss Plenderleith waren also allgemein beliebt?«

»O ja, Sir, sehr nette Damen, alle beide – insbesondere Mrs Allen. Hatte immer ein freundliches Wort für die Kinder. Hat ihr eigenes Mädchen verloren, glaube ich, die Ärmste. Ach, ich habe ja selber drei begraben. Aber ich sage immer ...«

»Ja, ja, wirklich traurig. Und Miss Plenderleith?«

»Na ja, das war natürlich auch eine nette Dame, aber viel kürzer angebunden, wenn Sie wissen, was ich meine. Ging immer nur mit einem Nicken an einem vorbei, blieb nie stehen, um ein bisschen zu schwatzen. Aber ich habe nichts gegen sie, überhaupt nichts.«

»Mrs Allen und sie kamen gut miteinander aus?«

»O ja, Sir. Hatten nie Streit, absolut nicht. Waren sehr glücklich und zufrieden – ich bin mir sicher, Miss Pierce wird das bestätigen.«

»Ja, wir haben bereits mit ihr gesprochen. Kennen Sie Mrs Allens Verlobten vom Sehen?«

»Den Gentleman, den sie heiraten wollte? O ja. Er war ziemlich oft hier. Ein Parlamentsabgeordneter, heißt es.«

»War er es, der gestern Abend vorbeikam?«

»Nein, Sir, das war er nicht.« Mrs Hogg straffte sich. Eine Spur von Erregung, verborgen unter einer enormen Schicht von Prüderie, schlich sich in ihre Stimme: »Und wenn Sie mich fragen, Sir, dann liegen Sie völlig falsch. So eine war Mrs Allen nicht, da bin ich mir sicher. Es stimmt schon, es war sonst niemand im Haus, aber so etwas glaube ich trotzdem nicht – das habe ich noch heute Morgen zu Hogg gesagt: ›Nein, Hogg‹, habe ich gesagt, ›Mrs Allen war eine Lady, eine echte Lady, also hör auf mit deinen Unterstellungen‹ – ich weiß doch, was Männer denken, wenn ich das mal so sagen darf. Nichts als schmutzige Gedanken.«

Japp überging diese Beleidigung und fuhr fort:

»Sie sahen ihn ankommen, und Sie sahen ihn abfahren – das stimmt doch, oder?«

»Das stimmt, Sir.«

»Und Sie haben nichts anderes gehört? Zum Beispiel eine Auseinandersetzung?«

»Nein, Sir, wäre auch unwahrscheinlich gewesen. Das heißt nicht, dass kein Gebrülle zu hören gewesen wäre, denn, wie jeder weiß, ist das Gegenteil der Fall – wie Mrs Stevens am anderen Ende der Straße auf ihr armes verängstigtes Hausmädchen losgeht, das pfeifen ja die Spatzen von den Dächern, und natürlich haben wir ihr alle geraten, es sich nicht gefallen zu lassen, aber na ja, der Lohn stimmt eben – es reitet sie zwar oft der Teufel, aber sie zahlt halt gut dafür – dreißig Shilling die Woche …«

»Aber in der Nr. 14 haben Sie so etwas nicht gehört?«, fragte Japp schnell.

»Nein, Sir. Wäre auch ziemlich unwahrscheinlich gewesen bei dem ganzen Feuerwerk, das hier überall losging und meinem Eddie fast die Augenbrauen abgesengt hat.«

»Dieser Mann fuhr um 22 Uhr 20 ab – das stimmt doch, oder?«

»Das kann sein, Sir. Ich kann es Ihnen nicht genau sagen. Aber Hogg hat es behauptet, und der ist sehr verlässlich, sehr seriös.«

»Sie haben ja gesehen, wie er das Haus verließ. Konnten Sie hören, was er gesagt hat?«

»Nein, Sir. Dazu war ich zu weit weg. Ich habe nur vom Fenster aus gesehen, dass er in der Tür mit Mrs Allen sprach.«

»Und sie haben Sie auch gesehen?«

»Ja, Sir, sie stand genau hinter der Schwelle.«

»Ist Ihnen aufgefallen, was sie trug?«

»Also, das kann ich Ihnen wirklich nicht sagen, Sir. Mir ist sozusagen nichts Besonderes aufgefallen.«

»Ihnen ist nicht einmal aufgefallen, ob sie ein Tages- oder ein Abendkleid trug?«, schaltete Poirot sich ein.

»Nein, Sir, leider nicht.«

Nachdenklich sah Poirot zum Fenster hinauf und dann zur Nr. 14 hinüber. Er lächelte und fing Japps Blick auf.

»Und der Gentleman?«

»Der trug einen dunkelblauen Mantel und eine Melone. Sehr schicker, gut aussehender Mann.«

Japp stellte noch ein paar Fragen und ging dann zur nächsten Vernehmung über. Jetzt war der junge Frederick Hogg an der Reihe, ein lausbübischer, aufgeweckter Bursche, der fast platzte vor lauter Selbstgefälligkeit.

»Ja, Sir. Ich konnte ihr Gespräch hören. ›Überlegen Sie es sich und geben Sie mir Bescheid‹, sagte der Herr. Irgendwie freundlich, wissen Sie. Und dann hat sie was gesagt, und dann hat er geantwortet: ›In Ordnung. Bis dann.‹ Und dann stieg er in seinen Wagen – ich hab ihm die Tür aufgehalten, aber er hat mir keinen Penny gegeben«, sagte der junge Hogg mit einem Anflug von Trübsinn in der Stimme. »Und dann fuhr er los.«

»Du hast nicht gehört, was Mrs Allen gesagt hat?«

»Nein, Sir, leider nicht.«

»Kannst du mir sagen, was sie anhatte? Die Farbe zum Beispiel?«

»Keine Ahnung, Sir. Verstehen Sie, ich konnte sie ja nicht richtig sehen. Sie muss hinter der Tür gestanden haben.«

»Na gut«, sagte Japp. »Jetzt hör mal zu, mein Junge, ich möchte, dass du dir die Antwort auf meine nächste Frage sehr sorgfältig überlegst. Wenn du es nicht weißt und dich nicht erinnern kannst, sag es einfach. Verstanden?«

»Ja, Sir.«

Der junge Hogg blickte ihn gespannt an.

»Wer von den beiden hat die Tür zugemacht, Mrs Allen oder der Gentleman?«

»Die Haustür?«

»Natürlich die Haustür.«

Der Junge dachte nach. Er kniff die Augen zusammen, versuchte krampfhaft, sich zu erinnern.

»Ich glaube, es war die Dame. Nein, das stimmt nicht. Er war's. Hat sie mit einem anständigen Knall zugezogen und ist dann schnell in den Wagen gesprungen. Sah aus, als hätte er irgendwo 'ne Verabredung.«

»Gut. Na, du scheinst mir ganz schön helle zu sein, junger Mann. Hier ist ein Sixpence.«

Japp schickte den jungen Hogg fort und wandte sich seinem Freund zu. Beide nickten bedächtig.

»Könnte sein!«, sagte Japp.

»Es wäre möglich«, pflichtete ihm Poirot bei.

Seine Augen schimmerten grün, so grün wie Katzenaugen.

Als sie erneut das Wohnzimmer von Nr. 14 betraten, redete Japp nicht lange um den heißen Brei herum. Er kam sofort zur Sache.

»Hören Sie, Miss Plenderleith, meinen Sie nicht, es wäre besser, uns hier und jetzt reinen Wein einzuschenken? Letztlich wird Ihnen sowieso nichts anderes übrig bleiben.«

Jane Plenderleith zog die Augenbrauen in die Höhe. Sie stand neben dem Kaminsims und wärmte sich einen Fuß am Feuer.

»Ich weiß wirklich nicht, was Sie meinen.«

»Tatsächlich nicht, Miss Plenderleith?«

Sie zuckte mit den Achseln.

»Ich habe alle Ihre Fragen beantwortet. Ich weiß nicht, was ich sonst noch für Sie tun kann.«

»Nun, ich bin der Meinung, dass Sie sehr viel mehr tun könnten – wenn Sie nur wollten.«

»Das ist allerdings nicht mehr als eine Meinung, nicht wahr, Chief Inspector?«

Japps Gesicht lief knallrot an.

»Ich glaube«, sagte Poirot, »Mademoiselle könnte den Grund für Ihre Fragen besser verstehen, wenn Sie ihr sagen würden, wie der Fall steht.«

»Das ist ganz einfach. Also, Miss Plenderleith, die Faktenlage ist folgende: Ihre Freundin wurde mit einem Kopfschuss aufgefunden. Sie hatte einen Revolver in der Hand, die Tür war abgeschlossen, das Fenster verriegelt. Das sah nach einem eindeutigen Selbstmord aus. Aber es war kein Selbstmord. Das macht schon der medizinische Befund deutlich.«

»Wie das?«

Ihre kühle Ironie war wie weggeblasen. Sie beugte sich vor, den Blick konzentriert auf sein Gesicht geheftet.

»Der Revolver lag zwar in ihrer Hand, aber die Finger umschlossen ihn nicht. Außerdem befanden sich überhaupt keine Fingerabdrücke auf dem Revolver. Und aufgrund des Schusswinkels kann sie unmöglich selbst abgedrückt haben. Darüber hinaus hinterließ sie keinen Abschiedsbrief, was bei einem Selbstmord ziemlich ungewöhnlich ist. Und obwohl die Tür abgeschlossen war, konnte der Schlüssel nicht gefunden werden.«

Jane Plenderleith wandte sich langsam zur Seite und ließ sich in einem ihnen zugewandten Sessel nieder.

»Also doch!«, sagte sie. »Eigentlich ging ich schon die ganze

Zeit davon aus, dass sie sich nie und nimmer selbst umgebracht hat! Ich hatte also recht! Sie hat sich nicht selbst umgebracht. Sie wurde umgebracht.«

Einen Moment lang saß sie in Gedanken versunken da. Dann hob sie abrupt den Kopf.

»Fragen Sie mich, was Sie wollen«, sagte sie. »Ich werde Ihnen, so gut ich kann, antworten.«

Japp hob an:

»Gestern Abend empfing Mrs Allen einen Besucher. Er wird als ein Mann von fünfundvierzig Jahren beschrieben, militärische Erscheinung, Zweifingerbart und schicke Kleidung, Fahrer einer Standard-Swallow-Limousine. Wissen Sie, wer das ist?«

»Ich kann es natürlich nicht mit letzter Bestimmtheit sagen, aber es hört sich nach Major Eustace an.«

»Wer ist Major Eustace? Erzählen Sie mir bitte alles, was Sie über ihn wissen.«

»Barbara lernte ihn im Ausland kennen, in Indien. Vor rund einem Jahr tauchte er dann plötzlich auf, und seitdem kam er gelegentlich vorbei.«

»Er war ein Freund von Mrs Allen?«

»Er tat zumindest so«, erwiderte Jane trocken.

»Und wie verhielt sie sich ihm gegenüber?«

»Ich glaube nicht, dass sie ihn wirklich mochte – eigentlich bin ich mir dessen sogar sicher.«

»Aber nach außen hin hat sie ihn freundlich behandelt?«

»Ja.«

»Schien sie jemals – denken Sie bitte gut nach, Miss Plenderleith – Angst vor ihm zu haben?«

Jane Plenderleith ging einen Moment mit sich zurate, dann sagte sie:

»Ja, ich glaube, schon. Sie war in seiner Gegenwart ständig nervös.«

»Sind er und Mr Laverton-West sich jemals begegnet?«

»Nur ein Mal, glaube ich. Sie mochten sich nicht besonders. Will sagen, Major Eustace gab sich die größte Mühe, aber Charles zeigte ihm die kalte Schulter. Charles hat ein sehr gutes Gespür für Leute, die nicht so – nicht ganz …«

»Und Major Eustace war, wie Sie es ausdrücken, nicht so – nicht ganz?«, fragte Poirot.

»Genau«, sagte die junge Frau trocken. »Ein ungehobelter Klotz. Eindeutig nicht aus der obersten Schublade.«

»Leider kenne ich diese beiden Wendungen nicht. Also kein echter *pukka sahib*?«

Obwohl ein Lächeln über Jane Plenderleiths Gesicht huschte, war ihre Antwort ein ernstes Nein.

»Würde es Sie sehr überraschen, Miss Plenderleith, wenn ich die Vermutung äußerte, dass dieser Mann Mrs Allen erpresst hat?«

Japp rutschte in seinem Sessel nach vorn, um die Wirkung seiner Worte besser beobachten zu können.

Er konnte zufrieden sein. Die junge Frau fuhr zusammen, dann stieg ihr die Röte ins Gesicht, und sie ließ die Hand heftig auf die Sessellehne niedersausen.

»Das war es also! Wie konnte ich nur so dumm sein, es nicht zu durchschauen. Natürlich!«

»Sie halten diese Vermutung für plausibel, Mademoiselle?«, fragte Poirot.

»Es war wirklich dumm von mir, dass ich nicht selbst darauf gekommen bin! Barbara hat sich während des letzten halben Jahres mehrere Male kleine Beträge von mir geborgt. Und ich habe sie des Öfteren über ihrem Sparbuch brüten gesehen. Ich wusste, dass sie alles andere als über ihre Verhältnisse lebte, weshalb ich mir keine Sorgen machte, aber wenn sie ständig irgendwelche Zahlungen leisten musste …«

»Und es würde zu ihrem allgemeinen Verhalten passen, ja?«

»Absolut. Sie war nervös. Manchmal sogar ziemlich schreckhaft. Vollkommen anders als früher.«

»Entschuldigen Sie«, sagte Poirot sanft, »aber vorhin haben Sie uns etwas anderes erzählt.«

»Da ging es ja auch um etwas völlig anderes.« Jane Plenderleith machte eine ungeduldige Handbewegung. »Sie war nicht depressiv. Ich meine, sie hatte keine Selbstmordgedanken oder so. Aber Erpressung – ja. Ich wünschte, sie hätte es mir erzählt. Ich hätte ihn zum Teufel gejagt.«

»Vielleicht wäre er ja auch gegangen – aber nicht zum Teufel, sondern zu Mr Charles Laverton-West«, entgegnete Poirot.

»Ja«, erwiderte Jane Plenderleith langsam. »Ja … das stimmt …«

»Sie haben keine Ahnung, was dieser Mann gegen sie in der Hand gehabt haben könnte?«, fragte Japp.

Die junge Frau schüttelte den Kopf.

»Nicht die leiseste Ahnung. Ich kannte Barbara gut genug und glaube kaum, dass es irgendetwas wirklich Schwerwiegendes gewesen sein könnte. Andererseits …« Sie hielt kurz inne, ehe sie fortfuhr: »Ich meine, Barbara war schon in mancher Hinsicht ein bisschen einfältig. Sie bekam furchtbar leicht Angst. Eigentlich war sie der Traum eines jeden Erpressers! Dieser gemeine Schuft!«

Die letzten drei Wörter stieß sie mit hasserfüllter Stimme hervor.

»Leider«, sagte Poirot, »scheint es eine widersinnige Tat gewesen zu sein. Eigentlich sollte das Opfer den Erpresser töten, nicht der Erpresser das Opfer.«

Jane Plenderleith runzelte die Stirn.

»Ja, das stimmt, aber ich könnte mir Umstände vorstellen …«

»Wie zum Beispiel?«

»Stellen Sie sich vor, Barbara geriet in Verzweiflung. Vielleicht hat sie ihn mit ihrer lächerlichen kleinen Pistole bedroht. Er versucht, sie ihr zu entwinden, und während sie miteinander ringen, drückt er ab und tötet sie. Er ist so schockiert über seine Tat, dass er versucht, einen Selbstmord vorzutäuschen.«

»Könnte sein«, sagte Japp. »Allerdings hat diese Theorie einen Haken.«

Sie sah in fragend an.

»Als Major Eustace, wenn er es denn war, hier gestern Abend um 22 Uhr 20 abfuhr, verabschiedete er sich von Mrs Allen an der Tür.«

»Oh.« Die junge Frau machte ein langes Gesicht. »Verstehe.« Sie hielt kurz inne. »Er hätte natürlich später zurückkommen können«, sagte sie langsam.

»Ja, das wäre möglich«, sagte Poirot.

»Sagen Sie, Miss Plenderleith«, fuhr Japp fort, »wo hat Mrs Allen eigentlich immer ihre Gäste empfangen, hier oder oben in ihrem Zimmer?«

»Sowohl als auch. Allerdings wurde dieser Raum hier eher für gemeinsame Feste oder meinen privaten Besuch benutzt. Sehen Sie, wir hatten eine Abmachung: Barbara bekam das große Zimmer und benutzte es gleichzeitig auch als Wohnzimmer, und ich bekam das kleine Zimmer und hatte gleichzeitig noch diesen Raum zur Verfügung.«

»Wenn Major Eustace für gestern Abend seinen Besuch angekündigt hatte, in welchem Zimmer hätte Mrs Allen ihn dann Ihrer Meinung nach empfangen?«

»Ich würde sagen, höchstwahrscheinlich hier.« Die junge Frau klang etwas unsicher. »Es wäre nicht ganz so intim gewesen. Um einen Scheck auszustellen oder so, wäre sie jedoch wahrscheinlich mit ihm nach oben gegangen. Hier unten gibt es keine Schreibutensilien.«

Japp schüttelte den Kopf.

»Ein Scheck war überhaupt nicht notwendig. Mrs Allen hat gestern zweihundert Pfund abgehoben. Und bisher konnten wird im ganzen Haus keine Spur von dem Geld finden.«

»Sie hat es also diesem Schuft gegeben? Ach, arme Barbara! Arme, arme Barbara!«

Poirot hüstelte.

»Falls es nicht, wie Sie gerade andeuteten, mehr oder weniger ein Unfall war, scheint es mir immer noch bemerkenswert, dass er seinen Dukatensesel umgebracht haben soll.«

»Ein Unfall? Das war kein Unfall. Er verlor die Beherrschung, sah rot und erschoss sie.«

»Das hat sich Ihrer Meinung nach abgespielt?«

»Ja.« Nachdrücklich fügte sie hinzu: »Es war Mord – Mord!«

»Da möchte ich Ihnen nicht widersprechen, Mademoiselle«, sagte Poirot ernst.

»Was für Zigaretten hat Mrs Allen geraucht?«, fragte Japp.

»Richtige Sargnägel. In dem Kästchen dort liegen welche.«

Japp öffnete das Kästchen, nahm eine Zigarette heraus und nickte. Er ließ sie in seine Jackentasche gleiten.

»Und Sie, Mademoiselle?«, fragte Poirot.

»Die gleichen.«

»Sie rauchen keine türkischen Zigaretten?«

»Nie.«

»Mrs Allen auch nicht?«

»Nein. Sie mochte sie nicht.«

»Und Mr Laverton-West?«, fragte Poirot. »Was raucht der?«

Sie starrte ihn durchdringend an.

»Charles? Was spielt denn das für eine Rolle? Sie wollen doch nicht behaupten, dass er sie umgebracht hat?«

Poirot zuckte mit den Schultern.

»Es ist schon öfter passiert, dass ein Mann die Frau, die er liebt, umbringt, Mademoiselle.«

Jane schüttelte ungeduldig den Kopf.

»Charles würde niemals jemanden umbringen. Er ist ein äußerst vorsichtiger Mensch.«

»Trotzdem, Mademoiselle, oft sind es gerade die vorsichtigen Menschen, die die cleversten Morde begehen.«

Sie starrte ihn an.

»Aber nicht aus dem Motiv heraus, das Sie gerade angeführt haben, Monsieur Poirot.«

Er senkte den Kopf.

»Nein, das stimmt.«

Japp erhob sich.

»Also, ich glaube nicht, dass es hier noch viel für mich zu tun gibt. Ich würde mich gern noch einmal umsehen.«

»Falls das Geld doch noch irgendwo versteckt sein sollte? Selbstverständlich. Sehen Sie sich um, wo immer Sie wollen. Gern auch in meinem Zimmer, obwohl es unwahrscheinlich ist, dass Barbara es dort deponiert hätte.«

Japps Suche war kurz, aber gründlich. Nach wenigen Minuten barg das Wohnzimmer keinerlei Geheimnisse mehr. Dann ging er nach oben. Jane Plenderleith saß auf der Armlehne eines Sessels, rauchte eine Zigarette und blickte stirnrunzelnd ins Feuer. Poirot beobachtete sie.

Nach einer Weile sagte er leise:

»Wissen Sie, ob Mr Laverton-West zurzeit in London ist?«

»Keine Ahnung. Ich könnte mir eher vorstellen, dass er bei seiner Familie in Hampshire ist. Wahrscheinlich hätte ich ihm ein Telegramm schicken sollen. Wie schrecklich. Ich habe es völlig vergessen.«

»Wenn so eine Katastrophe geschieht, ist es nicht einfach, an alles zu denken, Mademoiselle. Und außerdem können schlechte Nachrichten warten. Die erfährt man früh genug.«

»Ja, das stimmt«, sagte die junge Frau geistesabwesend.

Japp kam die Treppe herunter. Jane Plenderleith ging ihm entgegen.

»Und?«

Japp schüttelte den Kopf.

»Leider nichts Brauchbares, Miss Plenderleith. Ich habe mir jetzt das ganze Haus angesehen. Ach, wahrscheinlich sollte ich noch schnell in dieses Kabuff unter der Treppe gucken.«

Er griff nach dem Knauf und zog daran.

»Das ist abgeschlossen«, sagte Jane Plenderleith.

Irgendetwas in ihrem Ton ließ die beiden Männer aufhorchen. Sie sahen sie durchdringend an.

»Ja«, sagte Japp freundlich. »Das sehe ich. Vielleicht könnten Sie den Schlüssel holen.«

Die junge Frau stand wie in Stein gemeißelt da.

»Ich, ich weiß nicht genau, wo er ist.«

Japps Stimme klang weiterhin ausgesprochen freundlich und gelassen.

»So ein Pech aber auch. Wäre wirklich schade, wenn das Holz beim gewaltsamen Öffnen zersplittert. Ich schicke Jameson los, damit er unsere Dietriche holt.«

Sie machte einen steifen Schritt nach vorn.

»Oh«, sagte sie. »Einen Moment. Vielleicht ist er …«

Sie ging ins Wohnzimmer zurück und tauchte im nächsten Augenblick mit einem recht großen Schlüssel in der Hand wieder auf.

»Wir schließen da immer ab«, erklärte sie, »denn Schirme und solch Sachen haben die dumme Angewohnheit, ständig gestohlen zu werden.«

»Eine sehr weise Vorsichtsmaßnahme«, sagte Japp und nahm vergnügt den Schlüssel entgegen.

Er drehte ihn im Schloss herum und riss die Tür auf. Drinnen war es dunkel. Japp holte seine Taschenlampe hervor und ließ ihren Schein durch das Kabuff wandern.

Poirot spürte, wie die junge Frau neben ihm erstarrte und ihr kurz der Atem stockte. Sein Blick folgte dem Strahl der Taschenlampe.

Der Raum war fast leer. Drei Schirme, einer davon kaputt, vier Spazierstöcke, ein Satz Golfschläger, zwei Tennisschläger, eine sorgfältig zusammengefaltete Reisedecke sowie mehrere Sofakissen in unterschiedlichen Stadien der Zerschlissenheit. Auf Letzteren lag ein kleiner eleganter Kosmetikkoffer. Als Japp die Hand danach ausstreckte, sagte Jane Plenderleith schnell:

»Das ist meiner. Ich, ich habe ihn heute Morgen mit zurückgebracht. Da kann also nichts Relevantes drin sein.«

»Sehen wir doch vorsichtshalber nach«, sagte Japp noch eine Spur freundlicher.

Der Koffer war nicht abgeschlossen. Darin steckten mit Chagrinleder bezogene Bürsten und Kosmetikfläschchen. Außerdem noch zwei Zeitschriften, weiter nichts.

Japp untersuchte den Koffer akribisch. Als er schließlich den Deckel schloss und sich flüchtig die Kissen vornahm, atmete die junge Frau hörbar erleichtert auf.

Sonst befand sich in dem Kabuff nichts. Japps Untersuchung war rasch beendet.

Er schloss die Tür wieder ab und reichte Jane Plenderleith den Schlüssel.

»So«, sagte er, »damit wären wir hier fertig. Könnten Sie mir bitte Mr Laverton-Wests Adresse geben?«

»Farlescombe Hall, Little Ledbury, Hampshire.«

»Vielen Dank, Miss Plenderleith. Das wäre dann für den Augenblick alles. Vielleicht komme ich später noch einmal vorbei. Übrigens, kein Wort darüber! Was die Öffentlichkeit angeht, bleiben wir bei Selbstmord!«

»Natürlich, ich verstehe schon.«

Sie schüttelte beiden die Hand.

Als sie die Straße hinuntergingen, explodierte Japp:

»Was zum – zum Teufel war bloß in diesem Kabuff? Irgendetwas war da.«

»Ja, irgendetwas war da.«

»Und ich wette zehn zu eins, dass es mit dem Kosmetikkoffer zu tun hatte! Allerdings scheine ich ein Vollidiot zu sein, denn ich konnte absolut nichts finden. Habe sämtliche Fläschchen inspiziert, das Futter abgetastet – was zum Teufel könnte es bloß sein?«

Poirot schüttelte nachdenklich den Kopf.

»Diese junge Dame hängt da irgendwie mit drin«, fuhr Japp fort. »Hat den Koffer heute Morgen mit zurückgebracht? Nie im Leben! Haben Sie die beiden Zeitschriften darin gesehen?«

»Ja.«

»Nun, eine war vom letzten Juli!«

Am folgenden Tag spazierte Japp in Poirots Wohnung, warf angewidert den Hut auf den Tisch und ließ sich in einen Sessel fallen.

»Also«, knurrte er. »Die ist aus allem raus.«

»Wer ist aus allem raus?«

»Plenderleith. Hat bis Mitternacht Bridge gespielt. Gastgeber, Gastgeberin, ein zu Besuch weilender Marinekommandant sowie zwei Bedienstete können es beschwören. Es steht außer Zweifel: Wir müssen uns von der Vorstellung verabschieden, dass sie mit der Sache irgendetwas zu tun hat. Und trotzdem wüsste ich gern, warum sie wegen dieses kleinen Kosmetikkoffers unter der Treppe derart ins Schwitzen geriet. Das ist etwas für Sie, Poirot. Ihnen macht es doch Spaß, solche trivialen Fragen zu lösen, die nirgendwo hinführen. ›Das Geheimnis des kleinen Kosmetikkoffers‹. Klingt doch ziemlich vielversprechend.«

»Ich möchte noch einen weiteren Titel vorschlagen: ›Das Geheimnis des Geruchs von Zigarettenrauch‹.«

»Bisschen hölzerner Titel. Geruch, eh? War das der Grund, weshalb Sie so herumgeschnüffelt haben, als wir die Leiche zum ersten Mal sahen? Ich habe Sie beobachtet – und gehört! Schnüffel, schnüffel, schnüffel. Dachte schon, Sie seien erkältet.«

»Da befanden Sie sich vollkommen im Irrtum.«

Japp seufzte.

»Ich dachte immer, es seien die kleinen grauen Gehirnzellen. Sagen Sie bloß, Ihre Nasenzellen sind denen von uns Normalsterblichen genauso überlegen.«

»Nein, nein, beruhigen Sie sich.«

»Ich habe nämlich keinen Zigarettenrauch gerochen«, fuhr Japp argwöhnisch fort.

»Ich auch nicht, *mon ami*.«

Japp sah ihn zweifelnd an. Dann zog er eine Zigarette aus seiner Jackentasche.

»Das ist die Sorte, die Mrs Allen rauchte – richtige Sargnägel. Sechs von den Kippen waren ihre. Die anderen drei waren von türkischen Zigaretten.«

»Genau.«

»Ihre fabelhafte Nase wusste das wohl, ohne dass Sie sie sich ansehen mussten?«

»Ich versichere Ihnen, meine Nase hat damit überhaupt nichts zu tun. Meine Nase hat überhaupt nichts registriert.«

»Aber die Gehirnzellen, die haben jede Menge registriert?«

»Nun, es gab gewisse Hinweise, meinen Sie nicht?«

Japp sah ihn von der Seite an.

»Wie etwa?«

»*Eh bien*, auf jeden Fall hat in dem Zimmer etwas gefehlt. Und es war etwas hineingestellt worden, glaube ich ... Und dann, auf dem Sekretär ...«

»Wusste ich's doch! Dieser verdammte Federkiel!«

»*Du tout*. Der Federkiel spielt eine *rôle négatif*.«

Japp zog sich auf sicheres Terrain zurück.

»In einer halben Stunde kommt Charles Laverton-West in die Scotland-Yard-Zentrale. Ich dachte, Sie würden vielleicht gern dabei sein.«

»Sehr gern sogar.«

»Und es wird Sie freuen zu hören, dass wir Major Eustace aufgestöbert haben. Hat eine Etagenwohnung in der Cromwell Road.«

»Ausgezeichnet.«

»Wir haben so einiges über ihn in Erfahrung gebracht. Alles andere als ein angenehmer Zeitgenosse, dieser Major Eustace. Nach meinem Gespräch mit Laverton-West fahren wir zu ihm. Wäre Ihnen das recht?«

»Absolut.«

»Gut, dann kommen Sie.«

Um 11 Uhr 30 wurde Charles Laverton-West in Chief Inspector Japps Büro geführt. Japp erhob sich und reichte ihm die Hand.

Der Parlamentsabgeordnete war mittelgroß und trat sehr bestimmt auf. Er war glatt rasiert, hatte das flinke Mundwerk eines

Schauspielers und leicht hervorstehende Augen, wie man sie oft bei redegewandten Menschen findet. Er sah, auf eine stille, kultivierte Art, gut aus.

Obwohl er blass und irgendwie bedrückt wirkte, war er höflich und gefasst.

Er nahm Platz, legte Handschuhe und Hut auf den Tisch und blickte Japp an.

»Mr Laverton-West, zuallererst möchte ich Ihnen sagen, dass ich mir vollkommen darüber im Klaren bin, wie erschütternd das Ganze für Sie sein muss.«

Laverton-West winkte ab.

»Sprechen wir nicht über meine Gefühle. Sagen Sie, Chief Inspector, haben Sie irgendeine Ahnung, was meine – was Mrs Allen zum Selbstmord getrieben haben könnte?«

»Sie können uns in der Hinsicht nicht weiterhelfen?«

»Nein, allerdings nicht.«

»Es gab zwischen Ihnen keinen Streit? Keine irgendwie geartete Entfremdung?«

»Nichts dergleichen. Es war ein enormer Schock für mich.«

»Vielleicht macht es das Ganze verständlicher, Sir, wenn ich Ihnen sage, dass es kein Selbstmord war, sondern Mord!«

»Mord?« Charles Laverton-West fielen fast die Augen aus dem Kopf. »Sagten Sie Mord?«

»Sehr richtig. Mr Laverton-West, haben Sie irgendeine Ahnung, wer Mrs Allen ins Jenseits befördert haben könnte?«

Stotternd stieß Laverton-West seine Antwort hervor:

»Nein – nein – allerdings nicht – keinen blassen Schimmer. Allein die Idee ist – ist unvorstellbar!«

»Sie hat nie irgendwelche Feinde erwähnt? Jemanden, der einen Groll gegen sie gehegt haben könnte?«

»Nie.«

»Wussten Sie, dass sie einen Revolver besaß?«

»Das war mir nicht bekannt.«

Er wirkte ein wenig erschrocken.

»Miss Plenderleith sagt, Mrs Allen habe den Revolver vor einigen Jahren von einer Auslandsreise mitgebracht.«

»Tatsächlich?«

»Natürlich haben wir nur Miss Plenderleiths Aussage. Es wäre durchaus möglich, dass sich Mrs Allen von irgendeiner Seite bedroht fühlte und den Revolver deshalb immer griffbereit hatte.«

Charles Laverton-West schüttelte skeptisch den Kopf. Er wirkte ziemlich verwirrt und benommen.

»Was halten Sie von Miss Plenderleith? Ich meine, macht sie einen ehrlichen, vertrauenswürdigen Eindruck auf Sie?«

Die Antwort kam nach kurzem Nachdenken:

»Ich glaube, schon – doch, ich würde sagen, ja.«

»Sie mögen sie nicht?«, fragte Japp, der ihn genau beobachtet hatte.

»Das würde ich so nicht sagen. Sie ist nur nicht mein Typ. Von solchen sarkastischen, unabhängigen jungen Frauen fühle ich mich nicht angezogen, aber deswegen würde ich trotzdem sagen, dass sie eine ehrliche Haut ist.«

»Hm«, sagte Japp. »Kennen Sie einen gewissen Major Eustace?«

»Eustace? Eustace? Ach ja, jetzt erinnere ich mich an den Namen. Ich bin ihm einmal bei Barbara – bei Mrs Allen begegnet. Für meine Begriffe ein ziemlich zwielichtiger Kunde. Das habe ich meiner – das habe ich Mrs Allen auch gesagt. Er war nicht von der Sorte, die ich nach unserer Heirat unbedingt ermuntert hätte, uns zu besuchen.«

»Und wie hat Mrs Allen reagiert?«

»Oh, sie stimmte mir völlig zu. Sie vertraute meinem Urteil blind. Ein Mann kann einen anderen Mann nun einmal besser einschätzen als eine Frau. Sie meinte, sie könne zu jemandem, den sie schon lange nicht mehr gesehen habe, schließlich nicht unhöflich sein – ich glaube, sie hatte panische Angst davor, einen snobistischen Eindruck zu erwecken! Als meine Frau hätte sie natürlich eingesehen, dass eine Menge ihrer alten Bekanntschaften auf jeden Fall, nun, sagen wir, unpassend waren.«

»Will sagen, durch eine Heirat mit Ihnen hätte sie ihren sozialen Status verbessert?«

Laverton-West hob abwehrend eine seiner sorgfältig manikürten Hände.

»Nein, nein, das nicht. Tatsächlich war Mrs Allens Mutter sogar entfernt mit unserer Familie verwandt. Wir waren also absolut ebenbürtig. Aber in meiner Position muss ich bei der Wahl meiner Freunde natürlich besonders vorsichtig sein – und meine Frau ebenfalls. Man steht eben in gewisser Hinsicht im Rampenlicht.«

»Allerdings«, erwiderte Japp trocken. »Sie können uns also überhaupt nicht weiterhelfen?«

»Nein, wirklich nicht. Ich tappe vollkommen im Dunklen. Barbara! Ermordet! Es ist nicht zu fassen.«

»Mr Laverton-West, könnten Sie mir bitte noch sagen, was Sie am Abend des 5. November gemacht haben?«

»Was ich gemacht habe? Ich?«

Laverton-Wests Stimme überschlug sich fast.

»Reine Routine«, erklärte Japp. »Wir, äh, müssen das jeden fragen.«

Charles Laverton-West sah ihn mit gravitätischer Miene an.

»Ich will doch hoffen, dass jemand in meiner Position davon ausgenommen ist.«

Japp wartete einfach ab.

»Ich war – lassen Sie mich überlegen ... Ach ja. Ich war im Unterhaus. Verließ es um 22 Uhr 30. Machte einen Spaziergang an der Themse entlang. Sah mir das Feuerwerk an.«

»Gut, dass es heutzutage keine Pulververschwörungen mehr gibt«, sagte Japp vergnügt.

Laverton-West starrte ihn, wie ein Fisch, mit glasigen Augen an.

»Dann, äh, ging ich – nach Hause.«

»Wo Sie – wenn Sie in London sind, wohnen Sie am Onslow Square, soweit ich weiß – wann eintrafen?«

»Das weiß ich nicht genau.«

»Um 23 Uhr? 23 Uhr 30?«

»So um den Dreh.«

»Vielleicht hat Sie jemand ins Haus gelassen?«

»Nein, ich habe einen Schlüssel.«

»Sind Sie auf dem Nachhauseweg jemandem begegnet?«

»Nein, äh, also wirklich, Chief Inspector, an diesen Fragen nehme ich in hohem Maße Anstoß!«

»Ich versichere Ihnen, dass es sich lediglich um eine Routinebefragung handelt, Mr Laverton-West. Es ist wirklich nicht persönlich gemeint.«

Japps Antwort schien den erzürnten Parlamentsabgeordneten zu besänftigen.

»Wenn das jetzt alles wäre ...«

»Das wäre erst einmal alles, Mr Laverton-West.«

»Sie halten mich auf dem Laufenden ...«

»Selbstverständlich, Sir. Darf ich Ihnen übrigens Monsieur Hercule Poirot vorstellen? Sie haben vielleicht schon von ihm gehört.«

Mr Laverton-Wests interessierter Blick heftete sich auf den kleinen Belgier.

»Ja, ja, den Namen habe ich schon gehört.«

»Monsieur«, sagte Poirot und kehrte plötzlich den Ausländer heraus. »Glauben Sie mir, mein Herz blutet für Sie. Solch ein Verlust! Solch ein Schmerz, den Sie ertragen müssen! Ach, ich werde jetzt dazu schweigen. Wie hervorragend die Engländer ihre Gefühle verbergen.« Er zückte sein Zigarettenetui. »Gestatten Sie – oh, es ist leer. Japp?«

Japp tastete seine Jackentaschen ab und schüttelte den Kopf.

Laverton-West zog sein Zigarettenetui hervor und murmelte:

»Äh, nehmen Sie doch eine von meinen, Monsieur Poirot.«

»Vielen Dank, vielen Dank.«

Der kleine Mann bediente sich.

»Wie Sie gerade sagten, Monsieur Poirot«, nahm sein Gegenüber den Faden wieder auf, »wir Engländer stellen unsere Gefühle nicht zur Schau. Haltung bewahren, das ist unsere Devise.«

Er verbeugte sich vor den beiden und ging hinaus.

»Glatt wie ein Aal«, sagte Japp angewidert. »Und eine alte Nachteule obendrein! Diese Plenderleith hatte völlig recht. Und trotzdem sieht der Knabe irgendwie gut aus – könnte bei einer Frau ohne jeden Humor gut ankommen. Was sollte das mit der Zigarette eigentlich?«

Poirot reichte sie ihm und schüttelte den Kopf.

»Eine ägyptische. Teure Sorte.«

»Nein, das hilft uns nicht weiter. Schade, denn ein schwächeres Alibi habe ich noch nie gehört. In Wirklichkeit ist es überhaupt keins ... Wissen Sie, Poirot, es ist schade, dass das Ganze nicht umgekehrt abgelaufen ist. Wenn sie ihn erpresst hätte ... Der ließe sich nämlich leicht erpressen – würde ganz brav zahlen! Der würde alles tun, um einen Skandal zu vermeiden.«

»*Mon ami*, es ist wirklich hübsch, sich den Fall so zurechtzubiegen, wie man ihn gern hätte, aber genau genommen ist das nicht Ihre Aufgabe.«

»Nein, unsere nächste Aufgabe ist Eustace. Ich habe so einiges über ihn in Erfahrung gebracht. Auf jeden Fall ein übler Bursche.«

»Haben Sie übrigens meine Anregung hinsichtlich Miss Plenderleith aufgegriffen?«

»Ja. Einen Moment, ich erkundige mich nach dem neuesten Stand.«

Er griff zum Telefon. Nach einem kurzen Gespräch legte er auf und sah Poirot an.

»Ziemlich herzloses Stück. Ist Golf spielen gegangen. Reizende Idee, wenn die Freundin einen Tag zuvor ermordet wurde.«

Poirot stieß einen Schrei aus.

»Was ist denn jetzt los?«, fragte Japp.

Poirot murmelte jedoch nur vor sich hin:

»Natürlich ... natürlich ... aber natürlich ... Was bin ich doch für ein *imbécile* – es sprang einem ja förmlich ins Auge!«

»Hören Sie auf, vor sich hin zu brabbeln«, sagte Japp rüde. »Nehmen wir lieber Eustace in die Zange.«

Verblüfft nahm er das strahlende Lächeln zur Kenntnis, das sich auf Poirots Gesicht ausbreitete.

»Aber ja doch, auf jeden Fall, nehmen wir ihn in die Zange. Denn jetzt, sehen Sie, weiß ich alles – aber wirklich alles!«

Major Eustace empfing sie mit der lässigen Selbstsicherheit eines Mannes von Welt.

Seine Wohnung war klein, lediglich eine Zweitwohnung, erklärte er. Er bot den beiden Herren einen Drink an, und als diese dankend ablehnten, holte er sein Zigarettenetui hervor.

Sowohl Japp als auch Poirot bedienten sich und warfen einander einen kurzen Blick zu.

»Ich sehe, Sie rauchen türkische Zigaretten«, sagte Japp, während er seine zwischen den Fingern hin und her rollte.

»Ja. Tut mir leid, hätten sie lieber etwas Stärkeres? Irgendwo habe ich noch welche liegen.«

»Nein, nein, die sind völlig in Ordnung.« Dann beugte er sich vor, und sein Tonfall änderte sich. »Vielleicht ahnen Sie schon, Major Eustace, weshalb ich Ihnen einen Besuch abstatte?«

Sein Gegenüber schüttelte den Kopf. Er wirkte vollkommen unbekümmert. Major Eustace war ein großer, auf eine etwas grobschlächtige Art gut aussehender Mann. Seine Augen waren verschwollen – kleine, listige Augen, die seine verbindliche Leutseligkeit Lügen straften.

»Nein«, sagte er, »ich habe keine Ahnung, weshalb mich so ein hohes Tier wie ein Chief Inspector aufsucht. Hat es mit meinem Wagen zu tun?«

»Nein, es geht nicht um Ihren Wagen. Major Eustace, ich glaube, Sie kannten eine gewisse Mrs Barbara Allen?«

Dem Major ging ein Licht auf. Er lehnte sich zurück, stieß eine Rauchwolke aus und sagte:

»Ach, daher weht der Wind! Darauf hätte ich natürlich auch selbst kommen können. Äußerst traurige Angelegenheit.«

»Sie wissen davon?«

»Habe es gestern Abend in der Zeitung gelesen. Ein Jammer.«

»Sie kannten Mrs Allen aus Indien, glaube ich.«

»Das, das ist schon ein paar Jährchen her.«

»Kannten Sie auch ihren Mann?«

Er zögerte nur den Bruchteil einer Sekunde, doch während dieser winzigen Pause huschten seine kleinen Schweinsäuglein kurz über die Gesichter seiner beiden Besucher. Dann erwiderte er:

»Nein, Allen bin ich tatsächlich nie über den Weg gelaufen.«

»Aber Sie wissen etwas über ihn?«

»Hörte, er sei ein ziemlich übler Patron gewesen.«

»Mrs Allen hat nie von ihm gesprochen?«

»Hat ihn nie erwähnt.«

»Sie standen auf vertrautem Fuß mit ihr?«

Major Eustace zuckte mit den Achseln.

»Wir waren alte Freunde, verstehen Sie, alte Freunde. Aber wir haben uns nicht häufig gesehen.«

»Aber an ihrem letzten Abend haben Sie sie gesehen? Am Abend des 5. November?«

»Ja, das habe ich tatsächlich.«

»Sie statteten ihr einen Besuch ab, soweit ich weiß.«

Major Eustace nickte. Er verfiel in einen sanften, bedauernden Tonfall.

»Ja, sie bat mich, sie wegen einiger Anlagen zu beraten. Ich verstehe natürlich, worauf Sie hinauswollen – ihre seelische Verfassung und so weiter. Nun, das ist wirklich sehr schwer zu sagen. Ihr Verhalten wirkte eigentlich ganz normal, aber wenn ich es mir recht überlege, war sie doch etwas nervös.«

»Sie machte jedoch keinerlei Andeutungen über ihre möglichen Absichten?«

»Aber auch nicht die geringsten. Als ich mich von ihr verabschiedete, habe ich ihr sogar noch gesagt, ich würde sie demnächst anrufen und wir würden zusammen ins Theater gehen.«

»Sie sagten, Sie würden sie anrufen. Das waren Ihre Abschiedsworte?«

»Ja.«

»Seltsam. Meinen Informationen zufolge sagten Sie etwas vollkommen anderes.«

Eustaces Gesicht wechselte die Farbe.

»Nun, ich kann mich natürlich nicht mehr an den genauen Wortlaut erinnern.«

»Meine Informationen besagen, dass Ihre Abschiedsworte folgendermaßen lauteten: ›Also, überlegen Sie es sich und geben Sie mir Bescheid.‹«

»Warten Sie mal, ja, ich glaube, Sie haben recht. Allerdings nicht genau so. Ich glaube, ich habe gesagt, wenn sie Zeit habe, solle sie mir Bescheid geben.«

»Nicht ganz dasselbe, oder?«, sagte Japp.

Major Eustace zuckte mit den Schultern.

»Sie können doch nicht erwarten, dass man sich wortwörtlich daran erinnert, was man zu einem bestimmten Zeitpunkt gesagt hat, mein Bester.«

»Und was hat Mrs Allen geantwortet?«

»Sie meinte, sie würde mich anrufen. Das heißt, soweit ich mich erinnern kann.«

»Und dann sagten Sie: ›In Ordnung. Bis dann.‹«

»Wahrscheinlich. Irgend so etwas jedenfalls.«

»Sie erwähnten«, fuhr Japp fort, »Mrs Allen habe Sie gebeten, sie wegen einiger Anlagen zu beraten. Hat sie Ihnen vielleicht zufällig die Summe von zweihundert Pfund in bar anvertraut, damit Sie sie für sie anlegen?«

Jetzt wurde Eustaces Gesicht puterrot. Er beugte sich vor und knurrte:

»Was zum Teufel wollen Sie damit sagen?«

»Hat sie oder hat sie nicht?«

»Das ist mein Bier, Mr Chief Inspector.«

»Mrs Allen hob zweihundert Pfund von ihrem Konto ab«, sagte Japp ruhig, »einen Teil davon in Fünfpfundnoten. Deren Nummern können natürlich nachverfolgt werden.«

»Und wenn sie es nun wirklich getan hätte?«

»War es eine Anlageberatung oder eine Erpressung, Major Eustace?«

»Das ist doch grotesk. Was wollen Sie mir denn als Nächstes unterstellen?«

»Ich glaube, Major Eustace« – Japp bemühte sich um einen möglichst offiziellen Tonfall –, »ich muss Sie jetzt bitten, mich zu Scotland Yard zu begleiten und dort eine Aussage zu machen. Ich kann Sie natürlich nicht dazu zwingen, und Sie können, wenn Sie möchten, gern Ihren Anwalt hinzuziehen.«

»Meinen Anwalt? Weshalb zum Teufel sollte ich einen Anwalt brauchen? Und wieso weisen Sie mich überhaupt auf meine Rechte hin?«

»Ich untersuche die Umstände, unter denen Mrs Allen zu Tode kam.«

»Mein Gott, Mann, Sie glauben doch nicht etwa ... Aber das ist doch Unsinn! Hören Sie mal, es war folgendermaßen: Ich fuhr zu Barbara, weil ich eine Verabredung mit ihr hatte ...«

»Das war um wie viel Uhr?«

»Gegen 21 Uhr 30, würde ich sagen. Wir saßen zusammen und unterhielten uns ...«

»Und rauchten?«

»Ja, wir rauchten. Ist das jetzt auch schon ein Verbrechen?«, fragte der Major herausfordernd.

»Wo fand diese Unterhaltung statt?«

»Im Wohnzimmer. Wenn man hereinkommt, links von der Tür. Wir unterhielten uns, wie gesagt, ganz freundschaftlich. Ich ging kurz vor 22 Uhr 30. Ich blieb noch einen Augenblick an der Haustür stehen, für ein paar letzte Worte ...«

»Ganz genau – letzte Worte«, murmelte Poirot.

»Jetzt wüsste ich aber doch mal gerne, wer Sie eigentlich sind«, fauchte Eustace ihn an. »Irgend so ein verdammter Ausländer! Was mischen Sie sich hier ein?«

»Ich bin Hercule Poirot«, sagte der kleine Mann gravitätisch.

»Ist mir völlig schnuppe, und wenn Sie die Achilles-Statue persönlich wären. Wie gesagt, Barbara und ich gingen im Guten auseinander. Ich fuhr direkt in den Far East Club. Kam dort um 22 Uhr 35 an und begab mich schnurstracks ins Kartenspielzimmer. Hab dort bis 1 Uhr 30 Bridge gespielt. So, das können Sie nehmen und in der Pfeife rauchen.«

»Ich rauche nicht die Pfeife«, sagte Poirot. »Ein hübsches Alibi haben Sie da.«

»Zumindest sollte es hieb- und stichfest sein! So, Sir«, er sah Japp an, »sind Sie jetzt zufrieden?«

»Sie waren während Ihres Besuchs die ganze Zeit im Wohnzimmer?«

»Ja.«

»Sie gingen nicht nach oben in Mrs Allens Boudoir?«

»Ich sage Ihnen doch, nein. Wir haben das Wohnzimmer nicht verlassen.«

Japp sah ihn eine Weile nachdenklich an. Dann fragte er:

»Wie viele Manschettenknöpfe besitzen Sie?«

»Manschettenknöpfe? Manschettenknöpfe? Was hat denn das damit zu tun?«

»Sie müssen die Frage natürlich nicht beantworten.«

»Beantworten? Es macht mir nichts aus, sie zu beantworten. Ich habe nichts zu verbergen. Und ich werde eine Entschuldigung verlangen. Einmal diese hier …« Er streckte die Arme aus.

Nickend nahm Japp die Knöpfe aus Gold und Platin zur Kenntnis.

»Und dann diese hier.«

Er erhob sich, zog ein Schubfach auf, nahm ein Etui heraus, öffnete es und hielt es Japp rüde unter die Nase.

»Sehr schönes Design«, sagte der Chief Inspector. »Aber einer ist kaputt, sehe ich da – ein Stückchen Emaille ist abgeplatzt.«

»Na und?«

»Sie wissen wahrscheinlich nicht mehr, wann das passiert ist, oder?«

»Vor ein, zwei Tagen, länger ist es nicht her.«

»Wären Sie überrascht, wenn ich Ihnen sagen würde, dass es während Ihres Besuchs bei Mrs Allen passiert ist?«

»Warum auch nicht? Ich habe nie bestritten, dort gewesen zu sein.« Der Major klang hochmütig. Er ereiferte sich weiter, spielte den zu Recht Empörten, doch seine Hände zitterten.

Japp beugte sich vor und sagte mit Bestimmtheit:

»Ja, aber das Stückchen vom Manschettenknopf wurde nicht im Wohnzimmer gefunden. Es wurde oben in Mrs Allens Boudoir gefunden – in dem Raum, in dem sie umgebracht wurde und wo ein Mann die gleichen Zigaretten geraucht hat, die Sie rauchen.«

Der Schuss saß. Eustace sackte in seinen Sessel zurück. Seine Augen huschten hin und her. Der Zusammenbruch des Maulhelden und der Auftritt der Memme waren kein schöner Anblick.

»Sie haben nichts gegen mich in der Hand.« Er winselte fast. »Sie versuchen, mir die Sache anzuhängen … Aber das schaffen Sie nicht. Ich habe ein Alibi … Ich bin in der Nacht nicht mehr in der Nähe dieses Hauses gewesen …«

Jetzt ergriff Poirot das Wort.

»Nein, Sie sind nicht mehr in der Nähe dieses Hauses gewesen … Das brauchten Sie ja auch gar nicht … Denn vielleicht war Mrs Allen ja bereits tot, als Sie das Haus verließen.«

»Das ist unmöglich, unmöglich – Sie stand doch in der Tür, sie redete mit mir … Es muss sie doch jemand gehört oder gesehen haben …«

»Man hat *Sie* reden gehört«, sagte Poirot leise, »und dann haben Sie so getan, als warteten Sie auf ihre Antwort, und dann haben Sie wieder etwas gesagt … Ein alter Trick … Die Leute haben gedacht, sie habe dort gestanden, aber sie haben sie nicht gesehen, sie konnten nämlich nicht einmal sagen, ob sie ein Abendkleid trug oder nicht, von der Farbe einmal ganz abgesehen …«

»Mein Gott, das stimmt nicht, das stimmt einfach nicht …«

Jetzt zitterte er am ganzen Körper, war am Ende.

Japp sah ihn angewidert an.

»Ich muss Sie bitten mitzukommen, Sir«, sagte er knapp.

»Sie nehmen mich in Haft?«

»Sagen wir, in Untersuchungshaft.«

Die Stille wurde durch einen langen, bebenden Seufzer unterbrochen. Dann sagte der bis vor kurzem noch so aufbrausende Major Eustace mit verzweifelter Stimme:

»Ich bin erledigt.«

Hercule Poirot rieb sich die Hände und lächelte vergnügt. Er schien sich zu amüsieren.

»Herrlich, wie er eingeknickt ist«, sagte Japp später mit einem gewissen professionellen Stolz.

Poirot und er fuhren die Brompton Road entlang.

»Er wusste, dass das Spiel aus war«, erwiderte Poirot geistesabwesend.

»Wir haben eine Menge gegen ihn in der Hand«, sagte Japp. »Zwei oder drei Decknamen, ein cleverer Scheckbetrug und eine sehr hübsche Geschichte, als er im Ritz logierte und sich Colonel de Bathe nannte. Hat ein halbes Dutzend Geschäftsleute an der Piccadilly um ihr Geld geprellt. Im Augenblick halten wir ihn deswegen fest – bis dieser Fall hier endgültig geklärt ist. Was soll eigentlich dieser überstürzte Abstecher ins Grüne, alter Knabe?«

»*Mon ami*, so ein Fall muss ordentlich abgeschlossen werden. Es muss alles aufgeklärt werden. Ich bin jetzt auf der Suche nach der Lösung des Geheimnisses, das Sie neulich angesprochen haben. Ich meine das ›Geheimnis des verschwundenen Kosmetikkoffers‹.«

»›Das Geheimnis des kleinen Kosmetikkoffers‹ – so nannte ich es neulich. Soweit ich weiß, ist er nicht verschwunden.«

»Warten Sie's ab, *mon ami*.«

Der Wagen bog in die Bardsley Gardens Mews ein. Vor der Nr. 14 stieg Jane Plenderleith gerade aus einem kleinen Austin Seven. Die junge Frau trug Golfkleidung.

Sie blickte von einem zum anderen, zog einen Schlüssel hervor und öffnete die Tür.

»Kommen Sie doch bitte herein.«

Sie ging vor. Japp folgte ihr ins Wohnzimmer. Poirot blieb im Flur zurück und murmelte vor sich hin:

»*C'est embêtant* – furchtbar mühsam, aus diesen Ärmeln zu schlüpfen.«

Einen Augenblick später betrat er ebenfalls das Wohnzimmer, und zwar ohne seinen Mantel. Japps Lippen zuckten unter seinem Schnurrbart, denn er hatte ganz schwach die Tür zum Kabuff unter der Treppe knarren gehört.

Japp warf Poirot einen fragenden Blick zu, den dieser mit einem kaum wahrnehmbaren Nicken beantwortete.

»Wir werden Sie nicht lange aufhalten, Miss Plenderleith«, sagte Japp schnell. »Wollten Sie nur fragen, ob Sie uns den Namen von Mrs Allens Anwalt nennen könnten.«

»Von ihrem Anwalt?« Die junge Frau schüttelte den Kopf. »Ich wusste gar nicht, dass sie überhaupt einen hatte.«

»Nun, als sie dieses Haus mit Ihnen zusammen anmietete, muss doch irgendjemand den Vertrag aufgesetzt haben, oder?«

»Nein, ich glaube, nicht. Sehen Sie, das Haus habe ich gemietet, auf meinen Namen. Barbara hat mir immer die halbe Miete gegeben. Das haben wir ganz formlos geregelt.«

»Verstehe. Na, da ist dann wohl nichts zu machen.«

»Es tut mir leid, dass ich Ihnen nicht weiterhelfen kann«, sagte Jane Plenderleith höflich.

»Es ist auch nicht so furchtbar wichtig.« Japp wandte sich zur Tür. »Sie kommen vom Golfspielen?«

»Ja.« Sie errötete. »Das kommt Ihnen vielleicht herzlos vor. Aber um ehrlich zu sein, ist mir hier im Haus ganz schön die Decke auf den Kopf gefallen. Ich musste einfach raus und etwas tun, mich körperlich betätigen, hier hätte ich keine Luft mehr bekommen.«

Sie klang sehr emotional.

»Ich verstehe, Mademoiselle«, erwiderte Poirot schnell. »Das ist vollkommen verständlich, vollkommen natürlich. In diesem Haus herumzusitzen und daran zu denken – nein, das wäre nicht gerade angenehm.«

»Solange Sie es verstehen«, sagte Jane knapp.

»Sind Sie in einem Klub?«

»Ja, ich spiele im Wentworth Club.«

»Es war ein schöner Tag heute«, sagte Poirot.

»Leider sind fast keine Blätter mehr an den Bäumen! Vor einer Woche sah der Wald noch herrlich aus.«

»Heute war es aber auch wunderschön.«

»Auf Wiedersehen, Miss Plenderleith«, sagte Japp förmlich. »Ich sage Ihnen Bescheid, sobald wir Genaueres wissen. Allerdings haben wir bereits einen Verdächtigen festgenommen.«

»Und wen?«

Sie sah die beiden gespannt an.

»Major Eustace.«

Sie nickte, wandte sich ab, bückte sich und zündete das Kaminfeuer an.

»Und?«, fragte Japp, als der Wagen um die Ecke bog.

Poirot grinste.

»Es war ziemlich einfach. Diesmal steckte der Schlüssel nämlich im Schloss.«

»Und?«

»*Eh bien*, die Golfschläger waren verschwunden …«

»Natürlich. Ganz egal, was sie sonst sein mag, dumm ist sie jedenfalls nicht. War noch etwas weg?«

Poirot nickte.

»Ja, *mon ami* – der kleine Kosmetikkoffer!«

Japp trat aufs Gaspedal, und der Wagen machte einen Sprung nach vorn.

»Verdammt!«, sagte er. »Ich wusste, da war irgendwas. Aber was zum Teufel? Ich habe ihn doch gründlich durchsucht.«

»Armer Japp, dabei ist es doch – wie heißt es gleich? ›Elementar, mein lieber Watson.‹«

Japp warf ihm einen entnervten Blick zu.

»Wo fahren wir jetzt hin?«, fragte er.

Poirot sah auf die Uhr.

»Es ist noch nicht einmal vier. Ich glaube, wir könnten es noch bis zum Wentworth Club schaffen, bevor es dunkel wird.«

»Meinen Sie, sie war wirklich dort?«

»Ja, ich glaube, schon. Sie weiß, dass wir uns eventuell erkundigen werden. O ja, ich glaube, wir werden feststellen, dass sie dort war.«

Japp brummte.

»Na gut, auf geht's.« Geschickt lenkte er den Wagen durch den Verkehr. »Was dieser Kosmetikkoffer mit dem Mord zu tun hat, ist mir allerdings absolut unklar. So wie ich die Sache sehe, überhaupt nichts.«

»Genau, *mon ami*, ich stimme Ihnen zu – er hat nichts damit zu tun.«

»Aber warum ... Nein, sagen Sie nichts! Ordnung und Methode und alles hübsch abschließen! Na ja, wenigstens ist heute schönes Wetter.«

Das Auto war schnell. Kurz nach 16 Uhr 30 waren sie bereits am Wentworth Club. Wochentags herrschte dort wenig Betrieb.

Poirot ging direkt zum Caddie-Master und bat um Miss Plenderleiths Schläger. Sie werde am nächsten Tag auf einem anderen Platz spielen, erklärte er.

Der Caddie-Master rief einem Jungen etwas zu, woraufhin dieser die in einer Ecke stehenden Golfschläger durchsah. Schließlich zog er eine Golftasche mit den Initialen J. P. hervor.

»Vielen Dank«, sagte Poirot. Er wandte sich zum Gehen, drehte sich dann jedoch noch einmal wie beiläufig um und fragte: »Einen kleinen Kosmetikkoffer hat sie nicht zufällig hiergelassen, oder?«

»Heute nicht, Sir. Vielleicht hat sie ihn im Klubhaus stehen lassen.«

»Sie war doch heute hier?«

»O ja. Hab sie selbst gesehen.«

»Wissen Sie, welchen Caddie sie hatte? Sie hat nämlich einen Kosmetikkoffer verlegt und weiß nicht mehr, wo sie ihn zuletzt bei sich hatte.«

»Sie hatte gar keinen Caddie. Kam her und kaufte sich zwei Bälle. Nahm nur zwei Eisen mit. Ich meine mich zu erinnern, dass sie da einen kleinen Koffer in der Hand hatte.«

Poirot bedankte sich. Die beiden Männer gingen um das Klubhaus herum. Poirot blieb einen Augenblick stehen, um die Aussicht zu bewundern.

»Es ist wunderschön, nicht wahr, die dunklen Kiefern – und dann der See. Ja, der See ...«

Japp warf ihm einen kurzen Blick zu.

»Das war also Ihr Geistesblitz, ja?«

Poirot lächelte.

»Ich halte es für möglich, dass jemand etwas gesehen hat. Wenn ich Sie wäre, würde ich Ermittlungen einleiten.«

Poirot trat, den Kopf ein wenig zur Seite geneigt, zurück und begutachtete das Arrangement im Zimmer. Hier ein Sessel und dort einer. Ja, das war sehr gut. Und jetzt klingelte es an der Tür – das musste Japp sein.

Der Mann von Scotland Yard trat behände ein.

»Sie hatten völlig recht, Sie altes Schlitzohr! Hab's aus allererster Hand. Eine junge Frau wurde dabei beobachtet, wie sie gestern im Wentworth Club etwas in den See geworfen hat. Die Beschreibung passt auf Jane Plenderleith. Es ist uns ohne größere Schwierigkeiten gelungen, den Gegenstand herauszufischen. Da steht nämlich eine Menge Schilf.«

»Und was war es?«

»Es war tatsächlich der Kosmetikkoffer! Aber warum, in Gottes Namen? Ist und bleibt mir ein Rätsel! Es war nichts drin, nicht einmal mehr die Zeitschriften. Warum eine höchstwahrscheinlich zurechnungsfähige junge Frau ein teuer ausgestattetes Kosmetikköfferchen in einen See wirft – wissen Sie, ich habe mir die ganze

Nacht den Kopf darüber zerbrochen, konnte mir aber einfach keinen Reim darauf machen.«

»*Mon pauvre Japp!* Aber jetzt brauchen Sie sich den Kopf nicht länger zu zerbrechen. Hier kommt die Antwort. Es hat geklingelt.«

George, Poirots untadeliger Diener, öffnete die Zimmertür und meldete:

»Miss Plenderleith.«

Die junge Frau betrat den Raum mit ihrer üblichen selbstsicheren Miene und begrüßte die beiden.

»Ich habe Sie hergebeten«, erklärte Poirot. »Würden Sie bitte hier Platz nehmen, und Japp, Sie dort drüben, denn ich habe Ihnen einige Neuigkeiten zu berichten.«

Die junge Frau setzte sich. Sie blickte von einem zum anderen und schob ihren Hut nach hinten. Dann nahm sie ihn ab und legte ihn ungeduldig beiseite.

»Major Eustace wurde also verhaftet«, sagte sie.

»Das haben Sie aus der Morgenzeitung, nehme ich an.«

»Ja.«

»Bisher wird er eines Bagatelldelikts beschuldigt«, fuhr Poirot fort. »In der Zwischenzeit sammeln wir Beweismaterial im Zusammenhang mit dem Mord.«

»Es war also wirklich Mord?«, fragte die junge Frau gespannt.

Poirot nickte.

»Ja«, sagte er. »Es war Mord. Die vorsätzliche Vernichtung eines Menschen durch einen anderen Menschen.«

Sie erschauerte.

»Bitte nicht«, murmelte sie. »Es klingt schrecklich, wenn Sie es so sagen.«

»Ja, aber es ist auch schrecklich!«

Er hielt inne, dann sagte er:

»Also, Miss Plenderleith, ich werde Ihnen jetzt erzählen, wie ich in diesem Fall der Wahrheit auf die Spur kam.«

Sie blickte von Poirot zu Japp. Letzterer lächelte.

»Er hat so seine Methoden, Miss Plenderleith«, sagte er. »Wissen Sie, ich lasse ihn einfach gewähren. Ich glaube, wir sollten uns jetzt anhören, was er zu sagen hat.«

»Wie Sie wissen, Mademoiselle«, begann Poirot, »traf ich mit meinem Freund am Vormittag des 6. November am Tatort ein. Wir gingen in das Zimmer, wo Mrs Allens Leiche gefunden worden war und wo mir sofort mehrere wesentliche Details auffielen. Manches in dem Zimmer war nämlich äußerst merkwürdig.«

»Fahren Sie fort«, sagte die junge Frau.

»Zunächst einmal«, sagte Poirot, »war da der Zigarettengeruch.«

»Ich glaube, da übertreiben Sie ein bisschen, Poirot«, warf Japp ein. »Ich habe nichts gerochen.«

Poirot drehte sich blitzschnell zu ihm um.

»Genau. Sie haben keinen kalten Zigarettenrauch gerochen. Ich nämlich auch nicht. Und das war sehr, sehr merkwürdig – denn Tür und Fenster waren verschlossen gewesen und im Aschenbecher lagen nicht weniger als zehn Zigarettenkippen. Es war sehr, sehr eigenartig, dass das Zimmer so roch, wie es roch – nämlich absolut frisch.«

»Darauf wollen Sie also hinaus!« Japp seufzte. »Dass Sie immer so umständlich sein müssen.«

»Ihr Sherlock Holmes hat es doch genauso gemacht. Wissen Sie noch, wie er die Aufmerksamkeit auf das merkwürdige Ereignis mit dem Hund in der Nacht lenkte – und des Rätsels Lösung war, dass der Hund in der Nacht nichts getan hatte. Und genau das war das merkwürdige Ereignis. Doch fahren wir fort:

Als Nächstes erregte die Armbanduhr am Handgelenk der Toten meine Aufmerksamkeit.«

»Was war damit?«

»Eigentlich nichts Besonderes, aber sie trug sie am rechten Handgelenk. Nach meiner Erfahrung tragen die meisten Leute ihre Uhr am linken Arm.«

Japp zuckte mit den Schultern. Ehe er etwas einwenden konnte, fuhr Poirot fort:

»Aber wie Sie immer sagen, das lässt keine schlüssige Aussage zu. Manch einer trägt seine Uhr eben lieber rechts. Und jetzt komme ich zu etwas äußerst Interessantem – ich komme, *mes amis*, zum Sekretär.«

»Ja, das dachte ich mir schon«, sagte Japp.

»Das war wirklich sehr merkwürdig, sehr auffallend! Und zwar aus zwei Gründen. Erstens fehlte etwas vom Schreibpult.«

Jane Plenderleith schaltete sich ein:

»Was fehlte denn?«

Poirot wandte sich an sie.

»Ein Blatt Löschpapier, Mademoiselle. Das oberste Blatt in der Löschpapiermappe war völlig sauber und unbenutzt.«

Jane zuckte mit den Achseln.

»Also wirklich, Monsieur Poirot. Manchmal reißt man eben ein stark benutztes Blatt einfach ab.«

»Schon, aber was macht man dann damit? Man wirft es in den Papierkorb, nicht wahr? Aber es war nicht im Papierkorb. Ich habe extra nachgesehen.«

Jane Plenderleith wirkte ungeduldig.

»Wahrscheinlich, weil sie es schon am Tag zuvor in den Mülleimer geworfen hatte. Das Löschpapier war sauber, weil Barbara an dem Tag keine Briefe geschrieben hatte.«

»Das ist kaum möglich, Mademoiselle. Denn man hat Mrs Allen an jenem Abend zum Briefkasten gehen sehen. Also muss sie einen Brief geschrieben haben. Unten konnte sie ihn nicht schreiben – da gibt es keine Schreibutensilien. Und sie wird wohl auch kaum zum Schreiben in Ihr Zimmer gegangen sein. Was ist also mit dem Blatt Löschpapier geschehen, mit dem sie die Tinte getrocknet hat? Natürlich wirft man manchmal etwas ins Feuer statt in den Papierkorb, aber ihr Zimmer hat ja Gasheizung. Und der Kamin unten war am Vortag nicht angezündet worden, denn es war noch alles vorbereitet und Sie brauchten, wie Sie mir erzählten, nur noch das Streichholz daranzuhalten.«

Er hielt inne.

»Ein kurioses kleines Problem. Ich habe überall nachgesehen, in den Papierkörben, im Mülleimer, aber nirgends konnte ich ein benutztes Blatt Löschpapier finden – und das schien mir von großer Bedeutung zu sein. Es sah so aus, als wäre dieses Blatt Löschpapier ganz bewusst beseitigt worden. Aber warum? Weil man die Schrift darauf leicht mit Hilfe eines Spiegels hätte entziffern können.

Es gab jedoch noch ein zweites merkwürdiges Detail. Japp, vielleicht erinnern Sie sich noch ungefähr an die Anordnung auf dem Schreibpult. Löschpapiermappe und Tintenfass in der Mitte, links die Stiftschale, rechts der Kalender und der Federkiel. *Eh bien?* Verstehen Sie nicht? Der Federkiel, Sie erinnern sich, ich habe ihn untersucht, er war nur Dekoration – war absolut unbenutzt. Oh, Sie verstehen noch immer nicht? Ich wiederhole: Löschpapiermappe in der Mitte, zur Linken die Stiftschale – zur Linken, Japp. Steht die Stiftschale nicht normalerweise rechts, leicht erreichbar für die rechte Hand?

Ah, jetzt dämmert's bei Ihnen, ja? Die Stiftschale zur Linken, die Armbanduhr am rechten Handgelenk, das Löschpapier, das entfernt wurde, und etwas anderes, das ins Zimmer hineingestellt wurde: der Aschenbecher mit den Zigarettenkippen!

Das Zimmer roch frisch und sauber, Japp, wie ein Zimmer, in dem das Fenster offen und nicht die ganze Nacht über geschlossen gewesen war ... Und so entstand ein Bild vor meinem inneren Auge.«

Er wirbelte herum und sah Jane an.

»Ein Bild von Ihnen, Mademoiselle, wie Sie mit dem Taxi vorfahren, bezahlen, die Treppe hinaufrennen und dabei vielleicht ›Barbara‹ rufen – und dann die Tür öffnen und Ihre Freundin tot auf dem Boden liegen sehen, einen Revolver in der Hand, in der linken Hand natürlich, denn sie ist Linkshänderin, weshalb die Kugel auch in die linke Schläfe eingedrungen ist. Auf dem Schreibpult liegt ein Brief für Sie. Darin erklärt sie Ihnen, was sie dazu getrieben hat, sich das Leben zu nehmen. Ich nehme an, es war ein sehr bewegender Brief ... Geschrieben von einer jungen, sanften, unglücklichen Frau, die erpresst und dadurch in den Selbstmord getrieben worden war …

Ich glaube, der Gedanke kam Ihnen beinahe sofort. An dieser Katastrophe trug ein ganz bestimmter Mann die Schuld. Sollte er dafür also auch bestraft werden, angemessen und in vollem Umfang bestraft werden. Sie nehmen den Revolver, wischen ihn ab und legen ihn ihr in die rechte Hand. Sie nehmen den Abschiedsbrief an sich und reißen das oberste Blatt Löschpapier, mit dem die Tinte getrocknet worden war, ab. Sie gehen nach unten, zünden das Feuer an und werfen beides in die Flammen. Dann tragen sie den Aschenbecher nach oben, um den Eindruck zu erwecken, dass dort zwei Menschen gesessen und sich unterhalten haben, und außerdem nehmen sie noch ein Stückchen Emaille von einem Manschettenknopf mit, das Sie auf dem Fußboden gefunden hatten – ein glücklicher Umstand, der, da sind Sie sich ziemlich sicher, sein Schicksal besiegeln wird. Dann verriegeln Sie das Fenster und schließen die Tür ab. Es darf keinesfalls der Verdacht aufkommen, dass Sie sich in dem Zimmer zu schaffen gemacht haben könnten. Die Polizei muss es genau in diesem Zustand vorfinden, weshalb Sie keinen Nachbarn um Hilfe bitten, sondern sofort die Polizei rufen.

Und so nimmt alles seinen Lauf. Sie spielen Ihre Rolle umsichtig und kaltschnäuzig. Zunächst weigern Sie sich, überhaupt etwas zu sagen, streuen aber geschickt Zweifel an der Selbstmordtheorie. Später führen Sie uns dann bereitwillig auf die Spur von Major Eustace …

Ja, Mademoiselle, es war sehr clever – ein sehr cleverer Mord, denn das ist es letztendlich. Ein Mordversuch an Major Eustace.«

Jane Plenderleith sprang auf.

»Das war kein Mord, sondern ein Akt der Gerechtigkeit. Dieser Mann hat die arme Barbara in den Tod getrieben. Sie war so warmherzig und wehrlos. Sehen Sie, das arme Kind ließ sich, gleich nach ihrer Ankunft in Indien, mit einem Mann ein. Sie war erst siebzehn, er dagegen ein um Jahre älterer verheirateter Mann. Dann bekam sie ein Kind. Sie hätte es in ein Heim geben können, wollte davon aber nichts wissen. Sie fuhr in irgendeine abgelegene Gegend, und als sie zurückkehrte, nannte sie sich Mrs Allen. Das Kind starb dann später. Sie kam hierher zurück und verliebte sich in Charles, diesen eitlen Fatzke; sie bewunderte ihn – er hielt ihre Bewunderung für selbstverständlich. Wenn er ein anderer Mensch gewesen wäre, hätte ich ihr geraten, ihm alles zu beichten. Aber so beschwor ich sie, den Mund zu halten. Denn letztlich wusste niemand außer mir etwas von dieser Geschichte.

Und dann tauchte plötzlich dieses Scheusal von Eustace auf! Den Rest kennen Sie. Er begann sie systematisch ausbluten zu lassen, aber erst an jenem letzten Abend wurde ihr klar, dass sie Charles ebenfalls dem Risiko eines Skandals aussetzte. War sie erst einmal mit Charles verheiratet, hätte Eustace sie genau da, wo er sie haben wollte – verheiratet mit einem reichen Mann, der panische Angst vor einem Skandal hatte! Als Eustace mit dem Geld, das sie für ihn abgehoben hatte, gegangen war, setzte sie sich hin und ging mit sich zurate. Dann stieg sie in ihr Zimmer hinauf und schrieb mir einen Brief. Sie liebe Charles und könne ohne ihn nicht leben, doch eine Heirat sei, in seinem Interesse, ausgeschlossen. Deshalb wähle sie den bestmöglichen Ausweg, schrieb sie.«

Jane warf den Kopf in den Nacken.

»Verstehen Sie jetzt, warum ich getan habe, was ich getan habe? Und Sie stellen sich hin und nennen es ›Mord‹!«

»Weil es Mord ist«, sagte Poirot mit ernster Stimme. »Manchmal mag ein Mord gerechtfertigt scheinen, aber deswegen ist es trotzdem ein Mord. Sie sind ehrlich und intelligent – blicken Sie der Wahrheit ins Gesicht, Mademoiselle. Letztendlich starb Ihre Freundin, weil sie der Lebensmut verlassen hatte. Wir mögen Verständnis für sie haben. Wir mögen sie bedauern. Aber das ändert nichts daran, dass sie selbst diese Tat begangen hat und niemand anders.«

Er hielt inne.

»Und Sie? Dieser Mann sitzt jetzt im Gefängnis und wird wegen anderer Delikte eine lange Strafe verbüßen. Wollen Sie wirklich aus freien Stücken das Leben – das Leben, wohlgemerkt – eines Menschen vernichten?«

Sie starrte ihn an. Ihre Augen verfinsterten sich.

»Nein«, murmelte sie plötzlich. »Sie haben recht. Das will ich nicht.«

Sie machte auf dem Absatz kehrt und verließ hastig das Zimmer. Dann schlug die Wohnungstür zu …

Japp stieß einen langen, einen sehr langen Pfiff aus.

»Donnerwetter!«, sagte er.

Poirot setzte sich und lächelte ihn freundlich an. Es dauerte eine Weile, ehe das Schweigen gebrochen wurde.

»Kein als Selbstmord getarnter Mord«, sagte Japp, »sondern ein Selbstmord, der wie Mord aussehen sollte!«

»Ja, und das Ganze war äußerst raffiniert ausgeklügelt. Nichts war überzogen.«

»Und der Kosmetikkoffer?«, sagte Japp plötzlich. »Was hatte der eigentlich damit zu tun?«

»Aber *mon cher, mon très cher ami*, ich habe Ihnen doch bereits gesagt, dass er nichts damit zu tun hatte.«

»Aber warum …?«

»Die Golfschläger. Die Golfschläger, Japp. Die Golfschläger gehörten einem Linkshänder. Jane Plenderleiths Schläger standen im Klub. Die anderen gehörten Barbara Allen. Kein Wunder, dass die junge Frau, wie Sie es nennen, Fracksausen bekam, als wir das Kabuff aufschlossen. Ihr ganzer Plan hätte scheitern können. Aber gedankenschnell, wie sie ist, wird ihr sofort klar, dass sie sich für einen kurzen Augenblick verraten hat. Sie sieht nämlich, was wir sehen. Also tut sie das, was ihr in dem Moment ganz spontan einfällt. Sie versucht, unsere Aufmerksamkeit auf den falschen Gegenstand zu lenken. Sie behauptet von dem Kosmetikkoffer: ›Das ist meiner. Ich, ich habe ihn heute Morgen mit zurückgebracht. Da kann also nichts Relevantes drin sein.‹ Und sofort verfolgen Sie, genau, wie sie gehofft hat, die falsche Spur. Aus dem gleichen

Grund benutzt sie auch am nächsten Tag, als sie losfährt, um sich der Golfschläger zu entledigen, das Köfferchen als eine – wie sagt man – Räucherkerze?«

»Eine Nebelkerze. Wollen Sie damit sagen, dass sie in Wirklichkeit …?«

»Überlegen Sie mal, *mon ami.* Wo kann man am besten eine Golftasche voller Schläger loswerden? Man kann sie nicht verbrennen oder in die Mülltonne stecken. Wenn man sie irgendwo stehen lässt, kann es gut sein, dass jemand sie findet und man sie zurückbekommt. Miss Plenderleith fährt damit zu einem Golfplatz. Sie lässt sie im Klubhaus stehen, während sie sich zwei Eisen aus ihrer eigenen Tasche holt, und dann zieht sie ohne Caddy los. Zweifellos hat sie die Schläger Stück für Stück entzweigebrochen, sie ins dichte Gestrüpp geworfen und sich zuletzt auch noch der leeren Tasche entledigt. Sollte irgendjemand hier und da Stücke von einem Golfschläger finden, dürfte das keine allzu große Überraschung auslösen. Schließlich gibt es Geschichten von Leuten, die in schierer Verzweiflung über ein Spiel sogar alle ihre Golfschläger zerbrochen und weggeworfen haben! Das ist beim Golf nun mal so!

Da ihr jedoch klar ist, dass man sich immer noch dafür interessieren könnte, was sie so treibt, wirft sie diese sehr nützliche Nebelkerze – das Köfferchen – auf recht auffällige Weise in den See, und das, *mon ami*, ist die Wahrheit über ›Das Geheimnis des Kosmetikkoffers‹.«

Japp sah seinen Freund eine Weile schweigend an. Dann erhob er sich, klopfte ihm auf die Schulter und brach in Gelächter aus.

»Nicht übel, Sie alter Fuchs! Mein Gott, Sie haben wirklich den Vogel abgeschossen! Kommen Sie, gehen wir einen Happen essen.«

»Mit Vergnügen, *mon ami*, aber nicht nur einen Happen. Sondern *omelette aux champignons, blanquette de veau, petits pois à la française* und zum Abschluss einen *baba au rhum.*«

»Gehen Sie voran«, sagte Japp.

Der Traum

Hercule Poirots Augen ruhten prüfend auf dem Haus. Er ließ den Blick kurz über die Umgebung schweifen, über die Werkstätten, das große Fabrikgebäude rechter Hand, die gegenüberliegenden Blocks mit den einfachen Mietwohnungen.

Dann richtete er die Augen wieder auf Northway House, ein Überbleibsel aus einer vergangenen Zeit – einer Zeit, als es noch viele offene Flächen und viel freie Zeit gab und die vornehme Arroganz des Gebäudes noch von grünen Feldern umgeben war. Jetzt war es ein Anachronismus, versunken und vergessen im Meer der Rastlosigkeit des modernen London, und nicht einmal einer von fünfzig Einheimischen hätte einem noch sagen können, wo es überhaupt stand.

Außerdem hätten einem nur sehr wenige sagen können, wer der Besitzer war, auch wenn sie seinen Namen kannten, da er zu den reichsten Männern der Welt gehörte. Doch Geld stachelt die öffentliche Aufmerksamkeit nicht nur an, sondern kann sie auch dämpfen. Benedict Farley, der exzentrische Millionär, zog es vor, nicht an die große Glocke zu hängen, wo er wohnte. Da er sich nur selten in der Öffentlichkeit zeigte, bekam ihn kaum jemand je zu Gesicht. Hin und wieder erschien er zu Vorstandssitzungen und hielt die versammelten Direktoren mit seiner hageren Gestalt, seiner Hakennase und seiner schnarrenden Stimme mühelos unter Kontrolle. Abgesehen davon war er lediglich eine Legende, über die zahlreiche Geschichten kursierten. Sie drehten sich um seine sonderbaren Anwandlungen von Knauserigkeit und unerhörter Großzügigkeit sowie um seine ganz persönlichen Eigenheiten: um seinen berühmten Patchwork-Morgenmantel, der dem Vernehmen nach mittlerweile achtundzwanzig Jahre alt war, um seinen eintönigen, aus Kohlsuppe und Kaviar bestehenden Speiseplan, um seine Abscheu vor Katzen. All diese Dinge waren gemeinhin bekannt.

So auch Hercule Poirot. Sie waren alles, was er über den Mann wusste, dem er jetzt einen Besuch abstatten würde. Der Brief in seiner Sakkotasche verriet ihm nur wenig mehr.

Nachdem er das wehmütige Denkmal einer vergangenen Epoche ein, zwei Minuten lang schweigend in Augenschein genommen hatte, stieg er die Stufen zur Eingangstür empor, drückte die Klingel und warf dabei einen Blick auf seine elegante Armbanduhr, die schließlich und endlich sein altes Lieblingsstück ersetzt hatte – die große Zwiebeluhr aus früheren Zeiten. Ja, es war genau 21 Uhr 30. Wie immer war Hercule Poirot auf die Minute pünktlich.

Die Tür öffnete sich nach genau der richtigen Zeitspanne. Gegen das Licht im Hausflur zeichnete sich die Silhouette eines vollendeten Exemplars der Gattung Butler ab.

»Mr Benedict Farley?«, fragte Hercule Poirot.

Der unpersönliche Blick musterte ihn unaufdringlich, aber effizient, von Kopf bis Fuß.

En gros et en détail, dachte Hercule Poirot anerkennend.

»Sie werden erwartet, Sir?«, fragte die zuvorkommende Stimme.

»Ja.«

»Ihr Name, Sir?«

»Monsieur Hercule Poirot.«

Der Butler verbeugte sich und gab den Weg frei. Hercule Poirot trat ein. Der Butler schloss die Tür hinter ihm.

Doch ehe die geschickten Hände dem Besucher Hut, Stock und Mantel abnahmen, gab es noch eine Formalität zu erledigen.

»Verzeihung, Sir. Ich bin gehalten, Sie nach einem Brief zu fragen.«

Bedächtig zog Poirot den zusammengefalteten Brief aus seiner

Sakkotasche und reichte ihn dem Butler. Dieser warf nur einen kurzen Blick darauf und gab ihn mit einer Verbeugung zurück. Hercule Poirot steckte ihn wieder ein. Der Brief war schlicht gehalten:

Northway House, W.8

Sehr geehrter Monsieur Poirot,
Mr Benedict Farley würde gern Ihren Rat einholen. Er würde es begrüßen, wenn Sie es so einrichten könnten, dass Sie ihn am morgigen Abend (Donnerstag) um 21 Uhr 30 unter der obigen Adresse aufsuchten.
Hochachtungsvoll,
Hugo Cornworthy
(Sekretär)
PS: Bitte bringen Sie diesen Brief mit.

Jetzt nahm der Butler Poirot routiniert die Straßenkleidung ab und sagte:

»Würden Sie mir bitte nach oben in Mr Cornworthys Büro folgen?«

Er ging voraus, die breite Treppe hinauf. Poirot betrachtete mit Wohlgefallen diverse *objets d'art*, die sich durch einen prunkvollen, üppigen Stil auszeichneten. Sein Kunstgeschmack ging stets ein wenig ins Spießige.

Im ersten Stock klopfte der Butler an eine Tür.

Hercule Poirots Augenbrauen fuhren ein winziges bisschen in die Höhe. Dies war der erste Misston. Denn wirklich gute Butler klopfen nicht an – und doch bestand kein Zweifel, dass er einen erstklassigen Butler vor sich hatte!

Es war gewissermaßen ein Vorgeschmack auf die Exzentrik des Millionärs, dem er sogleich begegnen würde.

Von drinnen ertönte eine Stimme. Der Butler stieß die Tür auf. Er meldete (und wieder registrierte Poirot ein gezieltes Abweichen von der Konvention):

»Der Gentleman, den Sie erwarten, Sir.«

Poirot trat ein. Der recht große Raum war äußerst schlicht und zweckmäßig eingerichtet. Aktenschränke, Nachschlagewerke, zwei Polstersessel und ein großer, repräsentativer Schreibtisch voller ordentlich gestapelter Papiere. Die Ecken des Raums lagen im Dunkeln, denn das einzige Licht kam von einer großen grün beschirmten Leselampe, die neben der Armlehne eines der beiden Sessel auf einem Beistelltisch stand. Sie war so platziert, dass ihr Licht auf jeden fiel, der sich von der Tür her näherte. Hercule Poirot blinzelte ein wenig und konstatierte, dass es mindestens eine 150-Watt-Birne sein musste. In dem Sessel saß eine schmale Gestalt in einem Patchwork-Morgenmantel: Benedict Farley. Der Kopf war auf charakteristische Weise vorgestreckt, die Hakennase ragte wie ein Vogelschnabel hervor. Über der Stirn türmte sich ein weißer Haarschopf auf, der an einen Kakadu erinnerte. Die Augen funkelten hinter dicken Gläsern und starrten den Besucher argwöhnisch an.

»He«, sagte er schließlich mit schriller, rauer und ein wenig schnarrender Stimme. »Sie sind also Hercule Poirot, he?«

»Zu Ihren Diensten«, sagte Poirot höflich und verbeugte sich, die eine Hand auf die Rückenlehne des zweiten Sessels gelegt.

»Setzen Sie sich, setzen Sie sich«, sagte der alte Mann unwirsch.

Hercule Poirot nahm Platz – im grellen Schein der Lampe. Aus dem Schatten jenseits des Lichtkegels schien der alte Mann ihn aufmerksam zu mustern.

»Woher weiß ich eigentlich, dass Sie Hercule Poirot sind, he?«, fragte er in missmutigem Ton. »Raus damit, he?«

Poirot zog erneut den Brief hervor und reichte ihn Farley.

»Ja«, räumte der Millionär mürrisch ein. »Das ist er. Den habe ich Cornworthy schreiben lassen.« Er faltete den Brief zusammen und warf ihn Poirot zu. »Dieser Bursche, das sind also Sie, ja?«

Mit einer kleinen Handbewegung sagte Poirot:

»Ich versichere Ihnen, hier ist keine Täuschung im Spiel!«

Plötzlich gluckste Benedict Farley.

»Sagt der Zauberer, bevor er den Goldfisch aus dem Hut zieht! Dieser Satz ist ja Teil des Tricks!«

Poirot ging nicht darauf ein.

»Halten mich für einen misstrauischen alten Knacker, he?«, fragte Farley unvermittelt. »Bin ich auch. Traue niemandem! Das ist mein Motto. Wenn du reich bist, kannst du niemandem trauen. Das – das geht einfach nicht.«

»Sie wollten«, deutete Poirot behutsam an, »mich zurate ziehen?«

Der alte Mann nickte.

»Gehe immer zum Fachmann und schaue nicht auf den Preis. Es wird Ihnen aufgefallen sein, Monsieur Poirot, dass ich nicht nach Ihrem Honorar gefragt habe. Das werde ich auch nicht tun! Schicken Sie mir hinterher die Rechnung – ich werde keine Sperenzchen machen. Die verdammten Trottel auf dem Markt dachten, sie könnten mir für ihre Eier zwei Shilling und neun Pence abknöpfen, wo sie normalerweise zwei sieben kosten – diese Beutelschneider! Aber der Mann an der Spitze, das ist etwas anderes. Der ist sein Geld wert. Ich bin selbst an der Spitze, ich weiß das.«

Hercule Poirot gab keine Antwort. Den Kopf leicht zur Seite geneigt, hörte er aufmerksam zu.

Hinter seiner ausdruckslosen Fassade machte sich ein Gefühl der Enttäuschung breit. Den genauen Grund wusste er selbst nicht. Bislang hatte Benedict Farley sich so verhalten, wie es zu erwarten gewesen war – das heißt, er hatte ganz der Vorstellung entsprochen, die man sich von ihm machte; und doch war Poirot enttäuscht.

Der Mann, dachte er empört, ist ein Scharlatan – nichts weiter als ein Scharlatan!

Er war anderen Millionären begegnet, die ebenfalls exzentrisch waren, doch bei fast jedem von ihnen hatte er eine gewisse Energie spüren können, eine innere Kraft, die ihm Respekt abverlangte. Hätten sie einen Patchwork-Morgenmantel getragen, dann deshalb, weil sie einen solchen Morgenmantel gerne trugen. Benedict Farleys Morgenmantel, so schien es Poirot, war dagegen im Prinzip nur ein Bühnenrequisit. Und der Mann selbst agierte im Grunde auch wie auf einer Bühne. Jedes Wort, dessen war sich Poirot gewiss, wurde nur um des Effekts willen geäußert.

Noch einmal wiederholte er in sachlichem Ton: »Sie wollten mich zurate ziehen?«

Das Verhalten des Millionärs änderte sich schlagartig.

Er beugte sich vor. Die Stimme war nur noch ein leises Krächzen.

»Ja. Ja … ich will hören, was Sie dazu zu sagen haben, was Sie denken … Gehe immer zum Mann an der Spitze! So mache ich das! Der beste Arzt, der beste Detektiv – einer von beiden muss mir doch helfen können.«

»Bis jetzt, Monsieur, verstehe ich nichts.«

»Natürlich nicht«, blaffte Farley. »Ich habe Ihnen ja auch noch nichts erzählt.«

Er lehnte sich erneut vor und platzte unvermittelt mit einer Frage heraus.

»Monsieur Poirot, was wissen Sie über Träume?«

Der kleine Mann zog die Augenbrauen in die Höhe. Auf vieles war er gefasst gewesen – darauf nicht.

»Zu diesem Thema, Monsieur Farley, würde ich Ihnen das Napoleon-Orakel empfehlen – oder die neueste psychologische Praxis in der Harley Street.«

»Ich habe es mit beidem versucht …«, erwiderte Benedict Farley ernüchtert.

Nach einer Pause fuhr der Millionär zunächst fast flüsternd, dann mit einer sich immer weiter nach oben schraubenden Stimme fort:

»Es ist immer derselbe Traum – Nacht für Nacht. Und ich habe Angst, das sage ich Ihnen, ich habe Angst … Es ist immer dasselbe. Ich sitze nebenan in meinem Büro. Sitze am Schreibtisch und schreibe etwas. Ich werfe einen Blick auf die Uhr, die da steht, und sehe, wie spät es ist: genau 15 Uhr 28. Immer dieselbe Uhrzeit, verstehen Sie.

Und wenn ich diese Uhrzeit sehe, Monsieur Poirot, weiß ich, dass ich es tun muss. Ich will es nicht tun, ich verabscheue es – aber ich muss …«

Seine Stimme hatte sich ins Schrille gesteigert.

Poirot ließ sich nicht beirren: »Was genau müssen Sie denn tun?«

»Um 15 Uhr 28«, sagte Benedict Farley heiser, »ziehe ich die zweite Schreibtischschublade rechts auf, nehme mir den Revolver, den ich dort aufbewahre, lade ihn und gehe zum Fenster hinüber. Und dann, und dann …«

»Ja?«

»Dann erschieße ich mich …«, flüsterte Benedict Farley.

Eine tiefe Stille trat ein.

Dann fragte Poirot: »Das ist Ihr Traum?«

»Ja.«

»Jede Nacht derselbe?«

»Ja.«

»Was passiert, wenn Sie sich erschossen haben?«

»Ich wache auf.«

Poirot nickte langsam und nachdenklich. »Es würde mich interessieren, ob Sie in der besagten Schublade tatsächlich einen Revolver aufbewahren.«

»Ja.«

»Warum?«

»Das habe ich immer so gehalten. Es ist gut, wenn man vorbereitet ist.«

»Vorbereitet? Worauf?«

»Ein Mann in meiner Stellung muss auf der Hut sein«, erwiderte Farley gereizt. »Jeder reiche Mann hat Feinde.«

Poirot verfolgte den Punkt nicht weiter. Er schwieg einen Moment lang.

»Warum genau haben Sie mich kommen lassen?«, fragte er dann.

»Das werde ich Ihnen sagen. Zunächst habe ich mich an einen Arzt gewandt, genauer gesagt an drei Ärzte.«

»Ja?«

»Der erste meinte, es sei alles eine Frage der Ernährung. Er war schon älter. Der zweite war ein junger Vertreter der modernen Schule. Er versicherte mir, es hänge alles mit einem bestimmten Ereignis in der Kindheit zusammen, das genau zu dieser Tageszeit stattgefunden habe, nämlich um 15 Uhr 28. Er behauptete, ich sei dermaßen darauf fixiert, die Erinnerung an das Ereignis nicht hochkommen zu lassen, dass ich es symbolisch auslebe, indem ich mich selbst auslösche. Das war seine Erklärung.«

»Und der dritte Arzt?«

Benedict Farleys Stimme gellte vor Zorn.

»Auch er ist jung. Er hat eine groteske Theorie! Er behauptet, ich sei lebensmüde und empfände mein Leben als so unerträglich, dass ich es vorsätzlich beenden wolle! Weil ich aber, wenn ich mir das eingestehen würde, auch zugäbe, dass ich im Grunde ein Versager bin, würde ich mich im Wachzustand weigern, der Wahrheit ins Gesicht zu sehen. Wenn ich schlafe, würde jedoch die Verdrängung wegfallen und ich würde das tun, was ich eigentlich tun will – nämlich meinem Leben ein Ende setzen.«

»Seiner Ansicht nach wollen Sie also, ohne dass es Ihnen bewusst ist, in Wirklichkeit Selbstmord begehen?«, fragte Poirot.

»Und das ist ausgeschlossen«, rief Benedict Farley mit schriller Stimme, »ausgeschlossen! Ich bin rundum zufrieden! Ich habe alles, was ich will – alles, was man mit Geld kaufen kann! Das ist doch absurd – unfassbar, dass jemand so etwas auch nur andeutet!«

Poirot beobachtete ihn mit Interesse. Etwas an den zitternden Händen und der bebenden, schrillen Stimme signalisierte ihm, dass der Widerspruch allzu vehement, das Beharren darauf suspekt war. Dennoch beschränkte er sich auf die Frage:

»Und wie kann ich Ihnen behilflich sein, Monsieur?«

Mit einem Mal beruhigte sich Benedict Farley. Um seinen Worten Nachdruck zu verleihen, klopfte er mit dem Finger auf den Tisch neben ihm:

»Es gibt noch eine andere Möglichkeit. Und wenn die zutrifft, dann sind Sie der Mann, der sich damit auskennt! Sie sind berühmt,

Sie hatten mit Hunderten von Fällen zu tun – absonderlichen, unwahrscheinlichen Fällen! Wenn jemand es weiß, dann Sie.«

»Was soll ich wissen?«

Farleys Stimme senkte sich zu einem Flüstern.

»Angenommen, es will mich jemand umbringen … Könnte er es auf diese Weise tun? Könnte er dafür sorgen, dass ich Nacht für Nacht diesen Traum habe?«

»Sie meinen durch Hypnose?«

»Ja.«

Hercule Poirot überlegte.

»Wahrscheinlich wäre es möglich«, sagte er schließlich. »Allerdings könnte Ihnen ein Arzt die Frage eher beantworten.«

»Aus Ihrer eigenen Erfahrung kennen Sie keinen solchen Fall?«

»Keinen vergleichbaren, nein.«

»Verstehen Sie, worauf ich hinauswill? Man sorgt dafür, dass ich immer denselben Traum träume, Nacht für Nacht, Nacht für Nacht, und eines Tages ist die Suggestion dann übermächtig, und ich folge ihr. Ich tue das, was ich so oft geträumt habe – und bringe mich um!«

Hercule Poirot schüttelte langsam den Kopf.

»Sie halten das nicht für möglich?«, fragte Farley.

»Möglich?« Poirot zuckte mit den Schultern. »Das ist kein Wort, mit dem ich gerne meine Zeit verschwende.«

»Aber Sie halten es für unwahrscheinlich?«

»Für äußerst unwahrscheinlich.«

»Das hat der Arzt auch gesagt …«, murmelte Benedict Farley. Dann wurde seine Stimme wieder schriller: »Aber warum habe ich diesen Traum? Warum? Warum?«

Hercule Poirot schüttelte den Kopf. Benedict Farley fragte ihn schroff: »Sie sind sicher, dass Ihnen so etwas noch nie untergekommen ist?«

»Noch nie.«

»Das ist es, was ich wissen wollte.«

Poirot räusperte sich dezent.

»Erlauben Sie mir eine Frage?«

»Welche denn? Welche denn? Fragen Sie, was Sie wollen.«

»Wen haben Sie im Verdacht, Sie umbringen zu wollen?«

»Niemanden«, bellte Farley. »Überhaupt niemanden.«

»Aber die Frage ist Ihnen doch in den Sinn gekommen?«, hakte Poirot nach.

»Ich wollte nur wissen, ob das eine Möglichkeit wäre.«

»Aus meiner Erfahrung würde ich sagen, nein. Haben Sie sich übrigens schon einmal hypnotisieren lassen?«

»Natürlich nicht. Meinen Sie, ich würde mich auf so einen Mumpitz einlassen?«

»Dann kann man, glaube ich, definitiv davon ausgehen, dass Ihre Theorie unwahrscheinlich ist.«

»Aber der Traum, Sie Narr, der Traum.«

»Der Traum ist zweifellos bemerkenswert«, sagte Poirot nachdenklich. Er hielt kurz inne und fuhr dann fort: »Ich würde gern den Schauplatz dieses Dramas sehen: den Schreibtisch, die Uhr und den Revolver.«

»Selbstverständlich, gehen wir ins Nebenzimmer.«

Der alte Mann schlang den Morgenmantel enger um sich und erhob sich halb aus seinem Sessel. Plötzlich setzte er sich wieder hin, als wäre ihm etwas eingefallen.

»Nein«, sagte er. »Da gibt es nichts zu sehen. Ich habe Ihnen alles gesagt, was es zu sagen gibt.«

»Ich würde aber gern selbst sehen …«

»Das ist nicht nötig«, unterbrach Farley ihn brüsk. »Sie haben mir gesagt, was Sie von der Geschichte halten. Damit ist die Sache erledigt.«

Poirot zuckte mit den Schultern. »Wie es Ihnen beliebt.« Er erhob sich. »Es tut mir leid, Mr Farley, dass ich Ihnen nicht behilflich sein konnte.«

Benedict Farley starrte vor sich hin.

»Diese Mätzchen können Sie sich sparen«, knurrte er. »Ich habe Ihnen die Fakten dargelegt, und Sie können nichts damit anfangen.

Damit ist der Fall erledigt. Die Rechnung über das Beratungshonorar können Sie mir zuschicken.«

»Ich werde es nicht versäumen«, erwiderte der Detektiv trocken. Er ging zur Tür.

»Einen Moment.« Der Millionär winkte ihn noch einmal zu sich. »Den Brief, den will ich zurückhaben.«

»Den Brief von Ihrem Sekretär?«

»Ja.«

Poirots Augenbrauen wanderten nach oben. Er griff in die Sakkotasche, zog ein zusammengefaltetes Blatt Papier hervor und reichte es dem alten Mann. Dieser warf einen prüfenden Blick darauf und legte es dann mit einem Nicken auf den Tisch neben sich.

Hercule Poirot steuerte wieder auf die Tür zu. Er war verwirrt. Immer wieder ging er die soeben gehörte Geschichte durch. Das Gefühl nagte an ihm, dass irgendetwas nicht stimmte. Und dieses Etwas hatte mit ihm selbst zu tun – nicht mit Benedict Farley.

Als er die Hand auf den Türknauf legte, wurde es ihm schlagartig klar. Er, Hercule Poirot, hatte einen Fehler begangen! Er machte auf dem Absatz kehrt.

»Ich bitte tausendmal um Vergebung! Ihr Problem hat mich so sehr beschäftigt, dass mir ein dummer Irrtum unterlaufen ist! Dieser Brief, den ich Ihnen gerade gegeben habe – ich griff aus Versehen in die rechte statt in die linke Tasche ...«

»Was reden Sie da? Was reden Sie da?«

»Der Brief, den ich Ihnen gerade gegeben habe – meine Waschfrau bittet darin um Verzeihung, weil ihr ein Malheur mit meinem Hemdkragen passiert ist.« Poirot lächelte bedauernd. Er griff in die linke Sakkotasche. »Das hier ist Ihr Brief.«

Benedict Farley packte den Brief und knurrte: »Warum zum Teufel können Sie nicht besser aufpassen?«

Poirot nahm das Schreiben seiner Waschfrau an sich, bat noch einmal höflich um Entschuldigung und verließ den Raum.

Draußen, auf dem geräumigen Treppenabsatz, hielt er einen

Moment inne. Direkt vor ihm stand eine große alte Eichenbank, davor ein Refektoriumstisch. Auf dem Tisch lagen Zeitschriften. Außerdem gab es noch zwei Sessel sowie einen Tisch mit Blumen darauf. Das Arrangement erinnerte ihn ein wenig an das Wartezimmer eines Zahnarztes.

Unten in der Halle wartete der Butler, um ihn hinauszulassen.

»Darf ich Ihnen ein Taxi rufen, Sir?«

»Nein, danke. Es ist ein schöner Abend. Ich gehe zu Fuß.«

Auf dem Bürgersteig blieb Hercule Poirot stehen und wartete, bis der Verkehr kurz nachließ und er die vielbefahrene Straße überqueren konnte.

Er legte die Stirn in Falten.

»Nein«, sagte er zu sich. »Die Sache ist mir absolut schleierhaft. Nichts ergibt einen Sinn. Ich räume es nur ungern ein, aber ich, Hercule Poirot, stehe vor einem völligen Rätsel.«

Damit endete sozusagen der erste Akt des Dramas. Der zweite folgte eine Woche später. Er begann mit dem Anruf eines gewissen John Stillingfleet, seines Zeichens Arzt.

Unter bemerkenswerter Vernachlässigung der Anstandsregeln seiner Zunft sagte er einfach:

»Sind Sie's, Poirot, altes Haus? Hier Stillingfleet.«

»Ja, *mon ami*. Worum geht es?«

»Ich rufe aus Northway House an, dem Wohnsitz von Benedict Farley.«

»Ach ja?« Poirots Stimme belebte sich. »Was ist mit – Mr Farley?«

»Farley ist tot. Hat sich heute Nachmittag erschossen.«

Nach kurzem Schweigen sagte Poirot nur:

»Ja ...«

»Allzu überrascht scheinen Sie nicht zu sein. Wissen Sie etwas darüber, altes Haus?«

»Wie kommen Sie darauf?«

»Na ja, eine brillante Schlussfolgerung oder Telepathie oder so was ist es nicht gerade. Wir haben hier ein Schreiben von Farley an Sie gefunden, wegen eines Termins vor einer Woche.«

»Ich verstehe.«

»Der Inspector hier ist ziemlich zahm – man muss ja schließlich vorsichtig sein, wenn sich einer von diesen Millionärstypen aus dem Verkehr zieht. Wollte wissen, ob Sie womöglich Licht in die Angelegenheit bringen können. Wenn ja, könnten Sie dann vielleicht vorbeikommen?«

»Ich komme sofort.«

»Nett von Ihnen, alter Knabe. Eine unappetitliche Geschichte, was?«

Poirot wiederholte nur, er werde unverzüglich aufbrechen.

»Wollen wohl am Telefon nicht mit der Sprache rausrücken? Recht so. Bis gleich.«

Eine Viertelstunde später saß Poirot in der Bibliothek von Northway House, einem niedrigen, lang gestreckten Raum im hinteren Teil des Erdgeschosses. Fünf weitere Personen waren anwesend: Inspector Barnett, Dr. Stillingfleet, Mrs Farley, die Witwe des Millionärs, Joanna Farley, seine einzige Tochter, und Hugo Cornworthy, sein Privatsekretär.

Inspector Barnett war ein diskreter Mann mit militärischem Habitus. Dr. Stillingfleet, der in seiner Rolle als Arzt ganz anders auftrat als am Telefon, war ein großer, langgesichtiger junger Mann um die dreißig. Mrs Farley, offenkundig wesentlich jünger als ihr Ehemann, war eine attraktive dunkelhaarige Frau. Ihr Mund wirkte streng, und die schwarzen Augen verrieten nicht das Geringste von ihren Gefühlen. Sie schien sie vollkommen unter Kontrolle zu haben. Joanna Farley hatte blonde Haare und Sommersprossen. Die vorspringende Nase und das markante Kinn hatte sie zweifellos von ihrem Vater. Ihre Augen waren klug und verschmitzt. Hugo Cornworthy war ein gut aussehender, äußerst korrekt gekleideter junger Mann. Er machte einen intelligenten und tüchtigen Eindruck.

Nachdem man sich gegenseitig begrüßt und vorgestellt hatte, berichtete Poirot in einfachen und klaren Worten, unter welchen Umständen er Benedict Farley aufgesucht und was dieser ihm erzählt hatte. Über einen Mangel an Interesse seitens der Anwesenden konnte er nicht klagen.

»Merkwürdigste Geschichte, die ich je gehört habe!«, meinte der Inspector. »Ein Traum, hm? Wussten Sie etwas davon, Mrs Farley?«

Sie senkte den Kopf.

»Ja, mein Mann hat davon gesprochen. Die Sache beunruhigte ihn sehr. Ich, ich habe ihm gesagt, es sei sicher eine Magenverstimmung – seine Ernährungsgewohnheiten, müssen Sie wissen, waren sehr eigen –, und schlug ihm vor, Dr. Stillingfleet rufen zu lassen.«

Der junge Mann schüttelte den Kopf.

»An mich hat er sich nicht gewandt. Nach Monsieur Poirots Bericht zu schließen, hat er in der Harley Street Hilfe gesucht.«

»Dazu würde ich Sie gern um Ihre Meinung bitten, *Monsieur le docteur*«, sagte Poirot. »Mr Farley erzählte mir, er habe drei Spezialisten konsultiert. Was ist von ihren Theorien zu halten?«

Stillingfleet zog die Stirn in Falten.

»Das ist schwer zu beurteilen. Sie müssen bedenken, dass er Ihnen gegenüber nicht genau das wiedergegeben hat, was sie tatsächlich zu ihm sagten. Das war die Interpretation eines Laien.«

»Sie meinen, er hat die Termini nicht verstanden?«

»Nicht ganz. Ich meine damit, dass sie ihm in ihrem Fachjargon etwas erklärt haben, das bei ihm ein wenig verzerrt ankam und das er dann mit eigenen Worten wiedergab.«

»Was er mir erzählte, war also nicht genau das, was die Ärzte gesagt hatten.«

»Darauf läuft es hinaus. Er hat einfach alles ein bisschen falsch verstanden, wenn Sie wissen, was ich meine.«

Poirot nickte nachdenklich. »Weiß man, an wen er sich gewandt hat?«

Mrs Farley schüttelte den Kopf, und Joanna Farley erklärte:

»Niemand von uns wusste, dass er überhaupt jemanden konsultiert hatte.«

»Hat er mit *Ihnen* über seinen Traum gesprochen?«, wollte Poirot wissen.

Die junge Frau schüttelte den Kopf.

»Und mit Ihnen, Mr Cornworthy?«

»Nein, davon hat er überhaupt nichts erwähnt. Ich habe einen Brief an Sie aufgenommen, den er mir diktierte, hatte aber keine Ahnung, warum er Ihren Rat suchte. Ich dachte, es könnte etwas mit irgendwelchen geschäftlichen Unregelmäßigkeiten zu tun haben.«

»Und die konkreten Umstände von Mr Farleys Tod?«, fragte Poirot.

Inspector Barnett sah fragend zu Mrs Farley und Dr. Stillingfleet, dann übernahm er die Rolle des Wortführers:

»Mr Farley pflegte jeden Nachmittag in seinem Büro im ersten Stock zu arbeiten. Soweit ich weiß, stand ein großer Unternehmenszusammenschluss bevor ...«

Er blickte zu Hugo Cornworthy hinüber, der knapp bekannt gab: »Consolidated Coachlines.«

»In diesem Zusammenhang«, fuhr Inspector Barnett fort, »hatte sich Mr Farley bereit erklärt, zwei Pressevertretern ein Interview zu geben. So etwas tat er nur sehr selten – etwa alle fünf Jahre einmal, wie ich mir habe sagen lassen. Und so trafen um 15 Uhr 15 wie vereinbart zwei Reporter ein, einer von den Associated Newsgroups und einer von den Amalgamated Press-Sheets. Sie warteten im ersten Stock vor Mr Farleys Tür, wo normalerweise jeder wartete, der bei Mr Farley einen Termin hatte. Um 15 Uhr 20 erschien ein Bote der Consolidated Coachlines mit wichtigen Papieren. Er wurde in Mr Farleys Büro geführt und händigte ihm die Schriftstücke aus. Mr Farley begleitete ihn zur Tür und sagte von dort zu den zwei Pressevertretern:

›Es tut mir leid, meine Herren, dass ich Sie warten lassen muss, aber ich habe mich um eine dringende Angelegenheit zu kümmern. Ich erledige das so schnell wie möglich.‹

Die beiden Herren, Mr Adams und Mr Stoddart, versicherten

Mr Farley, sie würden warten, bis er Zeit für sie habe. Er ging zurück ins Büro, schloss die Tür – und das war das letzte Mal, dass ihn jemand lebend sah!«

»Erzählen Sie weiter«, sagte Poirot.

»Kurz nach vier«, fuhr der Inspector fort, »trat Mr Cornworthy hier aus seinem Büro, das gleich neben dem von Mr Farley liegt, und sah zu seiner Überraschung, dass die beiden Reporter immer noch geduldig warteten. Er wollte Mr Farley einige Briefe zur Unterschrift vorlegen und hielt es darüber hinaus für ratsam, ihn an die beiden Herren zu erinnern. Also ging er in Mr Farleys Büro. Zu seiner Verwunderung konnte er Mr Farley zunächst nicht entdecken und dachte, es sei niemand im Raum. Plötzlich sah er einen Stiefel. Er ragte hinter dem Schreibtisch hervor, der vor dem Fenster steht. Er ging rasch hinüber und fand Mr Farley, einen Revolver neben sich, tot am Boden liegend.

Mr Cornworthy eilte hinaus und wies den Butler an, Dr. Stillingfleet zu rufen. Auf dessen Rat hin verständigte Mr Cornworthy auch die Polizei.«

»Hat jemand den Schuss gehört?«, fragte Poirot.

»Nein. Der Verkehr ist hier sehr laut, und das Fenster auf dem Treppenabsatz stand offen. Bei den ganzen Lastwagen und dem Gehupe hätte der Schuss kaum bemerkt werden können.«

Poirot nickte nachdenklich. »Wann ist er ungefähr gestorben?«, fragte er.

»Ich habe den Leichnam sofort nach meiner Ankunft untersucht«, erwiderte Stillingfleet, »das heißt, um 16 Uhr 32. Da war Mr Farley seit mindestens einer Stunde tot.«

Poirot machte ein sehr ernstes Gesicht.

»Demnach ist es durchaus denkbar, dass sein Tod zu dem Zeitpunkt eintrat, den er mir gegenüber nannte – also um 15 Uhr 28.«

»So ist es«, sagte Stillingfleet.

»Irgendwelche Fingerabdrücke auf dem Revolver?«

»Ja, seine eigenen.«

»Und der Revolver selbst?«

Der Inspector schaltete sich wieder ein.

»Den bewahrte er in der zweiten Schublade rechts auf, genau wie er es Ihnen gesagt hatte. Mrs Farley hat ihn zweifelsfrei identifiziert. Außerdem gibt es ja nur einen Zugang zu dem Raum, die Tür zum Treppenabsatz. Die beiden Reporter saßen direkt gegenüber der Tür und schwören, dass zwischen dem Augenblick, wo Mr Farley mit ihnen gesprochen hatte, und dem, wo Mr Cornworthy das Büro betrat, nämlich kurz nach 16 Uhr, niemand hineingegangen sei.«

»Es spricht also alles für die Annahme, dass Mr Farley Hand an sich gelegt hat.«

Inspector Barnett lächelte verhalten.

»Das würde ich nicht bezweifeln, wäre da nicht eine Sache.«

»Nämlich?«

»Der an Sie gerichtete Brief.«

Auch Poirot lächelte.

»Ich verstehe! Kaum ist Hercule Poirot beteiligt – besteht Verdacht auf Mord!«

»Genau«, sagte der Inspector trocken. »Doch nachdem Sie die Sachlage jetzt dargelegt haben …«

Poirot unterbrach ihn. »Einen Moment bitte.« Er wandte sich an Mrs Farley: »Hat sich Ihr Mann jemals einer Hypnose unterzogen?«

»Nein, nie.«

»Hat er sich mit Hypnose beschäftigt? War er an dem Thema interessiert?«

Sie schüttelte den Kopf. »Ich glaube, nicht.«

Plötzlich schien sie die Fassung zu verlieren. »Dieser grässliche Traum! Einfach unheimlich! Die Vorstellung, dass er das geträumt hat, Nacht für Nacht, und dann … Das ist, als hätte man ihn – zu Tode gehetzt!«

Poirot kamen Benedict Farleys Worte in den Sinn: »… und ich würde das tun, was ich eigentlich tun will – nämlich meinem Leben ein Ende setzen.«

»Ist Ihnen je der Gedanke gekommen«, sagte er, »dass Ihr Mann versucht sein könnte, sich etwas anzutun?«

»Nein – manchmal war er allerdings sehr wunderlich …«

Mit klarer und abschätziger Stimme warf Joanna Farley ein: »Vater hätte sich niemals umgebracht. Er gab viel zu gut auf sich acht.«

»In der Regel nehmen sich nicht diejenigen Menschen das Leben, die damit drohen, Miss Farley«, meldete sich Dr. Stillingfleet zu Wort. »Deshalb scheint ein Selbstmord ja manchmal so unerklärlich.«

Poirot erhob sich. »Darf ich«, fragte er, »den Raum sehen, in dem sich die Tragödie ereignet hat?«

»Aber natürlich. Dr. Stillingfleet …«

Der Arzt begleitete Poirot nach oben.

Benedict Farleys Büro war wesentlich geräumiger als das des Sekretärs nebenan. Es war luxuriös ausgestattet, mit tiefen Ledersesseln, einem Teppich mit dickem Flor sowie einem exquisiten übergroßen Schreibtisch.

Poirot trat hinter den Schreibtisch, wo auf dem Teppich direkt vor dem Fenster ein dunkler Fleck zu sehen war. Er erinnerte sich, wie der Millionär gesagt hatte: »Um 15 Uhr 28 ziehe ich die zweite Schreibtischschublade rechts auf, nehme mir den Revolver, den ich dort aufbewahre, lade ihn und gehe zum Fenster hinüber. Und dann – und dann erschieße ich mich.«

Er nickte langsam. Dann sagte er:

»Das Fenster stand offen, so wie jetzt?«

»Ja. Aber auf dem Weg hätte niemand hereinkommen können.«

Poirot streckte den Kopf hinaus. Es gab weder eine Brüstung noch eine Regenrinne in Fensternähe. Nicht einmal eine Katze hätte auf diesem Weg in den Raum gelangen können. Gegenüber erhob sich die leere, fensterlose Wand der Fabrik.

»Seltsam«, meinte Stillingfleet, »dass ein reicher Mann sich einen solchen Raum als sein Allerheiligstes aussucht, mit dieser Aussicht. Das ist, als würde man auf eine Gefängniswand blicken.«

»Ja«, sagte Poirot. Er zog den Kopf zurück und starrte auf die massive Backsteinmauer. »Ich glaube«, sagte er, »diese Mauer ist wichtig.«

Stillingfleet sah ihn neugierig an. »Sie meinen – psychologisch gesehen?«

Poirot war an den Schreibtisch getreten. Scheinbar gedankenverloren nahm er eine sogenannte Faulenzerzange in die Hand. Er drückte die Griffe zusammen, und der Greifarm fuhr auf die volle Länge aus. Vorsichtig packte Poirot damit ein abgebranntes Streichholz, das in einiger Entfernung neben einem Sessel lag, und deponierte es sorgfältig im Papierkorb.

»Wenn Sie mit dem Ding genug herumgespielt haben …«, sagte Stillingfleet irritiert.

»Eine geniale Erfindung«, murmelte Hercule Poirot und legte die Greifhilfe wieder akkurat auf den Schreibtisch. Dann fragte er:

»Wo befanden sich Mrs und Miss Farley zum Zeitpunkt des – Todes?«

»Mrs Farley ruhte sich in ihrem Zimmer im zweiten Stock aus. Miss Farley malte in ihrem Atelier unterm Dach.«

Hercule Poirot trommelte eine Weile selbstvergessen mit den Fingern auf die Tischplatte. Dann sagte er:

»Ich würde gern mit Miss Farley sprechen. Meinen Sie, Sie könnten sie bitten, kurz herzukommen?«

»Wenn Sie es wünschen.«

Stillingfleet warf ihm einen neugierigen Blick zu und verließ den Raum. Kurz darauf ging die Tür auf und Joanna Farley trat ein.

»Gestatten Sie, Mademoiselle, dass ich Ihnen ein paar Fragen stelle?«

Kühl erwiderte sie seinen Blick. »Bitte fragen Sie alles, was Sie möchten.«

»Wussten Sie, dass Ihr Vater einen Revolver in seinem Schreibtisch aufbewahrte?«

»Nein.«

»Wo waren Sie und Ihre Mutter, das heißt, Sie ist ja wohl Ihre Stiefmutter, oder?«

»Ja, Louise ist die zweite Ehefrau meines Vaters. Sie ist nur acht Jahre älter als ich. Ihre Frage war …?«

»Wo waren Sie beide am Donnerstag letzter Woche? Genauer gesagt, am Donnerstagabend.«

Sie überlegte.

»Am Donnerstag? Warten Sie mal. Ach ja, wir waren im Theater. In *Und der kleine Hund lachte*.«

»Ihr Vater wollte Sie nicht begleiten?«

»Er ging nie ins Theater.«

»Wie verbrachte er gewöhnlich den Abend?«

»Er saß hier und las.«

»Er war kein sehr geselliger Mensch?«

Die junge Frau sah ihn fest an. »Mein Vater«, sagte sie, »hatte ein ausgesprochen unangenehmes Wesen. Wer auf relativ engem Raum mit ihm zusammenlebte, konnte ihn unmöglich mögen.«

»Das, Mademoiselle, ist eine sehr offenherzige Bemerkung.«

»Dadurch erspare ich Ihnen Zeit, Monsieur Poirot. Mir ist durchaus klar, worauf Sie hinauswollen. Meine Stiefmutter hat meinen Vater seines Geldes wegen geheiratet. Ich wohne hier, weil ich mir keine eigene Wohnung leisten kann. Es gibt einen Mann, den ich gern heiraten würde. Er ist arm; mein Vater hat dafür gesorgt, dass er seine Stelle verlor. Er wollte nämlich, dass ich eine gute Partie mache – was ein Leichtes gewesen wäre, da ich ihn ja beerben würde!«

»Das Vermögen Ihres Vaters fällt an Sie?«

»Ja. Das heißt, er hat Louise, meiner Stiefmutter, eine Viertelmillion steuerfrei vermacht, und es gibt noch andere Verfügungen, aber der Rest geht an mich.« Sie lächelte unvermittelt. »Sie sehen also, Monsieur Poirot, ich hatte allen Grund, den Tod meines Vaters herbeizusehnen!«

»Ich sehe, Mademoiselle, Sie haben die Intelligenz Ihres Vaters geerbt.«

»Ja, Vater war ein kluger Kopf …«, erwiderte sie nachdenklich. »Das spürte man bei ihm – dass er Elan hatte, eine große Energie, aber es war alles schal geworden, hatte sich in Verbitterung verkehrt – da war nichts Menschliches mehr übrig …«

Hercule Poirot sagte leise: »*Grand Dieu*, was bin ich doch für ein Idiot …«

Joanna Farley wandte sich zur Tür. »Gibt es sonst noch etwas?«

»Zwei kleine Fragen. Diese Zange hier«, er hielt die Greifhilfe hoch, »lag die immer auf dem Schreibtisch?«

»Ja. Vater nahm sie, um Dinge vom Boden aufzuheben. Er bückte sich nicht gern.«

»Noch eine Frage. Hatte Ihr Vater gute Augen?«

Sie starrte ihn an.

»O nein, er sah rein gar nichts – ich meine, ohne seine Brille war er verloren. Er hatte schon als Junge schlechte Augen.«

»Und mit Brille?«

»Mit Brille sah er natürlich ganz gut.«

»Er war in der Lage, Zeitungen und Kleingedrucktes zu lesen?«

»O ja.«

»Das wäre alles, Mademoiselle.«

Sie ging hinaus.

»Wie dumm ich war«, murmelte Poirot. »Hatte es die ganze Zeit direkt vor meiner Nase. Und weil es so dicht vor meiner Nase war, habe ich es nicht gesehen.«

Noch einmal lehnte er sich aus dem Fenster. Unten, in dem engen Durchgang zwischen Haus und Fabrik, sah er einen kleinen dunklen Gegenstand liegen.

Hercule Poirot nickte zufrieden und ging wieder ins Erdgeschoss.

Die anderen waren noch in der Bibliothek. Poirot wandte sich an den Sekretär:

»Mr Cornworthy, ich möchte, dass Sie mir im Detail schildern, wie das genau ablief, als Mr Farley mich zu sich bestellte. Wann zum Beispiel hat Mr Farley Ihnen den Brief diktiert?«

»Am Mittwochnachmittag – um 17 Uhr 30, wenn ich mich recht entsinne.«

»Gab es besondere Anweisungen, wie der Brief zuzustellen sei?«

»Er trug mir auf, ihn selbst aufzugeben.«

»Und das haben Sie getan?«

»Ja.«

»Gab er dem Butler irgendwelche besonderen Instruktionen, wie er mich zu empfangen habe?«

»Ja. Ich sollte Holmes – das ist der Butler – sagen, dass um 21 Uhr 30 ein Gentleman vorbeikommen würde. Er sollte den Gentleman nach seinem Namen fragen. Und er sollte sich den Brief zeigen lassen.«

»Eine recht eigentümliche Vorkehrung, finden Sie nicht?«

Cornworthy zuckte die Schultern.

»Mr Farley«, sagte er vorsichtig, »war ein recht eigentümlicher Mensch.«

»Irgendwelche anderen Instruktionen?«

»Ja. Er meinte, ich solle mir den Abend freinehmen.«

»Haben Sie das getan?«

»Ja, gleich nach dem Essen ging ich ins Kino.«

»Wann kamen Sie zurück?«

»Als ich die Tür aufschloss, war es etwa 23 Uhr 15.«

»Haben Sie Mr Farley an dem Abend noch einmal gesehen?«

»Nein.«

»Und er hat die Angelegenheit am nächsten Morgen nicht erwähnt?«

»Nein.«

Poirot hielt einen Moment inne und fuhr dann fort: »Als ich eintraf, brachte man mich nicht in Mr Farleys Büro.«

»Nein. Ich sollte Holmes auftragen, Sie in mein Büro zu führen.«

»Warum wohl? Wissen Sie das?«

Cornworthy schüttelte den Kopf. »Ich habe Mr Farleys Anweisungen nie in Frage gestellt«, sagte er lakonisch. »Das hätte er mir übelgenommen.«

»Hat er Besucher normalerweise in seinem eigenen Büro empfangen?«

»Normalerweise schon, aber nicht immer. Manchmal sprach er auch in meinem Büro mit ihnen.«

»Gab es dafür irgendeinen Grund?«

Hugo Cornworthy überlegte.

»Nein, ich glaube, nicht – eigentlich habe ich darüber nie nachgedacht.«

Poirot wandte sich an Mrs Farley.

»Gestatten Sie, dass ich nach Ihrem Butler läute?«

»Natürlich, Monsieur Poirot.«

Holmes kam herbei und fragte auf seine überaus korrekte und zuvorkommende Art:

»Sie haben geläutet, Madam?«

Mrs Farley deutete mit einer Geste auf Poirot. Höflich drehte Holmes sich zu ihm hin. »Ja, Sir?«

»Holmes, welche Anweisungen hatten Sie erhalten, als ich am Donnerstagabend hier eintraf?«

Holmes räusperte sich.

»Nach dem Abendessen sagte Mr Cornworthy, dass Mr Farley um 21 Uhr 30 einen Mr Hercule Poirot erwarte. Ich solle mich vergewissern, dass dies der Name des Gentleman war, und seine Angaben durch einen Blick auf einen Brief überprüfen. Dann solle ich ihn nach oben in Mr Cornworthys Büro geleiten.«

»Sagte man Ihnen auch, dass Sie anklopfen sollten?«

Ein Anflug von Missfallen huschte über das Gesicht des Butlers.

»Das war eine von Mr Farleys Anordnungen. Ich sollte stets anklopfen, wenn ich Besucher zu ihm brachte – das heißt, geschäftliche Besucher«, fügte er hinzu.

»Ah, ich hatte mich schon gewundert. Hatten Sie, was mich betraf, irgendwelche weiteren Instruktionen erhalten?«

»Nein, Sir. Nachdem Mr Cornworthy mir gesagt hatte, was ich Ihnen soeben berichtet habe, verließ er das Haus.«

»Wann war das?«

»Um 20 Uhr 50, Sir.«

»Haben Sie Mr Farley danach noch gesehen?«

»Ja, Sir, ich brachte ihm wie immer um 21 Uhr ein Glas heißes Wasser nach oben.«

»War er da in seinem Büro oder in dem von Mr Cornworthy?«

»Er war in seinem Büro, Sir.«

»Ihnen ist dort nichts Ungewöhnliches aufgefallen?«

»Etwas Ungewöhnliches? Nein, Sir.«

»Wo waren Mrs und Miss Farley?«

»Sie waren im Theater, Sir.«

»Danke, Holmes, das war alles.«

Holmes verbeugte sich und ging hinaus. Poirot wandte sich der Witwe des Millionärs zu.

»Noch eine Frage, Mrs Farley. Hatte Ihr Ehemann gute Augen?«

»Nein. Ohne Brille sah er ausgesprochen schlecht.«

»Er war sehr kurzsichtig?«

»O ja, ohne seine Brille war er ziemlich hilflos.«

»Er besaß mehrere Brillen?«

»Ja.«

»Aha«, sagte Poirot. Er lehnte sich zurück. »Ich denke, damit wäre der Fall geklärt …«

Es war still im Raum. Alle blickten auf den kleinen Mann, der selbstgefällig dasaß und sich über den Schnurrbart strich. Der Inspector machte ein perplexes Gesicht, Dr. Stillingfleet runzelte die Stirn, Cornworthy blickte einfach nur verständnislos drein, Mrs Farley wirkte fassungslos, Joanna Farley gespannt.

Mrs Farley durchbrach schließlich die Stille.

»Ich verstehe nicht, Monsieur Poirot.« Ihre Stimme klang gereizt. »Der Traum …«

»Ja«, sagte Poirot. »Dieser Traum war sehr wichtig.«

Mrs Farley schauderte. Sie sagte:

»Ich habe bisher noch nie an irgendwelche übernatürlichen Dinge geglaubt, aber jetzt ... Es Nacht für Nacht im Voraus zu träumen ...«

»Das ist in der Tat ungewöhnlich«, sagte Stillingfleet. »Sehr ungewöhnlich! Wenn wir es nicht von Ihnen hätten, Poirot, und Sie es nicht direkt von dem Alten selbst gehört hätten ...«, er hüstelte verlegen, um sich dann wieder professionell zu geben, »ich bitte um Verzeihung, Mrs Farley. Wenn Mr Farley diese Geschichte nicht selbst erzählt hätte ...«

»Genau«, sagte Poirot. Seine bis dahin halb geschlossenen Augen öffneten sich plötzlich weit. Sie waren auffallend grün. »Wenn Benedict Farley es mir nicht erzählt hätte ...«

Er hielt kurz inne und blickte in eine Runde verdutzter Gesichter.

»Es gibt da einige Dinge, verstehen Sie, auf die ich mir an jenem Abend einfach keinen Reim machen konnte. Erstens, warum wurde so viel Wert darauf gelegt, dass ich diesen Brief mitbrachte?«

»Damit Sie sich ausweisen konnten«, schlug Cornworthy vor.

»Nein, nein, mein Lieber. Das ist wirklich eine allzu alberne Vorstellung. Es muss dafür einen viel triftigeren Grund gegeben haben. Denn Mr Farley ordnete nicht nur an, dass ich den Brief vorzeigen sollte, sondern bestand auch unmissverständlich darauf, dass ich ihn daließ. Hinzu kommt, dass er ihn dann nicht etwa vernichtet hat! Der Brief wurde heute Nachmittag bei seinen Unterlagen gefunden. Warum hat er ihn behalten?«

Joanna Farley meldete sich zu Wort. »Für den Fall, dass ihm etwas zustieß, sollten andere von seinem seltsamen Traum erfahren.«

Poirot nickte.

»Sie sind scharfsinnig, Mademoiselle. Nur das kann, nein, das muss der Grund dafür gewesen sein, dass er den Brief aufbewahrt hat. Nach Mr Farleys Tod musste die Geschichte von diesem seltsamen Traum erzählt werden! Dieser Traum war sehr wichtig. Dieser Traum, Mademoiselle, war existenziell.

Ich komme nun«, fuhr er fort, »zum zweiten Punkt. Nachdem ich seine Geschichte gehört hatte, bat ich Mr Farley, mir den Schreibtisch und den Revolver zu zeigen. Er schien aufstehen zu wollen, weigerte sich dann aber plötzlich. Warum hatte er es sich anders überlegt?«

Diesmal äußerte niemand einen Vorschlag.

»Lassen Sie mich die Frage anders stellen: Was war in dem Raum nebenan, was ich nicht sehen sollte?«

Das Schweigen hielt an.

»Ja«, sagte Poirot, »das, das ist schwierig. Und doch gab es einen Grund – einen zwingenden Grund, warum Mr Farley mich im Büro seines Sekretärs empfing und sich schlichtweg weigerte, mit mir in sein eigenes Büro zu gehen. In dem Raum war irgendetwas, was er mich unter keinen Umständen sehen lassen durfte.

Und nun komme ich zu dem dritten unerklärlichen Vorfall, der sich an jenem Abend zutrug. Als ich im Begriff stand zu gehen, forderte Mr Farley mich auf, ihm den Brief auszuhändigen, den ich von ihm erhalten hatte. Aus Versehen gab ich ihm einen Brief meiner Waschfrau. Er warf einen Blick darauf und legte ihn neben sich. Kurz bevor ich hinausging, erkannte ich meinen Irrtum – und ich korrigierte ihn! Danach verließ ich das Haus und war – ich gebe es zu – völlig perplex! Die ganze Sache, insbesondere der letzte Vorfall, war mir ein absolutes Rätsel.«

Er blickte von einem zum anderen.

»Sie können mir nicht folgen?«

»Ich verstehe nicht genau«, sagte Stillingfleet, »was Ihre Waschfrau mit dem Ganzen zu tun haben soll, Poirot.«

»Meine Waschfrau«, sagte Poirot, »war äußerst wichtig. Diese unselige Frau, die meine sämtlichen Hemdkragen ruiniert, war zum ersten Mal in ihrem Leben zu etwas nütze. Sicher verstehen Sie es jetzt – es springt einem doch regelrecht ins Auge. Mr Farley sah den Brief an – ein einziger Blick hätte ihm sagen müssen, dass es der falsche Brief war –, doch es fiel ihm nichts auf. Warum? Weil er ihn nicht richtig sehen konnte!«

Inspector Barnett sagte in scharfem Ton: »Hatte er nicht seine Brille auf?«

Hercule Poirot lächelte. »Doch. Er hatte seine Brille auf. Das macht es ja so überaus interessant.«

Er beugte sich vor.

»Mr Farleys Traum war sehr wichtig. Verstehen Sie, er träumte, dass er sich das Leben nimmt. Und kurz darauf nahm er sich tatsächlich das Leben. Das heißt, er war allein in einem Raum, und niemand betrat oder verließ den Raum, und er wurde dort mit einem Revolver neben sich tot aufgefunden. Was bedeutet das? Es bedeutet, nicht wahr, dass es zweifellos Selbstmord war!«

»Ja«, sagte Stillingfleet.

Hercule Poirot schüttelte den Kopf.

»Im Gegenteil«, sagte er. »Es war Mord. Ein ungewöhnlicher und äußerst raffiniert geplanter Mord.«

Erneut beugte er sich vor und klopfte auf den Tisch, seine grünen Augen leuchteten.

»Warum wollte Mr Farley mir an dem Abend nicht gestatten, sein Büro zu betreten? Was war dort, was ich nicht sehen durfte? Ich denke, *mes amis*, dort war – der wahre Benedict Farley!«

Er lächelte in ausdruckslose Gesichter.

»Ja – ja, das ist kein Unsinn, was ich da sage. Warum konnte der Mr Farley, mit dem ich sprach, zwei vollkommen unterschiedliche Briefe nicht auseinanderhalten? Weil er, *mes amis*, ein Mann mit normalem Sehvermögen war, der eine sehr starke Brille trug. Mit solch einer Brille wäre ein normalsichtiger Mensch praktisch blind. Richtig, Dr. Stillingfleet?«

»Ja, natürlich«, murmelte der Arzt.

»Warum hatte ich bei meinem Gespräch mit Mr Farley das Gefühl, mit einem Scharlatan zu reden, mit einem Schauspieler, der eine Rolle spielte? Sehen wir uns die Szene an. Der düstere Raum, die grün beschirmte Lampe, die von der Gestalt im Sessel weggedreht war und mich blendete. Was sah ich? Den legendären Patchwork-Morgenmantel, die Hakennase – nachgebildet mit Hilfe dieser nützlichen Substanz namens Nasenkitt –, den weißen Haarschopf, die dicken Brillengläser, die die Augen verdeckten. Welche Beweise haben wir dafür, dass Mr Farley diesen Traum je hatte? Lediglich die Geschichte, die ich hörte, und die Aussage von Mrs Farley. Welche Beweise haben wir dafür, dass Benedict Farley in seinem Schreibtisch einen Revolver aufbewahrte? Wieder nur die Geschichte, die ich erzählt bekam, und die Aussage von Mrs Farley. Zwei Menschen haben dieses Täuschungsmanöver inszeniert: Mrs Farley und Hugo Cornworthy. Cornworthy schrieb den Brief an mich, gab dem Butler Anweisungen, ging angeblich ins Kino, verschaffte sich mit einem Schlüssel aber sogleich wieder Einlass in das Haus, begab sich auf sein Zimmer, verkleidete sich und schlüpfte in die Rolle von Benedict Farley.

Und jetzt kommen wir zum heutigen Nachmittag. Die Gelegenheit, auf die Mr Cornworthy gewartet hat, tritt ein. Es gibt zwei Zeugen auf dem Treppenabsatz, die beschwören können, dass niemand Benedict Farleys Büro betritt oder verlässt. Cornworthy wartet, bis der Verkehrslärm draußen besonders stark anschwillt. Dann lehnt er sich aus seinem Fenster und hält mit der Faulenzerzange, die er vom Schreibtisch nebenan entwendet hat, einen Gegenstand vors Fenster des Nachbarbüros. Benedict Farley tritt ans Fenster. Cornworthy lässt den Greifarm zurückschnellen, und als Farley sich hinauslehnt und die Lastwagen draußen vorbeidröhnen, erschießt Cornworthy ihn mit dem Revolver, den er zur Hand hat. Vergessen Sie nicht, die Wand gegenüber ist fensterlos. Es gibt also keinen Zeugen für das Verbrechen. Cornworthy wartet eine gute halbe Stunde, nimmt einen Stoß Papiere, zwischen denen er die Greifhilfe und den Revolver versteckt, und geht hinaus auf den Treppenabsatz und ins angrenzende Zimmer. Er legt die Greifhilfe auf den Schreibtisch zurück und den Revolver, auf den er die Finger des Toten gepresst hat, auf den Boden, eilt hinaus und verkündet Mr Farleys ›Selbstmord‹.

Er richtet es so ein, dass man den Brief an mich finden wird und dass ich mit meiner Geschichte herkommen werde – der Geschichte, die ich aus Mr Farleys eigenem Munde vernommen habe, über seinen äußerst ungewöhnlichen ›Traum‹, über seinen befremdlichen Drang, sich umzubringen! Ein paar leichtgläubige Menschen werden dann über die Hypnose-Theorie diskutieren – aber das Entscheidende wird sein, dass kein Zweifel daran aufkommt, dass die Hand, die den Revolver hielt, Benedict Farleys eigene war.«

Hercule Poirots Augen richteten sich auf die Witwe – und mit Genugtuung registrierte er das Entsetzen in ihrem Gesicht, die aschfahle Blässe, die helle Panik …

»Und so wäre in absehbarer Zeit«, schloss er leise, »alles zu einem glücklichen Ende gekommen. Eine Viertelmillion und zwei Herzen, selig vereint …«

Dr. John Stillingfleet und Hercule Poirot gingen an der Seitenfront von Northway House entlang. Zu ihrer Rechten ragte die Rückwand der Fabrik empor. Über ihnen zur Linken lagen die Fenster der Büros von Benedict Farley und Hugo Cornworthy. Hercule Poirot blieb stehen und hob einen kleinen Gegenstand auf: eine ausgestopfte schwarze Katze.

»*Voilà*«, sagte er. »Das hier hielt Cornworthy mit dem Greifarm vor Farleys Fenster. Wissen Sie noch, er konnte Katzen nicht ausstehen? Da stürzte er natürlich zum Fenster.«

»Warum in aller Welt ist Cornworthy nicht rausgegangen und hat das Ding aufgesammelt, nachdem es ihm hinuntergefallen war?«

»Das konnte er nicht! Es hätte unweigerlich Verdacht erregt. Andererseits, was würde man schon denken, wenn man diese Katze gefunden hätte? Dass ein Kind hier herumgestromert war und sie verloren hatte.«

»Ja«, seufzte Stillingfleet. »Ein gewöhnlicher Mensch hätte das wahrscheinlich wirklich gedacht. Aber nicht der gute alte Hercule! Ist Ihnen klar, altes Haus, dass ich bis zur allerletzten Minute dachte, Sie würden uns am Ende irgendeine spitzfindige, hochgestochene psychologische Theorie von einem ›Mord per Suggestion‹ präsentieren? Ich wette, die beiden dachten das auch! Niederträchtiges Stück, diese Farley. Meine Güte, wie die dann durchgedreht ist! Vielleicht wäre Cornworthy sogar ungeschoren davongekommen, wenn sie nicht diesen hysterischen Anfall bekommen hätte und mit den Fingernägeln auf Sie losgegangen wäre, um Ihr edles Antlitz zu verunstalten. Ich konnte sie gerade noch rechtzeitig davon abhalten.«

Er schwieg einen Moment, dann fuhr er fort:

»Die Tochter gefällt mir. Mumm, wissen Sie, und Grips. Wahrscheinlich hält man mich für einen Mitgiftjäger, wenn ich es mal bei ihr versuche …?«

»Zu spät, *mon ami*. Da ist bereits jemand *sur le tapis*. Der Tod ihres Vaters hat ihr den Weg zum Glück geebnet.«

»Wenn man's recht betrachtet, hatte sie eigentlich ein ziemlich gutes Motiv, ihren unerquicklichen Erzeuger um die Ecke zu bringen.«

»Motiv und Gelegenheit reichen nicht aus«, erwiderte Poirot. »Es bedarf auch noch einer kriminellen Veranlagung.«

»Ich würde zu gern wissen, ob *Sie* jemals ein Verbrechen begehen werden, Poirot«, sagte Stillingfleet. »Ich wette, Ihnen käme man nicht auf die Schliche. Eigentlich wäre es sogar viel zu einfach für Sie – ich meine, es käme doch für Sie überhaupt nicht in Betracht, weil es geradezu unsportlich wäre.«

»Das«, sagte Poirot, »ist eine typisch englische Idee.«

Die Arbeiten des Herkules

Vorwort

Hercule Poirots Wohnung war im Wesentlichen modern eingerichtet. Überall glänzte Chrom. Die Sessel waren zwar bequem gepolstert, aber quadratisch und schnörkellos gestaltet.

In einem dieser Sessel saß, sehr adrett, Hercule Poirot – genau in der Mitte. Ihm gegenüber, in einem zweiten Sessel, saß Dr. Burton, ein Fellow des All Souls College, und nippte genüsslich an einem Glas von Poirots Château Mouton Rothschild. Dr. Burton wirkte alles andere als adrett. Er war rundlich und ungepflegt, doch unter seiner weißen Mähne strahlte ein rotes, gütiges Gesicht. Er hatte ein tiefes, keuchendes Lachen sowie die Angewohnheit, sich und seine Umgebung mit Zigarrenasche zu bestäuben. Vergeblich hatte Poirot eine ganze Batterie Aschenbecher um ihn herum postiert.

Dr. Burton hatte eine Frage.

»Sagen Sie«, erkundigte er sich, »warum Hercule?«

»Sie spielen auf meinen Taufnamen an?«

»Schwerlich ein *Tauf*name«, versetzte sein Gegenüber. »Eindeutig heidnisch. Aber warum? Das wüsste ich gerne. Eine Laune des Vaters? Flausen der Mutter? Familiäre Gründe? Wenn ich mich recht entsinne – obwohl mein Gedächtnis auch nicht mehr das ist, was es einmal war –, hatten Sie einen Bruder namens Achille, oder liege ich da falsch?«

In Windeseile ließ Poirots die Stationen von Achille Poirots Laufbahn Revue passieren. Hatte sich das alles wirklich zugetragen?

»Nur für sehr kurze Zeit«, erwiderte er.

Taktvoll ließ sein Freund das Thema Achille Poirot fallen.

»Die Leute sollten besser aufpassen, wie sie ihre Kinder nennen«, sinnierte er laut vor sich hin. »Ich habe Patenkinder. Ich weiß, wovon ich rede. Blanche heißt eins von ihnen – schwarze Haare wie eine Zigeunerin! Ein anderes heißt Deirdre – Deirdre, die Königin der Schmerzen –, entpuppte sich jedoch als quietschfidel. Was die junge Patience angeht, die ist derartig ungeduldig, dass sie ebenso gut Impatience heißen könnte, fertig, aus! Und Diana – ach ja, Diana …«, der Altphilologe erschauderte. »Wiegt jetzt schon fünfundsiebzig Kilo, dabei ist sie erst fünfzehn! Babyspeck, sagt man, doch danach sieht's mir nicht aus. Diana! Erst wollten sie sie Helen nennen, aber da habe ich ein Machtwort gesprochen. Wusste schließlich, wie ihre Eltern aussahen! Und übrigens auch ihre Großmutter! Habe für Martha oder Dorcas oder irgendetwas anderes Vernünftiges plädiert, aber vergeblich – Perlen vor die Säue. Eltern sind schon komisch …«

Leise keuchend kicherte er los, wobei sich sein kleines, rundliches Gesicht in tausend Fältchen legte.

Poirot sah ihn fragend an.

»Habe mir gerade eine Unterhaltung vorgestellt. Ihre Mutter und die verstorbene Mrs Holmes sitzen zusammen und stricken oder nähen Kinderkleider: ›Achille, Hercule, Sherlock, Mycroft …‹«

Poirot konnte Dr. Burtons Belustigung nicht teilen.

»Verstehe ich Sie richtig, dass ich vom Äußerlichen her *kein* Herkules bin?«

Dr. Burtons Blick wanderte über Hercule Poirot, über diese kleine, adrette Gestalt in gestreiften Hosen, einem korrekt sitzenden schwarzen Jackett und einer schmucken Fliege, wanderte von den Lackschuhen hoch zu dem eiförmigen Kopf und dem immensen Schnurrbart, der seine Oberlippe zierte.

»Ehrlich gesagt, Poirot, nein, das sind Sie nicht! Ich nehme an«, fügte Dr. Burton hinzu, »Sie haben nie viel Zeit gehabt, um sich mit den Werken der griechischen Klassiker zu befassen?«

»Das stimmt.«

»Schade, zu schade. Da haben Sie eine Menge versäumt. Wenn es nach mir ginge, müsste sich jeder einmal mit den Klassikern befassen.«

Poirot zuckte mit den Schultern.

»*Eh bien*, ich bin auch ohne sie im Leben sehr gut vorangekommen.«

»Vorangekommen! *Vorangekommen!* Es ist keine Frage des Vorankommens. Das ist eine völlig falsche Sichtweise. Die Klassiker sind keine Karriereleiter zum schnellen Erfolg, wie etwa ein moderner Fernkurs! Nicht die Arbeitszeit eines Menschen zählt, sondern seine Freizeit. Das ist genau der Fehler, den wir alle machen. Nehmen Sie sich selbst: Sie kommen in die Jahre, Sie ziehen sich auf Ihr Altenteil zurück, wollen sich entspannen – was machen Sie dann mit Ihrer Freizeit?«

Poirot hatte seine Antwort parat.

»Ich werde mich – und das ist mein Ernst – der Kürbiszucht widmen.«

Dr. Burton war verdattert.

»Kürbisse? Wie bitte? Diese riesigen aufgequollenen grünen Dinger, die nach Wasser schmecken?«

»Ah«, sagte Poirot lebhaft. »Das ist es ja gerade. Sie müssen nämlich nicht nach Wasser schmecken.«

»Oh! Ich weiß, man gibt Käse darauf oder gehackte Zwiebeln oder Béchamelsoße.«

»Nein, nein, da sind Sie im Irrtum. Ich bin der Ansicht, dass man den Geschmack des Kürbisses selbst verbessern kann. Man kann ihm«, er bekam einen verklärten Blick, »eine Blume …«

»Mein Gott, Mann, ein Kürbis ist doch kein Bordeaux.« Der Begriff *Blume* erinnerte Dr. Burton an das Glas neben seinem Ellbogen. Er nippte genüsslich daran. »Sehr guter Wein. Sehr solide. Ja.« Er nickte anerkennend. »Aber die Kürbisgeschichte – das ist doch nicht Ihr Ernst? Sie wollen doch nicht etwa sagen« – er war hellauf entsetzt –, »dass Sie sich tatsächlich bücken« – in mitfühlendem Entsetzen ließ er die Hände auf seinen rundlichen Bauch sinken –, »bücken und Mist auf die Dinger gabeln und sie mit Wollfäden bewässern werden und solchen Kram?«

»Sie scheinen«, sagte Poirot, »mit der Kürbiszucht gut vertraut zu sein.«

»Habe Gärtnern zugesehen, wenn ich auf dem Land war. Aber im Ernst, Poirot, was für ein Hobby! Vergleichen Sie das doch bitte mit« – jetzt schnurrte er regelrecht –, »einem Sessel vor einem Kaminfeuer, in einem länglichen, niedrigen Raum voller Bücherregale – es muss ein länglicher Raum sein, kein quadratischer. Umgeben von Büchern. Ein Glas Portwein – und in der Hand ein aufgeschlagenes Buch. Beim Lesen dreht sich dann das Rad der Zeit zurück.« Mit volltönender Stimme deklamierte er:

»Μήτι δ' αύτε κυβερνήτης ενὶ οἰνοπι πάντω
νήα θοήν ιθύνει ερεχθομένην ανέμοισι.«

Dann übersetzte er:

»Auch durch Rat nur lenket im weindunklen Meere der Steurer
Sein hineilendes Schiff, durchgeschüttelt von den Winden …

Natürlich kann eine Übersetzung nie wirklich den Geist des Originals wiedergeben.«

In seiner Begeisterung hatte er Poirot einen Augenblick lang völlig vergessen. Und Poirot, der ihn beobachtete, verspürte plötzlich einen Zweifel, ein leises, unangenehmes Bedauern. War ihm hier doch etwas entgangen? Ein gewisser geistiger Reichtum? Traurigkeit überkam ihn. Ja, er hätte die Klassiker lesen sollen … Schon vor langer Zeit … Jetzt war es dazu leider zu spät …

Dr. Burton unterbrach seine trüben Gedanken.

»Wollen Sie damit sagen, dass Sie tatsächlich daran denken, in den Ruhestand zu treten?«

»Ja.«

Sein Gegenüber lachte.

»Sie werden es garantiert nicht tun!«

»Aber ich versichere Ihnen …«

»Mann, Sie werden es nicht fertigbringen. Sie hängen viel zu sehr an Ihrer Arbeit.«

»Nein, ich habe in der Tat bereits alles in die Wege geleitet. Noch ein paar Fälle, speziell ausgesuchte Fälle – verstehen Sie, keine Allerweltsfälle, die gerade zufällig anstehen, sondern ausschließlich solche, die mich persönlich reizen.«

Dr. Burton grinste.

»Genau. Nur ein, zwei Fälle, dann bloß noch einen einzigen, und immer so weiter. Die berühmte, ewig auf die lange Bank geschobene Abschiedsvorstellung der Primadonna, Poirot!«

Er lachte und erhob sich langsam, ein freundlicher weißhaariger Zwerg.

»Ihre Fälle sind nicht die Arbeiten des Herkules«, sagte er. »Sondern Arbeiten aus Liebe zur Sache. Sie werden schon sehen, ob ich nicht doch recht behalte. Ich wette, in zwölf Monaten sind Sie immer noch hier, und Kürbisse sind immer noch« – ihn schauderte –, »lediglich Kürbisse.«

Sich von seinem Gastgeber verabschiedend, verließ Dr. Burton den streng quadratischen Raum.

Gleichzeitig verlässt er diese Seiten, in die er auch nicht zurückkehren wird. Uns interessiert lediglich, was er hinterlassen hat, nämlich eine Idee.

Denn kaum war er gegangen, setzte sich Hercule Poirot, langsam wie in einem Traum, wieder hin und murmelte:

»Die Arbeiten des Herkules … *Mais oui, c'est une idée, ça* …«

Am darauffolgenden Tag arbeitete Hercule Poirot einen großen kalbsledernen Band sowie mehrere schmalere Werke durch, wobei er gelegentlich einen gehetzten Blick auf diverse maschinengeschriebene Zettel warf.

Seine Sekretärin, Miss Lemon, war abkommandiert worden,

Informationen über Herkules zusammenzutragen und ihm vorzulegen.

Ohne jegliches Interesse (sie war keine Frau, die nach dem Warum fragte), doch mit mustergültiger Effizienz hatte Miss Lemon ihren Auftrag erfüllt.

Hals über Kopf stürzte sich Hercule Poirot in eine Flut von klassischen Sagen über »Herkules, einen gefeierten Heros, der nach seinem Tod in den Olymp aufgenommen wurde und göttliche Ehren empfing«.

So weit, so gut – doch was dann kam, war alles andere als unkompliziert. Zwei Stunden lang las Poirot konzentriert, machte sich Notizen, runzelte die Stirn, konsultierte seine Zettel und verschiedene Nachschlagewerke. Schließlich sank er in den Sessel zurück und schüttelte den Kopf. Die Aufbruchstimmung vom Vorabend war verflogen. Was waren das für Menschen gewesen!

Zum Beispiel dieser Herkules, dieser Heros! Ein schöner Held! Das war doch nichts weiter als ein riesiges Muskelpaket mit niedriger Intelligenz und kriminellen Tendenzen! Er erinnerte Poirot an einen gewissen Adolfe Durand, einen Fleischer, der 1895 in Lyon vor Gericht stand – ein bärenstarker Kerl, der mehrere Kinder umgebracht hatte. Die Verteidigung hatte sich auf Epilepsie hinausgeredet, an der er zweifellos litt –, und dann wurde tagelang darüber diskutiert, ob er nun Grand-mal- oder Petit-mal-Anfälle hatte. Der antike Herkules hatte wahrscheinlich Grand-mal-Anfälle. Nein, Poirot schüttelte den Kopf, auch wenn das der griechischen Vorstellung von einem Helden entsprochen hatte, modernen Maßstäben genügte es keineswegs. Das ganze klassische Schema schockierte ihn. Diese Götter und Göttinnen schienen genauso viele Decknamen zu haben wie moderne Verbrecher. Sie muteten wirklich wie richtige Verbrechertypen an. Alkohol, Ausschweifungen, Inzest, Vergewaltigungen, Plünderungen, Mord und Betrügereien – genug, um einen *juge d'instruction* dauerhaft auf Trab zu halten. Kein anständiges Familienleben. Keine Ordnung, keine Methode. Selbst bei ihren Verbrechen nicht, weder Ordnung noch Methode.

»Herkules, dass ich nicht lache!«, sagte Hercule Poirot und erhob sich desillusioniert.

Beifällig blickte er sich im Zimmer um. Ein quadratischer Raum mit schönen, modernen quadratischen Möbeln, darunter sogar eine schöne, moderne Skulptur, ein Würfel auf einem zweiten Würfel, gekrönt von einem geometrischen Gebilde aus Kupferdraht. Und inmitten dieses blitzblanken, ordentlichen Raumes: Hercule Poirot. Er betrachtete sich im Spiegel. Was er sah, war ein *moderner* Herkules, der sich doch sehr stark abhob von jenem unangenehmen Bildnis eines nackten, keulenschwingenden Muskelprotzes. Stattdessen eine kleine, kompakte, in korrekte städtische Garderobe gekleidete Person mit einem Schnurrbart, einem Schnurrbart, wie ihn sich Herkules nicht einmal im Traum hätte vorstellen können – einem prächtigen und doch eleganten Schnurrbart.

Und dennoch bestand zwischen diesem Hercule Poirot und dem Herkules aus der griechischen Sagenwelt eine Ähnlichkeit. Beide trugen ohne Zweifel maßgeblich dazu bei, die Welt von bestimmten Plagen zu befreien … Beide könnten durchaus als Wohltäter ihrer jeweiligen Gesellschaft beschrieben werden …

Was hatte Dr. Burton gestern Abend beim Abschied gesagt: »Ihre Fälle sind nicht die Arbeiten des Herkules …«

Ah, aber da war das alte Fossil auf dem Holzweg. Es müsste eine Neuauflage der Arbeiten des Herkules geben – eines modernen Herkules. Ein cleverer, amüsanter Einfall! Bis zu seiner Pensionierung würde er noch zwölf Fälle übernehmen, nicht mehr und nicht weniger. Und die Auswahl dieser zwölf Fälle würde sich speziell an den zwölf Arbeiten des antiken Herkules orientieren. Ja, das wäre nicht nur amüsant, es hätte sogar etwas Künstlerisches, mehr noch, etwas Spirituelles.

Poirot nahm sein Lexikon der Antike in die Hand und tauchte erneut in die Sagenwelt der Griechen ein. Er hatte nicht die Absicht, seinem Vorbild bis ins letzte Detail nachzueifern. Es würde keine Frauen geben, kein Nessoshemd … Die Arbeiten, es ging einzig und allein um die Arbeiten.

Die erste Arbeit wäre dann also die Erlegung des Nemëischen Löwen.

»Der Nemëische Löwe«, wiederholte er, ließ es sich auf der Zunge zergehen.

Natürlich erwartete er nicht, dass sich tatsächlich ein Fall mit einem Löwen aus Fleisch und Blut auftun würde. Es wäre doch ein zu großer Zufall, sollte er plötzlich vom Zoodirektor gebeten werden, ein Geheimnis um einen echten Löwen zu lösen.

Nein, hier war Symbolik gefragt. Der erste Fall musste aufsehenerregend und von größter Bedeutung sein, es musste eine berühmte Persönlichkeit darin vorkommen! Irgendein Verbrechergenie – oder, alternativ, jemand, der in den Augen der Öffentlichkeit eine Art Löwe war. Irgendein bekannter Schriftsteller oder Politiker oder Maler – oder gar ein Mitglied des Königshauses?

Die Idee mit dem Königshaus gefiel ihm …

Er hatte es nicht eilig. Er würde warten – warten auf jenen hochbedeutenden Fall, der die erste seiner selbst auferlegten herkulischen Arbeiten sein sollte.

Der Nemëische Löwe

Irgendetwas Interessantes heute, Miss Lemon?«, fragte er, als er am darauffolgenden Morgen ins Zimmer trat.

Er vertraute Miss Lemon. Sie war eine Frau ohne Phantasie, dafür aber mit Instinkt. Gewöhnlich war alles, was ihrer Meinung nach einer Überlegung wert war, tatsächlich einer Überlegung wert. Sie war die geborene Sekretärin.

»Nicht viel, Monsieur Poirot. Lediglich ein Brief, der Sie interessieren könnte. Ich habe ihn zuoberst auf den Stapel gelegt.«

»Und was ist das für ein Brief?« Interessiert näherte er sich.

»Er ist von einem Mann, der Sie bittet, dem Verschwinden des Pekinesen seiner Gattin nachzugehen.«

Poirot hielt, den Fuß noch in der Luft, inne. Der Blick, den er Miss Lemon zuwarf, war ein einziger Vorwurf. Sie bemerkte ihn nicht. Sie hatte zu tippen begonnen. Sie tippte mit der Schnelligkeit und Präzision eines Schnellfeuergeschützes.

Poirot war erschüttert, erschüttert und verbittert. Miss Lemon, die tüchtige Miss Lemon, hatte ihn enttäuscht! Ein Pekinese. Ein *Pekinese*! Und das nach seinem Traum letzte Nacht. Er war gerade im Begriff gewesen, Buckingham Palace zu verlassen, wo man ihm persönlich gedankt hatte, als sein Diener mit der Morgenschokolade erschienen war!

Unzählige Wörter lagen ihm auf der Zunge – geistreiche, bissige Wörter. Er sprach sie nicht aus, weil Miss Lemon sie bei ihrem schnellen und effizienten Tippen sowieso nicht gehört hätte.

Mit einem empörten Knurren nahm er den obersten Brief von dem kleinen Stapel am Rand seines Schreibtischs.

Ja, es war genau, wie Miss Lemon gesagt hatte. Eine Adresse in der Stadt, eine knappe, geschäftsmäßige Anfrage. Der Gegenstand: die Entführung eines Pekinesen. Eines dieser glupschäugigen, verhätschelten Schoßhündchen reicher Frauen. Hercule Poirots Lippen kräuselten sich, während er den Brief las.

Nichts Ungewöhnliches. Nichts, was aus dem Rahmen fiel – doch, ja, ein kleines Detail, Miss Lemon hatte recht. Ein kleines Detail war tatsächlich ungewöhnlich.

Hercule Poirot setzte sich. Er las den Brief noch einmal langsam und sorgfältig durch. Es war nicht die Art von Fall, die er unbedingt annehmen wollte, die er sich erhofft hatte. Dieser Fall war in keinerlei Hinsicht wichtig, er war sogar ausgesprochen unwichtig. Es war keine – und das war sein Haupteinwand –, es war keine richtige Herkulesarbeit.

Doch leider war er neugierig …

Ja, er war neugierig.

Er hob die Stimme, damit Miss Lemon ihn trotz des Schreibmaschinengeklappers hören konnte.

»Rufen Sie diesen Sir Joseph Hoggin an«, verlangte er, »und vereinbaren Sie einen Termin für ein Gespräch in seinem Büro, wobei ich mich ganz nach ihm richte.«

Miss Lemon hatte, wie immer, recht gehabt.

»Ich bin ein einfacher Mann, Mr Poirot«, sagte Sir Joseph Hoggin.

Hercule Poirot machte eine unverbindliche Geste mit der rechten Hand. Sie drückte (wenn man es so sehen wollte) Bewunderung für Sir Josephs beachtliche Karriere aus sowie Respekt für seine bescheidene Selbstdarstellung. Desgleichen hätte sie auch eine taktvolle Missbilligung dieser Selbstbeschreibung bekunden können. Aber sie verriet absolut nichts darüber, was Hercule Poirot im Augenblick am meisten beschäftigte, nämlich dass Sir Joseph allerdings ein (in der umgangssprachlichen Bedeutung des Wortes) sehr einfacher Mann war. Hercule Poirots Blick ruhte kritisch auf den aufgedunsenen Hängebacken, den kleinen Schweinsäuglein, der Knollennase und den zusammengepressten Lippen. Das Gesamtbild erinnerte ihn an jemanden oder an etwas – doch im Moment fiel ihm nicht ein, an wen oder an was. Eine vage Erinnerung stieg in ihm auf. Vor langer Zeit ... in Belgien ... ja, irgendetwas mit Seife ...

Sir Jospeh fuhr fort:

»Ich mag es schnörkellos. Rede nicht um den heißen Brei herum. Mr Poirot, die meisten würden diese Geschichte einfach vergessen. Das Ganze als uneinbringliche Forderung abschreiben und abhaken. Nicht aber Joseph Hoggin. Ich bin ein reicher Mann – im Grunde genommen sind mir zweihundert Pfund völlig egal ...«

»Gratulation«, warf Poirot schnell ein.

»Eh?«

Sir Joseph hielt kurz inne. Er kniff die kleinen Augen noch weiter zusammen und sagte scharf:

»Das heißt nicht, dass ich die Angewohnheit habe, mit Geld um mich zu schmeißen. Wenn ich etwas haben möchte, zahle ich dafür. Aber ich zahle den Marktpreis, mehr nicht.«

»Sie wissen, dass meine Honorare hoch sind?«, fragte Hercule Poirot.

»Ja, ja. Aber das hier«, Sir Joseph warf ihm einen listigen Blick zu, »ist ja nur eine absolute Kleinigkeit.«

Hercule Poirot zuckte mit den Schultern.

»Ich lasse nicht mit mir handeln. Ich bin ein Experte. Für die Dienste eines Experten muss man zahlen.«

»Ich weiß«, sagte Sir Joseph unumwunden, »dass Sie in diesen Dingen ein Ass sind. Ich habe Erkundigungen eingezogen und gehört, dass es keinen Besseren gibt. Ich möchte der Sache auf den Grund kommen und halte die Hand nicht auf der Tasche. Deshalb habe ich Sie herbestellt.«

»Sie haben Glück gehabt«, sagte Hercule Poirot.

Von Sir Joseph kam ein erneutes »Eh?«.

»Außerordentliches Glück«, sagte Hercule Poirot entschieden. »Ich stehe, wenn ich das ohne falsche Bescheidenheit sagen darf, auf dem Höhepunkt meiner Karriere. Ich beabsichtige, in Kürze in den Ruhestand zu treten – aufs Land zu ziehen, gelegentlich zu verreisen, um die Welt zu sehen, und außerdem gegebenenfalls meinen Garten zu bestellen, unter besonderer Berücksichtigung der Verbesserung der Kürbiszucht. Ein herrliches Gemüse, aber es fehlt ihm an Geschmack. Darum geht es hier jedoch nicht. Ich wollte lediglich klarstellen, dass ich mir, bevor ich in den Ruhestand trete, eine letzte Aufgabe gestellt habe. Ich habe beschlossen, noch zwölf Fälle zu übernehmen – nicht mehr, nicht weniger. Die selbst auferlegten ›Arbeiten des Herkules‹, wenn ich es so nennen darf. Ihr Fall, Sir Joseph, ist der allererste. Er hat mich gereizt«, seufzte er, »und zwar aufgrund seiner bemerkenswerten Unwichtigkeit.«

»Wichtigkeit?«, fragte Sir Joseph.

»*Un*wichtigkeit, habe ich gesagt. Ich bin schon aus den verschiedensten Gründen zurate gezogen worden – um Morde, unerklärliche Todesfälle, Raubüberfälle und Juwelendiebstähle aufzuklären. Dies ist das erste Mal, dass ich gebeten wurde, meine Talente einzusetzen, um Licht in die Entführung eines Pekinesen zu bringen.«

Sir Joseph knurrte.

»Das überrascht mich! Ich hätte gedacht, Sie würden ständig von irgendwelchen Frauen bekniet, ihre Schoßhündchen ausfindig zu machen.«

»Da haben Sie recht. Dies ist jedoch das erste Mal, dass mich in einem solchen Fall der Gatte zu sich bestellt hat.«

Sir Josephs kleine Augen wurden noch ein wenig enger.

»Ich verstehe langsam, warum Sie mir empfohlen wurden. Sie sind ein cleverer Bursche, Mr Poirot.«

»Wenn Sie mir jetzt den Sachverhalt darlegen würden«, erwiderte Poirot. »Der Hund verschwand wann?«

»Vor genau einer Woche.«

»Und Ihre Frau ist inzwischen ziemlich außer sich, nehme ich an.«

Sir Joseph starrte ihn an.

»Sie verstehen da etwas falsch. Der Hund wurde zurückgebracht.«

»Zurückgebracht? Dann gestatten Sie mir bitte die Frage, wozu Sie mich eigentlich brauchen.«

Sir Josephs Gesicht lief purpurrot an.

»Weil ich mich, verdammt noch mal, nicht ausnehmen lasse! So, Mr Poirot, und jetzt erzähle ich Ihnen die ganze Geschichte. Der Hund wurde vor einer Woche geraubt – jemand grapschte ihn sich in den Kensington Gardens, wo ihn die Gesellschafterin meiner Frau ausgeführt hatte. Am nächsten Tag erhielt meine Frau eine Lösegeldforderung über zweihundert Pfund. Ich bitte Sie – zweihundert Pfund! Für einen verfluchten kläffenden kleinen Köter, der einem sowieso nur ständig zwischen den Füßen herumwuselt!«

»Sie waren natürlich nicht damit einverstanden, solch eine Summe zu bezahlen«, murmelte Poirot.

»Natürlich nicht – das heißt, ich wäre nicht damit einverstanden gewesen, wenn ich überhaupt davon gewusst hätte! Milly, meiner Frau, war das völlig klar. Sie hat mir nichts davon erzählt. Hat das Geld einfach – wie verlangt in Einpfundscheinen – an die angegebene Adresse geschickt.«

»Und der Hund wurde zurückgebracht?«

»Ja. Am Abend klingelte es, und da saß der kleine Köter dann direkt vor der Tür. Und weit und breit keine Menschenseele.«

»Perfekt. Erzählen Sie weiter.«

»Dann gestand Milly mir natürlich, was sie getan hatte, und ich verlor ein wenig die Beherrschung. Nach einer Weile beruhigte ich mich jedoch – schließlich ließ sich nichts mehr daran ändern, und außerdem kann man von einer Frau nicht erwarten, dass sie sich vernünftig verhält –, und es kann gut sein, dass ich die ganze Sache hätte auf sich beruhen lassen, wenn ich nicht im Klub dem alten Samuelson begegnet wäre.«

»Ja?«

»Verdammt, das Ganze ist eine Masche! Genau das Gleiche war ihm nämlich auch passiert. Seine Frau hatten sie um dreihundert Pfund gebracht! Also, das ging mir jetzt doch ein bisschen zu weit. Ich beschloss, dass dem Treiben ein Ende gesetzt werden musste. Da habe ich Sie kommen lassen.«

»Aber Sir Joseph, es wäre doch auf jeden Fall angemessener – und entschieden billiger – gewesen, die Polizei einzuschalten.«

Sir Joseph rieb sich die Nase.

»Sind Sie verheiratet, Mr Poirot?«, fragte er.

»Leider ist mir dieses Glück nicht beschieden.«

»Hm«, sagte Sir Joseph. »Bin mir nicht sicher, ob es ein Glück ist, aber wenn Sie verheiratet wären, dann wüssten Sie, dass Frauen komische Geschöpfe sind. Meine Frau wurde schon bei der bloßen Erwähnung der Polizei hysterisch – sie hatte sich eingeredet, dass ihrem heiß geliebten Shan Tung etwas zustoßen würde, wenn ich zur Polizei ginge. Sie wollte nichts davon hören – und vielleicht sollte ich Ihnen sagen, dass sie auch nicht gerade angetan davon ist, dass ich Sie jetzt zurate ziehe. Aber da bin ich standhaft geblieben, und schließlich hat sie nachgegeben. Aber ich sage Ihnen, gefallen tut's ihr nicht.«

»Die Situation«, murmelte Hercule Poirot, »ist, wie ich sehe, delikat. Vielleicht ist es das Beste, wenn ich jetzt Madame befrage und weitere Einzelheiten von ihr erfahre, während ich sie gleichzeitig der künftigen Sicherheit ihres Hundes versichere?«

Sir Joseph nickte und erhob sich.

»Ich nehme Sie gleich im Wagen mit.«

In einem großen, überheizten, prunkvoll möblierten Salon saßen zwei Frauen.

Als Sir Joseph und Hercule Poirot eintraten, stürzte mit wütendem Gekläff ein kleiner Pekinese hervor und kreiste gefährlich nahe um Poirots Knöchel.

»Shan, Shan, komm her. Komm zu Mutter, Liebling. Holen Sie ihn, Miss Carnaby.«

Die zweite Frau eilte herbei, und Hercule Poirot murmelte:

»Der reinste Löwe, aber wirklich.«

Ziemlich außer Atem stimmte Shan Tungs Fängerin ihm zu.

»Ja, allerdings, er ist so ein guter Wachhund. Er hat vor nichts und niemandem Angst. Ja, braver Hund.«

Nach der obligatorischen Vorstellungsrunde sagte Sir Joseph:

»Nun, Mr Poirot, ich lasse Sie jetzt Ihre Arbeit machen«, und mit einem kurzen Nicken verließ er den Salon.

Lady Hoggin war eine untersetzte, verdrießlich wirkende Frau mit hennarot gefärbten Haaren. Ihre Gesellschafterin, die fahrige Miss Carnaby, war ein pummeliges, liebenswürdig aussehendes Geschöpf zwischen vierzig und fünfzig. Sie behandelte Lady Hoggin mit großem Respekt und hatte ganz eindeutig eine Heidenangst vor ihr.

»Lady Hoggin, jetzt erzählen Sie mir doch einmal«, sagte Poirot, »die genauen Umstände dieses schändlichen Verbrechens.«

Lady Hoggin errötete.

»Ich bin sehr froh über Ihre Wortwahl, Mr Poirot. Denn es war tatsächlich ein Verbrechen. Pekinesen sind furchtbar sensibel, genauso sensibel wie Kinder. Der arme Shan Tung hätte allein schon vor Schreck sterben können, von den anderen Dingen ganz zu schweigen.«

»Ja, es war niederträchtig – *niederträchtig*!«, warf Miss Carnaby kurzatmig ein.

»Bitte bleiben Sie bei den Fakten.«

»Also, es war so: Shan Tung wurde von Miss Carnaby im Park ausgeführt …«

»O Gott, ja, es war alles meine Schuld«, unterbrach die Gesellschafterin sie. »Wie konnte ich bloß so dumm sein, so unvorsichtig …«

»Ich möchte Ihnen keinen Vorwurf machen, Miss Carnaby«, sagte Lady Hoggin säuerlich, »aber ich glaube schon, Sie hätten achtsamer sein können.«

Poirot richtete den Blick auf die Gesellschafterin.

»Was geschah?«

Wortreich und etwa nervös redete Miss Carnaby drauflos:

»Also, es war wirklich eine ganz merkwürdige Geschichte! Wir waren gerade an der Blumenpromenade entlanggegangen – Shan Tung war natürlich angeleint, seinen kleinen Auslauf auf dem Gras hatte er bereits hinter sich –, und ich wollte just umkehren und nach Hause gehen, als ein Baby in einem Kinderwagen meine Aufmerksamkeit auf sich zog – was für ein goldiges Baby, es lächelte mich an, niedliche rote Bäckchen und diese Locken! Ich konnte einfach nicht der Versuchung widerstehen, mit dem Kindermädchen zu sprechen und sie nach dem Alter des Babys zu fragen – siebzehn Monate, meinte sie –, und ich bin mir sicher, dass ich höchstens ein, zwei Minuten mit ihr sprach, und dann sah ich plötzlich nach unten, und Shan war nicht mehr da. Die Leine war durchgeschnitten worden …«

»Wenn Sie die gebotene Vorsicht hätten walten lassen und Ihre Pflichten angemessen erfüllt hätten«, sagte Lady Hoggin, »dann hätte sich niemand anschleichen und die Leine durchtrennen können.«

Miss Carnaby schien den Tränen nahe. Hastig fragte Poirot:

»Und was geschah dann?«

»Nun, ich suchte natürlich überall nach ihm. Und rief nach ihm! Und ich fragte den Parkwächter, ob er einen Mann gesehen habe, der einen Pekinesen auf dem Arm trug, aber er hatte nichts Derartiges bemerkt – und ich wusste nicht, was ich tun sollte, und suchte immer weiter, aber irgendwann musste ich natürlich heimgehen …«

Miss Carnaby verstummte jäh. Poirot konnte sich die Szene, die sich danach abgespielt hatte, lebhaft vorstellen.

»Und dann erhielten Sie einen Brief?«, fragte er.

Lady Hoggin nahm den Faden wieder auf.

»Am nächsten Morgen, mit der ersten Post. In dem Brief stand, wenn ich Shan Tung lebend wiedersehen wolle, müsse ich zweihundert Pfund in Einpfundscheinen in einem einfachen, nicht eingeschriebenen Päckchen an Captain Curtis, 38 Bloomsbury Road Square, schicken. Falls das Geld markiert sei oder die Polizei eingeschaltet würde, dann, dann würde man Shan Tung die Ohren und den Schwanz – abschneiden!«

Miss Carnaby begann zu schluchzen.

»Grauenhaft«, murmelte sie. »Wie können Menschen bloß solche Bestien sein?«

Lady Hoggin fuhr fort:

»Wenn ich das Geld sofort abschicken würde, dann würde Shan Tung noch am selben Abend gesund und munter zurückgebracht werden, doch wenn ich – wenn ich danach zur Polizei ginge, dann müsse Shan Tung dafür büßen ...«

»O Gott«, murmelte Miss Carnaby unter Tränen, »ich habe solche Angst, dass selbst jetzt – natürlich gehört Mr Poirot nicht direkt zur Polizei ...«

»Sie sehen also, Mr Poirot«, sagte Lady Hoggin besorgt, »dass Sie sehr vorsichtig sein müssen.«

Hercule Poirot gelang es, ihre Besorgnis rasch zu zerstreuen:

»Aber ich, ich gehöre wirklich nicht zur Polizei. Meine Nachforschungen, die werde ich sehr diskret, sehr unauffällig durchführen. Seien Sie versichert, Lady Hoggin, dass Shan Tung auf keinen Fall in Gefahr ist. Das garantiere ich Ihnen.«

Als sie das Zauberwort hörten, schienen die beiden Frauen erleichtert. Poirot fuhr fort: »Sie haben den Brief hier?«

Lady Hoggin schüttelte den Kopf.

»Nein, ich wurde angewiesen, ihn zusammen mit dem Geld zurückzuschicken.«

»Und das haben Sie auch getan?«

»Ja.«

»Hm, das ist schade.«

»Aber ich habe noch die Hundeleine«, sagte Miss Carnaby lebhaft. »Soll ich sie holen?«

Sie verließ den Salon. Hercule Poirot nutzte ihre Abwesenheit für einige unerlässliche Fragen.

»Amy Carnaby? Ach, die ist völlig in Ordnung. Eine gute Seele, aber natürlich einfältig. Ich habe schon mehrere Gesellschafterinnen gehabt, die allesamt absolute Einfaltspinsel waren. Aber Amy hängt sehr an Shan Tung und war furchtbar mitgenommen von der ganzen Sache, wozu sie auch allen Grund hatte – sich einfach so über einen Kinderwagen zu beugen und meinen kleinen Liebling zu vernachlässigen! Diese alten Jungfern sind alle gleich: Wenn sie ein Baby sehen, sind sie völlig hinüber! Nein, ich bin mir ziemlich sicher, dass sie damit überhaupt nichts zu tun hat.«

»Es sieht nicht danach aus«, stimmte Poirot ihr zu. »Aber da der Hund verschwand, während er in ihrer Obhut war, muss man absolut sichergehen, dass sie eine ehrliche Haut ist. Ist sie schon lange bei Ihnen?«

»Ein knappes Jahr. Sie hatte hervorragende Zeugnisse. Sie stand bei der alten Lady Hartingfield in Diensten, bis zu deren Tod – insgesamt zehn Jahre, glaube ich. Danach kümmerte sie sich eine Weile um eine kranke Schwester. Sie ist wirklich ein reizendes Geschöpf – aber, wie gesagt, recht einfältig.«

In diesem Augenblick kehrte Amy Carnaby ziemlich außer Atem zurück und brachte die durchtrennte Hundeleine mit, die sie Poirot mit einem hoffnungsvollen Blick feierlich überreichte.

Poirot sah sie sich aufmerksam an.

»Mais oui«, sagte er. »Sie ist zweifellos durchgeschnitten worden.«

Die beiden Frauen warteten gespannt.

»Ich werde sie behalten«, sagte er.

Ernst steckte er sie in seine Tasche. Die beiden Frauen atmeten erleichtert auf. Er hatte ganz eindeutig genau das getan, was man von ihm erwartete.

Hercule Poirot hatte die Angewohnheit, nichts unversucht zu lassen.

Obwohl es auf den ersten Blick so aussah, als wäre Miss Carnaby wirklich nur die einfältige und ziemlich zerstreute Person, die sie ganz offensichtlich zu sein schien, befragte Poirot trotzdem eine recht furchteinflößende Dame, nämlich die Nichte der verstorbenen Lady Hartingfield.

»Amy Carnaby?«, fragte Miss Maltravers. »Natürlich, kann mich haargenau an sie erinnern. Sie war eine gute Seele und genau Tante Julias Kragenweite. Hatte eine Schwäche für Hunde und konnte hervorragend vorlesen. Und taktvoll, hat der kranken Tante nie widersprochen. Was ist aus ihr geworden? Hoffentlich steckt sie nicht in Schwierigkeiten. Vor rund einem Jahr gab ich ihr ein Zeugnis für eine Frau – der Name fing mit H an ...«

Schnell versicherte Poirot ihr, Miss Carnaby habe ihre Stelle noch inne. Es habe, sagte er, lediglich ein kleines Problem mit einem verschwundenen Hund gegeben.

»Amy Carnaby hängt an Hunden. Meine Tante hatte einen Pekinesen. Als sie verschied, vermachte sie ihn Miss Carnaby, und Miss Carnaby liebte ihn abgöttisch. Ich glaube, als er starb, hat es ihr das Herz gebrochen. O ja, sie ist eine gute Seele. Natürlich nicht gerade eine Intelligenzbestie.«

Hercule Poirot pflichtete ihr bei, dass Miss Carnaby nicht unbedingt als Intelligenzbestie beschrieben werden konnte.

Sein nächster Schritt war es, den Parkwächter ausfindig zu machen, mit dem Miss Carnaby an jenem verhängnisvollen Nachmittag gesprochen hatte. Es gelang ihm ohne große Schwierigkeiten. Der Mann konnte sich deutlich an den Vorfall erinnern.

»Frau mittleren Alters, ziemlich stämmig, war völlig außer sich – hatte ihren Pekinesen verloren. Ich kannte sie gut vom Sehen, ist fast jeden Nachmittag mit dem Hund hier. Ich sah die beiden kommen. Als sie ihn verloren hatte, war sie in heller Aufregung. Kam zu mir gerannt und wollte wissen, ob ich irgendjemand mit einem Pekinesen gesehen hätte! Also, ich bitte Sie! Ich sage Ihnen, der Park wimmelt von Hunden, wir haben da sonst was für Arten: Terrier, Pekis, diese deutschen Würste auf Pfoten, sogar Barsois, alle möglichen Arten. Ziemlich unwahrscheinlich, dass mir da ein Peki auffällt.«

Hercule Poirot nickte nachdenklich.

Als Nächstes war 38 Bloomsbury Road Square an der Reihe.

Die Nummern 38, 39 und 40 gehörten zu einem einzigen Gebäude, dem Balaclava Private Hotel. Poirot ging die Stufen hoch und stieß die Tür auf. Drinnen empfing ihn Düsternis und ein Geruch von gekochtem Kohl und geräuchertem Frühstückshering. Zu seiner Linken stand ein Mahagonitisch mit einem traurigen Strauß Chrysanthemen. Hinter dem Tisch befand sich eine große, mit grünem Tuch überzogene Ablage mit Brieffächern, in denen zum Teil Post steckte. Aufmerksam betrachtete Poirot die Fächer. Dann stieß er eine Tür zu seiner Rechten auf. Sie führte in eine Art Lounge mit kleinen Tischen und mehreren Polstersesseln mit einem monoton gemusterten Cretonnebezug. Drei alte Frauen und ein grimmig dreinblickender Greis hoben die Köpfe und starrten den Eindringling giftig an. Hercule Poirot errötete und zog sich zurück.

Er folgte dem Korridor und kam an eine Treppe. Dort zweigte im rechten Winkel ein weiterer Gang ab, der augenscheinlich in den Speisesaal führte.

Ein Stück weit den Gang hinunter befand sich eine Tür mit der Aufschrift »BÜRO«.

Hier klopfte Poirot an. Da er keine Antwort erhielt, öffnete er die Tür und blickte hinein. In dem Raum stand ein großer, von Papieren bedeckter Schreibtisch, doch es war niemand zu sehen. Er schloss die Tür wieder und betrat den Speisesaal.

Ein traurig anzusehendes Mädchen in einer schmutzigen Schürze schlurfte mit einem Korb voller Messer und Gabeln umher und deckte die Tische.

»Verzeihen Sie«, sagte Hercule Poirot, »könnte ich vielleicht die Direktorin sprechen?«

Das Mädchen sah ihn stumpf an.

»Das weiß ich nicht, wirklich nicht.«

»Es ist niemand im Büro.«

»Also, ich weiß nicht, wo sie ist, wirklich nicht.«

»Vielleicht«, fragte Hercule Poirot geduldig und hartnäckig, »könnten Sie das herausfinden?«

Das Mädchen seufzte. Ihr Arbeitstag war so schon trist genug, und diese zusätzliche Belastung machte es noch schlimmer. Trübsinnig sagte sie:

»Nun, ich sehe, was ich tun kann.«

Poirot dankte ihr und ging in die Eingangshalle zurück, wagte es jedoch nicht, sich den feindseligen Blicken der Loungegäste noch einmal auszusetzen. Er starrte auf die mit Tuch überzogene Ablage mit den Brieffächern, als ein Rascheln sowie der durchdringende Duft eines Veilchenparfüms die Ankunft der Direktorin ankündigten.

Mrs Harte war die Liebenswürdigkeit in Person.

»Tut mir furchtbar leid, dass ich nicht in meinem Büro war«, rief sie. »Sie möchten ein Zimmer?«

»Nicht unbedingt«, murmelte Poirot. »Ich wollte fragen, ob ein Freund von mir kürzlich hier gewohnt hat. Ein Captain Curtis.«

»Curtis«, rief Mrs Harte. »Captain Curtis? Wo habe ich diesen Namen bloß schon einmal gehört?«

Poirot kam ihr nicht zu Hilfe. Irritiert schüttelte sie den Kopf.

»Es hat also kein Captain Curtis bei Ihnen gewohnt?«

»Nun, zumindest nicht in letzter Zeit. Und trotzdem, verstehen Sie, kommt mir dieser Name auf jeden Fall bekannt vor. Können Sie mir Ihren Freund irgendwie beschreiben?«

»Das«, sagte Hercule Poirot, »wäre schwierig.« Dann fuhr er fort: »Ich nehme an, es kommt gelegentlich vor, dass Sie Briefe für Leute erhalten, die überhaupt nicht hier wohnen?«

»Das kommt allerdings vor.«

»Und was machen Sie mit solchen Briefen?«

»Nun, wir heben sie eine Weile auf. Verstehen Sie, das bedeutet ja wahrscheinlich, dass die betreffende Person binnen Kurzem hier eintreffen wird. Wenn Briefe oder Pakete natürlich längere Zeit hier herumliegen und dem Adressaten nicht ausgehändigt werden können, dann geben wir sie an die Post zurück.«

Hercule Poirot nickte nachdenklich.

»Ich verstehe.« Dann fügte er hinzu: »Es ist nämlich so. Ich habe meinem Freund einen Brief hierher geschrieben.«

Mrs Hartes Miene hellte sich auf.

»Das erklärt die Sache. Ich muss den Namen auf einem Umschlag gesehen haben. Aber es gibt so viele ehemalige Armeeangehörige, die hier wohnen oder auf der Durchreise sind. Lassen Sie mich mal sehen.«

Sie blickte prüfend auf die Brieffächer.

»Da ist er nicht«, sagte Hercule Poirot.

»Dann haben wir ihn wohl dem Briefträger zurückgegeben. Das tut mir wirklich leid. Ich hoffe, es war nichts Wichtiges?«

»Nein, nein, nichts von Bedeutung.«

Als er in Richtung Tür ging, folgte ihm Mrs Harte in einer Wolke ihres penetranten Veilchendufts.

»Sollte Ihr Freund hierherkommen …«

»Das ist höchst unwahrscheinlich. Ich muss mich geirrt haben …«

»Unsere Preise«, sagte Mrs Harte, »sind äußerst moderat. Der Kaffee nach dem Essen ist inbegriffen. Ich würde Ihnen gern ein oder zwei unserer Wohnschlafzimmer zeigen …«

Hercule Poirot konnte nur mit Müh und Not entkommen.

Mrs Samuelsons Salon war größer und opulenter ausgestattet und erfreute sich einer sogar noch stickigeren, noch überheizteren Luft als Lady Hoggins Salon. Benommen bahnte sich Hercule Poirot einen Weg zwischen vergoldeten Konsoltischchen und Skulpturengruppen.

Mrs Samuelson war größer als Lady Hoggin, und ihre Haare waren wasserstoffblond gefärbt. Ihr Pekinese hieß Nanki Poo. Seine Glupschaugen musterten Hercule Poirot voller Arroganz. Miss Keble, Mrs Samuelsons Gesellschafterin, war, im Gegensatz zu Miss Carnaby, hager und abgezehrt, aber genauso redselig und kurzatmig. Auch ihr hatte man die Schuld am Verschwinden des Pekinesen ihrer Herrin gegeben.

»Wirklich, Mr Poirot, es war eine äußerst erstaunliche Geschichte. Es passierte alles in Sekundenschnelle. Direkt vor Harrods. Ein Mädchen fragte mich, wie spät es sei …«

Poirot unterbrach sie.

»Ein Mädchen? Ein kleines Mädchen?«

»Nein, nein, ein Kindermädchen. Und wie süß das Baby war! So ein lieber kleiner Wurm. Und diese niedlichen roten Bäckchen. Man sagt immer, die Kinder in London sähen nicht gesund aus, aber ich bin mir sicher …«

»Ellen«, sagte Mrs Samuelson.

Miss Keble errötete, stotterte und verfiel in Schweigen.

»Und während Miss Keble sich über einen Kinderwagen beugte, der sie nichts anging«, sagte Mrs Samuelson säuerlich, »durchtrennte dieser dreiste Schurke Nanki Poos Leine und machte sich mit ihm davon.«

»Alles geschah in Sekundenschnelle«, murmelte Miss Keble mit Tränen in den Augen. »Ich sah mich um, und der kleine Schatz war verschwunden – und in meiner Hand baumelte bloß noch ein Stück Leine. Möchten Sie die Leine vielleicht sehen, Mr Poirot?«

»Auf keinen Fall«, erwiderte Poirot hastig. Er hatte keine Lust, sich eine Sammlung durchtrennter Hundeleinen anzulegen. »Soweit ich weiß«, fuhr er fort, »haben Sie kurz darauf einen Brief erhalten?«

Die Geschichte nahm genau den gleichen Verlauf: der Brief, die Drohung, Nanki Poo Ohren und Schwanz abzuschneiden. Nur zwei Dinge waren anders: die verlangte Summe, nämlich dreihundert Pfund, und die Adresse, an die sie diesmal geschickt werden sollte: Commander Blackleigh, Harrington Hotel, 76 Clonmel Gardens, Kensington.

»Als Nanki Poo wieder sicher zu Hause war«, fuhr Mrs Samuelson fort, »ging ich höchstpersönlich dorthin, Mr Poirot. Dreihundert Pfund sind immerhin dreihundert Pfund.«

»Allerdings.«

»Als Erstes sah ich in einem Brieffach meinen Umschlag mit

dem Geld. Während ich auf die Eigentümerin wartete, ließ ich ihn in meine Handtasche gleiten. Leider …«

»Leider enthielt er, als Sie ihn öffneten, nur leeres Papier.«

»Woher wissen Sie das?« Mrs Samuelson sah ihn ehrfürchtig an.

Poirot zuckte mit den Schultern.

»Natürlich, *chère Madame*, wird der Dieb auf Nummer sicher gehen und das Geld an sich nehmen, ehe er den Hund zurückbringt. Dann steckt er statt der Geldscheine leeres Papier in den Umschlag und stellt ihn in das Brieffach zurück, damit sein Fehlen nicht bemerkt wird.«

»Niemand namens Commander Blackleigh hat je dort gewohnt.«

Poirot lächelte.

»Und mein Mann war natürlich äußerst verärgert über die ganze Angelegenheit. Genau genommen war er fuchsteufelswild – *fuchsteufelswild*!«

Poirot fragte vorsichtig:

»Sie haben ihn nicht, äh, hinzugezogen, ehe Sie das Geld auf den Weg brachten?«

»Mitnichten«, sagte Mrs Samuelson bestimmt.

Poirot sah sie fragend an. Sie erklärte sich:

»Das hätte ich unter keinen Umständen riskiert. Wenn es ums Geld geht, sind Männer höchst eigenartig. Jacob hätte darauf bestanden, die Polizei einzuschalten. Das konnte ich nicht riskieren. Mein armer, süßer Nanki Poo. Ihm hätte doch sonst etwas passieren können! Hinterher musste ich es meinem Mann natürlich beichten, denn ich musste ihm ja erklären, weshalb mein Bankkonto überzogen war.«

»Aber gewiss doch, gewiss«, murmelte Poirot.

»Und ich habe ihn wirklich noch nie so wütend gesehen. Männer«, sagte Mrs Samuelson, schob ihr hübsches, mit Diamanten besetztes Armband zurecht und drehte an ihren Ringen, »denken immer nur an Geld.«

Hercule Poirot fuhr mit dem Fahrstuhl zu Sir Joseph Hoggins Büro hinauf. Als er seine Visitenkarte überreichte, teilte man ihm mit, dass Sir Joseph im Augenblick unabkömmlich sei, ihn jedoch in Kürze empfangen würde. Endlich schwebte eine hochnäsige Blondine, die Arme voller Akten, aus Sir Josephs Büro. Im Vorbeigehen warf sie dem sonderbaren kleinen Mann einen abschätzigen Blick zu.

Sir Joseph saß hinter seinem riesigen Mahagonischreibtisch. Sein Kinn zeigte Spuren von Lippenstift.

»Nun, Mr Poirot? Setzen Sie sich. Haben Sie Neuigkeiten für mich?«

»Die ganze Sache ist erfreulich simpel. Das Geld wurde jedes Mal in eine Pension oder ein Privathotel geschickt, wo es weder einen Portier noch einen Empfangschef gibt und wo ständig Gäste ein und aus gehen, darunter auch ziemlich viele Veteranen. Nichts leichter, als einfach hineinzuspazieren, sich einen Umschlag aus den Brieffächern zu greifen und ihn entweder mitgehen zu lassen oder das Geld herauszunehmen und stattdessen leeres Papier hineinzutun. Weshalb jede Spur in einer Sackgasse endet.«

»Sie meinen, Sie haben keine Idee, wer der Kerl ist?«

»Doch, eine Idee habe ich schon. Allerdings dauert es paar Tage, ihr nachzugehen.«

Sir Joseph sah ihn neugierig an.

»Gute Arbeit. Sobald Sie etwas zu berichten haben …«

»Werde ich mich bei Ihnen zu Hause melden.«

»Sollten Sie der Sache auf den Grund kommen, wäre das wirklich eine Meisterleistung.«

»Ein Scheitern kommt nicht in Frage. Hercule Poirot scheitert nicht.«

Sir Joseph Hoggin sah den kleinen Mann an und grinste.

»Sind sich Ihrer Sache ziemlich sicher, was?«

»Aus gutem Grund!«

»Na ja.« Sir Joseph Hoggin lehnte sich in seinem Sessel zurück. »Sie wissen ja, Hochmut kommt vor dem Fall.«

Vor seinem elektrischen Heizofen sitzend, in stiller Freude über dessen exaktes geometrisches Muster, erteilte Hercule Poirot seinem Diener und allgemeinen Faktotum Anweisungen.

»Sie verstehen, Georges?«

»Vollkommen, Sir.«

»Wahrscheinlich eher eine Etagenwohnung oder eine Maisonette. Und auf jeden Fall in einem bestimmten Umkreis. Südlich vom Park, östlich der Kensington Church, westlich der Knightsbridge Barracks und nördlich der Fulham Road.«

»Ich verstehe vollkommen, Sir.«

»Ein komischer kleiner Fall«, murmelte Poirot. »Alles deutet auf ein beträchtliches Organisationstalent hin. Und dann ist da natürlich auch noch die verblüffende Unsichtbarkeit des Hauptdarstellers selbst: des Nemëischen Löwen, wenn ich ihn so nennen darf. Ja, ein interessanter kleiner Fall. Ich würde mir wünschen, mein Auftraggeber wäre mir sympathischer, aber leider hat er eine starke Ähnlichkeit mit dem Seifenfabrikanten aus Lüttich, der seine Frau vergiftete, um seine blonde Sekretärin zu heiraten. Einer meiner frühen Erfolge.«

Georges schüttelte den Kopf. Ernst erwiderte er:

»Diese Blondinen, Sir, sorgen für eine Menge Ärger.«

Drei Tage später sagte der unersetzliche Georges dann:

»Hier ist die Adresse, Sir.«

Hercule Poirot nahm den Zettel entgegen.

»Ausgezeichnet, mein lieber Georges. Und an welchem Wochentag?«

»Donnerstags, Sir.«

»Donnerstags. Und heute ist zum Glück Donnerstag. Wir dürfen also keine Zeit verlieren.«

Zwanzig Minuten später stieg Hercule Poirot die Treppe eines versteckt liegenden Mietshauses in einer von einer vornehmeren Straße abgehenden dunklen Gasse empor. Nr. 10 Rosholm Mansions befand sich im zweiten und damit obersten Stockwerk, und es gab keinen Fahrstuhl. Immer im Kreis schleppte sich Poirot die enge Wendeltreppe empor.

Auf dem obersten Absatz machte er eine Pause, um wieder zu Atem zu kommen, als hinter der Tür von Nr. 10 ein Geräusch die Stille durchbrach: das scharfe Bellen eines Hundes.

Hercule Poirot nickte mit einem leisen Lächeln. Er drückte auf den Klingelknopf von Nr. 10.

Das Bellen wurde noch lauter, Schritte näherten sich, die Tür ging auf …

Miss Amy Carnaby prallte zurück und fuhr sich mit der Hand an den üppigen Busen.

»Sie gestatten?«, sagte Hercule Poirot und betrat die Wohnung, ohne eine Antwort abzuwarten.

Die Wohnzimmertür zu seiner Rechten stand offen, und er ging hinein. Miss Carnaby folgte ihm wie betäubt.

Das Zimmer war sehr klein und übervoll. Inmitten der Möbel ließ sich eine menschliche Gestalt ausmachen, eine ältere Frau, die auf einem vor den Gasofen gerückten Sofa lag. Als Poirot das Zimmer betrat, sprang ein Pekinese vom Sofa herunter und kam, misstrauisch kläffend, auf ihn zugerannt.

»Aha«, sagte Poirot. »Der Hauptdarsteller! Ich grüße dich, mein kleiner Freund.«

Er beugte sich vor und streckte die Hand aus. Der Hund beschnupperte sie, während er die klugen Augen auf das Gesicht des Besuchers richtete.

Miss Carnaby murmelte kaum hörbar:

»Sie wissen es also?«

Hercule Poirot nickte.

»Ja, ich weiß es.« Er blickte zu der Frau auf dem Sofa hinüber. »Ihre Schwester, nehme ich an?«

Miss Carnaby antwortete mechanisch:

»Ja, Emily, das – das ist Mr Poirot.«

Emily Carnaby stockte der Atem. »Oh!«, sagte sie.

»Augustus …«, sagte Amy Carnaby.

Der Pekinese sah sie kurz an, wedelte mit dem Schwanz und setzte seine Untersuchung von Poirots Hand fort. Erneut wedelte er leicht mit dem Schwanz.

Behutsam nahm Poirot den kleinen Hund auf den Arm und setzte sich, Augustus auf den Knien, hin.

»Ich habe den Nemëischen Löwen also eingefangen. Meine Arbeit ist abgeschlossen.«

Mit harter, trockener Stimme fragte Amy Carnabay:

»Wissen Sie wirklich alles?«

Poirot nickte.

»Ich glaube, schon. Sie haben diese Sache organisiert – und Augustus hat Ihnen geholfen. Wie gewöhnlich führten Sie den Hund Ihrer Herrin aus, brachten ihn hierher und gingen mit Augustus in den Park. Der Parkwächter sah Sie, wie immer, mit einem Pekinesen. Das Kindermädchen, hätten wir es je ausfindig machen können, hätte auch bestätigt, dass Sie einen Pekinesen bei sich hatten, als Sie mit ihr sprachen. Während Ihrer Unterhaltung durchtrennten Sie die Leine, und Augustus machte sich, von Ihnen abgerichtet, sofort aus dem Staub und rannte schnurstracks nach Hause. Ein paar Minuten später schlugen Sie Alarm und gaben vor, der Hund sei gestohlen worden.«

Es entstand eine Pause. Dann richtete sich Miss Carnaby mit einer gewissen anrührenden Würde auf und sagte:

»Ja. Das stimmt alles. Ich, ich habe nichts hinzuzufügen.«

Die gebrechliche Frau auf dem Sofa begann leise zu weinen.

»Überhaupt nichts, Mademoiselle?«, fragte Poirot.

»Nichts. Ich bin eine Diebin – und jetzt wurde ich überführt.«

»Sie haben«, fragte Poirot leise, »nichts zu Ihrer eigenen Verteidigung zu sagen?«

Plötzlich bildeten sich rote Flecken auf Amy Carnabys bleichen Wangen.

»Ich, ich bereue nicht, was ich getan habe. Ich glaube, dass Sie ein gütiger Mensch sind, Mr Poirot, und dass Sie mich vielleicht verstehen. Sehen Sie, ich habe so große Angst gehabt.«

»Angst?«

»Ja, ich schätze, das ist für einen Mann schwer zu verstehen. Aber sehen Sie, ich bin keine besonders kluge Frau, ich habe keine Ausbildung, ich werde älter – und ich habe solche Angst vor der Zukunft. Ich habe überhaupt nichts sparen können – wie sollte ich auch, wo ich mich doch um Emily kümmern musste? –, und je älter und hinfälliger ich werde, desto weniger wird mich noch jemand anstellen wollen. Alle wollen doch jemand Junges, Flinkes. Ich, ich kenne so viele Leute wie mich – kein Mensch will einen haben, und man wohnt in einem einzigen Zimmer und kann sich kein Kaminholz leisten oder eine andere Art von Heizung und auch nicht viel zu essen, und irgendwann kann man dann selbst die Miete nicht mehr bezahlen ... Ich weiß, es gibt natürlich Heime, aber es ist nicht sehr leicht, da hineinzukommen, wenn man keine einflussreichen Freunde hat, und die habe ich nicht. Sehr viele sind in der gleichen Lage wie ich – arme Gesellschafterinnen, ungelernte, nutzlose Frauen, die nichts mehr vom Leben zu erwarten haben als eine tödliche Angst ...«

Ihre Stimme zitterte.

»Und so haben sich ... ein paar von uns zusammengetan, und, und ich hatte diese Idee. Eigentlich war es Augustus, der mich darauf brachte. Sehen Sie, für die meisten ist Pekinese gleich Pekinese. Genau wie für uns alle Chinesen gleich aussehen. Das ist natürlich Unsinn. Niemand, der die Hunde kennt, würde Augustus mit Nanki Poo verwechseln oder mit Shan Tung oder irgendeinem anderen Peki. Erstens ist er sehr viel intelligenter, und zweitens ist er viel hübscher, aber wie gesagt, für die meisten ist Peki gleich Peki. Augustus brachte mich dann auf die Idee – er und die Tatsache, dass so viele reiche Frauen Pekinesen haben.«

Mit einem leisen Lächeln erwiderte Poirot:

»Es muss ein einträgliches Geschäft gewesen sein! Wie viele gehören denn zu der – Bande? Oder vielleicht sollte ich lieber fragen, wie oft Sie mit dieser Masche erfolgreich waren.«

»Shan Tung war Nummer sechzehn«, sagte Miss Carnaby knapp.

Hercule Poirot zog die Augenbrauen in die Höhe.

»Ich gratuliere. Sie müssen die Sache tatsächlich hervorragend organisiert haben.«

»Im Organisieren war Amy schon immer gut«, sagte Emily Carnaby. »Unser Vater, der Pfarrer von Kellington in Essex, hat immer gesagt, Amy sei ein ziemliches Planungsgenie. Sie organisierte immer die Gemeindetreffen und Basare und das alles.«

Mit einer kleinen Verbeugung erwiderte Poirot:

»Da stimme ich Ihnen zu. Als Verbrecherin sind Sie, Mademoiselle, Spitzenklasse.«

»Als Verbrecherin«, rief Amy Carnaby. »O Gott, wahrscheinlich bin ich das. Aber, aber so habe ich mich nie gefühlt.«

»Wie haben Sie sich denn gefühlt?«

»Sie haben natürlich recht. Ich habe gegen das Gesetz verstoßen. Aber sehen Sie – wie soll ich es erklären? Fast alle Frauen, die uns anstellen, sind so etwas von grob und unfreundlich. Lady Hoggin zum Beispiel achtet überhaupt nicht darauf, was sie zu mir sagt. Neulich meinte sie, dass ihr Tonikum schlecht schmeckt, und hat mich praktisch beschuldigt, herumgepanscht zu haben. Lauter solche Sachen.« Miss Carnaby errötete. »Das ist wirklich äußerst unerfreulich. Und da man nichts sagen oder gar dagegenhalten kann, wurmt es einen noch mehr, wenn Sie wissen, was ich meine.«

»Ich weiß, was Sie meinen«, sagte Hercule Poirot.

»Und wenn man dann sieht, wie sie ihr Geld verplempern und verprassen, das regt einen genauso auf. Und Sir Joseph hat manchmal erzählt, dass er in der City wieder einen Coup gelandet hat – das war immer etwas, was mir – ich weiß natürlich, dass ich bloß eine Frau bin und nichts von Finanzen verstehe – ausgesprochen unredlich vorkam. Nun, Mr Poirot, verstehen Sie, das hat mich alles, das hat mich alles verstört, und ich dachte, diesen Leuten ein bisschen Geld abzunehmen, wo es ihnen eigentlich überhaupt nicht fehlen würde und sie es sowieso ziemlich skrupellos an sich gebracht hatten – na ja, das schien mir nicht weiter schlimm zu sein.«

»Ein moderner Robin Hood!«, murmelte Poirot. »Sagen Sie, Miss Carnaby, haben Sie jemals die Drohung wahrmachen müssen, die Sie in Ihren Briefen erwähnten?«

»Drohung?«

»Sahen Sie sich jemals genötigt, die Tiere auf die von Ihnen angedeutete Weise zu verstümmeln?«

Miss Carnaby blickte ihn entsetzt an.

»So etwas wäre mir natürlich nicht einmal im Traum eingefallen! Das war lediglich – eine künstlerische Note.«

»Äußerst künstlerisch. Es hat funktioniert.«

»Nun, das wusste ich natürlich. Ich weiß, wie mir bei Augustus zumute gewesen wäre, und natürlich musste ich sicherstellen, dass diese Frauen es ihren Männern erst danach erzählten. Der Plan ging jedes Mal wunderbar auf. In neun von zehn Fällen sollte die Gesellschafterin den Brief mit dem Geld aufgeben. Gewöhnlich dampften wir den Umschlag auf, nahmen die Scheine heraus und legten Papier hinein. Ein- oder zweimal gaben die Frauen den Brief selbst auf. Dann musste die Gesellschafterin natürlich zum Hotel gehen und sich den Umschlag aus dem Brieffach holen. Aber das war auch ziemlich einfach.«

»Und die Masche mit dem Kindermädchen? War es immer ein Kindermädchen?«

»Nun, Mr Poirot, sehen Sie, alte Jungfern sind bekannt dafür, dass sie hoffnungslos gefühlsduselig werden, wenn sie Babys sehen. Da schien es nur natürlich, dass sie so von einem Baby gefesselt waren, dass sie für nichts anderes Augen hatten.«

Hercule Poirot seufzte.

»Ihre psychologischen Kenntnisse sind hervorragend, Ihre Organisationsgabe ist Spitzenklasse, und eine ausgezeichnete Schauspielerin sind Sie auch noch. Ihr Auftritt neulich, als ich Lady Hoggin befragte, war makellos. Stellen Sie Ihr Licht nur nicht unter den Scheffel, Miss Carnaby. Sie sind vielleicht, was man eine ungelernte Frau nennt, aber weder an Ihrem Verstand noch an Ihrem Mut gibt es irgendetwas auszusetzen.«

Mit einem leichten Lächeln erwiderte Miss Carnaby:

»Und trotzdem wurde ich überführt, Mr Poirot.«

»Nur von mir. Das war unvermeidlich! Als ich Mrs Samuelson befragt hatte, war mir klar, dass die Entführung von Shan Tung keine Einzeltat gewesen war. Ich hatte bereits herausgefunden, dass man Ihnen einen Pekinesen vermacht hatte und dass Sie eine kranke Schwester hatten. Da musste ich dann lediglich meinen unersetzlichen Diener bitten, in einem bestimmten Radius eine kleine Wohnung ausfindig zu machen, in der eine kranke Dame wohnte, die einen Pekinesen hatte und die einmal die Woche von ihrer Schwester an deren freiem Tag besucht wurde. Es war einfach.«

Amy Carnaby richtete sich auf.

»Sie sind sehr gütig. Das gibt mir den Mut, Sie um einen Gefallen zu bitten. Ich weiß, dass ich der Strafe für das, was ich getan habe, nicht entgehen werde. Ich nehme an, ich werde ins Gefängnis wandern. Aber wenn Sie, Mr Poirot, die Angelegenheit ein wenig aus dem Licht der Öffentlichkeit heraushalten könnten. Es wäre so peinlich für Emily – und für die wenigen, die uns noch von früher kennen. Könnte ich nicht vielleicht unter einem falschen Namen ins Gefängnis gehen? Oder ist das eine sehr ungehörige Frage?«

»Ich glaube, ich kann noch mehr für Sie tun. Aber zuerst muss ich in aller Deutlichkeit etwas klarstellen. Diese Gaunereien müssen aufhören. Es dürfen keine Hunde mehr verschwinden. Damit ist jetzt Schluss!«

»Ja! O ja!«

»Und das Geld, das Sie von Lady Hoggin erpresst haben, muss zurückerstattet werden.«

Amy Carnaby durchquerte das Zimmer, öffnete die Schublade eines Sekretärs und kehrte mit einem Bündel Banknoten zurück, das sie Poirot reichte.

»Ich wollte es heute in unsere gemeinsame Kasse tun.«

Poirot nahm das Geld und zählte nach. Er erhob sich.

»Ich halte es für möglich, Miss Carnaby, dass ich Sir Joseph überreden kann, keine Anzeige zu erstatten.«

»Oh, Mr Poirot!«

Amy Carnaby legte die Hände ineinander. Emily stieß einen Freudenschrei aus. Augustus bellte und wedelte mit dem Schwanz.

»Was dich angeht, *mon ami*«, sagte Poirot, »gibt es etwas, was ich sehr gern von dir hätte. Deinen Mantel der Unsichtbarkeit, den brauche ich nämlich. In all diesen Fällen hat niemand auch nur im Entferntesten vermutet, dass ein zweiter Hund im Spiel war. Augustus besaß das Löwenfell der Unsichtbarkeit.«

»Der Sage nach, Mr Poirot, waren Pekinesen natürlich wirklich einmal Löwen. Aber das Herz eines Löwen, das haben sie immer noch!«

»Ich nehme an, Augustus ist der Hund, den Lady Hartingfield Ihnen vermacht hat und der angeblich gestorben ist. Hatten Sie nie Angst, ihn alleine nach Hause zu schicken?«

»O nein, Mr Poirot, Augustus passt im Verkehr sehr gut auf. Ich habe ihn ungemein gründlich abgerichtet. Er versteht sogar das Prinzip von Einbahnstraßen.«

»In dem Fall«, sagte Hercule Poirot, »ist er schlauer als die meisten Menschen!«

Sir Joseph empfing Hercule Poirot in seinem Arbeitszimmer.

»Nun, Mr Poirot?«, sagte er. »Haben Sie Ihr großspuriges Versprechen eingelöst?«

»Lassen Sie mich Ihnen zuerst eine Frage stellen«, sagte Poirot und setzte sich. »Ich kenne den Täter und glaube, dass ich genügend Beweismaterial für eine Verurteilung präsentieren kann. Ich bezweifele allerdings, dass Sie in dem Fall Ihr Geld jemals zurückbekommen.«

»Mein Geld *nicht* zurückbekommen?«

Sir Joseph lief hochrot an.

»Ich bin jedoch kein Polizist«, fuhr Hercule Poirot fort. »Ich handele in diesem Fall ausschließlich in Ihrem Interesse. Sollte kein Prozess angestrengt werden, könnte ich, glaube ich, die vollständige Summe zurückbekommen.«

»Eh?«, sagte Sir Joseph. »Das muss ich mir durch den Kopf gehen lassen.«

»Es ist ganz und gar Ihre Entscheidung. Genau genommen sollten Sie wahrscheinlich im öffentlichen Interesse Anzeige erstatten. Das würden zumindest die meisten so sehen.«

»Das glaube ich gerne«, sagte Sir Joseph scharf. »Es wäre ja auch nicht ihr Geld, das flöten geht. Wenn ich eins nicht ausstehen kann, dann über den Tisch gezogen zu werden. Mich hat noch niemand ungestraft über den Tisch gezogen.«

»Also gut, wofür entscheiden Sie sich?«

Sir Joseph schlug mit der Faust auf den Tisch.

»Ich nehme die Kohle! Es soll keiner sagen können, dass er mir ungestraft zweihundert Pfund abgeknöpft hat.«

Hercule Poirot erhob sich, trat an den Schreibtisch, stellte einen Scheck über zweihundert Pfund aus und reichte ihn seinem Gegenüber.

»Verflixt noch mal«, sagte Sir Joseph mit schwacher Stimme. »Wer zum Teufel ist der Kerl?«

Poirot schüttelte den Kopf.

»Wenn Sie das Geld nehmen, dürfen Sie keine Fragen stellen.«

Sir Joseph faltete den Scheck zusammen und steckte ihn in seine Jackentasche.

»Schade. Aber das Geld ist die Hauptsache. Und was schulde ich Ihnen, Mr Poirot?«

»Mein Honorar ist nicht hoch. Es war, wie ich schon sagte, ein äußerst unwichtiger Fall.« Er hielt inne und fügte dann hinzu: »Meine Fälle sind heutzutage meistens Morde …«

Sir Joseph zuckte zusammen.

»Muss interessant sein«, sagte er.

»Manchmal. Seltsamerweise erinnern Sie mich an einen meiner ersten Fälle in Belgien, von vor vielen Jahren – die Hauptfigur sah Ihnen sehr ähnlich. Es war ein reicher Seifenfabrikant. Er vergiftete seine Frau, um seine Sekretärin heiraten zu können ... Ja, die Ähnlichkeit ist verblüffend ...«

Ein leiser Laut kam über Sir Josephs Lippen, die seltsam blau geworden waren. Die rosige Farbe war aus seinen Wangen gewichen. Seine Augen, die ihm fast aus dem Kopf traten, starrten Poirot an. Er rutschte ein wenig tiefer in den Sessel.

Dann nestelte er mit zitternder Hand an seiner Tasche herum. Er zog den Scheck heraus und zerriss ihn.

»Das ist erledigt, sehen Sie? Betrachten Sie es als Ihr Honorar.«

»Oh, aber Sir Joseph, so hoch wäre mein Honorar gar nicht gewesen.«

»Das geht schon in Ordnung. Behalten Sie es einfach.«

»Ich werde es einer verdienstvollen karitativen Einrichtung stiften.«

»Stiften Sie es, wem zum Teufel Sie wollen.«

Poirot beugte sich vor.

»Ich muss wohl nicht besonders betonen, Sir Joseph, dass es Ihnen in Ihrer Lage gut anstünde, äußerst vorsichtig zu sein.«

Fast unhörbar sagte Sir Joseph:

»Keine Sorge. Ich werde schon vorsichtig sein.«

Hercule Poirot verließ das Haus. Als er die Treppe hinunterging, murmelte er:

»Hatte ich also doch recht.«

»Komisch«, sagte Lady Hoggin zu ihrem Gatten, »das Tonikum schmeckt heute irgendwie anders. Es hat nicht mehr diesen bitteren Nachgeschmack. Ich möchte wissen, warum.«

»Apotheker«, knurrte Sir Joseph. »Schlampige Kerle. Mischen das Zeug jedes Mal anders.«

»Das muss es wohl sein«, meinte Lady Hoggin skeptisch.

»Natürlich. Was denn sonst?«

»Hat dieser Mann etwas über Shan Tung herausgefunden?«
»Ja. Er hat tatsächlich mein ganzes Geld zurückbekommen.«
»Und wer war es?«
»Hat er nicht gesagt. Sehr verschlossener Kerl, dieser Hercule Poirot. Aber du brauchst dir keine Sorgen zu machen.«
»Komischer kleiner Mann, nicht?«
Sir Joseph schauderte leicht, und er warf einen Blick über die Schulter, als könnte er in seinem Rücken Hercule Poirots unsichtbare Gegenwart spüren. Ihm schwante, dass er ihn ab jetzt immer dort spüren würde.
»Das ist ein verdammt cleverer kleiner Teufel!«, sagte er.
Und dachte bei sich: Greta kann mich mal! Für eine verdammte Platinblondine riskiere ich nicht Kopf und Kragen!

»Oh!«
Amy Carnaby starrte ungläubig auf den Scheck über zweihundert Pfund.
»Emily!«, rief sie. »Emily! Hör mal.« Sie las vor:

Liebe Miss Carnaby,
gestatten Sie mir, eine Spende für Ihren äußerst nützlichen Fonds beizulegen, ehe er endgültig aufgelöst wird.
Hochachtungsvoll,
Hercule Poirot

»Amy«, sagte Emily Carnaby, »da hast du aber unglaubliches Glück gehabt. Überleg mal, wo du jetzt auch sein könntest.«
»In Wormwood Scrubbs oder sogar Holloway?«, murmelte Amy Carnaby. »Aber das ist jetzt alles vorbei, stimmt's, Augustus? Keine Spaziergänge mehr im Park mit Frauchen oder Frauchens Freundinnen und einer kleinen Schere.«
Ein wehmütiger Ausdruck trat in ihre Augen. Sie seufzte.
»Der gute Augustus! Irgendwie ist es doch schade. Er ist so klug … Man kann ihm wirklich alles beibringen …«

Der Kretische Stier

Hercule Poirot blickte seine Besucherin nachdenklich an.
Er sah ein blasses Gesicht mit einem energischen Kinn, Augen, die eher grau als blau waren, und Haare in jenem echten blauschwarzen Ton, den man so selten findet – die hyazinthfarbenen Locken der alten Griechen.

Er nahm das gut geschnittene, aber abgetragene rustikale Tweedkostüm zur Kenntnis, die schäbige Handtasche und die unbewusste Arroganz, die der offensichtlichen Nervosität des Mädchens zugrunde lag.

Ah ja, dachte er, verarmter Landadel! Es muss etwas ziemlich Ausgefallenes sein, was sie zu mir führt.

Mit leise bebender Stimme sagte Diana Maberly:

»Ich, ich weiß nicht, ob Sie mir helfen können oder nicht, Monsieur Poirot. Es ist, es ist eine äußerst ungewöhnliche Situation.«

»Ach ja? Erzählen Sie.«

»Ich bin zu Ihnen gekommen, weil ich nicht weiß, was ich tun soll! Ich weiß nicht einmal, ob man überhaupt etwas tun kann!«

»Wollen Sie das bitte meine Sorge sein lassen?«

Unversehens schoss dem Mädchen das Blut ins Gesicht. Hastig und nach Luft ringend, sagte sie:

»Ich bin zu Ihnen gekommen, weil der Mann, mit dem ich seit über einem Jahr verlobt war, die Verlobung gelöst hat.«

Sie hielt inne und sah ihn trotzig an.

»Sie müssen mich«, sagte sie, »für völlig meschugge halten.«

Hercule Poirot schüttelte langsam den Kopf.

»Im Gegenteil, Mademoiselle. Ich habe nicht den geringsten

Zweifel daran, dass Sie überaus intelligent sind. Es ist gewiss nicht mein *métier*, die zerstrittenen Liebespaare wieder zu versöhnen, und ich weiß ganz genau, dass Sie sich dessen bewusst sind. Irgendetwas an der Lösung dieser Verlobung muss also ungewöhnlich sein. So ist es doch, nicht wahr?«

Das Mädchen nickte. Mit klarer Stimme erwiderte sie:

»Hugh hat unsere Verlobung gelöst, weil er meint, den Verstand zu verlieren. Er findet, Verrückte sollten nicht heiraten.«

Hercule Poirots Augenbrauen wanderten nach oben.

»Und Sie sehen das nicht so?«

»Ich weiß nicht … Verrückt, was heißt das überhaupt? Jeder ist ein bisschen verrückt.«

»Das sagt man so«, meinte Poirot vorsichtig.

»Einsperren müssen sie einen erst, wenn man anfängt, sich für ein pochiertes Ei oder so zu halten.«

»Aber dieses Stadium hat Ihr Verlobter noch nicht erreicht?«

»Ich kann überhaupt nichts Ungewöhnliches an Hugh finden«, sagte Diana Maberly. »Er ist, ach, er ist der normalste Mensch, den ich kenne. Vernünftig, verlässlich …«

»Und warum glaubt er dann, den Verstand zu verlieren?«

Poirot hielt einen Augenblick inne, ehe er fortfuhr:

»Gibt es in seiner Familie womöglich Fälle von Wahnsinn?«

Widerwillig nickte Diana.

»Ich glaube, sein Großvater war meschugge – und irgendeine Großtante. Aber was ich sagen will, ist, dass in jeder Familie irgendjemand wunderlich ist. Sie wissen schon, ein bisschen schwachsinnig oder neunmalklug, irgendetwas!«

Sie blickte ihn flehend an.

Traurig schüttelte Hercule Poirot den Kopf.

»Das tut mir sehr leid für Sie, Mademoiselle.«

Ihr Kinn schoss nach vorn.

»Ich will nicht, dass Sie mich bemitleiden!«, rief sie. »Ich will, dass Sie etwas tun!«

»Was soll ich denn tun?«

»Ich weiß es nicht, aber irgendetwas stimmt da nicht.«

»Würden Sie mir bitte alles über Ihren Verlobten erzählen, Mademoiselle?«

Diana sagte gehetzt:

»Er heißt Hugh Chandler. Er ist vierundzwanzig. Sein Vater ist Admiral Chandler. Sie wohnen auf Lyde Manor. Es befindet sich seit der Zeit Elizabeths im Chandler'schen Familienbesitz. Hugh ist der einzige Sohn. Er ging zur Navy – alle Chandlers sind Seeleute, das ist eine Art Tradition, seit Sir Gilbert Chandler zusammen mit Sir Walter Raleigh fünfzehnhundertsoundso die Meere befuhr. Dass Hugh zur Navy ging, war für ihn eine Selbstverständlichkeit. Sein Vater hätte nichts anderes geduldet. Und trotzdem, und trotzdem war es sein Vater, der darauf bestand, ihn da wieder herauszuholen!«

»Wann war das?«

»Vor fast einem Jahr. Ganz plötzlich.«

»War Hugh Chandler glücklich in seinem Beruf?«

»Rundum.«

»Es hatte keinen Skandal gegeben?«

»In den Hugh verwickelt war? Absolut nicht. Er kam mit allen glänzend aus. Er, er konnte seinen Vater nicht verstehen.«

»Wie hat Admiral Chandler die Entscheidung denn begründet?«

Dianas Antwort kam zögernd:

»Er hat sie nie wirklich begründet. Sicher, er meinte, es sei unerlässlich, dass Hugh in die Verwaltung des Gutes eingearbeitet wird, aber, aber das war lediglich ein Vorwand. Selbst George Frobisher hat das erkannt.«

»Wer ist George Frobisher?«

»Colonel Frobisher. Das ist Admiral Chandlers ältester Freund und Hughs Patenonkel. Er ist die meiste Zeit auf Lyde Manor.«

»Und was hielt Colonel Frobisher von Admiral Chandlers Entscheidung, dass sein Sohn den Dienst bei der Navy quittiert?«

»Er war sprachlos. Er konnte es nicht fassen. Niemand konnte es fassen.«

»Auch Hugh Chandler selbst nicht?«

Diana antwortete nicht sofort. Poirot wartete ein Weilchen, dann fuhr er fort:

»Damals war er vielleicht auch erstaunt. Aber heute? Hat er nichts gesagt, überhaupt nichts?«

»Vor rund einer Woche«, murmelte Diana widerwillig, »meinte er, dass – dass sein Vater recht gehabt habe, dass es die einzig mögliche Lösung gewesen sei.«

»Haben Sie ihn gefragt, warum?«

»Natürlich. Er hat es mir aber nicht erklärt.«

Hercule Poirot dachte eine Weile nach. Dann sagte er:

»Gab es in Ihrer Gegend irgendwelche ungewöhnlichen Vorkommnisse? Sagen wir im letzten Jahr? Irgendetwas, worüber eine Menge geredet und spekuliert wurde?«

Sie brauste auf:

»Ich weiß nicht, was Sie meinen!«

Leise, aber mit Autorität in der Stimme entgegnete Poirot:

»Es wäre besser, wenn Sie es mir sagen würden.«

»Da war nichts, nicht so etwas, was Sie meinen.«

»Was dann?«

»Ich finde, Sie sind einfach abscheulich! Auf dem Land passieren oft seltsame Dinge. Aus Rache – oder der Dorftrottel tut irgendetwas Dummes oder sonst jemand.«

»Was ist passiert?«

»Es gab Krach wegen ein paar Schafen …«, sagte sie widerstrebend. »Denen wurde die Kehle durchgeschnitten. Oh, es war entsetzlich! Aber die gehörten alle demselben Bauern, einem sehr hartherzigen Mann. Die Polizei hielt es für einen Racheakt.«

»Aber der Täter wurde nicht gefasst?«

»Nein.«

Dann fügte sie energisch hinzu: »Aber wenn Sie denken …«

Poirot hob abwehrend die Hand.

»Sie haben nicht die geringste Ahnung, was ich denke. Sagen Sie, hat Ihr Verlobter einen Arzt zurate gezogen?«

»Nein, da bin ich mir sicher.«

»Wäre das nicht das Einfachste für ihn?«

»Er weigert sich«, sagte Diana langsam. »Er, er kann Ärzte nicht ausstehen.«

»Und sein Vater?«

»Ich glaube, der Admiral hält auch nicht viel von Ärzten. Meint immer, das seien lauter Quacksalber.«

»Was für einen Eindruck macht der Admiral auf Sie? Ist er gesund? Glücklich?«

Mit leiser Stimme erwiderte Diana:

»Er ist furchtbar gealtert im, im ...«

»Im letzten Jahr?«

»Ja. Er ist ein völliges Wrack, irgendwie nur noch ein Schatten seiner selbst.«

Poirot nickte nachdenklich.

»War er mit der Verlobung seines Sohnes einverstanden?«

»O ja. Sehen Sie, das Land meiner Familie grenzt an seins. Wir leben dort schon seit Generationen. Er hat sich schrecklich gefreut, als Hugh und ich zusammenfanden.«

»Und jetzt? Was sagt er dazu, dass Ihre Verlobung gelöst ist?«

Die Stimme des Mädchens bebte leise.

»Ich traf ihn gestern Morgen. Er sah entsetzlich aus. Er ergriff meine Hand und sagte: ›Es ist hart für dich, mein Mädchen. Aber der Junge tut das Richtige – das einzig Richtige.‹«

»Und deshalb«, sagte Hercule Poirot, »kamen Sie zu mir?«

Sie nickte und fragte:

»Können Sie irgendetwas tun?«

»Das weiß ich nicht«, antwortete Hercule Poirot. »Aber ich kann zumindest hinfahren und mir selbst ein Bild machen.«

Hugh Chandlers Statur beeindruckte Hercule Poirot am allermeisten. Groß, herrlich proportioniert, ein mächtiger Brustkorb und breite Schultern sowie volle, dunkelblonde Haare. Er strahlte eine enorme Kraft und Männlichkeit aus.

Sie waren noch kaum bei Diana angekommen, da hatte sie auch schon Admiral Chandler angerufen, worauf die beiden unverzüglich zum Lyde Manor hinübergingen, auf dessen langer Terrasse sie bereits Tee erwartete. Und nebst dem Tee drei Männer. Einmal Admiral Chandler, weißhaarig, um Jahre älter aussehend, als er war, die Schultern unter einer zu schweren Last gebeugt, die Augen dunkel und grüblerisch. Im Gegensatz dazu sein Freund Colonel Frobisher, ein vertrocknetes, zähes Männchen mit rötlichen, an den Schläfen ergrauenden Haaren. Ein ruheloser, jähzorniger, bissiger kleiner Mann, der an einen Foxterrier erinnerte, allerdings mit zwei äußerst klugen Augen ausgestattet war. Er hatte die Angewohnheit, die Brauen so stark zu runzeln, dass sie ihm quasi über die Augen herabhingen, und dabei den Kopf zu senken und nach vorn zu recken, während einen die besagten klugen Äuglein durchdringend musterten. Der dritte Mann war Hugh.

»Ein wahres Prachtexemplar, was?«, sagte Colonel Frobisher.

Er hatte den prüfenden Blick bemerkt, den Poirot auf den jungen Mann richtete, und sprach mit gedämpfter Stimme.

Hercule Poirot nickte. Frobisher und er saßen nebeneinander. Die anderen drei hatten am anderen Ende des Teetisches Platz genommen und unterhielten sich angeregt, aber auch etwas gezwungen.

»Ja, er ist stattlich, sehr stattlich«, murmelte Poirot. »Ein junger Stier – ja, man könnte sagen, er ist der dem Poseidon geweihte Stier … Ein Prachtexemplar gesunder Männlichkeit.«

»Sieht eigentlich fit aus, nicht wahr?«

Frobisher seufzte. Seine klugen Äuglein wanderten verstohlen zur Seite, musterten Hercule Poirot. Dann sagte er:

»Ich weiß übrigens, wer Sie sind.«

»Ach das, das ist kein Geheimnis!«

Mit einer königlich-vornehmen Handbewegung wedelte Poirot Frobishers Worte beiseite. Die Geste sollte wohl bedeuten, dass er nicht inkognito unterwegs sei. Er reiste unter seinem eigenen Namen.

Nach einem Augenblick fragte Frobisher:

»Hat das Mädchen Sie – wegen dieser Geschichte hergeholt?«

»Geschichte?«

»Der Geschichte mit dem jungen Hugh ... Ja, ich sehe, dass Sie Bescheid wissen. Aber ich verstehe nicht ganz, weshalb sie zu Ihnen gegangen ist ... Dachte nicht, dass so etwas in Ihr Fach schlägt – womit ich sagen will, dass das eigentlich eher eine Sache für einen Arzt ist.«

»In mein Fach schlagen alle möglichen Dinge ... Sie würden sich wundern.«

»Ich meine, ich verstehe nicht ganz, was sie von Ihnen erwartet.«

»Miss Maberly«, sagte Poirot, »ist eine Kämpfernatur.«

Colonel Frobisher nickte wohlwollend.

»Ja, das ist sie wirklich. Sie ist ein gutes Kind. Sie streckt nicht die Waffen. Aber es gibt trotzdem ein paar Dinge, gegen die kann man einfach nicht ankämpfen ...«

Plötzlich wirkte sein Gesicht alt und müde.

Poirot dämpfte seine Stimme noch mehr:

»Soweit ich weiß, gibt es Fälle von – Wahnsinn in der Familie?«

Frobisher nickte.

»Tritt aber nur ab und zu auf«, murmelte er. »Überspringt ein, zwei Generationen. Hughs Großvater war der Letzte.«

Poirot warf einen raschen Blick auf die anderen drei. Diana hielt das Gespräch in Gang, lachte und schäkerte mit Hugh. Man hätte meinen können, die drei seien frei von allen Sorgen.

»Auf welche Art äußerte sich der Wahnsinn denn?«, fragte Poirot leise.

»Der alte Knabe wurde zum Schluss ziemlich gewalttätig. Bis dreißig war er vollkommen in Ordnung, so normal wie nur was. Dann wurde er langsam ein bisschen wunderlich. Es dauerte eine Weile, bis man Notiz davon nahm. Dann brodelte die Gerüchteküche. Knall auf Fall ging das Gerede richtig los. Manche Dinge wurden vertuscht. Aber, na ja«, er hob die Schultern, »zum Schluss hatte er einen völligen Dachschaden, der arme Teufel! Gemeingefährlich! Wurde für geisteskrank erklärt.«

Er hielt einen Augenblick inne, ehe er fortfuhr:

»Ich glaube, er wurde ziemlich alt … Genau davor hat Hugh natürlich Angst. Deshalb will er auch nicht zum Arzt gehen. Er hat Angst, dass man ihn einsperrt und er jahrelang eingesperrt bleibt. Muss sagen, dass ich es ihm nicht verdenken kann. Mir würde es genauso gehen.«

»Und Admiral Chandler, wie empfindet der das Ganze?«

»Er ist ein gebrochener Mann«, sagte Frobisher kurz und knapp.

»Liebt er seinen Sohn sehr?«

»Ist sein Ein und Alles. Sehen Sie, seine Frau ertrank bei einem Bootsunglück, als der Junge gerade einmal zehn Jahre alt war. Seitdem hat er nur noch für sein Kind gelebt.«

»Hing er sehr an seiner Frau?«

»Lag ihr zu Füßen. Alle lagen ihr zu Füßen. Sie war, sie war eine der wunderbarsten Frauen, die ich je gekannt habe.« Er hielt einen Moment inne und sagte dann stockend: »Wollen Sie ihr Porträt sehen?«

»Sehr gerne.«

Frobisher schob seinen Stuhl zurück und erhob sich.

»Gehe Monsieur Poirot ein paar Sachen zeigen, Charles«, sagte er laut. »Er ist ein ziemlicher Kunstkenner.«

Der Admiral hob flüchtig die Hand. Frobisher stapfte über die Terrasse, und Poirot folgte ihm. Einen Augenblick lang legte Diana ihre heitere Maske ab und verzog ihr Gesicht zu einem bangen Fragezeichen. Auch Hugh hatte den Kopf gehoben und sah den kleinen Mann mit dem großen Schnurrbart unverwandt an.

Poirot folgte Frobisher ins Haus. Nach dem Sonnenlicht draußen war es drinnen derart schummrig, dass er kaum etwas erkennen konnte. Dennoch registrierte er, dass alles voller schöner, alter Sachen stand.

Colonel Frobisher führte Poirot zur Gemäldegalerie. An den getäfelten Wänden hingen Porträts der verblichenen Chandlers.

Ernste und heitere Gesichter, Männer in Hofkleidung oder Navyuniform. Frauen in Satin und Perlen.

Schließlich blieb Frobisher unter einem Porträt am Ende der Galerie stehen.

»Von Orpen gemalt«, sagte er brüsk.

Sie blickten zu einer großen Frau empor, die einen Windhund am Halsband festhielt. Einer Frau mit kastanienbraunem Haar und einer quicklebendigen Ausstrahlung.

»Der Junge ist ihr wie aus dem Gesicht geschnitten«, sagte Frobisher. »Finden Sie nicht?«

»In mancher Hinsicht schon.«

»Natürlich hat er nicht ihre Zartheit, ihre Weiblichkeit. Er ist die männliche Version, aber in allen wesentlichen Aspekten ...« Er brach ab. »Schade, dass er von den Chandlers genau das vererbt bekommen hat, auf das er gut hätte verzichten können ...«

Sie schwiegen. Es lag ein Hauch von Melancholie in der Luft, als seufzten die verblichenen Chandlers über den Makel in ihrem Blut, den sie von Zeit zu Zeit erbarmungslos weitergaben ...

Hercule Poirot wandte den Kopf und sah seinen Begleiter an. George Frobisher blickte noch immer zu der schönen Frau an der Wand über ihm empor.

»Sie kannten sie gut«, sagte Poirot leise.

Frobisher Antwort kam stockend:

»Wir sind zusammen aufgewachsen. Als sie sechzehn war, ging ich als Unterleutnant nach Indien ... Als ich zurückkehrte – war sie mit Charles Chandler verheiratet.«

»Kannten Sie ihn auch gut?«

»Charles ist einer meiner ältesten Freunde. Er ist mein bester Freund, schon immer gewesen.«

»Kamen Sie oft mit den beiden zusammen, nach der Hochzeit?«

»Hab den Großteil meiner Urlaube hier verbracht. Ist hier wie ein zweites Zuhause. Charles und Caroline haben mir die ganze Zeit mein altes Zimmer freigehalten, es wartete immer auf mich ...« Er straffte die Schultern und reckte plötzlich kampflustig den Kopf nach vorn. »Deshalb bin ich jetzt hier – um ihnen beizustehen, wenn sie es wünschen. Wenn Charles mich braucht, ich bin da.«

Wieder lag der Schatten einer Tragödie über ihnen.

»Und was halten Sie von – dieser ganzen Geschichte?«, fragte Poirot.

Frobisher erstarrte. Seine zusammengezogenen Brauen hingen über die Augen herab.

»Ich finde, je weniger darüber geredet wird, desto besser. Und offen gesagt verstehe ich auch nicht, was Sie in dieser Angelegenheit unternehmen wollen, Monsieur Poirot. Ich verstehe nicht, weshalb Diana Sie eingespannt und hierhergeholt hat.«

»Sie wissen, dass die Verlobung zwischen Diana Maberly und Hugh Chandler gelöst wurde?«

»Ja, das weiß ich.«

»Und wissen Sie auch, warum?«

»Darüber weiß ich nichts«, erwiderte Frobisher steif. »Das machen die jungen Leute untereinander aus. Hab kein Recht, mich da einzumischen.«

»Hugh Chandler hat Diana erzählt, sie könnten nicht heiraten, weil er allmählich den Verstand verliere.«

Auf Frobishers Stirn traten Schweißperlen.

»Müssen wir über diese verdammte Geschichte sprechen? Was glauben Sie eigentlich, was Sie unternehmen können? Hugh, der arme Teufel, hat das Richtige getan. Es ist doch nicht seine Schuld, es ist eine Frage des Erbguts: Keimplasma, Gehirnzellen … Aber als er es merkte, was blieb ihm da anderes übrig, als die Verlobung zu lösen? Daran führte einfach kein Weg vorbei.«

»Wenn ich doch bloß davon überzeugt wäre …«

»Lassen Sie es sich von mir gesagt sein.«

»Aber Sie haben mir überhaupt nichts gesagt.«

»Ich habe gesagt, ich möchte nicht darüber reden.«

»Warum hat Admiral Chandler seinen Sohn gezwungen, den Dienst bei der Navy zu quittieren?«

»Weil es die einzig mögliche Lösung war.«

»Warum?«

Störrisch schüttelte Frobisher den Kopf.

»Hatte es mit den getöteten Schafen zu tun?«, fragte Poirot leise.

»Davon haben Sie also gehört?«, erwiderte der Colonel wütend.

»Diana hat es mir erzählt.«

»Dieses Mädchen sollte besser den Mund halten.«

»Sie sah es nicht als erwiesen an.«

»Sie hat doch keine Ahnung.«

»Wovon hat sie keine Ahnung?«

Unwillig, stockend und wütend antwortete Frobisher:

»Nun gut, wenn Sie es unbedingt wissen wollen … Chandler hörte in jener Nacht ein Geräusch. Dachte, es seien vielleicht Einbrecher im Haus. Ging nachsehen. Licht im Zimmer des Jungen. Chandler ging hinein. Hugh lag im Bett und schlief, tief und fest – in seinen Sachen. Blut auf der Kleidung. Die Waschschüssel voller Blut. Sein Vater bekam ihn nicht wach. Hörte am nächsten Morgen, dass man Schafe mit durchschnittener Kehle gefunden hatte. Fragte Hugh aus. Der Junge wusste von nichts. Konnte sich nicht daran erinnern, draußen gewesen zu sein – obwohl seine schlammverkrusteten Schuhe neben der Seitentür gefunden wurden. Konnte das Blut in der Waschschüssel nicht erklären. Konnte nichts erklären. Verstehen Sie, der arme Teufel hatte keine Ahnung.

Charles kam zu mir, beriet sich mit mir. Was sollte man machen? Dann, drei Nächte später – genau dasselbe. Danach, na ja, das können Sie sich selbst ausrechnen. Der Junge musste den Dienst quittieren. Wenn er hier ist, kann Charles mit Argusaugen über ihn wachen. Konnte sich aber keinen Skandal in der Navy leisten. Ja, es war die einzig mögliche Lösung.«

»Und seither?«, fragte Poirot.

»Ich werde keine weiteren Fragen mehr beantworten«, sagte Frobisher scharf. »Meinen Sie nicht, dass Hugh am allerbesten weiß, was gut für ihn ist?«

Hercule Poirot gab keine Antwort. Es fiel ihm immer sehr schwer zuzugeben, dass jemand etwas besser wusste als Hercule Poirot.

Als sie in die Halle traten, trafen sie auf Admiral Chandler, der gerade hereinkam. Er blieb einen Augenblick stehen, eine dunkle Silhouette vor dem hellen Sonnenlicht.

»Oh, da sind Sie ja beide«, sagte er mit leiser, barscher Stimme. »Monsieur Poirot, ich würde gern mit Ihnen sprechen. Kommen Sie bitte in mein Arbeitszimmer.«

Frobisher ging durch die offene Tür nach draußen, während Poirot dem Admiral folgte. Er konnte sich des Gefühls nicht erwehren, aufs Achterdeck zitiert worden zu sein, um Rede und Antwort zu stehen.

Der Admiral bedeutete Poirot, sich in einen der beiden großen Polstersessel zu setzen, und ließ sich in dem anderen nieder. Als Poirot mit Frobisher geredet hatte, waren ihm dessen Ruhelosigkeit, Nervosität und Reizbarkeit aufgefallen – alles Anzeichen einer enormen psychischen Belastung. Bei Admiral Chandler dagegen machte er eine gewisse Hoffnungslosigkeit aus, eine stille, abgründige Verzweiflung …

Mit einem tiefen Stoßseufzer sagte Chandler:

»Es tut mir wirklich leid, dass Diana Sie eingeschaltet hat … Das arme Kind, ich weiß, wie schwer das alles für sie ist. Aber, na ja – es ist unsere private Familientragödie, und ich glaube, Sie werden verstehen, Monsieur Poirot, dass wir uns da keine Einmischung von außen wünschen.«

»Ich kann Ihre Gefühle durchaus verstehen, durchaus.«

»Diana, das arme Kind, kann das alles nicht glauben. Ich konnte es zuerst auch nicht glauben. Würde es wahrscheinlich immer noch nicht glauben, wenn ich es nicht wüsste …«

Er hielt inne.

»Was glauben?«

»Dass er im Blut liegt. Der Makel, meine ich.«

»Und trotzdem stimmten Sie der Verlobung zu?«

Admiral Chandler errötete.

»Sie meinen, ich hätte damals ein Machtwort sprechen sollen? Aber seinerzeit hatte ich überhaupt keine Ahnung davon. Hugh kommt nach seiner Mutter, nichts an ihm erinnert an die Chandlers. Ich hoffte immer, er würde ganz und gar nach ihr geraten. Von seiner Kindheit bis heute zeigte er nicht die geringste Verhaltensstörung ... Ich konnte doch nicht ahnen, dass – Teufel noch mal, durch fast jede alte Familie zieht sich doch eine Spur von Wahnsinn!«

»Sie haben keinen Arzt zurate gezogen?«, fragte Poirot leise.

»Nein, und das werde ich auch nicht tun!«, brüllte Chandler. »Wenn ich hier auf ihn aufpasse, ist der Junge sicher. Man kann ihn doch nicht wie ein wildes Tier in vier Wände sperren ...«

»Sie sagen, er sei hier sicher. Aber sind die anderen sicher?«

»Was wollen Sie damit sagen?«

Poirot antwortete nicht. Er sah Admiral Chandlers fest in die traurigen, dunklen Augen.

»Jeder tut das, was er am besten kann«, sagte der Admiral verbittert. »Sie suchen einen Verbrecher! Mein Junge ist kein Verbrecher, Monsieur Poirot.«

»Noch nicht.«

»Was meinen Sie mit ›noch nicht?‹«

»Die Sache eskaliert ... Die Schafe ...«

»Wer hat Ihnen von den Schafen erzählt?«

»Diana Maberly. Und auch Ihr Freund Colonel Frobisher.«

»George hätte besser daran getan, den Mund zu halten.«

»Er ist ein sehr alter Freund von Ihnen, nicht wahr?«

»Mein bester Freund«, sagte der Admiral schroff.

»Und er war auch ein Freund – Ihrer Gattin?«

Chandler lächelte.

»Ja. Ich glaube, George war in Caroline verliebt. Als sie ganz jung war. Er hat nie geheiratet. Ich glaube, das war der Grund. Nun, ich war halt der Glückspilz, dachte ich zumindest. Ich habe sie bekommen – nur, um sie dann zu verlieren.«

Er seufzte und ließ die Schultern hängen.

»Colonel Frobisher war bei Ihnen, als Ihre Frau – ertrank?«

Chandler nickte.

»Ja, er war mit uns in Cornwall, als es passierte. Ich war mit ihr zusammen im Boot draußen, er blieb an dem Tag zu Hause. Ich habe nie verstanden, wie das Boot kentern konnte … Muss plötzlich leckgeschlagen sein. Wir waren mitten in der Bucht, bei sehr starker Flut. Ich habe sie so lange über Wasser gehalten, wie ich konnte …« Ihm brach die Stimme. »Zwei Tage später wurde ihre Leiche an Land gespült. Dem Himmel sei Dank, dass wir den kleinen Hugh nicht mit hinausgenommen hatten! Das dachte ich zumindest damals. Heute, nun, vielleicht wäre es besser für den armen Teufel gewesen, wenn er doch bei uns gewesen wäre. Wenn damals alles ein Ende gefunden hätte …«

Wieder tat er diesen tiefen, hoffnungslosen Seufzer.

»Wir sind die letzten Chandlers, Monsieur Poirot. Wenn wir nicht mehr da sind, wird es auf Lyde Manor keine Chandlers mehr geben. Als Hugh sich mit Diana verlobte, habe ich gehofft – nun, es hat keinen Sinn, darüber zu reden. Gott sei Dank haben sie nicht geheiratet. Mehr kann ich dazu nicht sagen!«

Hercule Poirot saß auf einer Bank im Rosengarten. Neben ihm saß Hugh Chandler. Diana Maberly war gerade gegangen.

Der junge Mann wandte sein hübsches, gequältes Gesicht dem Mann neben sich zu.

»Sie müssen es ihr begreiflich machen, Monsieur Poirot«, sagte er.

Er hielt einen Augenblick inne und fuhr dann fort:

»Sehen Sie, Di ist eine Kämpfernatur. Sie wird nicht aufgeben. Sie wird nicht akzeptieren, was sie, verdammt noch mal, einfach akzeptieren muss. Sie, sie wird weiterhin glauben, dass ich – geistig gesund bin.«

»Während Sie sich ziemlich sicher sind, dass Sie, *pardonnez-moi*, geisteskrank sind?«

Der junge Mann zuckte zusammen.

»Genau genommen bin ich noch nicht hoffnungslos übergeschnappt, aber es wird immer schlimmer. Diana, die Gute, weiß es bloß nicht. Sie hat mich bisher nur erlebt, wenn ich – normal bin.«

»Und wenn Sie – nicht normal sind, was passiert dann?«

Hugh Chandler holte tief Luft.

»Erstens träume ich dann. Und in meinen Träumen bin ich tatsächlich wahnsinnig. Zum Beispiel letzte Nacht, da war ich kein Mensch mehr. Zuerst war ich ein Stier, ein wahnsinniger Stier, der durch die gleißende Sonne preschte – und mein Mund schmeckte nach Staub und Blut, Staub und Blut ... Und dann war ich ein Hund, ein großer geifernder Hund. Ich hatte Tollwut – wenn ich auftauchte, stoben alle Kinder auseinander und flohen, Männer versuchten, mich zu erschießen, irgendjemand stellte mir eine große Schüssel Wasser hin, aber ich konnte nicht trinken. Ich konnte einfach nicht trinken ...«

Er hielt inne. »Ich wachte auf. Und ich wusste, es war wahr. Ich ging zum Waschtisch hinüber. Mein Mund war ausgedörrt, furchtbar ausgedörrt und völlig trocken. Ich hatte Durst. Aber ich konnte nicht trinken, Monsieur Poirot ... Ich konnte nicht schlucken ... Mein Gott, ich konnte nicht trinken ...«

Hercule Poirot murmelte leise vor sich hin. Hugh Chandler redete weiter. Seine Hände umklammerten die Knie. Den Kopf hielt er vorgestreckt, die Augen waren halb geschlossen, als sähe er etwas auf sich zukommen.

»Und dann sind da die Dinge, die keine Träume sind. Dinge, die ich sehe, wenn ich hellwach bin. Gespenster, schreckliche Gestalten. Sie werfen mir anzügliche Blicke zu. Und manchmal kann ich fliegen, kann mein Bett verlassen und durch die Luft fliegen, mich vom Wind tragen lassen, und Dämonen leisten mir Gesellschaft!«

»Ts-ts«, machte Hercule Poirot.

Es war ein dezent despektierlicher kleiner Kommentar.

Hugh Chandler wandte sich ihm zu.

»Oh, da besteht überhaupt kein Zweifel. Es liegt mir im Blut.

Ich habe es von meiner Familie geerbt. Es gibt kein Entrinnen. Gott sei Dank habe ich es rechtzeitig gemerkt! Bevor ich Diana geheiratet habe. Stellen Sie sich bloß vor, wir hätten ein Kind gehabt und diese furchtbare Sache hätte sich vererbt!«

Er legte eine Hand auf Poirots Arm.

»Sie müssen es ihr begreiflich machen. Sie müssen es ihr sagen. Sie muss es vergessen. Sie muss es einfach vergessen. Irgendwann wird es jemand anderen geben. Der junge Steve Graham zum Beispiel, der ist verrückt nach ihr und ein furchtbar netter Kerl. Bei ihm wäre sie glücklich – und geborgen. Ich möchte, dass sie glücklich ist. Graham ist natürlich knapp bei Kasse, und ihre Familie auch, aber wenn ich nicht mehr bin, sind sie versorgt.«

Poirot unterbrach ihn.

»Wieso sind sie ›versorgt‹, wenn Sie nicht mehr sind?«

Hugh Chandler lächelte. Es war ein sanftes, liebenswürdiges Lächeln.

»Meine Mutter hatte Geld. Sie hatte viel geerbt, verstehen Sie. Das gehört jetzt mir. Ich vermache alles Diana.«

Poirot lehnte sich zurück. »Aha«, sagte er.

Und dann:

»Aber Sie können doch durchaus ein hohes Alter erreichen, Mr Chandler.«

Hugh Chandler schüttelte den Kopf und erwiderte scharf:

»Nein, Monsieur Poirot. Ich werde kein hohes Alter erreichen.«

Mit einem plötzlichen Schaudern wich er zurück.

»Mein Gott! Sehen Sie doch bloß!« Er starrte über Poirots Schulter. »Da, neben Ihnen … da steht ein Skelett, und es lässt seine Knochen klappern. Es ruft mich, gibt mir ein Zeichen …«

Mit riesigen Pupillen starrte er in die Sonne. Plötzlich neigte er sich zur Seite, als würde er ohnmächtig werden.

Dann wandte er sich Poirot zu und sagte mit fast schon kindlicher Stimme:

»Haben Sie – nichts gesehen?«

Langsam schüttelte Poirot den Kopf.

»Dass ich Dinge sehe«, sagte Hugh Chandler heiser, »macht mir nicht so viel aus. Was mir Angst macht, ist das Blut. Das Blut in meinem Zimmer, auf meinen Kleidern ... Wir hatten einmal einen Papagei. Eines Morgens lag er mit durchschnittener Kehle in meinem Zimmer – und ich lag mit einem bluttriefenden Rasiermesser in der Hand auf dem Bett!«

Er beugte sich zu Poirot hinüber.

»Selbst in jüngster Zeit wurden Tiere umgebracht«, flüsterte er. »Überall – im Dorf, draußen in den Hügeln. Schafe, Lämmer, ein Collie. Vater schließt mich nachts ein, aber manchmal, manchmal – steht die Tür morgens offen. Ich muss irgendwo einen Schlüssel versteckt haben, aber ich weiß nicht, wo. Ich weiß es einfach nicht. Nicht ich tue diese Dinge, sondern jemand anders, der in mich hineinschlüpft, der Besitz von mir ergreift, der ein rasendes Monstrum aus mir macht, das nach Blut dürstet und kein Wasser trinken kann ...«

Plötzlich vergrub er das Gesicht in den Händen.

Nach einem Augenblick sagte Poirot:

»Ich verstehe immer noch nicht, weshalb Sie nicht zum Arzt gegangen sind.«

Hugh Chandler schüttelte den Kopf.

»Verstehen Sie es wirklich nicht? Körperlich bin ich sehr stark. Stark wie ein Stier. Ich könnte noch viele, viele Jahre leben – in vier Wände gesperrt! Diese Aussicht ist zu viel für mich! Da wäre es besser, ganz abzudanken ... Es gibt immer Wege, verstehen Sie. Ein Unfall beim Gewehrputzen ... irgendetwas in der Art. Diana wird es verstehen ... Ich möchte meinem Leben lieber selbst ein Ende setzen!«

Er sah Poirot herausfordernd an, der jedoch nicht darauf reagierte. Stattdessen fragte er sanft:

»Was essen und trinken Sie?«

Hugh Chandler warf den Kopf in den Nacken. Er brach in schallendes Gelächter aus.

»Albträume nach einer Magenverstimmung? So etwas in der Art vielleicht?«

Poirot wiederholte nur ruhig:

»Was essen und trinken Sie?«

»Genau was alle anderen auch essen und trinken.«

»Keine besonderen Medikamente? Kapseln? Pillen?«

»Um Himmels willen, nein. Glauben Sie wirklich, meine Probleme lassen sich mit irgendwelchen Wunderpillen heilen?« Spöttisch zitierte er: »›Kannst nichts ersinnen für ein krank Gemüt?‹«

Hercule Poirot erwiderte trocken:

»Ich versuche es. Leidet hier im Haus jemand an einer Augenkrankheit?«

Hugh Chandler starrte ihn an.

»Vater machen seine Augen sehr zu schaffen. Er muss ziemlich oft zum Augenarzt gehen.«

»Aha!« Poirot dachte einen Augenblick nach, dann sagte er:

»Colonel Frobisher hat, glaube ich, den Großteil seines Lebens in Indien verbracht?«

»Ja, er diente in der indischen Armee. Indien ist seine Passion, er redet oft davon, von den einheimischen Traditionen und so.«

»Aha!«, murmelte Poirot erneut.

Dann sagte er:

»Ich sehe, dass Sie sich am Kinn geschnitten haben.«

Hugh fasste sich mit der Hand an die Narbe.

»Ja, ein ziemlich böser Schnitt. Vater hat mich einmal beim Rasieren erschreckt. Wissen Sie, ich bin zurzeit etwas nervös. Und ich habe am Kinn und am Hals ein bisschen Ausschlag gehabt. Das erschwert das Rasieren.«

»Sie sollten eine hautschonende Rasiercreme benutzen.«

»Oh, das tue ich schon. Onkel George hat mir eine gegeben.«

Plötzlich lachte er auf.

»Wir reden hier, als wären wir in einem Schönheitssalon. Lotionen, hautschonende Rasiercremes, Wunderpillen, Augenkrankheiten. Was soll das eigentlich werden, wenn es fertig ist? Worauf wollen Sie hinaus, Monsieur Poirot?«

»Ich tue mein Bestes für Diana Maberly«, sagte Poirot leise.

Hughs Stimmung schlug um. Sein Gesicht wurde ernst. Er legte eine Hand auf Poirots Arm.

»Ja, tun Sie für sie, was Sie können. Sagen Sie ihr, Sie muss es vergessen. Sagen Sie ihr, dass es keinen Sinn hat zu hoffen ... Sagen Sie ihr ein paar von den Dingen, die ich Ihnen erzählt habe ... Sagen Sie ihr – ach, sagen Sie ihr, dass sie sich um Gottes willen von mir fernhalten soll! Das ist das Einzige, was sie jetzt für mich tun kann. Sich fernhalten – und versuchen zu vergessen!«

»Sind Sie tapfer, Mademoiselle? Sehr tapfer? Denn das müssen Sie jetzt sein.«

Diana schrie auf.

»Dann ist es also wahr. Es ist wahr? Er ist tatsächlich wahnsinnig?«

»Ich bin kein Seelenarzt, Mademoiselle. Ich kann Ihnen nicht sagen: ›Dieser Mann ist wahnsinnig. Dieser Mann ist normal.‹«

Sie trat näher.

»Admiral Chandler hält Hugh für wahnsinnig. George Frobisher hält ihn für wahnsinnig. Hugh hält sich selbst für wahnsinnig ...«

Poirot beobachtete sie.

»Und Sie, Mademoiselle?«

»Ich? Ich sage, er ist nicht wahnsinnig. Deshalb ...«

Sie hielt inne.

»Deshalb kamen Sie zu mir?«

»Ja. Einen anderen Grund hätte ich ja wohl nicht haben können, oder?«

»Das«, sagte Hercule Poirot, »ist genau die Frage, die ich mir auch gestellt habe, Mademoiselle!«

»Ich verstehe Sie nicht.«

»Wer ist Stephen Graham?«

Sie starrte ihn an.

»Stephen Graham? Ach, irgendjemand.«

Sie packte ihn am Arm.

»Was geht Ihnen durch den Kopf? Was denken Sie? Sie stehen bloß da hinter ihrem Riesenschnurrbart, blinzeln in die Sonne – und sagen mir kein Wort. Sie machen mir Angst, furchtbare Angst. Warum machen Sie mir Angst?«

»Vielleicht«, sagte Poirot, »weil ich selbst Angst habe.«

Ihre grauen Augen wurden groß, starrten zu ihm empor. Flüsternd fragte sie ihn:

»Wovor haben Sie Angst?«

Hercule Poirot stieß einen Seufzer aus, einen tiefen Seufzer.

»Es ist viel einfacher, einen Mörder einzufangen, als einen Mord zu verhindern.«

»Mord?«, schrie sie auf. »Nehmen Sie dieses Wort nicht in den Mund.«

»Nichtsdestoweniger«, sagte Hercule Poirot, »nehme ich es in den Mund.«

Er änderte seinen Ton und sprach jetzt schnell und bestimmt.

»Mademoiselle, es ist notwendig, dass wir beide die Nacht auf Lyde Manor verbringen. Ich verlasse mich darauf, dass Sie die Sache arrangieren. Geht das?«

»Ich, ja, ich denke schon. Aber warum?«

»Weil keine Zeit zu verlieren ist. Sie haben mir gesagt, dass Sie tapfer sind. Beweisen Sie Ihren Mut. Tun Sie, was ich Ihnen sage, und stellen Sie keine Fragen.«

Sie nickte wortlos und wandte sich ab.

Kurz darauf folgte Poirot ihr ins Haus. In der Bibliothek hörte er ihre Stimme sowie die Stimmen von drei Männern. Er stieg die breite Treppe empor. Im Obergeschoss war niemand.

Hugh Chandlers Zimmer fand er ohne große Mühe. In einer Ecke stand ein Waschtisch mit warmem und kaltem Wasser. Darüber, auf einem Glasbrett, sah er verschiedene Tuben, Tiegel und Fläschchen.

Hercule Poirot ging schnell und geschickt zu Werke …

Was er zu tun hatte, dauerte nicht lange. Als Diana erhitzt und aufgebracht aus der Bibliothek trat, war er bereits wieder unten in der Halle.

»Es geht in Ordnung«, sagte sie.

Admiral Chandler zog Poirot in die Bibliothek und schloss die Tür. »Hören Sie, Monsieur Poirot«, sagte er, »das gefällt mir nicht.«

»Was gefällt Ihnen nicht, Admiral Chandler?«

»Diana hat darauf bestanden, dass Sie beide die Nacht hier verbringen. Ich möchte nicht ungastlich erscheinen …«

»Es geht hier nicht um Gastlichkeit.«

»Wie gesagt, ich möchte nicht ungastlich erscheinen, aber offen gesagt gefällt es mir nicht, Monsieur Poirot. Ich, ich will das nicht. Und ich verstehe auch den Zweck nicht. Wozu soll das Ganze gut sein?«

»Nennen wir es ein Experiment, das ich anstelle.«

»Was für ein Experiment?«

»Entschuldigen Sie, aber das ist meine Angelegenheit …«

»Also hören Sie, Monsieur Poirot, erst einmal habe ich Sie überhaupt nicht hergebeten …«

Poirot unterbrach ihn.

»Glauben Sie mir, Admiral Chandler, ich verstehe und respektiere Ihren Standpunkt vollkommen. Ich bin einzig und allein wegen eines hartnäckigen, verliebten Mädchens hier. Sie haben mir gewisse Dinge erzählt. Colonel Frobisher hat mir gewisse Dinge erzählt. Hugh selbst hat mir gewisse Dinge erzählt. Und jetzt – will ich mir mein eigenes Bild machen.«

»Ja, aber wovon? Ich sage Ihnen, es gibt hier nichts zu sehen! Ich sperre Hugh jeden Abend in sein Zimmer, und damit hat sich der Fall.«

»Und trotzdem erzählt er mir, dass die Tür morgens – manchmal – nicht abgeschlossen ist.«

»Wie bitte?«

»Haben Sie nicht selbst schon die Tür geöffnet gefunden?«

Chandler runzelte die Stirn.

»Ich dachte immer, George hätte sie aufgeschlossen – was wollen Sie damit sagen?«

»Wo lassen Sie den Schlüssel, im Schloss?«

»Nein, ich lege ihn draußen auf die Kommode. George oder Withers, der Diener, oder ich holen ihn uns morgens dort. Withers haben wir gesagt, es habe mit Hughs Schlafwandeln zu tun … Ich könnte mir denken, dass er mehr weiß, aber er ist eine treue Seele, ist schon seit Jahren hier.«

»Gibt es noch einen zweiten Schlüssel?«

»Nicht, dass ich wüsste.«

»Vielleicht hat jemand einen machen lassen.«

»Aber wer …«

»Ihr Sohn meint, selbst irgendwo einen versteckt zu haben, obwohl er sich im Wachzustand nicht erinnern kann, wo.«

Vom anderen Ende der Bibliothek ertönte Colonel Frobishers Stimme:

»Mir gefällt das nicht, Charles … Das Mädchen …«

»Ganz meine Meinung«, warf Admiral Chandler schnell dazwischen. »Das Mädchen darf nicht mit Ihnen zurückkommen. Kommen Sie allein, wenn Sie unbedingt wollen.«

»Warum wollen Sie nicht, dass Miss Maberly heute Nacht hier ist?«, fragte Poirot.

»Es ist zu riskant«, sagte Frobisher leise. »In diesen Fällen …«

Er hielt inne.

»Hugh liebt sie von ganzem Herzen …«, wandte Poirot ein.

»Das ist es ja«, rief Chandler. »Verdammt noch mal, Mensch, Wahnsinnige stellen doch die ganze Welt auf den Kopf. Das weiß Hugh übrigens selbst. Diana darf nicht herkommen.«

»Das«, sagte Poirot, »das muss Diana selbst entscheiden.«

Er verließ die Bibliothek. Diana wartete draußen im Wagen. Sie rief:

»Wir holen uns, was wir für die Nacht brauchen, und sind zum Abendessen wieder zurück.«

Während sie die lange Auffahrt hinunterfuhren, erzählte Poirot ihr von dem Gespräch, das er gerade mit dem Admiral und Colonel Frobisher geführt hatte. Sie lachte spöttisch.

»Glauben die etwa, Hugh würde mir etwas antun?«

Als Antwort bat Poirot sie, an der Apotheke im Ort zu halten. Er habe vergessen, eine Zahnbürste einzupacken.

Die Apotheke stand mitten an der friedlichen Dorfstraße. Diana wartete im Wagen. Ihr fiel auf, dass Hercule Poirot sehr lange brauchte, um sich eine Zahnbürste auszusuchen …

Hercule Poirot saß in dem großen Schlafzimmer mit den schweren elisabethanischen Eichenmöbeln und wartete. Es blieb ihm nichts anderes übrig, als zu warten. Alle Vorbereitungen waren getroffen.

Am frühen Morgen war es dann so weit.

Als er vor dem Zimmer Schritte hörte, schob Poirot den Riegel zurück und öffnete die Tür. Zwei Männer standen im Flur, zwei Männer mittleren Alters, die allerdings älter aussahen. Der Admiral machte ein ernstes, grimmiges Gesicht, während Colonel Frobisher zuckte und zitterte.

Chandler sagte einfach:

»Würden Sie bitte mitkommen, Monsieur Poirot?«

Vor Diana Maberlys Zimmer lag eine zusammengekauerte Gestalt. Das Licht fiel auf einen zerzausten, dunkelblonden Schopf. Es war Hugh Chandler, der dort lag und röchelte. Er trug einen Morgenmantel und Pantoffeln. In der rechten Hand hielt er ein glänzendes, stark gekrümmtes Messer. Es glänzte allerdings nicht überall: Hier und dort schimmerten rote Flecken.

»Mon Dieu!«, rief Hercule Poirot leise aus.

»Es ist ihr nichts passiert«, sagte Frobisher scharf. »Er hat sie nicht angerührt.« Er hob seine Stimme und rief: »Diana! Wir sind's! Lass uns rein!«

Poirot hörte den Admiral stöhnen und leise vor sich hin murmeln:

»Mein Junge. Mein armer Junge.«

Dann erklang das Geräusch von Riegeln, die zurückgeschoben wurden. Die Tür öffnete sich, und Diana stand vor ihnen. Ihr Gesicht war leichenblass.

Sie kam herausgewankt.

»Was ist passiert? Jemand hat versucht einzudringen – Ich hörte, wie er die Tür abtastete, am Griff rüttelte, an der Täfelung kratzte – Oh, es war furchtbar! ... wie ein Tier ...«

»Gott sei Dank war deine Tür verriegelt«, sagte Frobisher.

»Monsieur Poirot meinte, es wäre besser so.«

»Heben Sie ihn auf und tragen Sie ihn ins Zimmer«, sagte Poirot.

Die beiden Männer bückten sich und hoben den bewusstlosen Mann auf. Als sie an Diana vorbeigingen, rang sie nach Luft.

»Hugh? Ist das Hugh? Was ist das – an seinen Händen?«

Auf Hugh Chandlers Händen waren klebrig-feuchte rotbraune Flecken.

»Ist das Blut?«, hauchte Diana.

Poirot sah die beiden Männer fragend an. Der Admiral nickte und sagte:

»Zum Glück kein menschliches Blut! Eine Katze! Ich habe sie unten in der Halle gefunden. Kehle durchgeschnitten. Danach muss er hierhergekommen sein ...«

»Hierher?« Diana flüsterte vor lauter Entsetzen. »Zu mir?«

Der Mann im Sessel regte sich, murmelte. Gebannt beobachteten sie ihn. Hugh Chandler setzte sich auf. Er blinzelte.

»Hallo«, seine Stimme klang benommen, heiser. »Was ist passiert? Warum bin ich ...?«

Er hielt inne. Er starrte auf das Messer, das er noch immer umklammert hielt.

Mit langsamer, belegter Stimme sagte er:

»Was habe ich getan?«

Hugh ließ die Augen von einem zum anderen wandern. Schließlich blieben sie auf Diana ruhen, die bis zur Wand zurückwich.

»Habe ich Diana angegriffen?«, fragte er leise.

Sein Vater schüttelte den Kopf.

»Sagt mir, was passiert ist. Ich muss es wissen!«, erklärte Hugh.

Sie erzählten es ihm, widerstrebend, stockend. Seine stille Beharrlichkeit lockte sie aus der Reserve.

Vor dem Fenster ging die Sonne auf. Hercule Poirot zog einen Vorhang beiseite. Das Morgenrot schien ins Zimmer.

Hugh Chandlers Miene war beherrscht, seine Stimme fest.

»Verstehe«, sagte er.

Dann stand er auf. Er lächelte und streckte sich. Seine Stimme klang völlig normal, als er fortfuhr:

»Schöner Morgen, nicht? Ich glaube, ich gehe jetzt mal in den Wald und schieße mir ein Kaninchen.«

Er verließ das Zimmer, während die anderen ihm erst einmal ungläubig nachstarrten.

Dann wollte der Admiral ihm hinterher, doch Frobisher packte ihn am Arm.

»Nein, Charles, nein. Es ist am besten so – wenn schon für sonst niemanden, dann zumindest für den armen Teufel selbst.«

Diana hatte sich schluchzend aufs Bett geworfen.

Admiral Chandler sagte mit schwankender Stimme:

»Du hast recht, George, ich weiß, du hast recht. Der Junge hat Schneid ...«

Frobisher erwiderte, ebenfalls mit gebrochener Stimme:

»Er ist ein Mann ...«

Einen Augenblick herrschte Stille, dann sagte Chandler:

»Verdammt, wo ist dieser verfluchte Ausländer?«

Hugh Chandler hatte in der Waffenkammer sein Gewehr aus dem Ständer genommen und war im Begriff, es zu laden, als Hercule Poirots Hand auf seine Schulter fiel.

Hercule Poirot sagte nur ein Wort, das allerdings mit einer seltsamen Autorität in der Stimme.

Er sagte:

»Nein!«

Hugh Chandler starrte ihn an. Mit belegter, wütender Stimme erwiderte er:

»Fassen Sie mich nicht an. Mischen Sie sich nicht ein. Ich sage Ihnen, es wird einen Unfall geben. Das ist der einzige Ausweg.«

Hercule Poirot wiederholte das eine Wort:

»Nein.«

»Begreifen Sie denn nicht, dass ich Diana – Diana! – mit diesem Messer die Kehle durchgeschnitten hätte, wenn ihre Tür nicht zufällig verriegelt gewesen wäre?«

»Ich begreife nichts dergleichen. Sie hätten Miss Maberly nicht umgebracht.«

»Die Katze *habe* ich umgebracht, stimmt's?«

»Nein, Sie haben die Katze nicht umgebracht. Sie haben den Papagei nicht umgebracht. Sie haben die Schafe nicht umgebracht.«

Hugh starrte ihn an.

»Sind Sie jetzt wahnsinnig, oder ich?«

»Keiner von uns beiden ist wahnsinnig«, erwiderte Hercule Poirot.

Genau in diesem Augenblick traten Admiral Chandler und Colonel Frobisher in den Raum. Diana folgte ihnen.

Hugh Chandler sagte mit schwacher, benommener Stimme:

»Dieser Knabe meint, ich sei gar nicht wahnsinnig …«

»Ich freue mich, Ihnen mitteilen zu können, dass Sie ganz und gar normal sind«, bestätigte Poirot.

Hugh lachte. Es klang so, wie man sich gemeinhin das Lachen eines Wahnsinnigen vorstellt.

»Das ist verdammt lustig! Es ist also normal, ja, Schafen und anderen Tieren die Kehle durchzuschneiden? Ich war also normal, ja, als ich den Papagei umbrachte? Und die Katze heute Nacht?«

»Ich sage Ihnen doch, Sie haben die Schafe nicht umgebracht, und den Papagei und die Katze auch nicht.«

»Wer dann?«

»Jemand, der es einzig und allein darauf abgesehen hatte, Sie als wahnsinnig hinzustellen. Jedes Mal wurde Ihnen ein schweres Schlafmittel verabreicht, und dann wurde ein blutbeflecktes Messer oder Rasiermesser neben Sie gelegt. Es war jemand anders, der seine blutigen Hände in Ihrer Waschschüssel gewaschen hat.«

»Aber warum?«

»Damit Sie das tun, was Sie jetzt fast getan hätten, wenn ich Sie nicht gerade noch aufgehalten hätte.«

Hugh starrte ihn an. Poirot wandte sich um.

»Colonel Frobisher, sie lebten über viele Jahre hinweg in Indien. Sind Ihnen dort nie Fälle untergekommen, wo Menschen durch die Verabreichung von Arzneistoffen bewusst in den Wahnsinn getrieben wurden?«

Colonel Frobishers Miene hellte sich auf.

»Mir selbst ist so ein Fall nie untergekommen, aber ich habe oft genug davon gehört. Stechapfelvergiftungen. Letztendlich treiben sie einen in den Wahnsinn.«

»Genau. Nun, der Wirkstoff in Stechäpfeln ist nahe verwandt, wenn nicht gar identisch, mit Atropin, einem Alkaloid, das man auch aus der Schwarzen Tollkirsche, einem giftigen Nachtschattengewächs, gewinnen kann. Tollkirschpräparate sind ziemlich weit verbreitet, und Atropinsulfat wird oft bei Augenleiden verschrieben. Wenn man von einem Rezept Duplikate anfertigt und sich die Arznei dann in verschiedenen Apotheken zubereiten lässt, kann man sich eine große Menge dieses Gifts beschaffen, ohne Verdacht zu erregen. Dann kann man das Alkaloid extrahieren und, sagen wir, einer hautschonenden Rasiercreme beimischen. Äußerlich angewendet, verursacht es einen Ausschlag, der beim Rasieren schnell zu Hautabschürfungen führt, wodurch das Gift dann ständig in den Organismus eindringt. Es löst bestimmte Symptome aus: Trockenheit von Mund und Hals, Schluckbeschwerden, Halluzinationen, Doppeltsehen – alles Symptome, die Mr Chandler tatsächlich entwickelt hat.«

Er wandte sich an den jungen Mann.

»Und um den letzten Zweifel auszuräumen, sage ich Ihnen hiermit, dass das keine Spekulationen sind, sondern Tatsachen. Ihrer

Rasiercreme waren große Mengen von Atropinsulfat beigemischt. Ich habe eine Probe genommen und sie untersuchen lassen.«

Bleich und zitternd fragte Hugh:

»Wer hat das getan? Und warum?«

»Das beschäftigt mich, seit ich hier bin«, sagte Hercule Poirot. »Ich habe nach einem Motiv für den Mord gesucht. Diana Maberly hätte finanziell von Ihrem Tod profitiert, aber ich habe sie nie ernsthaft in Erwägung gezogen …«

»Das will ich aber auch hoffen!«, brauste Hugh Chandler auf.

»Daher habe ich ein anderes Motiv unter die Lupe genommen. Das ewige Dreieck: zwei Männer und eine Frau. Colonel Frobisher war in Ihre Mutter verliebt, Admiral Chandler heiratete sie.«

»George? George!«, rief Admiral Chandler aus. »Das glaube ich einfach nicht.«

Hugh sagte mit ungläubiger Stimme:

»Wollen Sie damit sagen, dass Hass auf – einen Sohn übertragen werden kann?«

»Unter bestimmten Umständen schon«, erwiderte Hercule Poirot.

»Das ist eine verdammte Lüge!«, schrie Frobisher. »Glaub ihm nicht, Charles.«

Chandler wich vor ihm zurück. Er murmelte:

»Stechapfel … Indien, ja, ich verstehe … Und an Gift hätten wir nie gedacht – nicht, wo bei uns sowieso schon der Wahnsinn in der Familie liegt …«

»Mais oui!« Hercule Poirots Stimme wurde schrill. »Wahnsinn in der Familie. Ein Wahnsinniger, der ausschließlich auf Rache sinnt, der, wie alle Wahnsinnigen, sehr clever ist und seinen Wahnsinn über Jahre hinweg verheimlicht.« Er wirbelte zu Frobisher herum. *»Mon Dieu*, Sie müssen es gewusst haben, Sie müssen geahnt haben, dass Hugh Ihr Sohn ist! Warum haben Sie es ihm nie gesagt?«

Frobisher stotterte, schluckte.

»Ich wusste es nicht. Ich konnte mir nicht sicher sein … Sehen

Sie, Caroline kam einmal, in großer Not, zu mir – sie hatte vor irgendetwas Angst. Ich weiß nicht, ich habe nie gewusst, worum es da ging. Sie, ich – wir verloren den Kopf. Danach bin ich sofort verschwunden, das war das Einzige, was ich tun konnte – wir wussten beide, dass wir uns an die Spielregeln halten mussten. Ich, nun, ich habe mir schon meine Gedanken gemacht, aber ich konnte nicht sicher sein. Caroline hat nie irgendetwas gesagt, woraus ich schließen konnte, dass Hugh tatsächlich mein Sohn war. Und als dann dieser Zug zum Wahnsinn erkennbar wurde, da war die Sache für mich endgültig entschieden.«

»Ja, da war die Sache endgültig entschieden!«, sagte Poirot. »*Sie* konnten ja nicht sehen, wie der Junge das Kinn nach vorn reckte und die Augenbrauen zusammenzog, bis sie ihm über die Augen herabhingen. Aber Charles Chandler sah es. Sah es schon vor Jahren – und erfuhr von seiner Frau die Wahrheit. Ich glaube, sie hatte Angst vor ihm; sie hatte seinen Zug zum Wahnsinn erkannt, und das trieb sie zu Ihnen, in die Arme des Mannes, den sie immer geliebt hatte. Charles Chandler sann auf Rache. Seine Frau starb bei einem Bootsunglück. Die beiden waren allein draußen auf dem Wasser, und nur er weiß, wie es zu dem Unglück kam. Dann konzentrierte er sich darauf, seinen geballten Hass an dem Jungen auszuleben, der seinen Namen trug, aber nicht sein Sohn war. Ihre Geschichten über Indien brachten ihn auf den Gedanken mit der Stechapfelvergiftung. Hugh sollte langsam in den Wahnsinn getrieben werden. Bis zu dem Punkt, wo er sich aus lauter Verzweiflung das Leben nahm. Der Blutrausch war Admiral Chandlers Fluch, nicht Hughs. Charles Chandler war es, der dazu getrieben wurde, Schafen auf einsamen Weiden die Kehle durchzuschneiden. Hugh war es jedoch, der dafür büßen sollte!

Wissen Sie, wann der Verdacht in mir aufstieg? Als Admiral Chandler partout nicht wollte, dass sein Sohn einen Arzt zurate zieht. Dass Hugh etwas dagegen hatte, war ganz normal. Aber der Vater! Vielleicht hätte sein Sohn ja geheilt werden können – es gab hundert Gründe, die dafür sprachen, die Diagnose eines Arztes einzuholen. Aber nein, kein Arzt durfte Hugh Chandler untersuchen – weil ein Arzt feststellen könnte, dass Hugh normal ist!«

»Normal … ich bin wirklich normal?«, fragte Hugh leise.

Er machte einen Schritt auf Diana zu. Frobisher sagte brüsk:

»Allerdings bist du normal. Unsere Familie ist nicht erblich belastet.«

»Hugh …«, sagte Diana.

Admiral Chandler packte Hughs Gewehr.

»Alles bodenloser Unsinn! Ich glaube, ich gehe mir jetzt mal ein Kaninchen schießen …«

Frobisher wollte hinterher, doch Hercule Poirots Hand hielt ihn zurück.

»Sie haben selbst gerade gesagt, es sei am besten so …«

Hugh und Diana hatten die Waffenkammer bereits verlassen.

Die beiden Männer, der Engländer und der Belgier, sahen den letzten Chandler durch den Park in den Wald hinaufgehen.

Kurz darauf hörten sie einen Schuss …

Der Gürtel der Hippolyte

Eins führt zum anderen, wie Hercule Poirot es, wenn auch nicht unbedingt originell, gern ausdrückt.
Der beste Beweis dafür, fügt er dann hinzu, sei der Fall des gestohlenen Rubens.

Ihn hatte dieser Rubens allerdings nie sehr interessiert. Erstens gehörte Rubens nicht zu den Malern, die er bewunderte, und zweitens waren die Umstände des Diebstahls absolut banal. Er hatte den Fall lediglich übernommen, um Alexander Simpson einen Gefallen zu tun, der sich aufgrund ihrer Freundschaft sowie aus einem bestimmten privaten Grund den alten Meistern verbunden fühlte!

Nach dem Diebstahl schickte Alexander Simpson nach Poirot und klagte ihm sein Leid. Der Rubens war eine Entdeckung jüngeren Datums, ein bis dato unbekanntes Meisterwerk, an dessen Echtheit jedoch kein Zweifel bestand. Er war in den Simpson's Galleries ausgestellt und am helllichten Tag gestohlen worden. Und zwar gerade, als die Arbeitslosen eine neue Taktik entwickelt hatten, sich auf Straßenkreuzungen legten und ins Ritz eindrangen. Eine kleine Gruppe war in die Galerie gekommen und hatte sich mit dem Transparent »Kunst ist Luxus – Brot für Hungernde« auf die Erde gelegt. Man hatte die Polizei geholt, alle standen neugierig und dicht gedrängt beieinander, und erst nachdem die Demonstranten von den Hütern des Gesetzes gewaltsam weggeschafft worden waren, bemerkte man, dass der neue Rubens sauber aus dem Rahmen getrennt und ebenfalls weggeschafft worden war!

»Verstehen Sie, es ist ein ziemlich kleines Bild«, erklärte Mr

Simpson. »Jeder hätte es sich unter den Arm klemmen und damit verschwinden können, während alle Welt diesen trostlosen Haufen dämlicher Arbeitsloser anstarrte.«

Die besagten Männer waren, wie sich herausstellte, für ihre harmlose Rolle bei diesem Diebstahl bezahlt worden. Sie sollten einfach in der Galerie demonstrieren. Den wahren Grund erfuhren sie allerdings erst im Nachhinein.

Hercule Poirot fand den Trick zwar amüsant, hatte jedoch keine Ahnung, was er zur Lösung des Falles beitragen konnte. Bei einem so schnörkellosen Diebstahl könne man sich, meinte er, durchaus auf die Polizei verlassen.

»Hören Sie, Poirot«, sagte Alexander Simpson. »Ich weiß, wer das Bild gestohlen hat und wo es hingeschafft werden soll.«

Nach Ansicht des Galeristen war es von einer internationalen Verbrecherbande im Auftrag eines bestimmten Millionärs gestohlen worden, der keine Bedenken hatte, Kunstwerke zu erstaunlich niedrigen Preisen zu erwerben – ohne Fragen zu stellen! Der Rubens, meinte Simpson, würde nach Frankreich geschmuggelt und dort dem Millionär übergeben werden. Die englische und französische Polizei sei zwar alarmiert, dennoch war Simpson überzeugt, sie würde versagen. »Und ist er erst einmal im Besitz dieses Mistkerls, wird es noch viel schwerer. Die Reichen müssen schließlich mit Respekt behandelt werden. Und da kommen Sie ins Spiel. Es wird eine delikate Angelegenheit. Dafür sind Sie genau der richtige Mann.«

Am Ende ließ sich Hercule Poirot, wenn auch ohne Begeisterung, dazu bewegen, den Fall zu übernehmen. Er erklärte sich bereit, sofort nach Frankreich aufzubrechen. Obwohl ihn der Auftrag nicht sonderlich interessierte, führte er dazu, dass ihm außerdem noch der Fall der verschwundenen Schülerin übertragen wurde, der ihn ganz gehörig interessierte.

Zuerst erzählte ihm Chief Inspector Japp davon, der ihn just in dem Augenblick aufsuchte, als Poirot den Packkünsten seines Dieners Anerkennung zollte.

»Ha«, sagte Japp. »Ab geht's nach Frankreich, stimmt's?«

»Scotland Yard ist ja bestens informiert, *mon cher.*«

Japp kicherte.

»Wir haben unsere Spione! Simpson hat Sie auf diese Rubens-Sache angesetzt. Will sich anscheinend nicht auf uns verlassen! Na ja, das tut jetzt nichts zur Sache, ich möchte nämlich etwas ganz anderes von Ihnen. Da Sie sowieso nach Paris fahren, dachte ich, Sie könnten vielleicht einfach zwei Fliegen mit einer Klappe schlagen. Detective Inspector Hearn ist bereits drüben und arbeitet mit den Franzmännern zusammen – Sie kennen Hearn doch? Netter Kerl, aber möglicherweise nicht allzu einfallsreich. Ich würde gern Ihre Meinung dazu hören.«

»Worum geht es denn überhaupt?«

»Ein Mädchen ist verschwunden. Heute Abend steht's in der Zeitung. Sieht aus, als wäre sie entführt worden. Tochter eines Kanonikers unten in Cranchester. King heißt sie, Winnie King.«

Dann begann er zu erzählen.

Winnie war auf dem Weg nach Paris gewesen, zu Miss Popes exklusivem Pensionat für englische und amerikanische Mädchen. Sie war mit dem Frühzug aus Cranchester gekommen und wurde dann von einem Mitglied der Elder Sisters Ltd. quer durch London kutschiert – diese Schwesternvereinigung übernahm regelmäßig derartige Aufgaben – und an der Victoria Station in die Obhut von Miss Burshaw, Miss Popes Stellvertreterin, gegeben. In Begleitung von weiteren achtzehn Mädchen fuhr sie mit dem Fährzug ab. Neunzehn Mädchen überquerten den Ärmelkanal, passierten in Calais den Zoll, stiegen in den Zug nach Paris und aßen im Speisewagen zu Mittag. Als Miss Burshaw die Mädchen dann am Stadtrand von Paris abzählte, waren es nur noch achtzehn!

»Aha«, nickte Poirot. »Hat der Zug irgendwo angehalten?«

»In Amiens, aber zu der Zeit saßen die Mädchen alle im Speisewagen, und sie sind sich hundertprozentig sicher, dass Winnie da noch bei ihnen war. Sozusagen abhandengekommen ist sie auf dem Rückweg in die Abteile. Will sagen, sie ist nicht zusammen mit den anderen fünf Mädchen in ihr Abteil zurückgekehrt. Die dachten nicht, dass irgendetwas passiert sei, sondern nahmen lediglich an, sie sitze in einem der beiden anderen reservierten Abteile.«

Poirot nickte.

»Sie wurde also wann genau zum letzten Mal gesehen?«

»Rund zehn Minuten nachdem der Zug Amiens verlassen hatte.« Japp hüstelte verlegen. »Sie wurde das letzte Mal gesehen, als sie, äh, auf die Toilette ging.«

»Etwas sehr Natürliches«, murmelte Poirot. »Sonst noch etwas?«

»Ja, eins noch.« Japp machte ein grimmiges Gesicht. »Ihr Hut wurde neben den Gleisen gefunden, ungefähr zwanzig Kilometer hinter Amiens.«

»Aber keine Leiche?«

»Keine Leiche.«

»Was halten Sie von der Sache?«, fragte Poirot.

»Schwer zu sagen, was man davon halten soll. Da es keine Spur von ihrer Leiche gibt, kann sie nicht aus dem Zug gefallen sein.«

»Hat der Zug noch irgendwo hinter Amiens gehalten?«

»Nein. Einmal verlangsamte er die Fahrt wegen eines Signals, aber er hat nicht angehalten, und ich bezweifle, dass er so langsam fuhr, dass jemand abspringen konnte, ohne sich dabei zu verletzen. Sie meinen, das Mädchen könnte in Panik geraten sein und versucht haben wegzurennen? Es war ja ihr erstes Semester, das stimmt schon, und vielleicht hatte sie bereits Heimweh, aber immerhin ist sie fünfzehneinhalb Jahre alt – ein vernünftiges Alter – und hatte die ganze Fahrt über gute Laune, hat sich mit allen unterhalten und so.«

»Wurde der Zug durchsucht?«, erkundigte sich Poirot.

»O ja, der gesamte Zug, noch vor der Ankunft am Gare du Nord. Das Mädchen befand sich nicht an Bord, so viel steht fest.«

Frustriert fügte Japp hinzu:

»Sie ist einfach verschwunden, hat sich in Luft aufgelöst! Das Ganze ist absolut nebulös, Monsieur Poirot. Es ist verrückt!«

»Was für ein Mädchen war sie denn so?«

»Ein ganz gewöhnliches, normales Mädchen, soweit ich das beurteilen kann.«

»Ich meine, wie sah sie aus?«

»Ich habe einen Schnappschuss von ihr dabei. Nicht unbedingt eine angehende Schönheitskönigin.«

Er reichte Poirot die Aufnahme, die dieser schweigend studierte.

Auf dem Foto war ein schlaksiges Mädchen zu sehen, dessen Haar in zwei schlaffen Zöpfen herunterhing. Es war kein gestelltes Bild, das Mädchen hatte den Fotografen eindeutig nicht bemerkt. Sie aß gerade einen Apfel, die Lippen waren geöffnet und entblößten leicht hervorstehende, von einer Zahnspange umklammerte Zähne. Sie trug eine Brille.

»Unscheinbares Mädchen«, sagte Japp, »aber in dem Alter sind sie nun einmal unscheinbar! War gestern bei meinem Zahnarzt. Sah im *Sketch* ein Bild von Marcia Gaunt, *der* Schönheit dieser Theatersaison. Ich dagegen kann mich noch daran erinnern, wie sie mit fünfzehn aussah, weil ich da wegen eines Einbruchs im Schloss der Familie war. Picklig, tollpatschig, vorstehende Zähne, völlig strähnige Haare und so. Und dann werden sie über Nacht Schönheiten – keine Ahnung, wie sie das machen! Grenzt an ein Wunder.«

Poirot lächelte.

»Frauen«, sagte er, »sind ein wundersames Geschlecht! Und was ist mit der Familie des Mädchens? Kann die uns irgendwie behilflich sein?«

Japp schüttelte den Kopf.

»Überhaupt nicht. Die Mutter ist gebrechlich. King, der arme alte Kanonikus, ist wie vor den Kopf geschlagen. Er schwört, das Mädchen sei ganz versessen gewesen auf Paris, habe sich furchtbar gefreut. Wollte Mal- und Musikkurse belegen, so etwas halt. Miss Popes Mädchen sind extrem kunstbeflissen. Wie Sie wahrscheinlich wissen, ist Miss Popes Pensionat sehr renommiert und teuer.

Viele höhere Töchter gehen dorthin. Sie ist streng – ein richtiger Drache – und, was ihre Schülerinnen angeht, äußerst wählerisch.«

Poirot seufzte.

»Diese Sorte kenne ich. Und Miss Burshaw, die die Mädchen von England nach Paris begleitet hat?«

»Nicht gerade eine Intelligenzbestie. Hat eine Höllenangst, dass Miss Pope sie dafür verantwortlich macht.«

»Und es gibt keinen jungen Mann in der Geschichte?«, fragte Poirot nachdenklich.

Japp deutete auf den Schnappschuss.

»Sieht sie etwa danach aus?«

»Nein, das tut sie nicht. Aber trotz ihres Äußeren kann sie ja durchaus eine romantische Seele haben. So jung ist fünfzehn auch wieder nicht.«

»Na«, sagte Japp. »Wenn eine romantische Seele sie aus dem Zug entführt hat, lese ich ab jetzt nur noch Frauenromane.«

Er sah Poirot erwartungsvoll an.

»Es fällt Ihnen also nichts auf, hm?«

Poirot schüttelte den Kopf.

»Ihre Schuhe wurden nicht zufällig auch neben den Gleisen gefunden?«

»Ihre Schuhe? Nein. Wieso ihre Schuhe?«

»Nur so eine Idee ...«, murmelte Poirot.

Hercule Poirot wollte gerade zu seinem Taxi gehen, als das Telefon klingelte. Er nahm den Hörer ab.

»Ja?«

Japps Stimme ertönte.

»Gut, dass ich Sie noch erwische. Die Sache ist abgeblasen, altes Haus. Fand im Hauptquartier eine Nachricht vor. Das Mädchen ist wieder aufgetaucht. An der Landstraße zwanzig Kilometer hinter Amiens. Sie ist benommen, und es ist nichts Zusammenhängendes aus ihr herauszubekommen. Der Arzt meint, sie sei betäubt worden. Aber es geht ihr gut. Nichts Schlimmes.«

»Dann haben Sie also keine Verwendung für mich«, sagte Poirot langsam.

»Leider nicht! Insofern – bedaurrrre, Ihnen Umstände berrrreitet zu haben.«

Japp lachte über seinen kleinen Scherz und legte auf.

Hercule Poirot lachte nicht. Langsam legte er den Hörer auf die Gabel zurück. Sein Gesicht war besorgt.

Detective Inspector Hearn sah Poirot neugierig an.

»Ich hatte keine Ahnung, dass Sie das derart interessieren würde, Sir«, sagte er.

»Chief Inspector Japp hat Ihnen mitgeteilt, dass ich in dieser Angelegenheit auf Sie zukommen würde?«

Hearn nickte.

»Er meinte, Sie hätten sowieso hier zu tun und würden uns bei der Lösung dieses Rätsels helfen. Aber jetzt, wo alles aufklärt ist, habe ich Sie nicht mehr erwartet. Ich dachte, Sie würden lieber an Ihrem eigenen Fall arbeiten.«

»Mein eigener Fall kann warten«, erwiderte Hercule Poirot. »Diese Sache hier interessiert mich viel mehr. Sie nannten es ein ›Rätsel‹ und meinten, es sei gelöst. Mir will jedoch scheinen, dass es keineswegs gelöst ist.«

»Nun, Sir, das Mädchen ist zurück. Und es ist unversehrt. Das ist die Hauptsache.«

»Aber das beantwortet noch nicht die Frage, wie Sie sie zurückbekommen haben, oder? Was sagt sie denn selbst dazu? Sie wurde doch von einem Arzt untersucht, nicht wahr? Was hat er gesagt?«

»Meinte, sie sei betäubt worden. Sie war immer noch wie benebelt. Anscheinend kann sie sich praktisch an nichts mehr erinnern, was nach ihrer Abreise aus Cranchester passiert ist. Diese Zeit ist wie ausgelöscht. Der Arzt meint, sie hätte vielleicht eine leichte Gehirnerschütterung gehabt. Er entdeckte eine Prellung an ihrem Hinterkopf. Meinte, das würde ihren völligen Blackout erklären.«

»Was – für irgendjemand – äußerst praktisch ist«, sagte Poirot.

»Sie glauben doch nicht, dass sie uns etwas vorspielt, Sir?«, fragte Inspector Hearn unsicher.

»Glauben Sie es?«

»Nein, auf keinen Fall. Sie ist ein gutes Kind – ein bisschen jung für ihr Alter.«

»Nein, sie spielt uns nichts vor.« Poirot schüttelte den Kopf. »Aber ich würde gern wissen, wie sie aus diesem Zug herausgekommen ist. Ich möchte wissen, wer dahintersteckt – und warum.«

»Was das Warum angeht, Sir, so würde ich sagen, dass es sich um einen Entführungsversuch handelte. Man wollte garantiert Lösegeld für sie verlangen.«

»Hat es aber nicht getan!«

»Die haben bei dem ganzen öffentlichen Zeter und Mordio die Nerven verloren – und sie schnell an der Straße ausgesetzt.«

»Aber was für ein Lösegeld hätten sie schon von einem Kanoniker der Kathedrale von Cranchester kriegen können?«, fragte Poirot skeptisch. »Englische kirchliche Würdenträger sind keine Millionäre.«

»Haben die Sache meiner Meinung nach in den Sand gesetzt, Sir«, sagte Inspector Hearn vergnügt.

»Ah, das ist also Ihre Meinung.«

»Und Ihre, Sir?«, fragte Hearn leicht errötend.

»Ich möchte wissen, wie man sie aus diesem Zug herausgeschafft hat.«

Das Gesicht des Polizeibeamten verdüsterte sich.

»Das, das ist ein echtes Geheimnis. Im einen Augenblick ist sie da, sitzt im Speisewagen und unterhält sich mit den anderen Mädchen. Fünf Minuten später ist sie verschwunden – Simsalabim, wie bei einem Zauberkunststück.«

»Genau, wie bei einem Zauberkunststück! Wer war noch in dem Wagen, in dem Miss Pope mehrere Abteile reserviert hatte?«

Inspector Hearn nickte.

»Das ist eine gute Frage, Sir. Sehr wichtig. Und besonders wichtig, weil es der allerletzte Wagen war und die Türen zwischen den einzelnen Wagen, nachdem die Leute aus dem Restaurant zurück waren, sofort abgeschlossen wurden, damit nicht postwendend neue Menschenmassen zum Speisewagen strömten und ihren Tee verlangten, ehe man Zeit gehabt hatte, das Mittagsgeschirr abzuräumen und alles vorzubereiten. Winnie King kam zusammen mit den anderen zurück – die Schule hatte dort drei Abteile reserviert.«

»Und wer war in den anderen Abteilen dieses Wagens?«

Hearn zog sein Notizbuch hervor.

»Miss Jordan und Miss Butters, zwei mittelalterliche Jungfern auf dem Weg in die Schweiz. Nichts Verdächtiges, äußerst achtbare Damen, die in Hampshire, wo sie herkommen, weithin bekannt sind. Zwei französische Handelsreisende, einer aus Lyon, einer aus Paris. Beides ehrbare Männer mittleren Alters. Ein junger Mann, James Elliot, und seine Frau – ein absolutes Rasseweib. Er hat einen schlechten Ruf, die Polizei verdächtigt ihn, in dubiose Geschäfte verwickelt zu sein – mit Entführungen hat er aber nie etwas am Hut gehabt. Jedenfalls wurde sein Abteil durchsucht, doch in seinem Handgepäck fand sich kein Hinweis darauf, dass er an dieser Sache beteiligt war. Wüsste auch nicht, wie er es hätte bewerkstelligen sollen. Eine weitere Person war noch da, Mrs Van Suyder, eine Amerikanerin, die nach Paris fuhr. Über sie ist nichts bekannt. Scheint in Ordnung zu sein. Und das war's dann auch schon.«

»Und es steht definitiv fest, dass der Zug hinter Amiens nicht mehr gehalten hat?«

»Ganz sicher. Einmal hat er die Fahrt verlangsamt, aber das reichte nicht aus, um vom Zug abzuspringen – zumindest nicht, ohne sich ernsthaft zu verletzen und sein Leben aufs Spiel zu setzen.«

»Genau das macht diesen Fall ja so ungewöhnlich interessant«, murmelte Hercule Poirot. »Das Schulmädchen löst sich gleich hinter Amiens in Luft auf. Und taucht dann gleich hinter Amiens wie aus dem Nichts wieder auf. Wo war sie in der Zwischenzeit?«

Inspector Hearn schüttelte den Kopf.

»So formuliert, klingt es völlig verrückt. Ach, man hat mir übrigens gesagt, dass Sie irgendetwas wegen der Schuhe wissen wollten, der Schuhe des Mädchens. Als sie gefunden wurde, trug sie schon ihre Schuhe, aber ein Bahnwärter hat außerdem auch noch ein Paar Schuhe neben den Gleisen gefunden. Da sie in gutem Zustand waren, hat er sie mit nach Hause genommen. Feste schwarze Straßenschuhe.«

»Aha«, sagte Poirot. Er wirkte zufrieden.

»Das mit den Schuhen verstehe ich nicht, Sir«, sagte Inspector Hearn neugierig. »Hat das etwas zu bedeuten?«

»Es bestätigt eine Theorie«, erwiderte Poirot. »Eine Theorie darüber, wie das Zauberkunststück vollbracht wurde.«

Miss Popes Mädchenpensionat lag, wie viele ähnliche Einrichtungen, in Neuilly. Als Hercule Poirot an der altehrwürdigen Fassade emporblickte, wurde er plötzlich von einer Schar Mädchen umringt, die aus dem Portal drängten.

Er zählte fünfundzwanzig, alle in dunkelblaue Mäntel und Röcke gekleidet sowie in unbequem aussehende britische Hüte aus dunkelblauem Velours mit Bändern in Violett und Gold, den unverwechselbaren Farben von Miss Popes Schule. Die Mädchen waren zwischen vierzehn und achtzehn, dick und dünn, blond und brünett, linkisch und anmutig. Ganz hinten, neben einem der jüngeren Mädchen, ging eine grauhaarige, pedantisch wirkende Frau her, von der Poirot annahm, dass es sich um Miss Burshaw handelte.

Poirot blickte ihnen ein Weilchen nach, dann läutete er und fragte nach Miss Pope.

Miss Lavinia Pope war ein ganz anderer Mensch als ihre Stellvertreterin, Miss Burshaw. Miss Pope war eine starke Persönlichkeit. Miss Pope war ehrfurchtgebietend. Selbst wenn Miss Pope ihre Förmlichkeit den Eltern gegenüber gnädigerweise ablegte, so stellte sie gegenüber dem Rest der Menschheit weiterhin die offenkundige Überlegenheit zur Schau, die für eine Schulleiterin ein wertvoller Trumpf ist.

Ihr graues Haar war elegant frisiert, ihr Kostüm streng geschnitten, aber chic. Sie war kompetent und allwissend.

Der Salon, in dem sie Poirot empfing, war der Salon einer Frau von Kultur. Er war geschmackvoll möbliert, und auf den Tischen standen Blumen sowie einige gerahmte und signierte Fotos derjenigen Schülerinnen von Miss Pope, die es in der Welt zu etwas gebracht hatten – viele von ihnen herausgeputzt in Flaum und Federn. An den Wänden hingen Reproduktionen von Meisterwerken der Malerei und mehrere vortreffliche Aquarellskizzen. Alles war penibel sauber und poliert. Man hatte das Gefühl, kein Stäubchen hätte es gewagt, sich in einem derartigen Heiligtum niederzulassen.

Miss Pope empfing Poirot mit der Sicherheit einer Frau, deren Urteil nur selten fehlgeht.

»Monsieur Hercule Poirot? Ihr Name ist mir natürlich ein Begriff. Ich nehme an, Sie sind wegen dieser äußerst bedauerlichen Geschichte mit Winnie King hier. Ein höchst betrüblicher Vorfall.«

Miss Pope wirkte allerdings nicht betrübt. Sie ging mit Katastrophen genau so um, wie man damit umgehen sollte: Sie reagierte angemessen und nahm ihnen dadurch fast jede Bedeutung.

»So etwas«, sagte Miss Pope, »ist noch nie vorgekommen.«

Und es wird auch nie wieder vorkommen!, schien ihr Habitus zu sagen.

»Es ist das erste Semester des Mädchens hier, nicht wahr?«, erkundigte sich Hercule Poirot.

»Ja.«

»Hatten Sie ein Vorgespräch mit Winnie – und ihren Eltern?«

»In jüngerer Zeit nicht. Vor zwei Jahren war ich in der Nähe von Cranchester; ich wohnte damals beim Bischof, um genau zu sein …«

Merken Sie sich das bitte: Ich gehöre zu den Leuten, die bei Bischöfen wohnen!, sagte Miss Popes Habitus.

»Während dieser Zeit machte ich die Bekanntschaft des Kanonikus und seiner Frau. Mrs King ist leider sehr gebrechlich. Damals lernte ich auch Winnie kennen. Ein äußerst wohlerzogenes Mädchen mit einem ausgesprochenen Sinn für Kunst. Ich sagte Mrs King, dass ich mich freuen würde, Winnie in ein oder zwei Jahren – wenn sie die Unterstufe abgeschlossen hätte – hier aufnehmen zu dürfen. Unser Schwerpunkt ist Kunst und Musik, Monsieur Poirot. Wir gehen mit den Mädchen in die Oper und die Comédie Française sowie zu Vorlesungen im Louvre. Zu uns kommen die besten Lehrer, um sie in Musik, Gesang und Malerei zu unterrichten. Unser Ziel ist eine breite kulturelle Bildung.«

Plötzlich besann sich Miss Pope darauf, dass Poirot nicht als Vater gekommen war, und fügte unvermittelt hinzu:

»Was kann ich für Sie tun, Monsieur Poirot?«

»Ich würde gern wissen, wie der Stand der Dinge in Sachen Winnie ist.«

»Kanonikus King ist nach Amiens gefahren und nimmt Winnie mit zurück nach Hause. Sicher das Vernünftigste nach dem Schock, den das Kind erlitten hat.

Zartbesaitete Mädchen nehmen wir hier nicht auf«, fuhr Miss Pope fort. »Wir haben hier keine speziellen Einrichtungen für Sensibelchen. Ich habe dem Kanonikus gesagt, dass er meiner Meinung nach gut daran täte, das Kind mit nach Hause zu nehmen.«

»Was ist Ihrer Meinung nach tatsächlich geschehen?«, fragte Hercule Poirot sie geradeheraus.

»Ich habe nicht die leiseste Ahnung, Monsieur Poirot. So wie mir die Geschichte berichtet wurde, klingt sie völlig unglaubwürdig. Ich kann nicht erkennen, dass dem Mitglied meines Lehrkörpers, das für die Mädchen verantwortlich war, irgendwelche Vorwürfe gemacht werden könnten – außer dass sie die Abwesenheit des Mädchens eventuell eher hätte bemerken können.«

»Haben Sie vielleicht Besuch von der Polizei bekommen?«

Ein leichter Schauer durchfuhr Miss Popes aristokratischen Körper. Frostig erwiderte sie:

»Ein Monsieur Lafarge aus der Préfecture suchte mich auf, um zu sehen, ob ich Licht in die Sache bringen könne. Das konnte ich natürlich nicht. Dann wollte er Winnies Koffer inspizieren, der natürlich inzwischen, zusammen mit denen der anderen Mädchen, hier eingetroffen war. Ich sagte ihm, dass er bereits von einem anderen Polizeibeamten abgeholt worden sei. Ich vermute, die Aufgabenbereiche der Abteilungen überschneiden sich. Kurz darauf rief mich jemand an und beharrte darauf, ich hätte nicht Winnies ganze Habe übergeben. Ich habe sehr kurz angebunden reagiert. Man darf sich von den Behörden nicht drangsalieren lassen.«

Poirot holte tief Luft.

»Sie sind sehr beherzt. Dafür bewundere ich Sie, Mademoiselle. Ich nehme an, Winnies Koffer wurde nach seiner Ankunft ausgepackt?«

Miss Pope wirkte etwas konsterniert.

»Regeln«, sagte sie. »Bei uns läuft immer alles streng nach den Regeln ab. Die Koffer der Mädchen werden nach ihrer Ankunft ausgepackt, und die Sachen werden so eingeräumt, wie ich es von da ab erwarte. Winnies Sachen wurden, zusammen mit denen der anderen Mädchen, ausgepackt. Natürlich wurden sie danach wieder eingepackt, sodass ihr Koffer genau so übergeben wurde, wie er hier angekommen war.«

»Ganz genau so?«

Poirot ging zur Wand hinüber.

»Das ist doch ein Bild von der berühmten Cranchester Bridge mit der Kathedrale im Hintergrund.«

»Sehr richtig, Monsieur Poirot. Das hat Winnie offensichtlich gemalt und wollte mich damit überraschen. Es war in ihrem Koffer, und auf der Verpackung stand ›Für Miss Pope von Winnie‹. Äußerst reizend von der Kleinen.«

»Aha!«, sagte Poirot. »Und wie finden Sie es – als Bild?«

Er hatte schon viele Bilder von der Cranchester Bridge gesehen. Es war ein Motiv, das alljährlich in den Ausstellungen der Kunstakademie zu sehen war – manchmal in Öl, manchmal in Aquarell.

Er hatte gute Bilder der Brücke gesehen, mittelmäßige und langweilige. Aber ein derartig dilettantisches wie dieses war ihm noch nie untergekommen.

Miss Pope lächelte nachsichtig.

»Man darf seine Mädchen nicht entmutigen, Monsieur Poirot. Winnie wird natürlich dazu angehalten werden, Besseres zu leisten.«

»Es wäre doch naheliegender gewesen«, sagte Poirot nachdenklich, »wenn sie ein Aquarell gemalt hätte, oder nicht?«

»Ja. Ich wusste nicht, dass sie sich auch schon in Öl versuchte.«

»Aha«, sagte Hercule Poirot. »Sie erlauben, Mademoiselle?«

Er nahm das Bild von der Wand, trat damit ans Fenster, inspizierte es und blickte auf.

»Mademoiselle, ich möchte Sie bitten, mir dieses Bild zu überlassen.«

»Also wirklich, Monsieur Poirot ...«

»Sie können mir nicht weismachen, dass Sie sehr daran hängen. Es ist ein grässliches Gemälde.«

»Oh, einen künstlerischen Wert hat es nicht, das gebe ich zu. Aber es ist von einer meiner Schülerinnen und ...«

»Ich versichere Ihnen, Mademoiselle, es passt überhaupt nicht hierher.«

»Ich verstehe nicht, wie Sie so etwas sagen können, Monsieur Poirot.«

»Ich werde es Ihnen umgehend beweisen.«

Er zog ein Fläschchen, einen Schwamm und einen Lappen aus der Tasche.

»Zuerst erzähle ich Ihnen eine kleine Geschichte, Mademoiselle. Sie hat Ähnlichkeit mit dem Märchen vom hässlichen Entlein, das zu einem Schwan wurde.«

Während er sprach, machte er sich emsig an dem Bild zu schaffen. Der Geruch von Terpentin erfüllte den Raum.

»Sie gehen wohl nicht oft ins Varieté?«

»Nein, allerdings nicht, das scheint mir äußerst trivial ...«

»Trivial schon, aber manchmal auch lehrreich. Ich habe einmal eine sehr geschickte Revuekünstlerin gesehen, die sich auf die wundersamste Weise verwandeln konnte. In einer Nummer war sie ein bezaubernder, glamouröser Kabarettstar, zehn Minuten später dann ein kleines, blasses Kind mit Mandelentzündung in einem Turnanzug, und wieder zehn Minuten später eine zerlumpte Zigeunerin, die vor ihrem Wagen die Zukunft vorhersagte.«

»Sicher, sehr gut möglich, aber ich verstehe nicht ...«

»Aber ich erzähle Ihnen doch gerade, wie das Zauberkunststück im Zug funktioniert hat. Winnie, das Schulmädchen mit den blonden Zöpfen, der Brille, der entstellenden Zahnspange – geht auf die *toilette*. Eine Viertelstunde später taucht sie – um Detective Inspector Hearn zu zitieren – als ›absolutes Rasseweib‹ wieder auf. Hauchdünne Seidenstrümpfe, hohe Absätze, ein Nerzmantel, um die Schuluniform zu verdecken, auf den Locken ein gewagtes Fitzelchen Samt, das heutzutage als Hut durchgeht – und ein Gesicht, o ja, was für ein Gesicht. Rouge, Puder, Lippenstift, Mascara! Und wie sieht das Gesicht dieser flinken Verwandlungskünstlerin in Wirklichkeit aus? Das weiß wahrscheinlich nur der liebe Gott! Doch Sie, Mademoiselle, Sie, Sie haben oft gesehen, wie sich diese linkischen Schulmädchen fast wie durch ein Wunder in attraktive und gepflegte Debütantinnen verwandeln.«

Miss Pope stockte der Atem.

»Sie meinen, Winnie King hat sich verkleidet ...«

»Nein, nicht Winnie King. Winnie wurde auf dem Weg durch London entführt. Unsere flinke Verwandlungskünstlerin nahm ihren Platz ein. Miss Burshaw hatte Winnie King nie gesehen – woher sollte sie also wissen, dass das Mädchen mit den strähnigen Zöpfen und der Zahnspange überhaupt nicht Winnie King war? So weit, so gut, aber die Betrügerin konnte es nicht riskieren, tatsächlich hierherzukommen, denn Sie kannten die echte Winnie ja. Und Simsalabim, Winnie verschwindet in der *toilette* und taucht als Gattin eines gewissen James Elliot wieder auf, in dessen Pass eine Ehefrau eingetragen ist! Die blonden Zöpfe, die Brille, die Baumwollstrümpfe, die Zahnspange – das alles braucht kaum Platz. Die schweren, klobigen Schuhe und der Hut – dieser äußerst steife britische Hut – müssen jedoch anderweitig entsorgt werden und fliegen aus dem Fenster. Später wird die echte Winnie dann über den Ärmelkanal geschafft – niemand achtet auf ein krankes, halb betäubtes Kind, das von England nach Frankreich gebracht wird – und still und leise an einer Landstraße ausgesetzt. Wenn sie die ganze Zeit mit Scopolamin betäubt wurde, wird sie sich nur an sehr wenig erinnern können.«

Miss Pope starrte Poirot an.

»Aber warum?«, wollte sie wissen. »Was kann denn der Grund für so eine sinnlose Maskerade gewesen sein?«

»Winnies Gepäck!«, antwortete Poirot ernst. »Diese Leute wollten etwas von England nach Frankreich schmuggeln – etwas, wonach gerade jeder Zollbeamte fahndete, nämlich Diebesgut. Was ist da sicherer als der Koffer eines Schulmädchens? Ihr Pensionat ist sehr renommiert, Miss Pope, es ist zu Recht berühmt. Am Gare du Nord werden die Koffer der *Mesdemoiselles les petites pensionnaires* einfach *en bloc* durch den Zoll gewunken. Sie gehören zu der bekannten englischen Schule von Miss Pope! Und nach der Entführung, ist es da nicht die natürlichste Sache der Welt, das Gepäck des Mädchens abholen zu lassen – angeblich von der Préfecture?«

Hercule Poirot lächelte.

»Doch zum Glück gab es da nicht nur diese Schulregel, dass nach der Ankunft sämtliche Koffer ausgepackt werden, sondern auch noch ein Geschenk von Winnie für Sie – allerdings war es nicht dasselbe Geschenk, das Winnie in Cranchester eingepackt hatte.«

Er trat auf sie zu.

»Sie haben mir dieses Bild gegeben. Sehen Sie mal hier, Sie müssen zugeben, dass es nicht in Ihre exklusive Schule passt.«

Er hielt ihr die Leinwand hin.

Wie durch Zauberhand war die Cranchester Bridge verschwunden. Stattdessen sah man ein klassisches Motiv in kräftigen, dunklen Farben.

»*Der Gürtel der Hippolyte*«, sagte Poirot leise. »Hippolyte gibt Herkules ihren Gürtel, gemalt von Rubens. Ein großes Kunstwerk – *mais tout de même* nicht ganz passend für Ihren Salon.«

Miss Pope errötete leicht.

Hippolytes Hand liegt auf ihrem Gürtel – ihrem einzigen Kleidungsstück ... Herkules trägt, leicht über die Schulter geworfen, ein Löwenfell. Rubens' Fleischtöne sind satt, sinnlich ...

Ihre Contenance wiedererlangend, stellte Miss Pope fest:

»Ein herrliches Kunstwerk ... Und trotzdem muss man, wie Sie gerade sagten, am Ende doch auf die Empfindlichkeiten der Eltern Rücksicht nehmen. Manche sind da eher engstirnig ... wenn Sie wissen, was ich meine ...«

Genau in dem Augenblick, als Poirot das Gebäude verließ, rückten sie ihm zu Leibe. Er wurde von einer Schar Mädchen, dick und dünn, blond und brünett, umringt, eingekreist, überfallen.

»*Mon Dieu!*«, murmelte er. »Das ist jetzt hier tatsächlich der Angriff der Amazonen!«

Ein großes blondes Mädchen rief:

»Es macht ein Gerücht die Runde ...«

Sie drängten näher. Hercule Poirot war umzingelt. Er verschwand in einer Woge junger, stürmischer Weiblichkeit.

Fünfundzwanzig Stimmen erhoben sich in den verschiedensten Tonlagen, doch alle stellten die gleiche bedeutungsschwere Frage:

»Monsieur Poirot, würden Sie mir Ihr Autogramm in mein Poesiealbum schreiben?«

Die Gefangennahme des Zerberus

Hercule Poirot wurde in der U-Bahn kräftig hin- und hergeworfen, mal gegen den einen Fahrgast, mal gegen einen anderen, und dachte im Stillen, dass es einfach zu viele Menschen auf der Welt gab! Auf jeden Fall gab es in der unterirdischen Welt Londons zu diesem Zeitpunkt (18 Uhr 30) zu viele Menschen. Hitze, Lärm, Menschenmassen, Gedränge – der unerwünschte Druck von Händen, Armen, Leibern, Schultern! Von Fremden eingezwängt und herumgestoßen – und noch dazu, dachte er angewidert, im Prinzip von biederen, uninteressanten Fremden! Die Menschheit *en masse* war doch alles andere als attraktiv. Wie selten sah man ein aufgewecktes, intelligentes Gesicht, wie selten eine *femme bien mise.* Was war das für eine Leidenschaft, die Frauen überkam und den Wunsch in ihnen entfachte, unter den widrigsten Umständen zu stricken? Eine Frau sah beim Stricken nicht unbedingt vorteilhaft aus: die Versunkenheit, der glasige Blick, die ruhelosen, geschäftigen Finger! Um in einer überfüllten U-Bahn zu stricken, brauchte man die Behändigkeit einer Wildkatze und die Willenskraft eines Napoleon, und doch brachten Frauen es zuwege! Gelang es ihnen, einen Sitzplatz zu erobern, holten sie sofort einen dieser elenden kleinen garnelenrosafarbenen Streifen hervor und legten mit ihren Stricknadeln, klapper, klapper, klapper, los!

Keine Besinnlichkeit, dachte Poirot, keine weibliche Anmut! Seine alternde Seele rebellierte gegen den Stress und die Hast der modernen Welt! All diese jungen Frauen, die um ihn herumstanden – sie waren sich so ähnlich, so ohne jeden Charme, so bar jeder ausdrucksstarken, verführerischen Weiblichkeit! Ihn verlangte nach einer betörenderen Ausstrahlung! Ah, eine *femme du monde* zu sehen, *chic, sympatique, spirituelle* – eine Frau mit üppigen Kurven, eine irrwitzig und extravagant gekleidete Frau! Früher hatte es solche Frauen gegeben. Doch heute, heute ...

Der Zug hielt an einem Bahnhof; Menschen strömten hinaus und drückten Poirot gegen die Stricknadelspitzen, strömten herein und drängten ihn noch dichter gegen die anderen Fahrgäste. Als der sardinenbüchsenartig gefüllte Zug mit einem Ruck wieder anfuhr, wurde Poirot gegen eine stämmige Frau mit mehreren scharfkantigen Paketen im Arm geworfen, brachte ein *»Pardon!«* hervor und flog gegen einen großen knochigen Mann, dessen Aktenkoffer ihn genau im Kreuz traf. Erneut stieß er ein *»Pardon!«* aus. Er merkte, wie sein Schnurrbart erschlaffte und sich entzwirbelte. *Quel enfer!* Zum Glück musste er an der nächsten Station aussteigen!

Allerdings schienen dort auch noch an die hundertfünfzig andere Leute aussteigen zu müssen – schließlich war es Piccadilly Circus. Wie eine riesige Flutwelle ergossen sie sich auf den Bahnsteig. Kurz darauf fand sich Poirot eingekeilt auf einer Rolltreppe wieder und wurde in Richtung Erdoberfläche emporgetragen.

Empor, dachte Poirot, empor aus den Höllenregionen ... Wie ungemein schmerzhaft war es doch, auf einer aufwärts fahrenden Rolltreppe einen Koffer in die Kniekehle gerammt zu bekommen!

In diesem Augenblick rief eine Stimme seinen Namen. Verwundert hob er den Blick. Gegenüber, auf der abwärts fahrenden Rolltreppe, sahen seine ungläubigen Augen ein Bild aus der Vergangenheit. Eine Frau mit vollen, betörenden Kurven, ihr üppiges hennarotes Haar gekrönt von einem winzigen Strohhütchen, den ein ganzer Schwarm bunt gefiederter kleiner Vögel schmückte. Um ihre Schultern war eine exotisch anmutende Fuchspelzstola drapiert.

Ihr purpurroter Mund öffnete sich weit, ihre sonore Stimme mit dem ausländischen Akzent hallte laut wider. Sie hatte gute Lungen.

»Er ist es«, schrie sie. »Er ist es wirklich! *Mon cher Hercule Poirot!* Wir müssen uns treffen! Ich bestehe darauf!«

Doch nichts, nicht einmal das Schicksal, ist unerbittlicher als zwei in entgegengesetzter Richtung fahrende Rolltreppen. Unaufhaltsam und erbarmungslos wurden Hercule Poirot nach oben und Gräfin Vera Rossakoff nach unten getragen.

Poirot drehte sich zur Seite, lehnte sich über das Geländer und rief verzweifelt:

»*Chère Madame*, wo kann ich Sie finden?«

Gedämpft drang ihre Antwort aus der Tiefe empor. Sie war unerwartet, in diesem Augenblick jedoch seltsam passend:

»In der *Hölle* …«

Hercule Poirot blinzelte. Und dann blinzelte er noch einmal. Plötzlich schwankte er. Ohne es zu merken, war er oben angelangt – und hatte es versäumt, im richtigen Augenblick von der Rolltreppe zu treten. Die Menschenmassen gingen um ihn herum. Gleich neben ihm drängte sich eine dicke Traube auf die Rolltreppe nach unten. Sollte er sich ihnen anschließen? Hatte die Gräfin das gemeint? Zweifelsohne war das Herumfahren in den Eingeweiden der Erde zur Stoßzeit die absolute Hölle. Wenn die Gräfin das gemeint hatte, war er voll und ganz ihrer Meinung …

Entschlossen machte Poirot ein paar Schritte seitwärts, zwängte sich in die abwärts fahrende Menge und wurde erneut in die Tiefe getragen. Am Fuß der Rolltreppe – keine Spur von der Gräfin. Poirot hatte die Wahl: Er konnte den blauen Lichtern folgen, den gelben und so weiter.

Fuhr die Gräfin mit der Bakerloo- oder mit der Piccadilly-Linie? Poirot ging nacheinander jeden Bahnsteig ab. Immer wieder wurde er von ein- oder aussteigenden Menschenmengen fortgerissen, konnte jedoch nirgends die betörende Russin entdecken, die Gräfin Vera Rossakoff.

Müde, malträtiert und unendlich missgestimmt fuhr Hercule Poirot erneut an die Erdoberfläche empor und trat hinaus in das

Getümmel des Piccadilly Circus. Als er nach Hause kam, war er in einem Zustand freudiger Erregung.

Es ist das Schicksal kleiner, pedantischer Männer, für große, betörende Frauen zu schwärmen. Es war Poirot nie gelungen, die fatale Faszination, die die Gräfin auf ihn ausübte, abzuschütteln. Obwohl es an die zwanzig Jahre her war, seit er sie zum letzten Mal gesehen hatte, war der Zauber immer noch da. Zugegeben, ihr Make-up erinnerte inzwischen an den Sonnenuntergang eines Landschaftsmalers, und die Frau unter diesem Make-up war absolut unsichtbar, doch für Hercule Poirot war sie noch immer die Opulenz und die Verführung in Person. Der kleine Spießbürger war von der Aristokratin noch immer völlig hingerissen. Die Erinnerung an ihre Cleverness als Schmuckdiebin ließ seine alte Bewunderung wieder aufleben. Er dachte daran zurück, mit welch umwerfendem Aplomb sie ein Geständnis abgelegt hatte, als man sie des Diebstahls bezichtigte. Eine ungewöhnliche, eine außergewöhnliche Frau! Und jetzt hatte er sie wiedergesehen – und dann aus den Augen verloren!

»In der *Hölle*«, hatte sie gesagt. Er hatte sich doch nicht getäuscht? Das hatte sie doch gesagt?

Aber was hatte sie damit gemeint? Hatte sie die Londoner U-Bahnen gemeint? Oder waren ihre Worte im religiösen Sinne zu verstehen? Auch wenn ihr Lebenswandel sie nach diesem Leben aller Wahrscheinlichkeit nach für die Hölle prädestinierte, würde ihre russische Höflichkeit es ihr doch bestimmt, ganz bestimmt verbieten zu unterstellen, dass Hercule Poirot zwangsläufig den gleichen Bestimmungsort ansteuerte?

Nein, sie musste etwas ganz anderes gemeint haben. Sie musste – Hercule Poirot war mit seinem Latein am Ende. Was für eine faszinierende, was für eine unberechenbare Frau! Eine Geringere hätte »Im Ritz« oder »Im Claridge's« gekreischt. Vera Rossakoff hatte jedoch, auf ihre unnachahmliche Art, schlicht und ergreifend »In der *Hölle*« gerufen.

Poirot seufzte. Doch er gab sich nicht geschlagen. In seiner Ratlosigkeit entschied er sich am nächsten Morgen für den einfachsten und direktesten Weg: Er fragte seine Sekretärin, Miss Lemon.

Miss Lemon war unfassbar hässlich und unglaublich effizient. Für sie war Poirot niemand Besonderes – lediglich ihr Arbeitgeber. Sie leistete hervorragende Arbeit. Ihre privaten Gedanken und Träume kreisten um ein neues Ablagesystem, das sie nach und nach in den hintersten Winkeln ihres Gehirns perfektionierte.

»Miss Lemon, darf ich Sie etwas fragen?«

»Aber natürlich, Monsieur Poirot.« Miss Lemon nahm die Finger von den Tasten der Schreibmaschine und wartete dienstbeflissen.

»Wenn eine Freundin – oder ein Freund – Sie um ein Treffen in der Hölle bitten würde, was würden Sie da tun?«

Wie gewöhnlich zögerte Miss Lemon nicht. Sie war, wie man so schön sagt, nie um eine Antwort verlegen.

»Es wäre, glaube ich, ratsam, einen Tisch zu reservieren«, sagte sie.

Hercule Poirot starrte sie verblüfft an.

Stakkatoartig antwortete er: »Sie – würden – einen – Tisch – reservieren?«

Miss Lemon nickte und zog das Telefon zu sich heran.

»Für heute Abend?«, fragte sie, ging, da er nichts erwiderte, von seiner stillschweigenden Zustimmung aus, und wählte zügig die Nummer.

»Temple Bar 14578? Ist dort die *Hölle*? Würden Sie bitte einen Tisch für zwei Personen reservieren? Monsieur Hercule Poirot. Für 23 Uhr.«

Sie legte den Hörer auf, und erneut schwebten ihre Finger über den Tasten ihrer Schreibmaschine. Ein Anflug von Ungeduld huschte über ihr Gesicht, ein Anflug nur. Sie hatte ihren Teil getan, schien ihr Gesichtsausdruck zu sagen, da könnte ihr Arbeitgeber sie doch nun wirklich mit ihrer Arbeit fortfahren lassen.

Hercule Poirot bestand jedoch auf Erklärungen.

»Und was ist das, diese *Hölle*?«, fragte er.

Miss Lemon wirkte etwas überrascht.

»Oh, das wissen Sie nicht, Monsieur Poirot? Das ist ein ziemlich neuer und momentan ausgesprochen angesagter Nachtklub, der von irgendeiner Russin betrieben wird, glaube ich. Ich könnte Ihnen leicht noch vor heute Abend eine Mitgliedschaft besorgen.«

Woraufhin Miss Lemon, die nun, wie sie eindeutig klarstellte, genug Zeit vergeudet hatte, auf ihrer Schreibmaschine ein regelrechtes Maschinengewehrfeuer losprasseln ließ.

Um 23 Uhr trat Hercule Poirot durch eine Tür, über der diskret jeweils ein Neonbuchstabe aufleuchtete. Ein Mann in rotem Frack empfing ihn und nahm ihm den Mantel ab.

Mit einer Geste wies er auf eine breite, flache, nach unten führende Treppe. Auf jeder Stufe stand ein Spruch geschrieben.

Der erste lautete:

Ich habe es gut gemeint …

Der zweite:

Mach reinen Tisch und fang von vorn an …

Der dritte:

Ich kann es jederzeit aufgeben …

»Die guten Vorsätze, mit denen der Weg zur Hölle gepflastert ist«, murmelte Hercule Poirot anerkennend. *»C'est bien imaginé, ça!«*

Er ging die Stufen hinab. Am Fuß der Treppe befand sich ein Wasserbecken mit scharlachroten Seerosen. Darüber spannte sich eine Brücke in der Form eines Bootes. Poirot überquerte sie.

In einer Art Marmorgrotte zu seiner Linken saß der größte und hässlichste und schwärzeste Hund, den Poirot je gesehen hatte! Er saß sehr aufrecht, ausdruckslos und unbeweglich da. Vielleicht war er, dachte Poirot (voller Hoffnung!), nicht echt. Doch in dem Augenblick wandte der Hund seinen grimmigen, hässlichen Kopf, und aus den Tiefen seines schwarzen Körpers drang ein dunkles, grollendes Knurren. Es klang furchterregend.

Dann entdeckte Poirot einen dekorativen Korb voller kleiner

runder Hundekuchen. Darauf stand: *»Einen Honigkuchen für Zerberus!«*

Auf den Korb hatte der Hund die Augen geheftet. Erneut erklang das dunkle, grollende Knurren. Hastig nahm Poirot einen Hundekuchen und warf ihn dem gewaltigen Hund zu.

Ein riesiger roter Schlund tat sich auf, dann schnappten die kräftigen Kiefer zu. Zerberus hatte seinen Honigkuchen angenommen! Poirot trat durch eine offene Tür.

Der Raum war nicht groß. Er stand voller kleiner Tische, und in der Mitte befand sich eine Tanzfläche. Rote Lämpchen verbreiteten sanftes Licht, an den Wänden waren Fresken, und ganz hinten stand ein gewaltiger Grill, an dem mit Schwänzen und Hörnern verkleidete Teufelsköche ihres Amtes walteten.

Das alles registrierte Poirot, ehe Gräfin Vera Rossakoff mit der ihr eigenen russischen Impulsivität in einem funkelnden scharlachroten Abendkleid mit ausgestreckten Händen auf ihn zugestürzt kam.

»Ah, Sie sind da! Mein Freund, mein lieber Freund! Was für eine Freude, Sie wiederzusehen! Nach all den Jahren – so vielen – wie vielen? Nein, hüllen wir uns darüber in Schweigen! Mir kommt es vor wie gestern! Sie haben sich nicht verändert, nicht im Geringsten haben Sie sich verändert!«

»Sie aber auch nicht, *chère amie*«, rief Poirot aus und beugte sich über ihre Hand.

Trotzdem kam ihm auf der Stelle zu Bewusstsein, dass zwanzig Jahre zwanzig Jahre sind. Gräfin Rossakoff hätte man, ohne boshaft zu sein, durchaus als menschliche Ruine beschreiben können. Aber zumindest war sie eine spektakuläre Ruine. Ihr Überschwang, ihre leidenschaftliche Freude am Leben waren ungebrochen, und einem Mann schmeicheln konnte sie wie keine andere.

Sie zog Poirot an einen Tisch, an dem bereits zwei andere Gäste saßen.

»Mein Freund, mein gefeierter Freund, Monsieur Hercule Poirot«, verkündete sie. »Der Schrecken aller Übeltäter! Auch ich hatte einmal Angst vor ihm, führe jetzt jedoch ein Leben äußerster, tugendhaftester Langeweile. Stimmt das etwas nicht?«

Der große, hagere ältere Herr, an den sie sich gewandt hatte, sagte: »Langeweile, das glauben Sie doch selbst nicht, Gräfin.«

»Professor Liskeard«, stellte die Gräfin vor. »Der alles über die Vergangenheit weiß und mir für hier unten unschätzbar wertvolle Dekorationstipps gab.«

Der Archäologe schauderte.

»Hätte ich doch nur gewusst, was Sie hier vorhatten!«, murmelte er. »Das Ergebnis ist absolut entsetzlich.«

Poirot betrachtete die Fresken genauer. An der Wand ihm gegenüber spielten Orpheus und seine Jazzband, während Eurydike hoffnungsvoll in Richtung Grill blickte. Vis-à-vis schienen Osiris und Isis eine ägyptische Unterwelt-Bootsparty zu geben. An der dritten Wand frönten mehrere fröhliche junge Menschen dem hüllenlosen gemischten Baden.

»Die Gefilde der Jugend«, erklärte die Gräfin und komplettierte im selben Atemzug die Vorstellungsrunde: »Und das ist meine kleine Alice.«

Poirot verbeugte sich vor dem zweiten Gast am Tisch, einem ernst wirkenden Mädchen in kariertem Kostüm. Sie trug eine Hornbrille.

»Sie ist sehr, sehr klug«, sagte Gräfin Rossakoff. »Sie hat studiert und ist Psychologin und kennt sämtliche Gründe, warum die Geisteskranken geisteskrank sind! Das liegt nicht, wie Sie glauben mögen, daran, dass sie verrückt sind! Nein, es gibt da alle möglichen anderen Gründe! Ich finde das sehr seltsam.«

Das Mädchen namens Alice lächelte freundlich, doch ein wenig herablassend. Sie fragte den Professor mit fester Stimme, ob er Lust habe zu tanzen. Er wirkte geschmeichelt, aber unsicher.

»Mein liebes Fräulein, ich fürchte, ich kann lediglich Walzer tanzen.«

»Das *ist* ein Walzer«, sagte Alice geduldig.

Sie erhoben sich und tanzten. Sie tanzten nicht gut.

Gräfin Rossakoff seufzte. Ihren eigenen Gedanken nachhängend, murmelte sie: »Dabei sieht sie nicht wirklich schlecht aus …«

»Sie macht nicht gerade das Beste aus sich«, sagte Poirot kritisch.

»Ehrlich gesagt«, rief die Gräfin aus, »ich kann die heutige Jugend nicht verstehen. Sie versuchen gar nicht erst, attraktiv auszusehen; als ich jung war, habe ich es immer versucht – entschied mich für Farben, die mir standen, für ein kleines Polster im Kleid, eine eng geschnürte Taille, vielleicht einen interessanteren Farbton für die Haare …«

Sie schob sich die schweren tizianroten Locken aus der Stirn – es ließ sich nicht leugnen, dass zumindest sie es immer noch versuchte, verzweifelt versuchte!

»Zufrieden zu sein mit dem, was die Natur einem gegeben hat, das – das ist töricht! Und arrogant! Die kleine Alice, die schreibt seitenweise große Worte über Sex, aber wie oft, frage ich Sie, macht ein Mann ihr überhaupt den Vorschlag, übers Wochenende nach Brighton zu fahren? Nichts als große Worte und Arbeit und die Wohlfahrt der Arbeiter und die Zukunft der Welt. Das ist alles sehr löblich, aber ich frage sie, macht es auch Spaß? Und dann sehen Sie sich doch bitte an, wie trist diese jungen Leute die Welt gemacht haben! Nichts als Vorschriften und Verbote! Als ich jung war, war das anders.«

»Dabei fällt mir ein, Ihr Sohn, wie geht es ihm, Madame?« Im letzten Augenblick hatte er »Kleiner« durch »Sohn« ersetzt, hatte sich gerade noch rechtzeitig daran erinnert, dass zwanzig Jahre verstrichen waren.

Das Gesicht der Gräfin strahlte vor Mutterglück.

»Mein herzallerliebster Engel! So ein großer Junge, diese breiten Schultern, so ein schöner Mann! Er lebt in Amerika. Er baut dort – Brücken, Banken, Hotels, Kaufhäuser, Eisenbahnen, alles, was die Amerikaner haben wollen!«

Poirot wirkte etwas verdutzt.

»Also ist er Ingenieur? Oder Architekt?«

»Was spielt das schon für eine Rolle?«, fragte die Gräfin. »Er ist bewunderswert! Er hat nur noch Eisenträger und Maschinen und diese sogenannte Statik im Kopf. Das sind Dinge, die ich nie auch nur im Entferntesten verstanden habe. Aber wir bewundern uns gegenseitig, bewundern uns immer wieder gegenseitig! Und seinetwegen bewundere ich auch die kleine Alice. Ja, die beiden sind verlobt. Sie lernen sich in einem Flugzeug oder auf einem Schiff oder in einem Zug kennen, und dann verlieben sie sich ineinander, und zwar mitten in einem Gespräch über die Wohlfahrt der Arbeiter. Und dann kommt sie nach London, und sie besucht mich, und ich schließe sie ins Herz.« Die Gräfin schlang die Arme um ihren üppigen Busen. »Und ich sage: ›Niki und du, ihr liebt euch doch, deshalb liebe ich dich auch – aber wenn du ihn liebst, wieso lässt du ihn dann in Amerika zurück?‹ Und sie erzählt mir etwas von ihrem ›Job‹ und dem Buch, das sie gerade schreibt, und ihrer Karriere, aber ehrlich gesagt verstehe ich das alles überhaupt nicht, aber ich sage immer: ›Man muss tolerant sein.‹« Und im selben Atemzug fügte sie hinzu: »Und was halten Sie, *cher ami*, von meiner Kreation hier?«

»Es ist eine sehr schöne Kreation«, erwiderte Poirot und sah sich anerkennend um. »Es ist *très chic.*«

Der jetzt randvolle Klub strahlte unverkennbar Erfolg aus, eine Atmosphäre, die sich nicht künstlich erzeugen lässt. Man sah lässige Paare in voller Abendkleidung, Bohemiens in Cordhosen, korpulente Geschäftsleute in Anzügen. Die Band, als Teufel verkleidet, spielte heiße Musik. Kein Zweifel, die *Hölle* fand großen Anklang.

»Hier kommen die verschiedensten Leute her«, sagte die Gräfin. »Und so sollte es auch sein, oder etwa nicht? Die Pforten der Hölle stehen allen offen.«

»Außer vielleicht den Armen«, warf Poirot ein.

Die Gräfin lachte. »Hören wir nicht immer wieder, ein Reicher wird nur schwer ins Himmelreich kommen? Dann sollte er natürlich in der Hölle Vorrang haben.«

Der Professor und Alice kehrten an den Tisch zurück. Die Gräfin erhob sich.

»Ich muss mit Aristide sprechen.«

Sie wechselte einige Worte mit dem Oberkellner, einem hageren Mephistopheles, dann ging sie von Tisch zu Tisch und unterhielt sich mit den Gästen.

Der Professor wischte sich die Stirn, nippte an einem Glas Wein und meinte:

»Sie ist schon eine starke Persönlichkeit, was? Die Leute spüren das.«

Er entschuldigte sich und ging an einen anderen Tisch, um mit jemandem zu sprechen. Poirot blieb allein mit der ernsten Alice zurück und wurde ein wenig verlegen, als er dem Blick ihrer kalten blauen Augen begegnete. Er erkannte, dass sie eigentlich recht gut aussah, fand sie jedoch ausgesprochen beängstigend.

»Ich weiß gar nicht, wie Sie mit Nachnamen heißen«, murmelte er.

»Cunningham. Dr. Alice Cunningham. Sie kennen Vera von früher, nehme ich an?«

»Von vor etwa zwanzig Jahren.«

»Ich finde, sie gibt ein interessantes Studienobjekt ab«, sagte Dr. Alice Cunningham. »Natürlich interessiert sie mich als die Mutter des Mannes, den ich heiraten werde, aber von Berufs wegen interessiert sie mich ebenfalls.«

»Wirklich?«

»Ja. Ich schreibe gerade ein Buch über Kriminalpsychologie. Ich finde das Nachtleben hier äußerst erhellend. Es gibt mehrere Verbrechertypen, die hier regelmäßig auftauchen. Mit einigen von ihnen habe ich über ihre Kindheit und Jugend gesprochen. Veras kriminelle Neigungen kennen Sie natürlich – ich meine die Tatsache, dass sie stiehlt?«

»Also, ja, das weiß ich«, erwiderte Poirot etwas verdattert.

»Ich nenne das den Elster-Komplex. Verstehen Sie, sie stiehlt immer glitzernde Gegenstände. Nie Geld. Immer Schmuck. Ich habe herausgefunden, dass sie als Kind verhätschelt und verwöhnt, aber sehr stark behütet wurde. Ihr Leben war unerträglich öde –

öde und sicher. Ihre Natur verlangte nach Dramatik, sehnte sich nach Bestrafung. Das ist die Wurzel ihrer diebischen Neigungen. Sie braucht das Aufsehen, den Eklat des Bestraftwerdens!«

Poirot protestierte: »Als Angehörige des russischen *ancien régime* während der Revolution kann ihr Leben doch unmöglich sicher und öde gewesen sein?«

Eine leise Belustigung machte sich in Miss Cunninghams blassblauen Augen breit.

»Aha«, sagte sie. »Eine Angehörige des *ancien régime*? Hat sie Ihnen das erzählt?«

»Sie ist zweifellos eine Aristokratin«, beharrte Poirot, während er gleichzeitig gegen bestimmte unangenehme Erinnerungen an die weit auseinanderklaffenden Berichte über ihre Kindheit ankämpfte, die ihm die Gräfin selbst aufgetischt hatte.

»Man glaubt das, was man glauben will«, sagte Miss Cunningham und warf ihm einen professionell geschulten Blick zu.

Poirot verspürte Panik. Im nächsten Augenblick würde sie ihm seinen eigenen Komplex offenbaren. Er beschloss, zum Gegenangriff überzugehen. Er fühlte sich in der Gesellschaft von Gräfin Rossakoff wohl, und zwar zum Teil genau wegen ihrer aristokratischen *provenance*, und er hatte nicht vor, sich dieses Vergnügen von einem kleinen bebrillten Mädchen mit wässrig-blauen Glupschaugen und einem Abschluss in Psychologie vermiesen zu lassen.

»Wissen Sie, was mich erstaunt?«, fragte er.

Alice Cunningham sagte nicht direkt, dass sie es nicht wusste. Sie begnügte sich damit, eine gelangweilte, aber nachsichtige Miene aufzusetzen.

Poirot fuhr fort:

»Es verblüfft mich, dass Sie – wo Sie doch jung sind und, wenn Sie sich Mühe gäben, hübsch aussehen könnten – nun, es verblüfft mich, dass Sie sich *nicht* diese Mühe machen! Sie tragen ein schweres Kostüm mit den großen Taschen, als wollten Sie Golf spielen gehen. Aber das hier ist nicht der Golfplatz, es ist der Kellerklub mit einer Temperatur von 22 Grad, und Ihre Nase, die ist rot und glänzt, aber Sie pudern sie nicht, und den Lippenstift, den tragen Sie ohne jedes Interesse auf, ohne den Bogen der Lippen zu betonen! Sie sind eine Frau, aber Sie lenken die Aufmerksamkeit nicht auf diese entscheidende Tatsache. Und ich frage Sie: ›Warum nicht?‹ Das ist jammerschade!«

Einen Augenblick genoss er die Genugtuung, einen menschlichen Ausdruck in Alice Cunninghams Gesicht zu entdecken. Er sah sogar Wut in ihren Augen aufblitzen. Dann erlangte sie ihre Fassung zurück und bedachte ihn mit ihrer typischen lächelnden Verachtung.

»Mein lieber Monsieur Poirot«, begann sie. »Ich fürchte, was die moderne Weltanschauung angeht, sind Sie ein Mann von gestern. Die essenziellen Werte sind entscheidend, nicht das schmückende Beiwerk.«

Als ein schwarzhaariger, sehr attraktiver junger Mann auf ihren Tisch zukam, blickte sie auf.

»Das ist ein hochinteressanter Typus«, murmelte sie begeistert. »Paul Varesco! Lebt von Frauen und hat seltsame verdorbene Gelüste! Ich wünschte, er würde mir mehr über das Kindermädchen erzählten, das sich um ihn gekümmert hat, als er drei Jahre alt war.«

Kurz darauf tanzte sie mit dem jungen Mann. Er tanzte göttlich. Als sie an Poirots Tisch vorbeischwebten, hörte Poirot sie sagen: »Und nach dem Sommer in Bognor schenkte sie Ihnen einen Spielzeugkran? Einen Kran – ja, das ist äußerst vielsagend.«

Für einen Augenblick ließ er sich dazu verlocken, mit dem Gedanken zu spielen, dass Miss Cunninghams Interesse an Verbrechertypen eines Tages dazu führen könnte, dass ihre verstümmelte Leiche in einem einsamen Wald gefunden würde. Er mochte Alice Cunningham nicht, war jedoch ehrlich genug sich einzugestehen, dass der Grund für seine Abneigung darin lag, wie unbeeindruckt sie von Hercule Poirot war! Seine Eitelkeit war verletzt!

Dann sah er etwas, was ihn Alice Cunningham augenblicklich

vergessen ließ. An einem Tisch auf der anderen Seite der Tanzfläche saß ein blonder junger Mann. Er trug einen Abendanzug, und sein ganzes Auftreten war das eines Menschen, der ein bequemes und hedonistisches Leben führte. Ihm gegenüber saß genau die richtige Art von teurem Mädchen. Er starrte sie mit einem einfältigen, dümmlichen Blick an. Wer die beiden sah, hätte sofort sagen können: »Reiche Müßiggänger!« Allerdings wusste Poirot ganz genau, dass der junge Mann weder reich noch müßig war. Es handelte sich nämlich um Detective Inspector Charles Stevens, und Poirot hielt es für wahrscheinlich, dass Detective Inspector Charles Stevens dienstlich unterwegs war …

Am nächsten Morgen stattete Poirot seinem alten Freund Chief Inspector Japp einen Besuch bei Scotland Yard ab.

Japps Reaktion auf seine tastenden Fragen war unerwartet.

»Sie alter Fuchs!«, sagte Japp herzlich. »Wie Sie diese Dinge in Erfahrung bringen, ist mir ein Rätsel!«

»Aber ich versichere Ihnen, ich weiß nichts, überhaupt nichts! Es ist nichts als reine Neugier.«

Japp meinte, das könne Poirot seiner Großmutter erzählen!

»Sie wollen alles über die *Hölle* wissen? Nun, oberflächlich gesehen ist es lediglich einer von diesen Klubs. Er findet großen Anklang! Die müssen sich dumm und dämlich verdienen, obwohl sie natürlich ziemlich hohe Unkosten haben. Angeblich betreibt ihn irgendeine Russin, nennt sich Gräfin Soundso …«

»Ich bin mit Gräfin Rossakoff bekannt«, sagte Poirot kühl. »Wir sind alte Freunde.«

»Aber sie ist nur ein Strohmann«, fuhr Japp fort. »Das Geld stammt jedenfalls nicht von ihr. Vielleicht von dem Oberkellner, Aristide Papopolous – er ist Teilhaber, aber gehören tut ihm der Laden unserer Meinung nach nicht. Um ehrlich zu sein, wissen wir nicht, wem genau der Laden gehört!«

»Und Inspector Stevens besucht den Klub, um es herauszufinden?«

»Ach, Sie haben also Stevens gesehen, ja? Ein echter Glückspilz, auf Kosten der Steuerzahler so einen Auftrag zu kriegen! Bisher hat er allerdings herzlich wenig herausbekommen!«

»Was gibt es denn dort Ihrer Meinung nach herauszufinden?«

»Rauschgift! Drogengeschäfte im großen Stil. Und die Drogen werden nicht mit Geld, sondern mit Edelsteinen bezahlt.«

»Aha?«

»Das Ganze läuft so: Lady X – beziehungsweise Gräfin Wasweißich – hat Schwierigkeiten, Bargeld aufzutreiben, und will sowieso nicht riesige Summen von der Bank abheben. Aber sie besitzt Schmuck, zum Teil Erbstücke! Man bringt sie irgendwohin, um sie ›reinigen‹ und ›neu einfassen‹ zu lassen – und dort werden die Edelsteine dann aus ihren Fassungen herausgenommen und durch Strass ersetzt. Die ungefassten Steine werden entweder hier oder auf dem Kontinent verkauft. Es läuft alles wie geschmiert – kein Diebstahl, kein Zeter und Mordio. Sagen wir, früher oder später kommt heraus, dass ein bestimmtes Diadem oder eine Halskette eine Fälschung ist. Lady X spielt die Unschuldige und das Opfer, kann sich überhaupt nicht vorstellen, wie oder wann die Steine ausgetauscht worden sein könnten – schließlich hat sie die Halskette nie aus der Hand gegeben! Schickt die arme, schweißgebadete Polizei auf eine vergebliche Jagd nach entlassenen Dienstmädchen, zwielichtigen Butlern oder verdächtigen Fensterputzern.

Allerdings sind wir nicht ganz so dumm, wie diese Vögel denken! Plötzlich gab es mehrere Fälle kurz hintereinander – und wir entdeckten eine Gemeinsamkeit: Alle Frauen zeigten Anzeichen von Drogenkonsum – Nervosität, Reizbarkeit, Zuckungen, erweiterte Pupillen et cetera. Die Frage war: ›Wo hatten sie die Drogen her und wer steckte dahinter?‹«

»Und Sie meinen, die Antwort lautet: die *Hölle*?«

»Wir glauben, das ist das Hauptquartier der Bande. Wir haben herausgefunden, wo der Schmuck umgearbeitet wird, nämlich bei der Firma Golconda Ltd. – nach außen hin absolut seriös, hochwertige Juwelenimitationen. Da macht ein übler Kunde mit, ein gewisser Paul Varesco – ah, ich sehe, Sie kennen ihn?«

»Ich habe ihn gesehen, in der *Hölle.*«

»Da würde ich ihn auch gerne sehen, aber in der richtigen Hölle! Das ist ein ganz schlimmer Hund, aber Frauen, sogar anständige Frauen, fressen ihm aus der Hand! Er hat irgendeine Beziehung zu Golconda Ltd., und ich bin mir ziemlich sicher, dass er hinter der *Hölle* steckt. Der Klub ist für seine Zwecke ideal: Da gehen sie alle ein und aus, Damen der Gesellschaft, Berufsganoven – ein perfekter Treffpunkt.«

»Sie glauben, der Tausch – Juwelen gegen Drogen – findet dort statt?«

»Ja. Wir wissen, was bei Golconda passiert, und jetzt wollen wir herausfinden, wie der andere Teil des Geschäfts funktioniert, die Sache mit den Drogen. Wir wollen herausfinden, wer das Zeug liefert und wo es herkommt.«

»Und bisher haben Sie keinen blassen Dunst?«

»Ich glaube, es ist die Russin, aber wir haben keine Beweise. Vor ein paar Wochen dachten wir, wir kämen voran. Varesco ging zu Golconda, nahm dort einige Steine in Empfang und marschierte damit direkt in die *Hölle.* Stevens beobachtete ihn, hat aber nicht gesehen, dass er das Zeug tatsächlich weitergegeben hat. Als Varesco den Klub verließ, nahmen wir ihn hoch, aber er hatte die Steine nicht mehr bei sich. Wir haben den ganzen Laden durchsucht, die ganze Bande ausgehoben! Das Ergebnis: keine Steine, keine Drogen!«

»Also ein *fiasco*?«

Japp zuckte zusammen. »Das können Sie laut sagen! Hätten ziemlichen Ärger kriegen können, aber zum Glück haben wir Peverel bei der Razzia gefasst – Sie wissen schon, den Battersea-Mörder. Reines Glück, eigentlich dachten wir, er sei nach Schottland entwischt. Einer unserer schlauen Sergeants erkannte ihn von dem Steckbrief. Also Ende gut, alles gut: Belobigungen für uns und eine wahnsinnige Werbung für den Klub, der jetzt voller ist denn je!«

»Aber die Drogensuche bringt es nicht voran«, sagte Poirot. »Vielleicht gibt es in den Räumlichkeiten ein Versteck?«

»Garantiert. Aber wir konnten es nicht finden. Haben alles genauestens unter die Lupe genommen. Und außerdem fand, unter uns gesagt, noch eine inoffizielle Durchsuchung statt ...« Er zwinkerte Poirot zu. »Klammheimlich. Ein kleiner Hausfriedensbruch. War aber ein Reinfall, unser ›inoffizieller‹ Mann wurde von diesem verdammten Riesenköter fast in Stücke gerissen! Der schläft dort nämlich.«

»Aha, Zerberus?«

»Ja. Dämlicher Name für einen Hund – wie kann man einen Hund bloß nach einem Tafelsalz nennen?«

»Heißt das Salz nicht Cerebos?«, entgegnete Poirot vorsichtig. »Der Hund hingegen heißt Zerberus ...«, fügte er hinzu und hielt nachdenklich inne.

»Wie wär's, wenn Sie in dieser Angelegenheit einmal Ihr Glück versuchen würden, Poirot«, schlug Japp vor. »Ist eine reizvolle Aufgabe und der Mühe allemal wert. Ich kann das Geschäft mit Drogen auf den Tod nicht ausstehen, es macht die Menschen körperlich und seelisch kaputt. Das ist wirklich, wenn Sie so wollen, die Hölle!«

»Ja, es würde das Dutzend voll machen«, murmelte Poirot versonnen. »Wissen Sie, was die zwölfte Arbeit des Herkules war?«

»Keine Ahnung.«

»Die Gefangennahme des Zerberus. Das passt doch, oder?«

»Keinen Schimmer, wovon Sie da reden, altes Haus, aber denken Sie dran: ›Hund frisst Mann‹ wäre eine grandiose Schlagzeile.« Japp lehnte sich zurück und brüllte vor Lachen.

»Ich möchte ein sehr ernstes Wort mit Ihnen reden«, sagte Poirot.

Es war noch früh, der Klub fast leer. Die Gräfin und Poirot saßen an einem Tischchen unweit des Eingangs.

»Aber mir ist gerade nicht ernst zumute«, wandte sie ein. »*La petite Alice*, die ist immer ernst, und das finde ich, *entre nous*, äußerst langweilig. Mein kleiner Niki, wird er sich irgendwann amüsieren können? Nicht die Bohne.«

»Ich hege große Zuneigung zu Ihnen«, fuhr Poirot unbeirrt fort. »Und ich möchte nicht, dass Sie in die, wie man so schön sagt, Klemme geraten.«

»Aber das ist doch absurd, was Sie da sagen! Ich bin ganz oben, die Kasse klingelt nur so!«

»Gehört dieses Etablissement Ihnen?«

Die Gräfin wich Poirots Blick aus.

»Sicher«, antwortete sie.

»Aber Sie haben einen Partner?«

»Wer hat Ihnen das gesagt?«, fragte die Gräfin scharf.

»Ist Paul Varesco Ihr Partner?«

»Oh! Paul Varesco? Sie haben Vorstellungen!«

»Er hat einen schlechten … Er ist vorbestraft! Ist Ihnen klar, dass hier Verbrecher verkehren?«

Die Gräfin lachte schallend auf.

»Da spricht der *bon bourgeois*! Natürlich ist mir das klar! Verstehen Sie nicht, dass genau das den Reiz dieses Etablissements ausmacht? Diese jungen Leute aus Mayfair, die haben es irgendwann satt, im West End nur unter ihresgleichen zu sein. Sie kommen hierher und sehen die Verbrecher: den Dieb, den Erpresser, den Hochstapler, vielleicht sogar den Mörder, den Mann, der nächsten Sonntag in der Zeitung steht! Das ist aufregend – sie denken, sie sehen das echte Leben! Genau wie der wohlhabende Geschäftsmann, der die ganze Woche über Schlüpfer, Strümpfe und Korsetts verkauft! Was für ein Kontrast zu seinem anständigen Leben und seinen anständigen Freunden! Und als zusätzlicher Nervenkitzel: An einem Tisch sitzt, sich über den Schnurrbart streichend, ein Inspector von Scotland Yard, ein Inspector im Frack.«

»Das wussten Sie also?«, fragte Poirot leise.

Sie blickte ihm in die Augen und lächelte.

»*Mon cher ami*, ich bin nicht so einfältig, wie Sie zu denken scheinen!«

»Wird hier auch mit Drogen gehandelt?«

»*Ah, ça non!*« Die Gräfin protestierte energisch. »Das wäre *dégoûtant*!«

Poirot sah sie kurz an, dann seufzte er.

»Ich glaube Ihnen«, sagte er. »Aber dann ist es umso wichtiger, dass Sie mir sagen, wem dieser Klub wirklich gehört.«

»Er gehört mir«, blaffte sie.

»Ja, auf dem Papier. Aber es gibt einen Hintermann.«

»Wissen Sie, *mon ami*, ich finde, Sie sind entschieden zu neugierig. Ist er nicht viel zu neugierig, Doudou?«

Die letzten Worte sprach sie leise und gurrend, während sie den Entenknochen auf ihrem Teller dem großen schwarzen Hund zuwarf, der ihn gierig auffing und die Kiefer krachend zuschnappen ließ.

»Wie nennen Sie dieses Tier?«, fragte Poirot, vorübergehend abgelenkt.

»*C'est mon petit Doudou!*«

»Aber so ein Name ist doch lächerlich!«

»Aber er ist so süß! Das ist ein Polizeihund! Er kann alles, absolut alles. Warten Sie!«

Sie stand auf, sah sich um und schnappte sich einen Teller mit einem großen, saftigen Steak, das soeben einem ganz in der Nähe sitzenden Gast serviert worden war. Sie ging zu der Marmornische hinüber und stellte den Teller vor den Hund, während sie ihm ein paar russische Worte zuraunte.

Zerberus starrte vor sich hin, als hätte sich das Steak in Luft aufgelöst.

»Sehen Sie? Und das ist nicht nur eine Frage von Minuten! Wenn es sein muss, verharrt er stundenlang in dieser Stellung!«

Dann murmelte sie ein Wort, und blitzschnell senkte Zerberus seinen langen Hals, und das Steak war wie weggezaubert.

Vera Rossakoff schlang dem Hund die Arme um den Hals und drückte ihn leidenschaftlich an sich, wozu sie sich auf die Zehenspitzen stellen musste.

»Sehen Sie, wie zahm er sein kann!«, rief sie. »Bei mir, bei Alice, bei seinen Freunden – die können mit ihm machen, was sie wollen! Aber man muss ihm nur das Kommando geben, und zack! Ich garantiere Ihnen, dass er zum Beispiel einen – Polizeiinspektor in winzige Stücke reißen würde! Ja, in winzige Stücke!«

Sie lachte schallend auf.

»Ich müsste nur ein Wort sagen …«

Poirot unterbrach sie hastig. Er traute dem Humor der Gräfin nicht. Inspector Stevens war womöglich in ernster Gefahr.

»Professor Liskeard möchte mit Ihnen sprechen.«

Der Professor stand mit vorwurfsvoller Miene neben ihr.

»Sie haben mir mein Steak weggenommen«, sagte er. »Warum haben Sie mir mein Steak weggenommen? Das war ein gutes Steak!«

»Donnerstagabend, altes Haus«, sagte Japp. »Da steigt die Sache. Ist natürlich Andrews' Ding – Sie wissen schon: Rauschgiftdezernat –, aber er wird sich freuen, wenn Sie mitmischen. Nein danke, für mich keinen von Ihren exquisiten *sirops*. Ich muss meinen Magen schonen. Ist das da drüben Whisky? Das wäre schon eher mein Fall!«

Das Glas absetzend, fuhr er fort.

»Ich glaube, wir haben das Rätsel gelöst. Es gibt in diesem Klub noch einen zweiten Ausgang – und wir haben ihn gefunden!«

»Wo?«

»Hinter dem Grill. Ein Teil davon lässt sich drehen.«

»Aber das würde man doch auf jeden Fall sehen …«

»Nein, alter Knabe. Als die Razzia begann, ging das Licht aus – die Hauptsicherung wurde herausgedreht –, und es dauerte ein paar Minuten, bis wir es wieder angeschaltet hatten. Durch den Vordereingang kam niemand heraus, der wurde nämlich bewacht, aber wir wissen jetzt, dass es während des ganzen Durcheinanders auf jeden Fall möglich war, durch den Geheimausgang hinauszuschlüpfen. Wir haben uns nämlich das Gebäude hinter dem

Klub einmal näher angesehen – und dabei kamen wir ihnen auf die Schliche.«

»Und Sie schlagen jetzt was genau vor?«

Japp zwinkerte Poirot zu.

»Alles läuft genau nach Plan: Die Polizei taucht auf, das Licht geht aus – und draußen vor dem Geheimausgang wartet jemand, um zu sehen, wer da herauskommt. Diesmal erwischen wir sie!«

»Und warum Donnerstag?«

Wieder zwinkerte Japp ihm zu.

»Wir wissen mittlerweile ziemlich gut Bescheid, was bei Golconda abläuft. Donnerstag geht dort Ware raus. Die Smaragde von Lady Carrington.«

»Sie erlauben«, sagte Poirot, »dass auch ich ein oder zwei kleine Vorkehrungen treffe?«

Am Donnerstagabend saß Poirot an seinem gewohnten Tischchen in der Nähe des Eingangs und musterte seine Umgebung. Wie üblich herrschte in der *Hölle* ein reges Treiben!

Die Gräfin hatte sich sogar noch extravaganter zurechtgemacht als sonst, falls das überhaupt möglich war. Sie wirkte an diesem Abend sehr russisch, klatschte in die Hände und kreischte vor Lachen. Paul Varesco war eingetroffen. Manchmal trug er einen tadellosen Abendanzug, manchmal, so wie heute, zog er es vor, sich in einer Art Unterwelt-Outfit zu präsentieren, nämlich in eng geknöpfter Jacke und Halstuch. Er sah brutal und attraktiv aus. Sich von einer fülligen, mit Diamanten behängten Dame mittleren Alters lösend, beugte er sich zu Alice Cunningham hinüber, die an einem Tisch saß und sich eifrig Notizen machte, und bat sie um einen Tanz. Die füllige Frau starrte Alice böse an und warf Varesco einen bewundernden Blick zu.

In Miss Cunninghams leuchtenden Augen lag keinerlei Bewunderung. Sie verrieten das rein wissenschaftliche Interesse ihres Forschergeistes, und es gelang Poirot, während die beiden an ihm vorbeitanzten, Bruchstücke ihrer Unterhaltung aufzufangen.

Sie hatte das Kindermädchen hinter sich gelassen und bemühte sich jetzt, Auskünfte über die Hausmutter von Pauls Grundschulinternat einzuholen.

Als die Musik aussetzte, ließ sie sich neben Poirot nieder und wirkte zufrieden und enthusiastisch.

»Hochinteressant«, sagte sie. »Varesco wird in meinem Buch eine der wichtigsten Fallstudien sein. Die Symbolik ist unverkennbar. Probleme mit Unterhemden zum Beispiel – ersetzen sie ›Unterhemd‹ durch ›härenes Hemd‹ mit all seinen Assoziationen, und die ganze Sache wird sonnenklar. Sie mögen ihn für einen ausgesprochenen Verbrechertypus halten, aber er *kann* geheilt werden …«

»Dass eine Frau einen Schwerenöter umkrempeln könne«, sagte Poirot, »gehörte schon immer zu den weiblichen Lieblingsillusionen.«

Alice Cunningham sah ihn kühl an.

»Das hat überhaupt nichts mit mir persönlich zu tun, Monsieur Poirot.«

»Es ist nie persönlich«, entgegnete Poirot. »Es ist immer purer, selbstloser Altruismus, doch das Ziel ist meistens ein attraktiver Angehöriger des anderen Geschlechts. Interessiert es Sie etwa, wo ich zur Schule ging oder wie die Hausmutter mich behandelt hat?«

»Sie sind kein Verbrechertypus«, sagte Miss Cunningham.

»Erkennen Sie einen Verbrechertypus immer gleich auf den ersten Blick?«

»Allerdings.«

Professor Liskeard gesellte sich zu ihnen. Er setzte sich neben Poirot.

»Sprechen Sie von Verbrechern? Sie sollten sich den Codex Hammurapi ansehen, Monsieur Poirot. Achtzehntes Jahrhundert vor Christus, hochinteressant. ›*Gesetzt, ein Mann wird während eines Feuers beim Stehlen ertappt, so wird selbiger Mann in jenes Feuer geworfen.*‹«

Vergnügt starrte er auf den Grill.

»Und es gibt noch ältere, sumerische Gesetze: ›*Gesetzt, eine Frau empfindet Hass gegen ihren Gatten und sagt zu ihm: Du sollst mich nicht besitzen!, so wird man selbige Frau in den Fluss werfen.*‹ Einfacher und billiger als eine Scheidung. Doch wenn es ein Mann zu seiner Gattin sagt, muss er nur eine halbe Mine Silber zahlen. Ihn wirft niemand in den Fluss.«

»Immer die gleiche Geschichte«, sagte Alice Cunningham. »Ein Gesetz für Männer und eins für Frauen.«

»Frauen haben natürlich mehr Sinn für den Wert des Geldes«, sagte der Professor nachdenklich. »Wissen Sie«, fügte er hinzu, »mir gefällt dieser Klub. Ich bin fast jeden Abend hier. Es kostet mich nichts. Das hat die Gräfin arrangiert – sehr nett von ihr –, als Dank für meine Dekorationstipps, sagt sie. Nicht dass die Ausgestaltung des Raumes hier irgendetwas mit mir zu tun hätte – ich hatte keine Ahnung, weshalb sie mir die ganzen Fragen stellte –, und natürlich haben sie und der Künstler alles völlig falsch verstanden. Ich hoffe, niemand wird je erfahren, dass ich auch nur im Entferntesten etwas mit diesen Scheußlichkeiten zu tun hatte. Das würde mir auf ewig nachhängen. Aber sie ist eine wunderbare Frau – ein bisschen wie eine Babylonierin, finde ich immer. Die Babylonierinnen waren gute Geschäftsfrauen, wissen Sie …«

Plötzlich gingen die Worte des Professors in lautem Tumult unter. Man hörte das Wort »Polizei« – Frauen sprangen auf, es war das reinste babylonische Sprachgewirr. Das Licht ging aus, und der elektrische Grill ebenfalls.

Inmitten des Durcheinanders ließ sich im Hintergrund weiterhin die Stimme des Professors vernehmen, der gelassen diverse Passagen aus dem Codex Hammurapi rezitierte.

Als das Licht wieder anging, war Hercule Poirot auf halber Höhe der breiten, flachen Treppe. Die Polizisten an der Tür salutierten, als sie ihn sahen, dann trat er auf die Straße und schlenderte zur Ecke. Direkt dahinter stand, an die Wand gepresst, ein kleiner, rotnasiger, übel riechender Mann. Er sprach in einem heiseren, ängstlichen Flüsterton.

»Da bin ich, Chef. Zeit für meine kleine Einlage?«

»Ja. Los.«

»Sind aber 'ne Menge Bullen hier!«

»Das macht nichts. Die wissen Bescheid.«

»Hoffe nur, die funken nich dazwischen, das is alles.«

»Die funken nicht dazwischen. Sind Sie sicher, dass Sie die Sache über die Bühne bringen können? Das betreffende Tier ist groß und bösartig.«

»Bei mir wird er nich bösartig sein«, sagte das Männchen zuversichtlich. »Nich, wenn er sieht, was ich dabeihabe! Dafür würde mir jeder Hund sogar in die Hölle folgen!«

»In diesem Fall«, murmelte Hercule Poirot, »soll er Ihnen allerdings aus der Hölle heraus folgen!«

In den frühen Morgenstunden klingelte das Telefon. Poirot nahm ab.

Aus dem Hörer ertönte Japps Stimme:

»Ich sollte Sie anrufen.«

»Ja, in der Tat. *Eh bien?*«

»Keine Drogen, aber wir haben die Smaragde gefunden.«

»Wo?«

»In der Jackentasche von Professor Liskeard.«

»Von Professor Liskeard?«

»Überrascht Sie auch, was? Offen gesagt weiß ich nicht, was ich davon halten soll! Er war völlig aus der Fassung, starrte sie an, meinte, er habe nicht die leiseste Ahnung, wie sie in seine Tasche gekommen seien, und verdammt noch mal, ich glaube, er hat die Wahrheit gesagt! Varesco hätte sie während des Stromausfalls leicht in seine Tasche gleiten lassen können. Ich kann mir nicht vorstellen, dass ein Mann wie der alte Liskeard in solche Geschäfte verwickelt ist. Er ist Mitglied in diesen ganzen blasierten Gesellschaften und hat sogar Verbindungen zum British Museum! Das Einzige, wofür er je Geld ausgibt, sind Bücher, und noch dazu alte, muffige, gebrauchte Bücher. Nein, das passt nicht zu ihm. Langsam glaube ich, dass wir völlig falschlagen, dass in dem Klub nie irgendwelche Drogen im Umlauf waren.«

»O doch, *mon ami*, die waren dort sehr wohl im Umlauf, zum Beispiel gestern Abend. Sagen Sie, ist denn niemand durch Ihre Geheimtür herausgekommen?«

»Doch, Prince Henry of Scandenberg und sein Stallmeister – er traf erst gestern in England ein. Vitamian Evans, das Kabinettsmitglied – verdammt schwerer Job, Labour-Minister, da muss man derartig vorsichtig sein! Wenn ein Tory-Politiker in Saus und Braus lebt, kümmert sich kein Schwein drum, weil die Steuerzahler annehmen, er verplempere sein eigenes Geld – aber wenn es jemand aus der Labour Party macht, dann denkt die breite Öffentlichkeit sofort, er würde ihr Geld ausgeben! Als Letzte kam Lady Beatrice Viner heraus – sie heiratet übermorgen den hochnäsigen jungen Duke of Leominster. Ich glaube nicht, dass irgendeiner von denen in diese Geschichte verwickelt ist.«

»Da haben Sie recht. Trotzdem waren in dem Klub Drogen im Umlauf, und jemand hat sie herausgeschafft.«

»Und wer?«

»Meine Wenigkeit, *mon ami*«, sagte Poirot leise.

Weil es im Flur schellte, legte er den Hörer auf und schnitt Japps Gestammel damit ab. Er öffnete die Tür. Gräfin Rossakoff rauschte herein.

»Wären wir nicht, leider Gottes, zu alt dafür, dann wäre das jetzt äußerst kompromittierend!«, rief sie. »Sie sehen, ich bin gekommen, wie Sie es mir in Ihrer Nachricht aufgetragen haben. Ich glaube, mir ist ein Polizist gefolgt, aber der kann ruhig auf der Straße warten. Also, mein Freund, was gibt's?«

Poirot nahm ihr galant den Fuchspelz ab.

»Warum haben Sie die Smaragde in Professor Liskeards Jackentasche gesteckt?«, fragte er. *»Ce n'est pas gentille ce que vous avez fait là!«*

Die Gräfin riss die Augen auf.

»Ich wollte sie natürlich in *Ihre* Tasche stecken!«

»Oh, in *meine* Tasche?«

»Allerdings. Ich gehe schnell zu dem Tisch, an dem Sie gewöhnlich sitzen, aber das Licht ist aus, und ich schätze, da habe ich sie aus Versehen in die Tasche des Professors gesteckt.«

»Und warum wollten Sie mir gestohlene Smaragde zustecken?«

»Es schien mir – verstehen Sie, ich musste schnell handeln – das Beste zu sein.«

»Wirklich, Vera, Sie sind *impayable*!«

»Aber, lieber Freund, bedenken Sie doch! Die Polizei kommt, das Licht geht aus – unser kleines privates Arrangement für die Gäste, die nicht in Verlegenheit gebracht werden wollen –, und eine Hand greift sich meine Tasche auf dem Tisch. Ich schnappe sie mir wieder, fühle allerdings durch den Samt etwas Hartes. Ich fasse hinein und betaste es und weiß sofort, dass es die Steine sind und wer sie mir da reingesteckt hat!«

»Ach wirklich?«

»Aber natürlich! Dieser *salaud*! Diese Schlange, dieses Ungeheuer, diese falsche, doppelzüngige, hinterhältige Natter von einem Sohn eines Schweines – Paul Varesco!«

»Ihr Kompagnon in der *Hölle*?«

»Ja, ja, ihm gehört der Laden, er hat ihn finanziert. Bis jetzt habe ich ihn nicht verraten – ich, ich halte mich nämlich an ein Versprechen! Aber jetzt, wo er ein doppeltes Spiel mit mir spielt, wo er versucht, mir die Polizei auf den Hals zu hetzen – ah, jetzt werde ich seinen Namen ausspucken, ja, *ausspucken*!«

»Beruhigen Sie sich«, sagte Poirot, »und kommen Sie mit nach nebenan.«

Er öffnete die Tür. Es war ein kleiner Raum, in dem auf den ersten Blick nichts als HUND zu sein schien. Selbst in den ausgedehnten Räumlichkeiten der *Hölle* hatte Zerberus überdimensional gewirkt. Doch in dem winzigen Esszimmer in Poirots Mietwohnung schien neben Zerberus nichts anderes mehr Platz zu haben. Das Männchen mit der starken Duftnote befand sich allerdings auch noch dort.

»Wir sind hier, genau nach Plan, Chef«, sagte er mit heiserer Stimme.

»Doudou!«, kreischte die Gräfin. »Doudou, mein Engel!«

Zerberus klopfte mit dem Schwanz auf den Fußboden, rührte sich aber nicht vom Fleck.

»Darf ich vorstellen, Mr William Higgs«, brüllte Poirot gegen das Schwanzklopfen des Hundes an. »Ein Meister seines Faches. Während des *brouhaha* gestern Abend«, fuhr Poirot fort, »konnte Mr Higgs Zerberus dazu bewegen, ihn aus der *Hölle* hierher zu begleiten.«

»Sie konnten ihn dazu bewegen?« Die Gräfin starrte die kleine, rattenähnliche Gestalt ungläubig an. »Aber wie? Wie?«

Mr Higgs senkte verschämt die Augen.

»Möcht ich vor einer Lady gar nich erzählen. Aber's gibt Sachen, denen kann kein Hund widerstehn. Wenn ich will, folgt mir jeder Hund überallhin. Bei Hündinnen, da klappt's natürlich nich – nein, das is was ganz was andres.«

Gräfin Rossakoff wandte sich an Poirot.

»Aber warum? Warum?«

»Ein derart abgerichteter Hund«, sagte Poirot langsam, »behält etwas so lange im Maul, bis er den Befehl erhält, es fallen zu lassen. Wenn es sein muss, trägt er es stundenlang mit sich herum. Würden Sie Ihrem Hund jetzt sagen, dass er es fallen lassen soll?«

Vera Rossakoff starrte Poirot an, wandte sich um und sagte zwei knappe Worte.

Zerberus riss den Rachen auf. Unversehens, und das war jetzt wirklich beängstigend, schien ihm die Zunge aus dem Maul zu fallen …

Poirot trat vor. Er hob ein kleines rosa Gummipäckchen auf und wickelte es aus. Drinnen war ein Tütchen mit weißem Pulver.

»Was ist das?«, fragte die Gräfin scharf.

»Cocaïne«, antwortete Poirot leise. »Eine winzige Menge, wie es scheint – für die, die dafür zu zahlen gewillt sind, aber genug,

um Tausende von Pfund wert zu sein … Genug, um Hunderte von Menschen in Elend und Verderben zu stürzen …«

Sie schnappte nach Luft. Dann rief sie:

»Und Sie glauben, dass ich – aber das stimmt nicht! Ich schwöre, es stimmt nicht! Früher habe ich mich mit den Schmuckstücken amüsiert, den *bibelots*, den kleinen Raritäten – das macht einem das Leben leichter, verstehen Sie. Und ich finde, warum nicht? Warum soll einer mehr besitzen als der andere?«

»Find ich auch, vor allem bei Hunden«, rief Mr Higgs dazwischen.

»Sie haben kein bisschen Rechtsbewusstsein«, sagte Poirot bekümmert zur Gräfin.

Sie fuhr fort:

»Aber Drogen – die nicht! Denn die bringen Elend und Schmerz, führen zu Verfall und Untergang! Ich hatte keine Ahnung, nicht die geringste Ahnung, dass meine reizende, unschuldige, hübsche kleine *Hölle* für solche Zwecke missbraucht wurde!«

»Von wegen den Drogen, da stimm ich Ihnen zu«, sagte Mr Higgs. »Windhunde zu dopen, das is 'ne Schweinerei, aber ehrlich! Mit so was möcht ich nie nix zu tun haben, und das hab ich auch nich!«

»Aber sagen Sie doch bitte, dass Sie mir glauben, mein Freund«, flehte die Gräfin.

»Aber natürlich glaube ich Ihnen! Habe ich nicht weder Zeit noch Mühen gescheut, den wahren Kopf des Drogenhandels überführen zu lassen? Habe ich nicht die zwölfte Arbeit des Herkules vollbracht und Zerberus aus der Hölle heraufgeholt, um zu beweisen, dass ich recht habe? Denn eins sage ich Ihnen: Ich mag es nicht, wenn meinen Freunden ein Verbrechen angehängt wird – ja, angehängt, denn Ihnen sollte, falls irgendetwas schiefging, die Schuld in die Schuhe geschoben werden! In Ihrer Handtasche hätte man die Smaragde gefunden, und wenn irgendjemand, so wie ich zum Beispiel, clever genug gewesen wäre, im Maul eines scharfen Wachhundes ein Versteck zu vermuten – *eh bien*, es ist Ihr Hund, nicht wahr? Selbst wenn er *la petite Alice* so weit akzeptiert hat, dass er auch ihren Befehlen Folge leistet! Ja, machen Sie nur große Augen! Diese junge Dame mit ihrem Fachjargon und dem Kostüm mit den großen Taschen gefiel mir von Anfang an nicht. Ja, Taschen. Es ist nicht natürlich, dass eine Frau so wenig auf ihr Äußeres gibt! Und was erzählt sie mir? Dass es die essenziellen Werte sind, die zählen! Aha! Essenziell sind die Taschen. Taschen, in denen sie Drogen herumtragen und Schmuck fortschaffen kann – ein kleiner Tausch, der leicht zu bewerkstelligen ist, wenn sie mit ihrem Komplizen tanzt, den sie als psychologisches Studienobjekt hinstellt. Ah, welch ein Deckmantel! Niemand verdächtigt die ernste, die studierte Psychologin mit dem Abschluss in Medizin und der Brille. Sie kann Drogen einschmuggeln und ihre reichen Patienten süchtig machen, sie kann den Nachtklub finanzieren und es so einrichten, dass er von jemand betrieben wird, der, sagen wir, früher einmal eine kleine Schwäche gezeigt hat! Aber sie verachtet Hercule Poirot, sie glaubt, ihn mit ihrem Gerede von Kindermädchen und Unterhemden täuschen zu können. *Eh bien*, ich bin bereit! Das Licht geht aus. Schnell stehe ich von meinem Tisch auf und stelle mich neben Zerberus. Im Dunkeln höre ich sie kommen. Sie öffnet sein Maul und schiebt das Päckchen hinein, und ich, ich schneide, vorsichtig, damit sie es nicht merkt, mit einer kleinen Schere ein winziges Stückchen Stoff von ihrem Ärmel ab.«

Mit dramatischer Geste holt er einen Schnipsel Stoff hervor.

»Sie sehen, das karierte Tweedmuster – ich werde das Stückchen Stoff Japp geben, damit er es dort einsetzt, wo es hingehört, ihre Verhaftung veranlässt und aufs Neue zeigen kann, wie klug Scotland Yard wieder einmal gewesen ist.«

Gräfin Rossakoff starrte ihn entgeistert an. Plötzlich stieß sie ein Wehklagen aus, das an ein Nebelhorn erinnerte.

»Aber mein Niki, mein Niki. Das wird doch furchtbar für ihn …« Sie hielt inne. »Oder meinen Sie nicht?«

»Es gibt in Amerika noch eine Menge anderer Mädchen«, sagte Hercule Poirot.

»Und ohne Sie säße seine Mutter jetzt im Gefängnis – im Gefängnis, in einer Zelle, mit abgeschnittenen Haaren und nach Desinfektionsmittel stinkend! Ach, Sie sind wunderbar, einfach wunderbar.«

Sie stürzte auf Poirot zu, fiel ihm um den Hals und umarmte ihn mit slawischer Leidenschaft. Mr Higgs sah genüsslich zu. Zerberus klopfte mit dem Schwanz auf den Fußboden.

Mitten in diese Freudenstimmung hinein platzte das Läuten der Türklingel.

»Japp!«, rief Poirot und löste sich aus den Armen der Gräfin.

»Es wäre vielleicht besser, wenn ich nach nebenan ginge«, sagte die Gräfin.

Sie schlüpfte durch die Verbindungstür. Poirot ging in Richtung Flur.

»Chef«, keuchte Mr Higgs besorgt, »sehn Sie sich lieber erst mal im Spiegel an.«

Poirot befolgte den Rat und zuckte zusammen. Lippenstift und Mascara verzierten sein Gesicht in einem bunten Durcheinander.

»Wenn's Mr Japp von Scotland Yard is, denkt er sicher gleich das Schlimmste«, sagte Mr Higgs.

Und fügte, während es erneut klingelte und Poirot fieberhaft versuchte, die scharlachroten Flecken von den Spitzen seines Schnurrbarts zu entfernen, hinzu: »Was soll ich 'n jetzt machen – auch abhaun? Was passiert 'n dann mit dem Höllenhund hier?«

»Wenn ich mich recht erinnere«, sagte Hercule Poirot, »ist Zerberus in die Hölle zurückgekehrt.«

»Wie Sie wollen«, sagte Mr Higgs. »Eigentlich hat er's mir irgendwie angetan ... Trotzdem, untern Nagel reißen möcht ich ihn mir nich, jedenfalls nich für immer – zu auffällig, wenn Sie wissen, was ich meine. Und stellen Sie sich bloß vor, was der mich an Rinderhachsen oder Pferdefleisch kosten würde! Frisst sicher so viel wie 'n junger Löwe, schätz ich mal.«

»Vom Nemëischen Löwen zur Gefangennahme des Zerberus«, murmelte Poirot. »Es ist vollendet.«

Ein Woche später legte Miss Lemon ihrem Arbeitgeber eine Rechnung vor.

»Entschuldigen Sie, Monsieur Poirot. Ist das in Ordnung, soll ich das bezahlen? ›Blumenhandlung Leonora. Rote Rosen.‹ Elf Pfund, acht Shilling und Sixpence. Abgegeben bei Gräfin Vera Rossakoff, *Hölle*, 13 End Street, WC1.«

Hercule Poirots Wangen nahmen die gleiche Farbe an wie ein Strauß Rosen. Er errötete, errötete bis über die Ohren.

»Vollkommen in Ordnung, Miss Lemon. Eine kleine, äh, Gabe für, für – zu einem festlichen Anlass. Der Sohn der Gräfin hat sich gerade in Amerika verlobt – mit der Tochter seines Brötchengebers, einem Stahlmagnaten. Rote Rosen sind, wenn ich mich recht erinnere, ihre Lieblingsblumen.«

»Aha«, sagte Miss Lemon. »Die sind zu dieser Jahreszeit sehr teuer.«

Hercule Poirot richtete sich zu seiner vollen Größe auf.

»Es gibt Augenblicke«, sagte er, »da sieht man nicht auf den Penny.«

Ein kleines Liedchen summend, ging er zur Tür hinaus. Sein Gang war leicht, fast federnd. Miss Lemon starrte ihm nach. Ihr Ablagesystem war vergessen. All ihre weiblichen Instinkte waren geweckt.

»Ach du liebe Güte«, murmelte sie. »Ich möchte wissen … Also wirklich – in *seinem* Alter! … Das kann doch nicht wahr sein …«

Vierundzwanzig Schwarzdrosseln

Hercule Poirot aß mit seinem Freund Henry Bonnington im Gallant Endeavour in der King's Road in Chelsea zu Abend. Mr Bonnington hatte ein Faible für das Gallant Endeavour. Er mochte die geruhsame Atmosphäre, er mochte das Essen, das »schlicht« und »englisch« war, ohne jeden »extravaganten Schnickschnack«, ohne wildes »Kuddelmuddel auf dem Teller«. Gern zeigte er denen, die dort mit ihm speisten, wo genau der Maler Augustus John einst zu sitzen pflegte, und machte sie auf die Namen weiterer berühmter Künstler im Gästebuch aufmerksam. Mr Bonnington selbst war der unkünstlerischste Mensch, den man sich nur vorstellen konnte, doch die künstlerischen Aktivitäten anderer erfüllten ihn mit einem gewissen Stolz.

Molly, die sympathische Kellnerin, begrüßte Mr Bonnington wie einen alten Freund. Sie hielt sich einiges auf ihr Gedächtnis für die kulinarischen Vorlieben und Abneigungen ihrer Gäste zugute.

»Guten Abend, Sir«, sagte sie, als die beiden Herren ihre Plätze an einem Ecktisch einnahmen. »Heute ist Ihr Glückstag: Truthahn, gefüllt mit Kastanien, das ist doch Ihr Leibgericht, oder? Außerdem haben wir einen ausgesprochen köstlichen Stilton! Möchten Sie als ersten Gang Suppe oder Fisch?«

Mr Bonnington überlegte. Zu Poirot, der die Speisekarte studierte, sagte er warnend:

»Jetzt gibt's aber keine von Ihren französischen Delikatessen. Sondern schlichte, gut durchgekochte englische Kost.«

»Mon ami«, Hercule Poirot wedelte mit der Hand, »was könn-

te ich mir Besseres wünschen! Ich gebe mich vorbehaltlos in Ihre Hände.«

»Ah, puuh, äh, hm«, erwiderte Mr Bonnington und ging lange mit sich zurate.

Als diese gewichtige Frage geklärt und der passende Wein ausgesucht war, lehnte sich Mr Bonnington mit einem Seufzer zurück und faltete seine Serviette auseinander, während Molly davoneilte.

»Eine gute Seele«, sagte er anerkennend. »War mal eine ziemliche Schönheit – stand sogar Künstlern Modell. Und, was wesentlich wichtiger ist, mit der Küche kennt sie sich auch aus. Wenn es ums Essen geht, ist auf Frauen ja in der Regel überhaupt kein Verlass. Wenn eine Frau mit einem Mann ausgeht, den sie mag, kriegt sie oft gar nicht mit, was sie isst. Sie bestellt sich einfach das erstbeste Gericht.«

Hercule Poirot schüttelte den Kopf.

»C'est terrible.«

»Männer sind Gott sei Dank nicht so!«, sagte Mr Bonnington selbstzufrieden.

»Nie?«, hakte Hercule Poirot mit einem Augenzwinkern nach.

»Na ja, vielleicht wenn sie sehr jung sind«, räumte Mr Bonnington ein. »Grünschnäbel! Die jungen Burschen sind doch heute alle gleich: kein Mumm, kein Durchhaltevermögen. Ich kann mit den jungen Leuten nichts anfangen – und sie«, er gab sich ganz und gar unparteiisch, »nichts mit mir. Vielleicht haben sie ja auch recht! Aber wenn man diese jungen Burschen manchmal so reden hört, möchte man meinen, dass keiner über sechzig überhaupt noch das Recht hat, am Leben zu sein! Wenn sie so herumschwadronieren, fragt man sich, warum nicht mehr von ihnen ihren älteren Verwandten dabei behilflich sind, der Welt Lebewohl zu sagen.«

»Vielleicht tun sie das ja«, sagte Hercule Poirot.

»Schöne Einstellung, die Sie da haben, Poirot, ich muss schon sagen. Zersetzt offenbar Ihre Ideale, diese ganze Polizeiarbeit.«

Hercule Poirot lächelte.

»Tout de même«, sagte er. »Es wäre interessant, ein Verzeichnis

aller tödlichen Unfälle von Menschen über sechzig zu erstellen. Ich versichere Ihnen, das würde Sie zu einigen sonderbaren Spekulationen anregen.«

»Das Problem bei Ihnen ist, dass Sie angefangen haben, nach Verbrechen Ausschau zu halten – anstatt zu warten, bis sie zu Ihnen kommen.«

»Ich bitte um Verzeihung«, sagte Poirot. »Ich komme in das ›Fachsimpeln‹, wie Sie es nennen. Erzählen Sie mir doch lieber von sich, *mon ami*. Wie sieht es in Ihrer Welt so aus?«

»Kuddelmuddel!«, gab Mr Bonnington zurück. »Das ist heutzutage das Problem mit der Welt. Zu viel Kuddelmuddel. Und zu viel hochgestochenes Gerede. Das hochgestochene Gerede hilft, das Kuddelmuddel zu verschleiern. Wie eine stark gewürzte Soße, die kaschiert, dass der Fisch darunter nicht der beste ist! Gebt mir ein ehrliches Seezungenfilet – ohne Soßenkuddelmuddel!«

Genau in diesem Moment servierte ihm Molly ein solches Filet, und er gab ein beifälliges Knurren von sich.

»Sie wissen einfach, was ich mag, meine Liebe«, sagte er.

»Sie kommen ja auch ziemlich regelmäßig zu uns, Sir. Da sollte ich Ihren Geschmack doch kennen.«

»Wollen die Leute denn wirklich immer das Gleiche essen?«, erkundigte sich Hercule Poirot. »Mögen sie nicht auch gelegentlich mal eine Abwechslung?«

»Die Gentlemen nicht, Sir. Die Ladys mögen Abwechslung – die Gentlemen wollen immer das Gleiche.«

»Was habe ich Ihnen gesagt?«, brummte Bonnington. »Wenn es ums Essen geht, ist auf Frauen grundsätzlich kein Verlass.«

Er schaute sich im Restaurant um.

»Die Welt ist schon komisch. Sehen Sie diesen sonderbaren alten Kauz mit dem Bart dort in der Ecke? Molly wird Ihnen sagen, dass er jeden Dienstag- und Donnerstagabend hier ist. Er kommt schon seit fast zehn Jahren her – gehört quasi zum Inventar. Aber niemand hier weiß, wie er heißt, wo er wohnt oder was er beruflich macht. Seltsam, wenn man sich's recht überlegt.«

Als die Kellnerin den Truthahn brachte, sagte er:

»Ich sehe, der Methusalem dort drüben beehrt Sie immer noch?«

»Ganz richtig, Sir. Dienstag und Donnerstag, das sind seine Tage. Nur letzte Woche, da kam er an einem Montag! Das hat mich völlig durcheinandergebracht! Ich hatte das Gefühl, ich hätte mich im Tag vertan und nicht mitgekriegt, dass es schon Dienstag war! Aber am nächsten Abend kam er auch – also war der Montag eigentlich nur so eine Art Zugabe.«

»Eine interessante Abweichung von der Regel«, murmelte Poirot. »Ich möchte wissen, was der Grund dafür war.«

»Also wenn Sie mich fragen, Sir, ich glaube, er hatte irgendwelchen Ärger oder Kummer.«

»Wie kommen Sie darauf? Irgendetwas an seinem Verhalten?«

»Nein, Sir, er hat sich eigentlich nicht anders verhalten als sonst. Er war sehr still, so wie immer. Sagt nie viel, außer Guten Abend, wenn er kommt und wieder geht. Nein, es war seine Bestellung.«

»Seine Bestellung?«

»Ich fürchte, die Gentlemen werden mich auslachen«, Molly errötete, »aber wenn jemand seit zehn Jahren hierherkommt, lernt man schon seine Vorlieben und Abneigungen kennen. Nieren-Pies oder Schwarzbeeren waren nie sein Fall, und dicke Suppen hat er, soweit ich weiß, auch nie bestellt – aber an dem Montag wollte er eine dicke Tomatensuppe, Steak and Kidney Pie und Schwarzbeertorte! Allem Anschein nach registrierte er überhaupt nicht, was er da bestellte!«

»Wissen Sie«, sagte Hercule Poirot, »das finde ich außerordentlich interessant.«

Molly sah erfreut drein und entfernte sich.

»Na los, Poirot«, sagte Henry Bonnington mit einem Glucksen. »Geben Sie ein paar brillante Schlussfolgerungen zum Besten. So, wie man es von Ihnen gewohnt ist.«

»Ich würde lieber erst Ihre hören.«

»Soll also den Watson geben, ja? Gut – der alte Knabe war beim Arzt, und der hat seine Ernährung umgekrempelt.«

»Auf dicke Tomatensuppe, Steak and Kidney Pie und Schwarzbeertorte? Ich kann mir nicht vorstellen, dass ein Arzt das empfehlen würde.«

»Seien Sie sich da nicht so sicher, altes Haus. Ärzte verordnen einem alles Mögliche.«

»Ist das die einzige Erklärung, die Ihnen in den Sinn kommt?«

»Also ehrlich gesagt«, erwiderte Henry Bonnington, »ich glaube, es kommt nur eine einzige Erklärung in Frage. Unser unbekannter Freund wurde von einer heftigen Gemütsbewegung erfasst. Er war derart verstört, dass er buchstäblich nicht mitbekam, was er da bestellte oder aß.«

Er hielt kurz inne und fuhr dann fort:

»Gleich werden Sie mir sagen, dass Sie ganz genau wissen, was ihm durch den Kopf ging. Vielleicht sagen Sie mir sogar, dass er gerade den Entschluss fasste, einen Mord zu begehen.«

Er lachte über seinen Einfall.

Hercule Poirot lachte nicht.

Später räumte er ein, dass er in dem Moment ernsthaft beunruhigt gewesen sei. Er hätte, behauptete er, zumindest eine vage Ahnung davon haben müssen, was vermutlich geschehen würde.

Das sei eine ziemlich überspannte Erwartung an sich selbst, versicherten ihm seine Freunde.

Rund drei Wochen später kam es zu einem Wiedersehen zwischen Hercule Poirot und Bonnington: Sie begegneten sich in der U-Bahn.

Sich an nebeneinander baumelnde Halteschlaufen klammernd, schwankten sie hin und her und nickten einander zu. Am Piccadilly Circus leerte sich der Zug dann weitgehend, und die beiden fanden Plätze ganz vorn im Wagen, wo sie ihre Ruhe hatten, weil dort niemand ein- oder ausstieg.

»Schon besser«, sagte Mr Bonnington. »Egoistisches Pack, die Menschen – rücken einfach nicht durch, sosehr man sie auch darum bittet!«

Hercule Poirot zuckte mit den Schultern.

»Was wollen Sie machen?«, sagte er. »Es gibt eben keine Sicherheit im Leben.«

»So ist es. Heute auf der Erde, morgen unter der Erde«, sagte Mr Bonnington mit einer Art düsterem Behagen. »Dabei fällt mir ein, erinnern Sie sich noch an den alten Knaben, der uns im Gallant Endeavour aufgefallen ist? Würde mich nicht wundern, wenn er in eine bessere Welt abgeschwirrt wäre. Der ist schon seit einer Woche nicht mehr aufgetaucht. Molly geht das ziemlich nahe.«

Hercule Poirot setzte sich auf. Die grünen Augen funkelten.

»Wirklich?«, sagte er. »Wirklich?«

»Wissen Sie noch, wie ich annahm, er könnte bei einem Arzt gewesen sein, der ihm eine Diät verordnete? Das mit der Diät ist natürlich Unsinn, aber es würde mich nicht wundern, wenn er wegen irgendwelcher Beschwerden beim Arzt gewesen wäre und etwas Schockierendes erfahren hätte, was ihn ziemlich aufgerüttelt hat. Das wäre eine Erklärung dafür, dass er an dem Abend einfach querbeet bestellt hat, ohne überhaupt zu wissen, was er da tat. Vermutlich hat der Schock dafür gesorgt, dass er sich noch schneller aus der Welt verabschiedet hat, als er es sonst getan hätte. Ärzte sollten aufpassen, was sie einem sagen.«

»Normalerweise tun sie das auch«, erwiderte Hercule Poirot.

»Ich muss hier aussteigen«, sagte Mr Bonnington. »Wiedersehen! Jetzt werden wir wohl nie erfahren, wer der alte Knabe war – oder zumindest, wie er hieß. Komische Welt!«

Schnell verließ er den Zug.

Hercule Poirot saß stirnrunzelnd da und machte nicht den Eindruck, als käme ihm die Welt sonderlich komisch vor.

Nach Hause zurückgekehrt, gab er seinem treuen Diener George einige Anweisungen.

Hercule Poirot fuhr mit dem Finger über eine Namensliste. Es war ein Verzeichnis aller Todesfälle in einer bestimmten Wohngegend.

Poirots Finger hielt inne.

»Henry Gascoigne. Neunundsechzig. Mit ihm könnte ich anfangen.«

Einige Stunden später saß Hercule Poirot in Dr. MacAndrews Praxis in unmittelbarer Nähe der King's Road. MacAndrew war ein hochgewachsener, rothaariger Schotte mit einem intelligenten Gesicht.

»Gascoigne?«, sagte er. »Ja, das stimmt. Exzentrischer alter Kauz. Wohnte allein in einem dieser heruntergekommenen Häuser, die abgerissen werden sollen, um Platz für einen modernen Wohnblock zu schaffen. Er war nicht bei mir in Behandlung, aber ich hatte ihn öfter hier in der Gegend gesehen und wusste, wer er war. Der Milchmann hat sich als Erster Sorgen gemacht. Vor der Wohnung begannen sich nämlich die Milchflaschen anzusammeln. Am Ende verständigten die Nachbarn die Polizei, die die Tür aufbrach und ihn fand. Er war die Treppe hinuntergestürzt und hatte sich das Genick gebrochen. Trug einen alten Morgenmantel mit zerschlissener Kordel – kann gut sein, dass er darüber gestolpert ist.«

»Verstehe«, sagte Hercule Poirot. »Es war also einfach nur – ein Unfall.«

»So ist es.«

»Hatte er Angehörige?«

»Einen Neffen. Schaute etwa einmal im Monat bei seinem Onkel herein. Lorrimer heißt er, George Lorrimer. Ist auch ein Medikus. Wohnt in Wimbledon.«

»Ist ihm der Tod des alten Mannes nahegegangen?«

»Ich weiß nicht, ob ich das so ausdrücken würde. Ich meine, er hatte etwas für den Alten übrig, aber er kannte ihn eigentlich nicht sehr gut.«

»Wie lange war Mr Gascoigne denn schon tot, als Sie eintrafen?«

»Aha!«, sagte Dr. MacAndrew. »Jetzt kommen wir also zum offiziellen Teil. Mindestens achtundvierzig Stunden und höchstens zweiundsiebzig Stunden. Gefunden wurde er am Morgen des 6. Wir konnten den Zeitraum aber noch näher eingrenzen. In der

Tasche seines Morgenmantels steckte ein Brief, geschrieben am 3. und am Nachmittag desselben Tages in Wimbledon aufgegeben; er müsste also am Abend gegen 21 Uhr 20 zugestellt worden sein. Das heißt, der Tod muss am 3. nach 21 Uhr 20 eingetreten sein. Das passt auch zum Mageninhalt und dessen Verdauungszustand. Er hatte etwa zwei Stunden vor seinem Tod etwas gegessen. Ich habe den Leichnam am Morgen des 6. untersucht, und sein Zustand ließ darauf schließen, dass der Tod etwa sechzig Stunden vorher eingetreten war, also gegen 22 Uhr am Abend des 3.«

»Das klingt alles sehr stimmig. Können Sie mir sagen, wann er das letzte Mal lebend gesehen wurde?«

»Am Donnerstag, dem 3., wurde er gegen 19 Uhr in der King's Road gesehen, und um 19 Uhr 30 aß er im Gallant Endeavour zu Abend. Anscheinend ging er dort jeden Donnerstagabend hin. Er war irgendwie so eine Art Künstler, verstehen Sie. Allerdings ein extrem schlechter.«

»Und sonst hatte er keine Angehörigen? Nur diesen Neffen?«

»Es gab noch einen Zwillingsbruder. Die ganze Geschichte ist ziemlich eigenartig. Sie hatten sich seit Jahren nicht gesehen. Anscheinend hatte der Bruder, Anthony Gascoigne, eine sehr reiche Frau geheiratet und die Kunst an den Nagel gehängt, weswegen die Brüder sich überworfen hatten. Soweit ich weiß, hatten sie sich seitdem nicht mehr gesehen. Seltsamerweise sind sie aber genau am selben Tag gestorben. Der ältere Zwilling verstarb um 15 Uhr am Nachmittag des 3. Ich habe schon einmal von einem Fall gehört, wo Zwillinge am selben Tag starben – in unterschiedlichen Erdteilen! Wahrscheinlich nur ein Zufall, aber trotzdem.«

»Lebt die Frau des Bruders noch?«

»Nein, sie starb vor ein paar Jahren.«

»Wo wohnte Anthony Gascoigne?«

»Ihm gehörte ein Haus in der Kingston Hill Road. Laut Dr. Lorrimer lebte er sehr zurückgezogen.«

Hercule Poirot nickte nachdenklich.

Der Schotte sah ihn forschend an.

»Was genau geht Ihnen im Kopf herum, Monsieur Poirot?«, fragte er geradeheraus. »Ich habe Ihre Fragen beantwortet – so wie es meine Pflicht und Schuldigkeit war, als Sie mir Ihre Referenzen vorlegten. Aber ich habe keine Ahnung, worum es hier eigentlich geht.«

»Sie meinten, es sei einfach ein Unfall gewesen«, erwiderte Poirot langsam. »Was mir im Kopf herumgeht, ist genauso einfach – ein einfacher Schubs.«

Dr. MacAndrew machte große Augen.

»Mit anderen Worten, Mord! Haben Sie irgendeinen Grund für diese Annahme?«

»Nein«, sagte Poirot. »Es ist lediglich eine Vermutung.«

»Sie müssen doch irgendetwas haben …«, beharrte sein Gegenüber.

Poirot schwieg.

»Sollten Sie Lorrimer, den Neffen, im Verdacht haben«, sagte MacAndrew, »so erlaube ich mir, Ihnen hier und heute mitzuteilen, dass Sie auf dem Holzweg sind. Lorrimer spielte von 20 Uhr 30 bis Mitternacht in Wimbledon Bridge. Das ergab die Untersuchung durch den Coroner.«

»Und die Aussage wurde vermutlich überprüft«, murmelte Poirot. »Die Polizei arbeitet schließlich sorgfältig.«

»Vielleicht wissen Sie ja etwas über ihn, was ihn verdächtig macht?«, sagte der Arzt.

»Ich wusste gar nicht, dass diese Person überhaupt existiert, ehe Sie sie erwähnten.«

»Dann haben Sie also jemand anders im Verdacht?«

»Nein, nein. Ganz und gar nicht. Es geht hier lediglich um den Menschen als Gewohnheitstier. Das ist sehr wichtig. Und der tote Monsieur Gascoigne passt einfach nicht in das Raster. Irgendetwas stimmt da überhaupt nicht, verstehen Sie.«

»Ich verstehe kein Wort.«

»Das Problem ist, es ist zu viel Soße über dem schlechten Fisch.«

»Wie meinen?«

Hercule Poirot lächelte.

»Bald weisen Sie mich noch in eine Irrenanstalt ein, *Monsieur le docteur*. Aber ich bin nicht verrückt – ich bin nur jemand, der etwas für Ordnung und methodisches Vorgehen übrig hat und unruhig wird, wenn er mit einem Sachverhalt konfrontiert wird, der nicht ins Raster passt. Ich muss Sie bitten, mir zu verzeihen, dass ich Ihnen so viele Umstände gemacht habe.«

Er erhob sich, und auch der Arzt stand auf.

»Wissen Sie«, sagte MacAndrew, »ich kann am Tod von Henry Gascoigne, ehrlich gesagt, überhaupt nichts Verdächtiges finden. Ich sage, er ist gestürzt; Sie sagen, jemand hat ihn gestoßen. Es hängt alles, na ja – in der Luft.«

Hercule Poirot seufzte.

»Ja«, sagte er. »Da war ein Fachmann am Werk. Er hat ganze Arbeit geleistet!«

»Sie denken immer noch ...«

Der kleine Mann spreizte die Hände.

»Ich bin ein hartnäckiger Mensch, ein Mann mit einer kleinen Idee – der nichts beweisen kann! Hatte Henry Gascoigne übrigens falsche Zähne?«

»Nein, seine Zähne waren in tadellosem Zustand. Was bei seinem Alter wirklich sehr beachtlich ist.«

»Er hat sie gut gepflegt, sie waren weiß und sauber?«

»Ja, das ist mir ganz besonders aufgefallen. Die meisten Zähne werden mit fortschreitendem Alter gelblich, aber seine waren völlig in Ordnung.«

»Nicht irgendwie verfärbt?«

»Nein. Ich glaube nicht, dass er geraucht hat, falls Sie das meinen.«

»Nein, das meinte ich nicht – es war nur ein Schuss ins Blaue, der vermutlich danebengeht! Auf Wiedersehen, Dr. MacAndrew, und vielen Dank für Ihre freundliche Hilfe.«

Er schüttelte dem Arzt die Hand und verließ die Praxis.

»Und nun«, sagte er, »zu meinem Schuss ins Blaue.«

Im Gallant Endeavour setzte er sich an denselben Tisch wie an dem Abend mit Bonnington. Er wurde nicht von Molly bedient. Molly, meinte die Serviererin, habe frei.

Es war erst 19 Uhr, weshalb es für Hercule Poirot ein Leichtes war, mit der Bedienung über den alten Mr Gascoigne ins Gespräch zu kommen.

»Ja«, sagte sie. »Er kam jahrelang her. Doch niemand von uns hat je seinen Namen erfahren. In der Zeitung stand etwas über die Untersuchung durch den Coroner, und es war ein Foto von ihm dabei. ›Da‹, sagte ich zu Molly, ›wenn das nicht unser Methusalem ist.‹ So nannten wir ihn unter uns.«

»Er aß hier auch an dem Abend, an dem er starb, habe ich recht?«

»Stimmt, am Donnerstag, dem 3. Er war jeden Donnerstag hier. Dienstags und donnerstags – pünktlich wie die Maurer.«

»Sie wissen wahrscheinlich nicht mehr, was er an dem Abend gegessen hat?«

»Lassen Sie mich kurz überlegen. Er bestellte Mulligatawny-Suppe, richtig, und Steak Pie, oder war's Hammel? – nein, keinen Pie, richtig, und dann Apfel-Schwarzbeer-Kuchen und Käse. Kaum zu glauben, dass er dann nach Hause geht und noch am selben Abend die Treppe runterfällt. Es soll wegen einer ausgefransten Kordel am Morgenmantel passiert sein, heißt es. Seine Klamotten waren natürlich immer ziemlich scheußlich – altmodisch und vollkommen abgetragen, aber er machte sich nichts draus und hatte trotzdem so eine Ausstrahlung, als ob er ein besonderer Mensch wäre! Ja, wir haben hier alle möglichen interessanten Gäste.«

Sie ging.

Hercule Poirot verspeiste sein Seezungenfilet. In seinen Augen lag ein grünes Leuchten.

»Es ist doch merkwürdig«, sagte er zu sich selbst, »dass auch die Cleversten über Details stolpern. Das wird Bonnington interessieren.«

Die Zeit war aber noch nicht reif für eine geruhsame Plauderei mit Bonnington.

Da er mit Referenzen seitens einflussreicher Kreise ausgestattet war, hatte Hercule Poirot keine Schwierigkeiten, einen Gesprächstermin bei dem für den Bezirk zuständigen Coroner zu erhalten.

»Eine sonderbare Person, dieser verstorbene Gascoigne«, sagte der Beamte. »Ein einsamer, exzentrischer alter Knochen. Sein Ableben scheint jedoch ungewöhnlich viel Aufmerksamkeit auf sich zu ziehen.«

Er beäugte seinen Besucher mit einiger Neugier.

Hercule Poirot wählte seine Worte mit Bedacht:

»Es gibt da gewisse Begleitumstände, Monsieur, die Nachforschungen wünschenswert erscheinen lassen.«

»Wie kann ich Ihnen also behilflich sein?«

»Soweit ich weiß, sind Sie ermächtigt, Dokumente, die Ihrem Gericht vorgelegt werden, vernichten oder auch archivieren zu lassen – je nachdem, was Sie für angebracht halten. Stimmt es, dass in der Tasche von Henry Gascoignes Morgenmantel ein Brief gefunden wurde?«

»Ja, das stimmt.«

»Ein Brief von seinem Neffen, Dr. George Lorrimer?«

»Ganz recht. Der Brief wurde im Zuge der Untersuchung vorgelegt, um den Todeszeitpunkt eingrenzen zu können.«

»Der wiederum durch die medizinischen Befunde erhärtet wurde?«

»Genau.«

»Ist dieser Brief noch verfügbar?«

Voller Anspannung wartete Hercule Poirot auf die Antwort.

Als er hörte, dass der Brief noch einsehbar war, stieß er einen Seufzer der Erleichterung aus.

Als er ihm schließlich vorgelegt wurde, nahm er ihn eingehend in Augenschein. Er war recht engzeilig und mit Füllfederhalter geschrieben.

Der Brief lautete wie folgt:

Lieber Onkel Henry,

leider muss ich Dir mitteilen, dass ich bei Onkel Anthony keinen Erfolg hatte. Für einen Besuch Deinerseits konnte er sich nicht begeistern, und auf Deine Bitte, dass er die Vergangenheit doch ruhen lassen möge, bekam ich keine Antwort. Er ist natürlich schwerkrank und verliert oft den Faden. Ich glaube, es geht sehr bald mit ihm zu Ende. Er schien sich kaum daran erinnern zu können, wer Du bist.

Es tut mir leid, dass ich Dich enttäuschen muss, aber ich versichere Dir, dass ich mein Bestes getan habe.

Dein Dich liebender Neffe
George Lorrimer

Der Brief war auf den 3. November datiert. Poirot sah auf den Poststempel und las: *4.30 p.m. – 3 Nov.*

»Es ist doch alles in schönster Ordnung, oder?«, murmelte er.

Sein nächstes Ziel war die Kingston Hill Road. Er musste ein wenig Mühe aufwenden und freundlich, aber beharrlich nachhelfen, doch am Ende ließ sich Amelia Hill, die Köchin und Haushälterin des verstorbenen Anthony Gascoigne, auf ein Gespräch mit ihm ein.

Mrs Hill war zunächst recht verschlossen und argwöhnisch, doch die charmante Herzlichkeit dieses seltsam aussehenden Ausländers hätte selbst einen Stein zum Erweichen gebracht. Mrs Amelia Hill taute auf.

Wie bei vielen anderen Frauen vor ihr dauerte es nicht lange, und sie schüttete diesem so verständnisvollen Zuhörer ihr Herz aus.

Vierzehn Jahre habe sie Mr Gascoigne den Haushalt geführt – keine leichte Aufgabe! Nein, ganz bestimmt nicht! Manch eine Frau hätte angesichts der Belastungen, denen sie ausgesetzt war, verzagt! Exzentrisch sei er gewesen, der arme Herr, daran gebe es nichts zu deuteln. Ausgesprochen knauserig, wie besessen davon, sein Geld zusammenzuhalten, und dabei sei er so reich gewesen wie nur was! Mrs Hill habe ihm jedoch treu gedient und seine Eigenheiten ertragen, und natürlich habe sie zumindest eine kleine Anerkennung erwartet. Aber nein – rein gar nichts! Lediglich ein altes Testament, dem zufolge sein ganzes Geld an seine Frau ging und, wenn sie vor ihm stürbe, an seinen Bruder Henry. Ein vor Jahren aufgesetztes Testament. Das sei doch nun wirklich nicht gerecht!

Nach und nach brachte Hercule Poirot sie dazu, sich von ihrem Hauptthema, sprich ihren unbefriedigten Wünschen, zu lösen. Ja, es sei in der Tat eine herzlose Ungerechtigkeit! Man könne Mrs Hill wirklich keinen Vorwurf daraus machen, dass sie gekränkt und befremdet war. Dass Mr Gascoigne am Geld klebte, sei hinlänglich bekannt. Es hieß sogar, er habe sich geweigert, seinem einzigen Bruder unter die Arme zu greifen. Das wisse Mrs Hill ja vermutlich.

»War das die Sache, wegen der dieser Dr. Lorrimer hierherkam und mit ihm reden wollte?«, fragte Mrs Hill. »Ich wusste, es hatte etwas mit seinem Bruder zu tun, aber ich dachte, dass es nur um dessen Wunsch nach Aussöhnung ging. Sie hatten sich nämlich vor einigen Jahren zerstritten.«

»Soweit ich weiß«, fragte Poirot, »hat sich Mr Gascoigne doch strikt geweigert?«

»Ganz genau«, nickte Mrs Hill. »›Henry?‹, hat er, schon ganz matt, gesagt. ›Was soll das? Hab ihn seit Jahren nicht gesehen und will es auch nicht. Ein streitsüchtiger Kerl, dieser Henry.‹ Das war alles.«

Dann kam das Gespräch wieder auf Mrs Hills persönliche Kümmernisse und die herzlose Haltung, die der Anwalt des verstorbenen Mr Gascoigne an den Tag gelegt hatte.

Mit einiger Mühe gelang es Hercule Poirot, sich zu verabschieden, ohne das Gespräch allzu abrupt zu beenden.

Und so traf er kurz nach dem Dinner in der Villa Elmcrest in der Dorset Road in Wimbledon ein, dem Wohnsitz von Dr. George Lorrimer.

Der Arzt war zu Hause. Hercule Poirot wurde in die Praxis geleitet, wo ihn kurz darauf Dr. George Lorrimer begrüßte, der offenbar gerade vom Tisch aufgestanden war.

»Ich komme nicht als Patient zu Ihnen«, sagte Hercule Poirot. »Und dass ich Sie hier aufsuche, ist eventuell ein klein wenig impertinent, doch ich bin ein alter Mann und halte es für das Beste, die Dinge offen und direkt anzugehen. Für Anwälte und ihre langwierigen, umständlichen Verfahrensweisen habe ich nichts übrig.«

Lorrimers Interesse war ihm nun auf jeden Fall sicher. Der Arzt war sauber rasiert und von mittlerer Statur. Er hatte braunes Haar, doch die Wimpern waren fast weiß, was die Augen blass und wässrig aussehen ließ. Sein Auftreten war forsch und verriet einen gewissen Humor.

»Anwälte?«, sagte er und zog die Augenbrauen hoch. »Kann ich nicht ausstehen! Sie machen mich neugierig, Wertester. Bitte nehmen Sie Platz.«

Poirot setzte sich und zog eine Visitenkarte hervor, die er dem Arzt reichte.

George Lorrimer blinzelte, sodass die weißen Wimpern auf und ab wippten.

Poirot beugte sich vor und sagte in vertraulichem Ton: »Oft sind es Frauen, die meine Dienste in Anspruch nehmen.«

»Versteht sich«, sagte Dr. George Lorrimer mit einem kleinen Zwinkern.

»Sie sagen es – es versteht sich von selbst«, pflichtete Poirot ihm bei. »Frauen trauen der Polizei nicht. Sie ziehen Privatermittlungen vor. Sie wollen nicht, dass ihre Probleme publik werden. Vor einigen Tagen suchte mich eine ältere Dame auf. Sie klagte über ihren Ehemann, mit dem sie sich viele Jahre zuvor zerstritten hatte. Dieser Ehemann war Ihr Onkel, der verstorbene Mr Gascoigne.«

George Lorrimer lief hochrot an.

»Mein Onkel? Unsinn! Seine Frau ist schon vor Jahren gestorben.«

»Nicht Ihr Onkel Mr *Anthony* Gascoigne. Ihr Onkel Mr *Henry* Gascoigne.«

»Onkel Henry? Der war doch gar nicht verheiratet!«

»O doch«, log Hercule Poirot schamlos. »Daran besteht kein Zweifel. Die Dame hatte sogar den Trauschein dabei.«

»Das ist eine Lüge!«, schrie George Lorrimer. Sein Gesicht war jetzt puterrot. »Das glaube ich nicht. Sie sind ein unverschämter Lügner.«

»Zu dumm, nicht?«, sagte Poirot. »Da haben Sie für nichts und wieder nichts einen Mord begangen.«

»Einen Mord?« Lorrimers Stimme bebte. Seine blassen Augen quollen vor Entsetzen fast aus dem Kopf.

»Übrigens sehe ich«, sagte Poirot, »dass Sie wieder Schwarzbeertorte gegessen haben. Eine unkluge Angewohnheit. Schwarzbeeren sollen zwar reich an Vitaminen sein, aber in anderer Hinsicht können sie auch tödlich sein. In diesem Fall, würde ich sagen, haben sie dazu beigetragen, jemand den Strick um den Hals zu legen – nämlich Ihnen, Dr. Lorrimer.«

»Wie Sie sehen, *mon ami*, lagen Sie mit Ihrer Grundannahme falsch.« Hercule Poirot strahlte seinen Freund über den Tisch hinweg gelassen an und leitete mit einer Handbewegung seine Erklärung ein: »Ein Mann, der unter starkem seelischem Druck steht, wird sich in solch einem Moment nicht entschließen, etwas zu tun, was er nie zuvor getan hat. Seine Reflexe suchen sich einfach den Weg des geringsten Widerstands. Ein Mann, der wegen irgendetwas durcheinander ist, erscheint möglicherweise im Pyjama zum Abendessen – aber es wird *sein* Pyjama sein, nicht der von jemand anders.

Ein Mann, der weder dicke Suppe noch Nieren-Pie oder Schwarzbeeren mag, bestellt an einem Abend plötzlich genau diese drei Dinge. Sie sagen, weil er in Gedanken versunken ist. Ich aber sage, dass ein Mann, der innerlich sehr mit etwas beschäftigt ist, automatisch das bestellt, was er gewöhnlich bestellt.

Eh bien, welche andere Erklärung konnte es dafür geben? Mir fiel einfach nichts Vernünftiges ein. Und ich war beunruhigt! Irgendetwas stimmte da überhaupt nicht. Es passte nicht zusammen! Ich besitze einen geordneten Verstand, und ich mag es, wenn die Dinge zusammenpassen. Mr Gascoignes Bestellung beunruhigte mich.

Dann erzählten Sie mir, dass der Mann verschwunden sei. Zum ersten Mal seit Jahren hatte er einen Dienstag und einen Donnerstag ausgelassen. Das gefiel mir noch weniger. Mir kam eine wunderliche Hypothese in den Sinn. Falls ich richtig lag, war der Mann tot. Ich stellte Nachforschungen an. Der Mann war tatsächlich tot. Und mit seinem Tod schien alles seine Ordnung und Richtigkeit zu haben. Mit anderen Worten, der schlechte Fisch war unter der Soße verborgen!

Um 19 Uhr war er in der King's Road gesehen worden. Um 19 Uhr 30 hatte er hier zu Abend gegessen, zwei Stunden vor seinem Tod. Alles passte zusammen: die Beweise, die der Mageninhalt lieferte, die Beweise, die der Brief lieferte. Viel zu viel Soße! Vom Fisch war überhaupt nichts mehr zu sehen!

Der treu ergebene Neffe schreibt den Brief, der treu ergebene Neffe hat ein wunderbares Alibi für die Todeszeit. Todesursache absolut simpel: ein Treppensturz. Ein einfacher Unfall? Ein einfacher Mord? Ersteres, sagen alle.

Der treu ergebene Neffe ist der einzige noch lebende Verwandte. Der treu ergebene Neffe ist der Erbe – aber gibt es überhaupt etwas zu erben? Der Onkel ist bekanntlich arm.

Doch es gibt einen Bruder. Und der hatte seinerzeit eine reiche Frau geheiratet. Und dieser Bruder lebt in einem großen, prächtigen Haus in der Kingston Hill Road, weshalb anzunehmen ist, dass seine reiche Frau ihm ihr ganzes Geld hinterlassen hat. Sie sehen, wie eins ins andere greift: reiche Frau hinterlässt ihr Geld Anthony, Anthony hinterlässt sein Geld Henry, Henrys Geld geht an George – eine lückenlose Kette.«

»In der Theorie klingt das alles sehr hübsch«, sagte Bonnington. »Aber was haben Sie unternommen?«

»Sobald man die Sache einmal durchschaut hat, kriegt man meistens auch heraus, was man wissen will. Henry war zwei Stunden nach einer Mahlzeit gestorben – auf mehr hatte man bei der Untersuchung durch den Coroner eigentlich nicht geachtet. Was aber, wenn es sich dabei nicht um das Abendessen gehandelt hatte, sondern um das Mittagessen? Versetzen Sie sich in Georges Lage. Er braucht Geld – dringend. Anthony Gascoigne liegt im Sterben, aber sein Tod würde George nichts nützen. Anthonys Geld geht an Henry, und Henry Gascoigne könnte noch viele Jahre vor sich haben. Also muss Henry ebenfalls sterben – je früher, desto besser –, aber es muss nach Anthonys Tod passieren, und gleichzeitig braucht George ein Alibi. Henrys Angewohnheit, an zwei Abenden in der Woche in einem Restaurant zu essen, bringt George auf die Idee, wie er sich ein Alibi verschaffen kann. Weil er ein vorsichtiger Zeitgenosse ist, macht er zunächst einen Probelauf. Er verkleidet sich als sein Onkel und begibt sich an einem Montagabend in das fragliche Restaurant. Es klappt reibungslos. Alle halten ihn für seinen Onkel. Er ist zufrieden. Jetzt muss er nur noch warten, bis es eindeutige Anzeichen dafür gibt, dass Onkel Anthonys Zeit abgelaufen ist. Dann ist es so weit. Am Nachmittag des 2. November schreibt George einen Brief an seinen Onkel, datiert ihn aber auf den 3. Am Nachmittag des 3. fährt er in die Stadt, geht zu seinem Onkel und setzt seinen Plan in die Tat um. Ein kräftiger Schubs, und Onkel Henry fliegt die Treppe hinunter. George sucht nach dem Brief, den er ihm geschrieben hat, und schiebt ihn dem Onkel in die Tasche des Morgenmantels. Um 19 Uhr 30 ist er im Gallant Endeavour, mit Bart, buschigen Augenbrauen und allem Drum und Dran. Es steht also außer Zweifel, dass Mr Henry Gascoigne um 19 Uhr 30 noch am Leben ist. Dann auf der Toilette eine blitzschnelle Verwandlung und mit dem Wagen in vollem Tempo zurück nach Wimbledon, zu einem Bridge-Abend. Das perfekte Alibi.«

Mr Bonnington sah ihn an.

»Und der Poststempel auf dem Brief?«

»Ach, das war ganz einfach. Der Stempel war verwischt. Weshalb? Das Datum war mit Flammruß vom 2. auf den 3. November geändert worden. Das sieht man nur, wenn man wirklich danach sucht. Und schließlich waren da auch noch die Schwarzdrosseln.«

»Die Schwarzdrosseln?«

»Ja, die vierundzwanzig Schwarzdrosseln aus dem Kinderreim: ›Four and twenty blackbirds / baked in a pie.‹ In diesem Fall waren es natürlich letztlich Schwarzbeeren. Sehen Sie, als Schauspieler war George am Ende doch nicht gut genug. Erinnern Sie sich an den Burschen, der sich den ganzen Körper schwarz anmalte, um den Othello zu geben? So ein Schauspieler müssen Sie als Verbrecher sein. George sah aus wie sein Onkel und ging wie sein Onkel und sprach wie sein Onkel und hatte den gleichen Bart und die gleichen Augenbrauen wie sein Onkel, aber er vergaß, wie sein Onkel zu *essen*. Er bestellte die Gerichte, die *ihm* schmeckten. Schwarzbeeren verfärben die Zähne, aber die Zähne der Leiche waren nicht verfärbt, obwohl Henry Gascoigne an jenem Abend im Gallant Endeavour Schwarzbeeren gegessen hatte. Auch im Magen waren keine – ich habe mich heute Morgen erkundigt. Und außerdem war George so töricht, den Bart und den Rest der Verkleidung aufzuheben. Ach, wenn man erst anfängt zu suchen, findet man eine Fülle von Indizien. Ich konfrontierte George damit und brachte ihn völlig aus der Fassung. Damit war die Sache klar! Er hatte übrigens wieder Schwarzbeeren gegessen. Ein gieriger Zeitgenosse – Essen ist ihm sehr wichtig. *Eh bien*, wenn ich mich nicht sehr irre, wird ihn seine Gier wohl an den Galgen bringen.«

Eine Kellnerin brachte ihnen zwei Teller mit Apfel-Schwarzbeer-Kuchen.

»Nehmen Sie den doch bitte wieder mit«, sagte Mr Bonnington. »Man kann ja nicht vorsichtig genug sein. Bringen Sie mir eine kleine Portion Sagopudding.«

Poirot und das Geheimnis der Regatta

Mr Isaac Pointz nahm die Zigarre aus dem Mund und sagte beifällig:

»Hübsches kleines Fleckchen Erde.«

Nachdem er dergestalt dem Hafen von Dartmouth sein Gütesiegel verliehen hatte, klemmte er sich die Zigarre wieder zwischen die Lippen und sah sich mit der Miene eines Mannes um, der mit sich selbst, seiner Erscheinung, seiner Umgebung und dem Leben allgemein sehr zufrieden war.

Was Ersteres betraf, so war Mr Isaac Pointz ein Mann von achtundfünfzig Jahren, kerngesund und gut in Form, hatte allerdings vielleicht einen leichten Hang zum Bonvivant. Er war nicht unbedingt korpulent, sondern wirkte, als fühlte er sich wohl in seiner Haut, und der blaue Blazer, den er im Augenblick trug, ist ohnehin nicht das vorteilhafteste Kleidungsstück für einen Mann mittleren Alters mit einer Tendenz zur Leibesfülle. Mr Pointz war eine äußerst respektable Erscheinung: Jede Falte saß perfekt, jeder Knopf blitzte, und sein dunkles Gesicht mit den leicht orientalischen Zügen strahlte unter dem Schirm seiner Schiffermütze hervor. Was seine Umgebung anging, so bestand sie letztlich aus seiner Begleitung: seinem Geschäftspartner Mr Leo Stein, Sir George und Lady Marroway, Mr Samuel Leathern, einem amerikanischen Geschäftsfreund, und dessen Tochter Eve, die noch zur Schule ging, sowie Mrs Rustington und Evan Llewellyn.

Die Gruppe hatte soeben Mr Pointz' Jacht, die *Merrimaid*, verlassen. Am Vormittag hatten sie die Segelregatta verfolgt; jetzt waren sie an Land gegangen, um sich ein Weilchen auf dem Jahrmarkt zu amüsieren: beim Kokosnüssewerfen, bei den Kolossaldamen und der Menschlichen Spinne sowie auf verschiedenen Karussells. Am meisten Spaß an den Attraktionen hatte zweifellos Eve Leathern. Als Mr Pointz schließlich andeutete, es sei Zeit, sich zum Essen ins Royal George zu begeben, war sie die Einzige, die Einspruch erhob.

»Ach, Mr Pointz, ich wollte mir noch so gern von der echten Zigeunerin im Wohnwagen die Zukunft weissagen lassen.«

Mr Pointz hatte seine Zweifel an der Echtheit der betreffenden Zigeunerin, willigte jedoch gutmütig ein.

»Eve ist einfach hellauf begeistert von diesem Jahrmarkt«, sagte ihr Vater entschuldigend. »Aber wenn Sie weiterwollen, kümmern Sie sich einfach nicht darum.«

»Wir haben genügend Zeit«, erwiderte Mr Pointz zuvorkommend. »Lassen wir der jungen Dame ihren Spaß. Leo, ich fordere Sie zu einer Runde Darts heraus.«

»Fünfundzwanzig und mehr gewinnt einen Preis«, rief der Mann an der Dartsbude mit hoher, näselnder Stimme.

»Wette einen Fünfer, dass ich mehr Punkte einfahre als Sie«, sagte Pointz.

»Abgemacht«, sagte Stein, ohne zu zögern.

Schon bald waren die beiden Männer voll und ganz in ihren Wettkampf vertieft.

»Eve ist nicht das einzige Kind hier«, murmelte Lady Marroway zu Evan Llewellyn.

Llewellyn lächelte zustimmend, aber irgendwie abwesend. Er war schon den ganzen Tag zerstreut gewesen. Ein-, zweimal hatte er mit seinen Antworten weit danebengelegen.

Pamela Marroway rückte von ihm ab und sagte zu ihrem Gatten:

»Dieser junge Mann ist mit seinen Gedanken bei etwas ganz anderem.«

»Oder bei jemand ganz anderem«, murmelte Sir George.

Flüchtig ließ er den Blick über Janet Rustington schweifen.

Lady Marroway runzelte die Stirn. Sie war eine große, tadellos zurechtgemachte Frau. Die Farbe ihrer Fingernägel passte genau zu ihren dunkelroten korallenen Ohrsteckern. Ihre Augen waren dunkel und wachsam. Sir George gebärdete sich wie ein unbekümmerter, raubeiniger englischer Gentleman, doch seine leuchtend blauen Augen waren genauso wachsam wie die seiner Frau.

Isaac Pointz und Leo Stein waren Diamantenhändler in Hatton Garden, dem Londoner Juwelierviertel. Sir George und Lady Marroway kamen aus einer anderen Welt, der Welt von Antibes und Juan-les-Pins, der Welt des Golfspielens in Saint-Jean-de-Luz und des Badens an der Felsküste von Madeira im Winter.

Nach außen hin wirkten sie wie die Lilien auf dem Felde, die nicht arbeiten und auch nicht spinnen. Aber das stimmte vielleicht nicht ganz. Schließlich gibt es verschiedene Arten, zu arbeiten und auch zu spinnen.

»Da ist die Kleine ja wieder«, sagte Evan Llewellyn zu Mrs Rustington.

Er war ein dunkelhaariger junger Mann, dessen Blick ein wenig an den eines hungrigen Wolfes erinnerte, was manche Frauen attraktiv fanden.

Es war schwer zu sagen, ob Mrs Rustington auch dazugehörte. Sie trug ihr Herz nicht auf der Zunge. Sie hatte jung geheiratet – und die Ehe war nach nicht einmal einem Jahr schlimm zu Ende gegangen. Seither war nur schwer zu erraten, was Janet Rustington tatsächlich über etwas oder jemanden dachte. Ihre Art war immer die gleiche: charmant, aber absolut reserviert.

Eve Leathern kam angeschwirrt. Ihr strähniges blondes Haar wippte aufgeregt auf und ab. Sie war fünfzehn, etwas tollpatschig, aber voller Vitalität.

»Mit siebzehn werde ich heiraten«, rief sie atemlos aus. »Einen steinreichen Mann, und wir werden sechs Kinder bekommen, und Dienstag und Donnerstag sind meine Glückstage, und ich sollte nur Grün oder Blau tragen, und der Smaragd ist mein Glücksstein, und …«

»Also, mein Schatz, ich glaube, wir sollten weiter«, unterbrach sie ihr Vater.

Mr Leathern war ein großer, blonder, verstimmt wirkender Mann mit einem irgendwie traurigen Blick.

Mr Pointz und Mr Stein kamen von der Dartsbude zurück. Mr Pointz kicherte, während Mr Stein etwas bedröppelt aussah.

»Reine Glückssache«, sagte er.

Mr Pointz schlug sich fröhlich auf die Jackentasche.

»Hab Ihnen sogar einen Zehner abgeknöpft. Geschick, mein Junge, Geschick. Mein Vater war ein erstklassiger Dartsspieler. So, Herrschaften, jetzt geht's aber weiter. Hat man dir die Zukunft vorausgesagt, Eve? Sollst du dich vor dem schwarzen Mann in Acht nehmen?«

»Vor der schwarzen Frau«, berichtigte Eve ihn. »Sie schielt auf einem Auge und wird richtig fies zu mir sein, wenn ich nicht aufpasse. Und heiraten werde ich mit siebzehn.«

Vergnügt rannte sie weiter, während die Gruppe aufs Royal George zusteuerte.

Mr Pointz hatte das Essen in weiser Voraussicht bereits vorbestellt. Ein dienernder Kellner führte sie in einen für sie reservierten Speiseraum im ersten Stock. Dort wartete ein runder gedeckter Tisch auf sie. Das große Erkerfenster ging auf den Hafenplatz hinaus und stand offen. Der Lärm des Jahrmarkts drang zu ihnen herauf, das Gequietsche von drei Karussells und das Geplärre dreier verschiedener Melodien.

»Wenn wir unser eigenes Wort verstehen wollen, sollten wir das lieber zumachen«, bemerkte Mr Pointz trocken und ließ seinen Worten Taten folgen.

Sie setzten sich an den Tisch, und Mr Pointz strahlte seine Gäste wohlwollend an. Er fand, er zeige sich ihnen gegenüber großzügig, und er zeigte sich gerne großzügig. Sein Blick wanderte von einem zum anderen. Lady Marroway – eine treffliche Frau. Natürlich nicht allererste Sahne, das wusste er; ihm war absolut klar, dass das, was er zeit seines Lebens als Crème de la Crème bezeichnet hatte, mit den Marroways sehr wenig gemein hatte, aber letztlich nahm die Crème de la Crème ja auch von ihm keine Notiz. Jedenfalls war Lady Marroway eine verdammt flotte Frau – und es störte ihn überhaupt nicht, dass sie ihn beim Bridge gelegentlich übers Ohr haute. Bei Sir George schätzte er das schon entschieden weniger. Fischaugen hatte der Bursche. Schamlos raffgierig. Aber Isaac Pointz würde er nicht allzu viel abknöpfen. Darauf würde er schon achten.

Der alte Leathern war kein übler Kerl – langatmig, natürlich, wie die meisten Amerikaner breitete er sich gern endlos aus. Außerdem hatte er dieses irritierende Bedürfnis nach präzisen Informationen. Wie viele Einwohner hatte Dartmouth? In welchem Jahr wurde das Marine-College errichtet? Und so weiter. Erwartete, dass sein Gastgeber eine Art wandelnder Baedeker war. Eve war ein nettes, fröhliches Mädchen – es machte ihm Spaß, sie aufzuziehen. Eine knarrende Stimme wie ein Wachtelkönig, aber sie hatte ihre fünf Sinne beisammen. Ein aufgewecktes Kind.

Der junge Llewellyn wirkte ein wenig still. Sah aus, als beschäftigte ihn irgendetwas. Wahrscheinlich knapp bei Kasse. Waren diese Schreiberlinge ja meistens. Sah aus, als hätte Janet Rustington es ihm angetan. Eine nette Frau, attraktiv und klug. Nötigte einen allerdings nicht, sich ihr Geschreibsel anzutun. Schrieb irgendein hochgestochenes Zeug, was man nie denken würde, wenn man sich mit ihr unterhielt.

Und der alte Leo! Der wurde auch nicht gerade jünger und schlanker. Mr Pointz, der zum Glück nicht einmal ahnte, dass sein Geschäftspartner genau in diesem Augenblick genau das Gleiche über ihn dachte, berichtigte Mr Leatherns These, dass Sardinen nichts mit Cornwall zu tun hätten, sondern ausschließlich in Devon vorkämen, und schickte sich an, das Essen zu genießen.

»Mr Pointz?«, sagte Eve, als jeder einen Teller mit heißen Makrelen vor sich stehen hatte und die Kellner wieder gegangen waren.

»Ja, junge Dame?«

»Haben Sie jetzt den großen Diamanten dabei? Den Sie uns gestern Abend gezeigt haben und den Sie, wie Sie meinten, immer bei sich tragen?«

Mr Pointz kicherte.

»Genau. Mein Maskottchen, wie ich ihn nenne. Ja, den habe ich allerdings dabei.«

»Ich glaube, das ist ungeheuer gefährlich. Den könnte Ihnen doch jemand in dem Gedränge auf dem Jahrmarkt stehlen.«

»Ausgeschlossen«, sagte Mr Pointz. »Da passe ich schon auf.«

»Aber es könnte doch sein«, beharrte Eve. »In England gibt es doch genauso Gangster wie bei uns, oder etwa nicht?«

»Aber an den *Morgenstern* kommen sie nicht heran«, erwiderte Mr Pointz. »Zunächst einmal befindet er sich in einer besonderen Innentasche. Und außerdem weiß der alte Pointz, was er tut. Den *Morgenstern* stiehlt ihm niemand.«

Eve lachte. »Ich wette, ich würde es schaffen!«

»Ich wette, du würdest es nicht schaffen«, gab Mr Pointz augenzwinkernd zurück.

»Doch, ich wette, schon. Ich habe gestern Abend im Bett darüber nachgedacht – nachdem Sie ihn am Tisch herumgezeigt hatten. Ich hatte eine richtig tolle Idee.«

»Und die wäre?«

Eve legte den Kopf auf die Seite, ihre blonden Haare wippten.

»Das verrate ich Ihnen nicht – noch nicht. Was wetten Sie denn, dass ich es nicht schaffe?«

Mr Pointz fühlte sich an seine Jugend zurückerinnert.

»Sechs Paar Handschuhe«, sagte er.

»Handschuhe?«, rief Eve entrüstet. »Wer trägt denn heute noch Handschuhe?«

»Gut, trägst du Seidenstrümpfe?«

»Na klar! Mein bestes Paar hat heute Morgen eine Laufmasche bekommen.«

»Also gut. Sechs Paar feinster Seidenstrümpfe …«

»O ja«, sagte Eve glückselig. »Und Sie?«

»Also, ich brauche einen neuen Tabakbeutel.«

»Gut. Abgemacht. Glauben Sie aber bloß nicht, dass Sie einen neuen Tabakbeutel bekommen. Und jetzt sage ich Ihnen, was Sie tun müssen. Sie müssen ihn genau wie gestern Abend herumreichen …«

Sie verstummte, da zwei Kellner hereinkamen, um die Teller abzuräumen. Als der nächste Gang aufgetragen war und sich alle am Hühnchen gütlich taten, meinte Mr Pointz:

»Aber merk dir eins, mein Fräulein: Wenn das ein echter Diebstahl wird, rufe ich die Polizei und lasse dich durchsuchen.«

»Von mir aus. Sie müssten die Sache allerdings nicht ganz so realistisch angehen und gleich die Polizei einschalten. Aber Lady Marroway oder Mrs Rustington könnten mich filzen, soviel Sie wollen.«

»Gut, dann wäre das so weit klar«, sagte Mr Pointz. »Was willst du eigentlich mal werden? Eine hochkarätige Juwelendiebin?«

»Wenn es sich wirklich lohnen würde, könnte ich mich vielleicht dafür erwärmen.«

»Wenn du dich mit dem *Morgenstern* aus dem Staub machen könntest, würde es sich sicher lohnen. Selbst nach einem Umschliff wäre der Stein noch über dreißigtausend Pfund wert.«

»Oh!«, sagte Eve beeindruckt. »Wie viel Dollar sind das denn?«

Lady Marroway stieß einen Ausruf des Erstaunens aus.

»Und so einen Stein tragen Sie mit sich herum?«, sagte sie vorwurfsvoll. »Dreißigtausend Pfund.« Ihre getuschten Wimpern flatterten.

Mrs Rustington sagte leise:

»Das ist eine Menge Geld … Dazu kommt noch die Faszination, die der Stein selbst ausübt … Er ist wunderschön.«

»Nichts weiter als ein Stück Kohlenstoff«, meinte Evan Llewellyn.

»Ich habe es immer so verstanden, dass das Problem bei einem Juwelendiebstahl der ›Hehler‹ ist«, sagte Sir George. »Der kriegt doch den Löwenanteil, oder?«

»Na los«, sagte Eve aufgeregt. »Fangen wir an. Holen Sie den

Diamanten heraus und sagen Sie, was Sie gestern Abend gesagt haben.«

»Ich möchte mich für meine Tochter entschuldigen. Sie steigert sich gern in etwas hinein«, warf Mr Leathern mit seiner tiefen, melancholischen Stimme ein.

»Das reicht, Papa«, sagte Eve. »Also, Mr Pointz …«

Lächelnd nestelte Mr Pointz an einer Innentasche herum. Dann zog er etwas heraus. Funkelnd lag es in seiner ausgestreckten Hand.

Ein Diamant …

Recht förmlich wiederholte Mr Pointz, soweit er sich daran erinnern konnte, die Worte, die er am Abend zuvor auf der *Merrimaid* gesagt hatte:

»Meine Damen und Herren, vielleicht möchten Sie einen Blick darauf werfen? Es handelt sich um einen ungewöhnlich schönen Stein. Ich nenne ihn den *Morgenstern* – er ist gewissermaßen mein Maskottchen, begleitet mich überall hin. Möchten Sie ihn sich ansehen?«

Er reichte ihn Lady Marroway, die ihn in die Hand nahm, lauthals seine Schönheit pries und ihn an Mr Leathern weitergab, der in einem etwas gekünstelten Ton »Ziemlich schön. Doch, ziemlich schön« sagte und ihn seinerseits an Llewellyn weiterreichen wollte.

Da genau in diesem Augenblick die Kellner den Raum betraten, kam es jedoch zu einer kleinen Unterbrechung. Als sie wieder gegangen waren, sagte Evan, den Diamanten in der Hand: »Ein herrlicher Stein«, und reichte ihn an Leo Stein weiter, der sich nicht die Mühe machte, einen Kommentar abzugeben, sondern ihn schnell an Eve weitergab.

»Wirklich wunderschön!«, rief Eve mit hoher, affektierter Stimme.

»Oh« – ein Schrei der Bestürzung, als er ihr aus der Hand glitt –, »er ist mir runtergefallen.«

Sie stieß ihren Stuhl zurück und begann unter dem Tisch herumzutasten. Sir George zu ihrer Rechten bückte sich ebenfalls. In dem allgemeinen Durcheinander wurde ein Glas vom Tisch gestoßen. Stein, Llewellyn und Mrs Rustington halfen bei der Suche. Schließlich beteiligte sich auch Lady Marroway.

Lediglich Mr Pointz machte nicht mit. Er blieb sitzen, nippte an seinem Wein und lächelte etwas verkrampft.

»Oje«, sagte Eve mit noch immer gekünstelter Stimme. »Wie schrecklich! Wo ist er bloß hingerollt? Ich kann ihn nirgends finden.«

Einer nach dem anderen tauchten ihre Helfer wieder unter dem Tisch auf.

»Er ist tatsächlich verschwunden, Pointz«, sagte Sir George lächelnd.

»Wirklich gut gemacht«, sagte Mr Pointz und nickte beifällig. »Eve, du würdest eine ausgezeichnete Schauspielerin abgeben. Die Frage ist jetzt natürlich: Hast du ihn irgendwo versteckt oder trägst du ihn bei dir?«

»Lassen Sie mich doch filzen«, sagte Eve theatralisch.

Mr Pointz suchender Blick blieb an einem großen Wandschirm hängen, der in einer Ecke des Raumes stand.

Er nickte in die Richtung und sah Lady Marroway und Mrs Rustington an.

»Wenn die Damen so nett wären ...«

»Aber sicher doch«, sagte Lady Marroway lächelnd.

Die beiden Frauen erhoben sich.

»Keine Angst, Mr Pointz«, sagte Lady Marroway. »Wir werden sie gründlichst durchsuchen.«

Die drei verschwanden hinter dem Wandschirm.

Es war so heiß in dem Raum, dass Evan Llewellyn das Fenster aufriss. Unten ging ein Zeitungsverkäufer vorbei.

Evan warf ihm eine Münze zu, und im Gegenzug warf der Mann eine Zeitung herauf.

Llewellyn faltete sie auseinander.

»Lage in Ungarn bedenklich«, sagte er.

»Ist das das Lokalblatt?«, fragte Sir George. »Heute müsste in Haldon ein Pferd gelaufen sein, das mich interessiert – Natty Boy.«

»Leo«, sagte Mr Pointz. »Schließen Sie bitte die Tür ab. Ich möchte nicht, dass die verdammten Kellner hier ständig rein- und rausrennen, solange diese Angelegenheit nicht geklärt ist.«

»Natty Boy hat dreißig zu zehn gebracht«, sagte Evan.

»Miese Quote«, meinte Sir George.

»In erster Linie Regatta-Nachrichten«, sagte Evan, nachdem er die Zeitung durchgeblättert hatte.

Die drei Frauen traten hinter dem Wandschirm hervor.

»Keine Spur von dem Stein«, sagte Janet Rustington.

»Sie trägt ihn auf keinen Fall bei sich, das können Sie mir glauben«, sagte Lady Marroway.

Mr Pointz war gern bereit, es ihr zu glauben. Ihre Stimme klang bitterernst, und er hatte keinen Zweifel daran, dass die Durchsuchung gründlich gewesen war.

»Sag mal, Eve, du hast ihn nicht zufällig hinuntergeschluckt?«, fragte Mr Leathern besorgt. »Denn das würde dir vielleicht nicht sehr gut bekommen.«

»Das hätte ich gesehen«, sagte Leo Stein leise. »Ich habe sie beobachtet. Sie hat nichts in den Mund gesteckt.«

»Ich könnte doch so ein großes, spitzes Ding nicht runterschlucken«, sagte Eve. Sie stemmte die Arme in die Hüften und sah Mr Pointz an. »Und jetzt, Sie Schlauberger?«

»Du bleibst, wo du bist, und rührst dich nicht von der Stelle«, erwiderte er.

Gemeinsam räumten die Männer den Tisch ab und drehten ihn um. Mr Pointz untersuchte jeden Zentimeter. Dann richtete er seine Aufmerksamkeit auf den Stuhl, auf dem Eve gesessen hatte, sowie auf die beiden Nachbarstühle.

Die Gründlichkeit der Suche ließ nichts zu wünschen übrig. Die anderen vier Männer und auch die Frauen beteiligten sich ebenfalls. Eve Leathern stand neben dem Wandschirm in der Ecke und lachte vor Vergnügen.

Fünf Minuten später erhob sich Mr Pointz mit einem leisen Ächzen von den Knien und klopfte sich niedergeschlagen den

Staub von den Hosen. Seine ungetrübte Aufgeräumtheit war wie weggeblasen.

»Hut ab, Eve«, sagte er. »Du bist der beste Juwelendieb, der mir je untergekommen ist. Was du mit dem Stein angefangen hast, ist mir ein Rätsel. Da du ihn nicht bei dir trägst, muss er, so wie ich es sehe, irgendwo in diesem Raum sein. Ich gebe mich geschlagen.«

»Gehören die Strümpfe mir?«, fragte Eve.

»Sie gehören dir, junge Frau.«

»Eve, mein Kind, wo kannst du ihn nur versteckt haben?«, fragte Mrs Rustington neugierig.

Eve stolzierte durch den Raum.

»Ich zeige es euch. Ihr werdet euch alle krankärgern.«

Sie ging zu dem Serviertisch, auf dem sich das Geschirr vom Esstisch stapelte. Sie nahm ihr schwarzes Abendtäschchen …

»Direkt vor euren Augen. Direkt …«

Plötzlich erstarb ihre fröhliche, triumphierende Stimme.

»Oh!«, sagte sie. »Oh …«

»Was ist denn los, Schatz?«, fragte ihr Vater.

»Er ist weg!«, flüsterte Eve. »Er ist weg …«

»Was ist denn?«, fragte Pointz und trat näher.

Ungestüm drehte sich Eve zu ihm um.

»Es war so. Mitten auf dem Verschluss dieses Täschchens hier war ein großer Strass-Stein. Der ist gestern Abend herausgefallen, und als Sie den Diamanten herumgereicht haben, fiel mir auf, dass er im Prinzip genauso groß war. Deshalb kam mir dann nachts die tolle Idee, dass man Ihren Diamanten stehlen könnte, wenn man ihn mit ein bisschen Knete in dem Loch im Verschluss festklebt. Ich war mir sicher, dass ihn dort niemand je entdecken würde. Und das habe ich dann auch getan. Zuerst habe ich ihn fallen gelassen – dann bin ich mit dem Täschchen in der Hand hinterhergekrochen, habe ihn mit einem Stückchen Knete, das ich griffbereit hatte, in dem Loch festgedrückt, habe mein Täschchen auf den Tisch gelegt und so getan, als suchte ich weiter nach dem Diamanten. Ich dachte, es wäre so ähnlich wie im *Entwendeten Brief*, Sie wissen schon – er würde deutlich sichtbar direkt vor eurer Nase liegen, aber eben wie ein ganz gewöhnlicher Strass-Stein aussehen. Und es war auch ein guter Plan – niemand hat etwas bemerkt.«

»Wer weiß«, murmelte Mr Stein.

»Was haben Sie gesagt?«

»Nichts«, sagte Leo Stein.

Mr Pointz nahm das Täschchen, besah sich das Loch, in dem noch ein Stückchen Knete klebte, und sagte langsam:

»Vielleicht ist er ja herausgefallen. Wir sollten uns noch einmal umsehen.«

Die Suche wurde wiederholt, doch diesmal war es ein seltsam stilles Unterfangen. Eine nervöse Spannung erfüllte den Raum.

Schließlich warf einer nach dem anderen das Handtuch. Sie sahen einander an.

»Er ist nicht in diesem Raum«, sagte Stein.

»Den niemand verlassen hat«, merkte Sir George vielsagend an.

Ein Augenblick herrschte erneut Stille. Dann brach Eve in Tränen aus.

»Ist ja gut«, sagte Pointz unbeholfen.

Sir George wandte sich an Leo Stein.

»Mr Stein«, sagte er, »Sie haben gerade etwas in Ihren Bart gemurmelt. Als ich Sie bat, es zu wiederholen, meinten Sie, es sei nichts. In Wirklichkeit habe ich allerdings gehört, was Sie sagten. Miss Eve hatte gerade behauptet, niemand habe bemerkt, was sie mit dem Diamanten gemacht hatte. Daraufhin murmelten Sie: ›Wer weiß.‹ Wir müssen also die Möglichkeit in Betracht ziehen, dass es doch jemand bemerkt hat – und dass sich diese Person zurzeit hier in diesem Raum befindet. Ich schlage als einzig faire und ehrenhafte Lösung vor, dass sich jeder der Anwesenden einer Durchsuchung unterziehen lässt. Der Diamant muss schließlich noch in diesem Raum sein.«

Wenn Sir George den Part eines alten englischen Gentlemans spielte, war er unübertrefflich. Seine Stimme bebte vor Aufrichtigkeit und Entrüstung.

»Ziemlich unerfreulich, das Ganze«, sagte Mr Pointz trübsinnig.

»Es ist alles meine Schuld«, schluchzte Eve. »Ich wollte doch nicht …«

»Kopf hoch, Kleine«, sagte Mr Stein freundlich. »Es macht dir doch niemand einen Vorwurf.«

»Also, ich bin mir sicher, dass Sir Georges Vorschlag unser aller Zustimmung findet. Meine findet er auf alle Fälle«, sagte Mr Leathern auf seine langsame, pedantische Art.

»Meine auch«, sagte Evan Llewellyn.

Mrs Rustington sah Lady Marroway an, die kurz nickte. Gemeinsam traten sie, in Begleitung der schluchzenden Eve, hinter den Wandschirm.

Ein Kellner klopfte an die Tür, wurde aber wieder weggeschickt.

Fünf Minuten später starrten acht Menschen einander ungläubig an.

Der *Morgenstern* hatte sich in Luft aufgelöst …

Nachdenklich betrachtete Hercule Poirot die tragische Miene des jungen Mannes vor sich.

»*Eh bien?*«, sagte er. »Was wollen Sie von mir?«

Evan Llewellyn zögerte keinen Augenblick. Seine Antwort kam wie aus der Pistole geschossen:

»Die Wahrheit.«

Selbstvergessen strich sich Poirot über seinen prächtigen Schnurrbart.

»Und da sind Sie sich sicher, eh?«

»Natürlich bin ich das.«

»Ich frage«, erklärte Poirot, »denn das, das ist die Standardantwort von – ach, von so vielen Leuten. Und wenn ich ihnen dann die Wahrheit serviere, sind sie manchmal alles andere als erfreut. Manchmal sind sie bestürzt und manchmal beschämt und manchmal völlig – ah ja, jetzt habe ich es – entgeistert. Was für ein Wort! Ein Wort, das mir sehr gefällt.«

»Ich möchte die Wahrheit wissen«, wiederholte Evan.

»Aber, *pardonnez-moi*, der Diamant, der gestohlen wurde, gehörte Ihnen doch überhaupt nicht, Monsieur Llewellyn. Sie wollen mich also engagieren, damit ich das Eigentum von jemand anders wiederfinde – und dieser Andere ist Ihnen, schätze ich, nicht hundertprozentig wohlgesinnt.«

»Der alte Pointz ist mir ziemlich egal.«

Poirot sah ihn fragend an.

»Ich bin zu Ihnen gekommen«, fuhr Evan fort, »weil Sie einmal etwas gesagt haben beziehungsweise gesagt haben sollen. Jemand hat es mir erzählt.«

»Und was war das?«

»Dass nicht wichtig ist, wer schuldig ist, sondern wer unschuldig ist. Das gab mir das Gefühl, es gäbe vielleicht doch noch – Hoffnung.«

Poirot nickte.

»Aha, langsam versteh ich ... Langsam verstehe ich ...«

»Ich bin unschuldig! Aber wenn die Wahrheit nicht ans Licht kommt, wird mir das nie jemand glauben.«

Poirot schwieg einen Augenblick. Dann sagte er leise:

»Sind Sie sicher, dass alles genau so passiert ist, wie Sie es mir erzählt haben? Sie haben nichts ausgelassen?«

Evan überlegte einen Augenblick.

»Ich glaube nicht, dass ich irgendetwas ausgelassen habe. Pointz holte den Diamanten hervor und reichte ihn herum – dieses verflixte amerikanische Mädchen klebte ihn auf ihr lächerliches Täschchen, und als sie sich das Täschchen holte, war der Diamant verschwunden. Niemand trug ihn bei sich – selbst der alte Pointz wurde durchsucht, er bestand darauf –, und ich schwöre, in dem Raum war der Stein auch nirgends! Und niemand hatte den Raum verlassen.«

»Die Kellner? Der *maître d'hôtel*?«, fragte Poirot.

Llewellyn schüttelte den Kopf.

»Die gingen hinaus, ehe das Mädchen anfing, mit dem Diamanten rumzuspielen, und danach ließ Pointz die Tür abschließen, damit sie draußen blieben. Nein, es muss einer von uns gewesen sein.«

»Es sieht ganz danach aus«, sagte Poirot. »Ein hübsches kleines Problem.«

»Diese verdammte Abendzeitung!«, sagte Evan Llewellyn verbittert. »Ich habe genau gemerkt, wie der Verdacht in ihnen aufkeimte – dass das die einzige Möglichkeit war ...«

»Schildern Sie mir das bitte noch einmal ganz genau.«

»Es war ganz einfach. Ich machte das Fenster auf, pfiff den Mann herbei, warf eine Münze hinunter, und er warf mir die Zeitung herauf. Und das ist sie, verstehen Sie – die einzige Möglichkeit, wie der Diamant aus dem Raum gelangt sein konnte: Ich habe ihn einem Komplizen zugeworfen, der unten auf der Straße wartete.«

Poirot schüttelte den Kopf.

»Nicht die einzige Möglichkeit.«

»Was hätten Sie denn noch für eine Idee?«

»Da Sie sagen, dass Sie ihn nicht hinuntergeworfen haben, muss es ja wohl noch einen anderen Weg gegeben haben!«

»Ah, verstehe. Ich hatte gehofft, Sie hätten eine etwas konkretere Idee. Nun, ich kann nur sagen, dass ich ihn nicht hinuntergeworfen habe. Ich kann nicht von Ihnen erwarten, dass Sie mir glauben – genauso wenig wie von irgendjemand anderem!«

»O doch, ich glaube Ihnen«, sagte Poirot leise lächelnd.

»Wirklich? Und warum?«

»Es ist eine Frage der Psychologie«, erwiderte Poirot. »Sie sind nicht der Typ, der Juwelen stiehlt. Es gibt natürlich schon Verbrechen, die Sie eventuell verüben würden – aber lassen wir dieses Thema beiseite. Jedenfalls sehe ich in Ihnen nicht den Dieb des *Morgensterns*.«

»Alle anderen allerdings schon«, sagte Llewellyn voller Bitterkeit.

»Alle?«

»Sie haben mich damals alle ziemlich komisch angesehen. Marroway nahm die Zeitung in die Hand und blickte lediglich kurz zum Fenster hinüber. Er hat nichts gesagt. Aber Pointz schaltete sofort! Ich habe gesehen, was sie dachten. Offen beschuldigt hat mich allerdings nie jemand. Das ist ja das Fiese daran.«

Poirot nickte verständnisvoll.

»Das ist viel schlimmer«, sagte er.

»Ja. Nichts als ein Verdacht. Neulich war jemand bei mir und stellte eine Menge Fragen – ›Routinefragen‹, wie er es nannte. Einer von diesen neuen piekfeinen Polizeibeamten. Äußerst taktvoll – überhaupt keine Andeutungen. Zeigte lediglich Interesse an der Tatsache, dass ich knapp bei Kasse gewesen war und plötzlich ein bisschen Geld verpulvert habe.«

»Und stimmt das?«

»Ja, ein bisschen Glück gehabt mit ein, zwei Pferden. Leider hatte ich die Wetten direkt an der Rennbahn abgeschlossen, da konnte ich nicht beweisen, dass das Geld von dort kam. Natürlich kann man mir auch nicht das Gegenteil beweisen, aber das ist genau die Art von Lüge, die jemand erfinden würde, der nicht sagen will, wo das Geld herkommt.«

»Das stimmt. Trotzdem bräuchte man entschieden mehr, um die Sache weiter zu verfolgen.«

»Ach, Angst, dass ich tatsächlich verhaftet und des Diebstahls angeklagt werde, habe ich nicht. In gewisser Weise würde das die Sache sogar einfacher machen – man wüsste wenigstens, woran man ist. Das Furchtbare ist doch gerade, dass all diese Leute glauben, dass ich ihn gestohlen habe.«

»All diese Leute? Sind Sie sicher, dass Sie wirklich all diese Leute meinen?«

Llewellyn starrte ihn an.

»Ich verstehe Sie nicht.«

»Ich habe da so eine kleine Idee, dass Sie nicht all diese Leute meinen, sondern eine ganz bestimmte Person.«

Evan Llewellyn errötete.

»Ich verstehe Sie nicht«, wiederholte er.

Poirot beugte sich vertraulich zu ihm vor.

»Ja, das ist es, stimmt's? Es gibt da eine ganz bestimmte Person. Und ich glaube, ich glaube fast, es handelt sich um Mrs Rustington.«

Llewellyns dunkles Gesicht wurde noch röter.

»Warum picken Sie gerade sie heraus?«

Poirot warf die Hände in die Luft.

»Es gibt ganz offensichtlich jemand, auf dessen Meinung Sie sehr großen Wert legen – vermutlich eine Dame. Welche Damen waren damals anwesend? Ein amerikanischer Flapper? Lady Marroway? In Lady Marroways Achtung wären Sie wahrscheinlich nicht gesunken, sondern gestiegen, wenn Sie solch einen Coup gelandet hätten. Ich habe so einiges über diese Dame gehört! Dann muss es also Mrs Rustington sein.«

»Sie, sie hat äußerst unerfreuliche Erfahrungen gemacht«, erwiderte Llewellyn mit einiger Anstrengung. »Ihr Mann war ein heruntergekommener Halunke. Deshalb traut sie einfach niemandem mehr über den Weg. Sie – wenn sie glaubt …«

Es fiel ihm schwer fortzufahren.

»Eben«, sagte Poirot. »Deshalb darf sie nicht mehr glauben, was sie momentan womöglich glaubt. Die Sache muss geklärt werden.«

Evan lachte auf.

»Das ist leicht gesagt.«

»Und fast genauso leicht getan«, sagte Poirot zuversichtlich.

Evan starrte ihn ungläubig an.

»Meinen Sie?«

»*Mais oui*, das Problem liegt doch ganz klar auf der Hand! Deshalb scheiden viele Lösungsmöglichkeiten von vornherein aus. Die Antwort muss wirklich extrem einfach sein. Ich habe sogar schon eine schwache Ahnung …«

Llewellyn starrte ihn noch immer an.

Poirot zog einen Block zu sich heran und nahm einen Stift zur Hand.

»Vielleicht könnten Sie mir die Beteiligten kurz beschreiben?«

»Habe ich das nicht schon getan?«

»Ich meine ihr Äußeres – ihre Haarfarbe und so weiter.«

»Aber Monsieur Poirot, was soll das denn damit zu tun haben?«

»Eine ganze Menge, *mon ami*, eine ganze Menge. Haben Sie noch nie Wahrsager reden hören – dir läuft ein schwarzer Mann über den Weg und solche Sachen?«

Einigermaßen ungläubig beschrieb Evan das Äußere der Teilnehmer der Bootspartie.

Poirot machte sich ein, zwei Notizen, schob den Block von sich weg und meinte:

»Ausgezeichnet. Übrigens, Sie sagten, ein Weinglas sei zerbrochen?«

Evan starrte ihn erneut an.

»Ja, es wurde vom Tisch gestoßen, und dann trat jemand drauf.«

»Sehr unangenehm, solche Glassplitter«, sagte Poirot. »Wessen Weinglas war es denn?«

»Ich glaube, das des Mädchens – Eves.«

»Aha. Und wer saß auf der Seite neben ihr?«

»Sir George Marroway.«

»Sie haben nicht gesehen, wer das Glas vom Tisch stieß?«

»Nein, leider nicht. Ist das wichtig?«

»Eigentlich nicht. Nein. Die Frage war überflüssig. *Eh bien!*« Er erhob sich. »Auf Wiedersehen, Mr Llewellyn. Könnten Sie in drei Tagen zurückkommen? Ich glaube, bis dahin dürfte die ganze Angelegenheit zu Ihrer vollen Zufriedenheit geklärt sein.«

»Machen Sie Witze, Monsieur Poirot?«

»In beruflichen Dingen mache ich nie Witze«, erwiderte Poirot mit gravitätischer Miene. »Das ist eine ernste Angelegenheit. Sagen wir Freitag um 11 Uhr 30? Vielen Dank.«

Als Evan am Freitagvormittag Poirots Büro betrat, befand er sich in beträchtlichem emotionalem Aufruhr. Hoffnung und Skepsis kämpften in ihm.

Poirot erhob sich mit einem strahlenden Lächeln.

»Guten Tag, Mr Llewellyn. Setzen Sie sich. Zigarette?«

Er reichte ihm sein Etui.

Llewellyn winkte ab.

»Und?«, sagte er.

»Und wie! Alles bestens«, sagte Poirot noch immer freudestrahlend. »Die Polizei hat die Bande gestern Abend festgenommen.«

»Die Bande? Welche Bande?«

»Die Amalfi-Bande. Als Sie mir Ihre Geschichte erzählten, musste ich sofort an sie denken. Ich habe ihre Arbeitsweise wiedererkannt, und als Sie dann die Gäste beschrieben, *eh bien*, da verflogen alle Zweifel!«

»Aber, also, wer ist denn diese Amalfi-Bande?«

»Vater, Sohn und Schwiegertochter – wenn Pietro und Maria tatsächlich verheiratet sind, was, *entre nous*, durchaus angezweifelt werden darf.«

»Ich verstehe kein Wort«, sagte Evan verwirrt.

»Dabei ist es so einfach! Es ist ein italienischer Name, und die Familie stammt auch zweifellos aus Italien, aber der alte Amalfi wurde in Amerika geboren. Seine Methode ist in der Regel immer die gleiche. Er gibt sich als ein renommierter Geschäftsmann aus, macht die Bekanntschaft eines prominenten Juweliers aus irgendeinem europäischen Land und bringt dann seinen kleinen Trick zum Einsatz. In diesem Fall hatte er es ganz bewusst auf den *Morgenstern* abgesehen. Pointz' Marotte war in der ganzen Branche bekannt. Maria Amalfi spielte die Rolle der Tochter – eine erstaunliche Person, mindestens siebenundzwanzig und mimt fast immer eine Sechzehnjährige.«

»Aber doch nicht Eve!«, stieß Llewellyn hervor.

»*Précisément*. Die kleine Eve. Das naive amerikanische Mädchen. *C'est épatant, n'est-ce pas?* Das dritte Mitglied der Bande ließ sich im Royal George als Aushilfskellner anstellen – vergessen Sie nicht, es war Urlaubszeit, da brauchte man zusätzliches Personal. Vielleicht hat er sogar einen festen Kellner bestochen, zu

Hause zu bleiben. Es ist also alles vorbereitet. Eve fordert den alten Pointz auf ihre treuherzige Schulmädchenart zu einer Wette heraus, und er nimmt sie an. Er reicht den Diamanten, genau wie am Abend zuvor, herum. Die Kellner betreten den Raum und räumen die Teller ab. Leathern behält den Stein, bis sie wieder verschwinden. Aber mit ihnen verschwindet auch der Diamant – er war sorgfältig mit einem Stückchen Kaugummi an die Unterseite eines der Teller geklebt worden, den Pietro hinaustrug. So einfach war das!«

»Aber ich habe ihn danach noch gesehen.«

»Nein, nein, Sie sahen eine Imitation aus Strass, die auf den ersten Blick durchaus echt wirkte. Leo Stein, der Einzige, der den Betrug hätte bemerken können, sah sich den Strass-Diamanten, wie Sie sagten, kaum an. Eve lässt ihn fallen, stößt dabei noch ein Glas um und tritt dann fest auf den Stein und das Glas. Und wie durch ein Wunder ist der Diamant verschwunden! Danach können sich Eve und Leathern dann problemlos durchsuchen lassen!«

»Also, ich bin …«

Evan schüttelte sprachlos den Kopf.

»Sie sagten, Sie hätten die Bande aufgrund meiner Beschreibung wiedererkannt? Hatte sie diesen Trick schon einmal benutzt?«

»Nicht genau so – aber das war einfach ihre Arbeitsweise. Das Mädchen Eve erregte natürlich sofort meine Aufmerksamkeit.«

»Wieso? Ich habe sie nicht verdächtigt – niemand hat sie verdächtigt. Sie wirkte so, so kindlich.«

»Das ist Maria Amalfis besondere Gabe. Sie ist kindlicher, als es selbst ein Kind je sein könnte! Aber vergessen Sie nicht die Knete. Es ist ja nicht so, dass es wirklich spontan zu dieser Wette gekommen wäre, denn die junge Dame hatte die Knete griffbereit. Das klang nach einem Plan. Mein Verdacht fiel sofort auf sie.«

Llewellyn erhob sich.

»Monsieur Poirot, ich, ich kann gar nicht sagen, wie dankbar ich Ihnen bin. Das, das ist wunderbar.«

Poirot machte eine abwehrende Geste.

»Ein Kinderspiel«, murmelte er. »Das reinste Kinderspiel.«

»Sie lassen mich wissen, wie viel, äh ...«

Llewellyn fing an zu stammeln.

»Mein Honorar wird äußerst bescheiden sein«, erwiderte Poirot augenzwinkernd. »Es wird kein zu großes Loch in die, äh, Gewinne aus den Pferdewetten reißen. Aber trotzdem würde ich sagen, junger Mann, Sie sollten in Zukunft die Finger von den Pferden lassen. Ein ziemlich launenhaftes Tier, das Pferd.«

»Einverstanden«, sagte Evan. »Mache ich, darauf können Sie wetten.«

Er schüttelte Poirot die Hand und verließ das Büro.

Llewellyn winkte ein Taxi herbei und nannte dem Fahrer Janet Rustingtons Adresse.

Endlich hatte er freie Bahn.

Editorische Notiz

Einleitung. »Auftritt: Hercule Poirot«, aus: *An Autobiography* (London: Collins, 1977; New York: Dodd, Mead & Co., 1977).

»Der Plymouth-Express«, erstmals erschienen unter dem Titel »The Mystery of the Plymouth Express« in: *The Sketch*, 4. April 1923.

»Die Pralinenschachtel«, erstmals erschienen unter dem Titel »The Clue of the Chocolate Box« in: *The Sketch*, 23. Mai 1923.

»Das Geheimnis des ägyptischen Grabes«, erstmals erschienen unter dem Titel »The Adventure of the Egyptian Tomb« in: *The Sketch*, 26. September 1923.

»Das Geheimnis um Johnnie Waverly«, erstmals erschienen unter dem Titel »The Kidnapping of Johnnie Waverly« in: *The Sketch*, 10. Oktober 1923.

»Das Geheimnis des Plumpuddings«, erstmals erschienen unter dem Titel »Christmas Adventure« in: *The Sketch*, 12. Dezember 1923, später in dem Band *While the Light Lasts and Other Stories*. Die vorliegende Version mit dem Originaltitel »The Adventure of the Christmas Pudding« ist eine erweiterte Fassung, erstmals erschienen unter dem Titel »The Theft of the Royal Ruby« in: *Women's Illustrated*, 24. Dezember 1960 – 7. Januar 1961.

»Das Geheimnis der spanischen Truhe«, erstmals erschienen unter dem Titel »The Mystery of the Baghdad Chest« in: *The Strand*, Januar 1932, später in dem Band *While the Light Lasts and Other Stories*. Die vorliegende Version ist eine erweiterte Fassung, erstmals erschienen unter dem Titel »The Mystery of the Spanish Chest« in: *Women's Illustrated*, 17. September – 1. Oktober 1960.

»Was wächst in deinem Garten?«, erstmals erschienen in den USA unter dem Titel »How Does Your Garden Grow?« in: *Ladies' Home Journal*, Juni 1935, in Großbritannien in: *The Strand*, August 1935.

»Mord in der Bardsley Gardens Mews«, erstmals erschienen in den USA unter dem Titel »Murder in the Mews« in: *Redbook Magazine*, September/Oktober 1936, später unter dem Titel »Mystery of the Dressing Case« in: *Woman's Journal*, Dezember 1936.

»Der Traum«, erstmals erschienen in den USA unter dem Titel »The Dream« in: *Saturday Evening Post*, 23. Oktober 1937, in Großbritannien in: *The Strand*, Februar 1938.

Die Arbeiten des Herkules

»Vorwort«, erstmals erschienen in: *The Labours of Hercules* (Collins Crime Club, September 1947).

»Der Nemëische Löwe«, erstmals erschienen unter dem Titel »The Nemean Lion« in: *The Strand*, November 1939.

»Der Kretische Stier«, erstmals erschienen in den USA unter dem Titel »Midnight Madness« in: *This Week*, 24. September 1939, in Großbritannien in: *The Strand*, Mai 1940.

»Der Gürtel der Hippolyte«, erstmals erschienen in den USA unter dem Titel »The Disappearance of Winnie King« in: *This Week*, 10. September 1939, in Großbritannien unter dem Titel »The Girdle of Hippolyte« in: *The Strand*, Juli 1940.

»Die Gefangennahme des Zerberus«, erstmals erschienen unter dem Titel »The Capture of Cerberus« in: *The Labours of Hercules* (Collins Crime Club, September 1947).

»Vierundzwanzig Schwarzdrosseln«, erstmals erschienen in den USA unter dem Titel »Four and Twenty Blackbirds« in: *Collier's Magazine*, 9. November 1940, in Großbritannien unter dem Titel »Poirot and the Regular Customer« in: *The Strand*, März 1941.

»Poirot und das Geheimnis der Regatta«, erstmals erschienen in den USA unter dem Titel »Poirot and the Regatta Mystery« in: *Chicago Tribune*, 3. Mai 1936, in Großbritannien in: *The Strand*, Juni 1936. Für die Veröffentlichung unter dem Titel »The Regatta Mystery« in dem Band *The Regatta Mystery* (New York: Dodd, Mead & Co. 1939) schrieb Agatha Christie die Geschichte um und ersetzte Hercule Poirot durch Parker Pyne. Diese Fassung erschien auch in *Problem at Pollensa Bay* und *Detectives and Young Adventurers*. Die Version mit Poirot erscheint hier erstmals auf Deutsch.

Agatha Christie im Atlantik Verlag

Morphium
Ein Fall für Poirot

Im Leben der schönen Elinor läuft alles perfekt: Gerade erst verlobt, sieht sie nun auch einem beträchtlichen Erbe entgegen, da ihre Tante Laura im Sterben liegt. Doch dann verliebt sich Elinors Verlobter ausgerechnet in Mary, der Elinor dem letzten Wunsch der Tante folgend einen Teil des Erbes überlässt, und schließlich wird Mary ermordet. Die Beweise gegen Elinor sind erdrückend – ist sie tatsächlich schuldig oder kann Hercule Poirot das Gegenteil beweisen?

Mord in Mesopotamien
Ein Fall für Poirot

Die Ausgrabungen des Archäologen Dr. Leidner im Irak werden von den Wahnvorstellungen seiner Frau Louise überschattet. Die Krankenschwester Amy Leatheran erklärt sich bereit, Louise zu betreuen, doch sie ahnt noch nicht, worauf sie sich einlässt. Als ein Mord geschieht, stellt sich die Frage, was tatsächlich hinter Louises angeblichen Wahnvorstellungen steckt. Welche dunklen Geheimnisse liegen in ihrer Vergangenheit begraben?

Der blaue Express
Ein Fall für Poirot

Der Fahrplan stimmt, der Zeitplan auch. Poirot reist an die Riviera – natürlich mit dem Luxuszug von Calais über Paris nach Nizza. Auch die reiche amerikanische Erbin Ruth Kettering fährt mit dem »Blauen Express«, doch als der Schaffner in Nizza an ihr Abteil klopft, findet er eine Leiche. Ein perfekter Mord – so scheint es. Doch eine kleine Unstimmigkeit lässt Hercule Poirots kleine graue Zellen nicht mehr ruhen …

Auf doppelter Spur
Ein Fall für Poirot

Es gibt nur einen der diesen Fall lösen kann: Hercule Poirot. Für Sheila Webb ist es reine Routine, als sie zu der blinden Miss Pebmarsh gerufen wird. Eigentlich wollte die junge Frau nur ihre Schreibdienste anbieten. Doch im Haus der Blinden findet sie dieses merkwürdige Zimmer mit lauter Uhren – und mittendrin einen Toten. Schreiend läuft sie auf die Straße und dem Agenten Colin Lamb in die Arme. Nur gut, dass Colin bei seinem alten Bekannten Hercule Poirot Rat suchen kann. Während Scotland Yard im Dunkeln tappt, ist Poirot dem Mörder bereits dicht auf den Fersen.

Mord im Orientexpress
Ein Fall für Poirot

Nach einigen Mühen hat Hercule Poirot ein Abteil im Kurswagen Istanbul – Calais des Luxuszugs ergattert. Doch auch jetzt ist ihm keine Ruhe vergönnt: Ein amerikanischer Tycoon ist ermordet worden, der ganze Zug voller Verdächtiger. Und der Mörder könnte jederzeit wieder zuschlagen. Eine Aufgabe, wie gemacht für den Meisterdetektiv.

Der Ball spielende Hund
Ein Fall für Poirot

Als die wohlhabende Emily Arundell in ihrem Landhaus die Treppe hinunterstürzt, glauben alle, sie sei auf dem Ball ihres Terriers ausgerutscht. Emily aber hat ihre Verwandten unter Verdacht. Hat einer von ihnen versucht, sie zu ermorden? Noch im Krankenhaus schreibt sie einen Brief an Hercule Poirot. Als dieser bei ihm eintrifft, ist es für die alte Dame jedoch bereits zu spät. Doch auch Poirot glaubt nicht an einen Unfall ...